Histoire culturelle de la France

Alain Croix,
Jean Quéniart

Histoire culturelle de la France

SOUS LA DIRECTION DE JEAN-PIERRE RIOUX
ET JEAN-FRANÇOIS SIRINELLI

2. *De la Renaissance à l'aube des Lumières*

Éditions du Seuil

La première édition de cet ouvrage a été publiée,
avec des illustrations, en 1997,
dans la collection « L'univers historique ».
La présente édition en reprend le texte intégral.

ISBN 978-2-02-082677-8
ISBN 2-02-082681-X, édition complète
(ISBN 2-02-019792-8, 1re publication)

Introduction

> Ha ! voici le poignard qui du sang de son maître
> S'est souillé lâchement ; il en rougit, le traître !

La célébrité des deux vers du *Pyrame et Thisbé* de Théophile de Viau, joué pour la première fois en 1621, nous permet d'entrer facilement au cœur d'une des dimensions essentielles de notre propos. Chacun aujourd'hui connaît *Le Cid*, personne ou à peu près ne connaît *La Destruction de Jérusalem*, ce grand succès du XVIe siècle, et seuls les spécialistes retiennent des tragédies et tragi-comédies du début du XVIIe siècle plus que les deux vers du *Pyrame*.

Une histoire culturelle de la France doit bien évidemment dépasser le seul niveau du *Cid*, de la Culture retenue par nos contemporains selon des critères de qualité et parfois de mode : banalité admise aujourd'hui par tous les historiens. Si *Pyrame et Thisbé* et *La Destruction de Jérusalem* conquièrent donc sans peine leur place, la réponse est déjà moins unanime quand il s'agit d'œuvres d'« art », de la prise en compte de l'anonyme et techniquement médiocre statue de saint « perdue » dans une non moins anonyme église bretonne ou savoyarde, au même titre que les fresques de Rosso à Fontainebleau. La réponse est bien plus discutée encore lorsque l'histoire culturelle s'empare des mythes, des images de l'Autre, de la fête, de la mesure du temps et de l'espace, ou bien encore de la conception de la maladie… Assumons-le donc nettement, et d'entrée : une histoire culturelle qui n'intégrerait pas, aujourd'hui, l'ensemble de ces domaines et bien d'autres encore n'est plus concevable et, surtout, cette histoire culturelle « totale » est indispensable pour comprendre. L'*Encyclopédie* au XVIIIe siècle et Descartes au siècle précédent ne se comprennent pas sans tenir compte, par exemple, de l'évolution de la place de la vue et de l'ouïe dans nos perceptions sensorielles.

Cela peut paraître théorique, et le serait peut-être si nous n'étions aux XVIe et XVIIe siècles. Il devient en effet possible, pour cette époque, d'aborder avec toute l'ampleur nécessaire une histoire culturelle qui, pour le Moyen Âge, demande sans cesse des performances d'historien ou doit se contenter de cas isolés. Il devient possible, aussi, de cerner des niveaux ou au moins des types de culture. Mieux : cette diversité culturelle est désormais accessible parce qu'elle constitue un enjeu capital de l'évolution culturelle de cette période. Elle est un état – diversité – et elle est un mouvement – diversification. Humanisme, Renaissance, Réformes religieuses ne sont que la traduction, en termes commodes de manuel, de la question centrale pour l'histoire culturelle de cette période : la confrontation entre l'(apparemment) immobile voire immuable d'une part, le mouvement d'autre part, la confrontation entre les apparentes permanences du rapport entre les hommes et leur environnement et le choc de l'ouverture, vers l'Italie, l'Antiquité, l'Amérique, qui favorise une réflexion critique sur un système culturel arrivé aux limites de ses possibilités.

Une perception aussi sommaire est, comme toujours, injuste, en particulier à l'égard d'un Moyen Âge riche d'innovations, mais elle correspond bien à ce que nous ont transmis deux siècles d'historiographie et le terme même de « Renaissance ». Le grand intérêt de l'historiographie récente est qu'elle nous interdit d'accepter la seule idée d'une Renaissance qui mettrait soudainement un terme aux temps de stagnation, et qu'elle nous permet, plus finement, de dépasser très largement ce qui pourrait n'être que banale opposition entre une « culture du peuple » et une « culture des élites ».

Ces deux siècles posent en effet une des plus passionnantes questions de notre histoire. Qu'on l'envisage en termes de chronologie – deux siècles –, de sociologie – l'immense majorité des Français – ou de géographie – la quasi-totalité du royaume –, la France peut apparaître comme un immense océan culturellement immobile, en particulier pour tout ce qui relève de la culture du quotidien. Mais, en même temps, des nouveautés parfois formidables cheminent, qui ne laissent à l'écart aucun de nos ancêtres. Certaines cheminent apparemment vite, ainsi dans le domaine religieux des Réformes qui expriment une recherche en fait plus ou moins permanente. D'autres nouveautés cheminent beaucoup plus lentement, mais n'en constituent pas moins, au rythme près – réserve d'importance –, des révolutions culturelles : l'idée même d'apprendre théoriquement et non par la seule pratique, la mise en cause de la tradition, un nouveau regard sur le monde, la volonté de comprendre, et peut-être même la volonté totalitaire de réguler, à partir d'une réflexion purement intellectuelle, l'ensemble des comportements sociaux. Même le plus modeste des journaliers agricoles de la plus reculée des paroisses du royaume est affecté, si peu que ce soit, par ces changements culturels, un constat qui doit absolument être doublé par un autre qu'on oublie trop souvent, à savoir que même le plus novateur des intellectuels reste profondément marqué par les traditions culturelles.

Le résultat est qu'au même moment l'on peut jouer un mystère directement venu du Moyen Âge et lire Descartes. La différence n'est pas, ou pas seulement, dans la qualité : elle tient au principe même de la vision du monde, et plus encore dans le fait qu'accéder à une culture « savante » n'est plus réservé aux seuls professionnels de l'Église et de l'Université. La diffusion relativement large des innovations – car l'essentiel est peut-être bien dans la largeur de la diffusion plus que dans des innovations dont la plupart sont intellectuellement conçues dès le XVe siècle – change la nature des frontières culturelles : de professionnelles, elles deviennent tout simplement sociales. De savoir-faire différents, l'on glisse au savoir et à l'ignorance, à la notion de Culture – avec une majuscule – et donc d'inculture. Ce bouleversement, qui marque encore profondément notre société, ne s'est réalisé que très progressivement. Mais cette confrontation entre l'« immobile » et la novation, entre un Ancien et un Nouveau Monde culturels, ses rythmes, ses inégalités, ses modalités, constituent une des clés indispensables à la compréhension de deux siècles qui résistent décidément à tout étiquetage simpliste.

Les étapes des changements culturels ne se réduisent pas plus facilement à des notions simples. Nous sommes habitués à une « Renaissance » que l'on peut pousser sans difficulté majeure jusque vers 1580 – au moins pour Montaigne –, et nous sommes allaités dès le plus jeune âge par l'enseignement d'une France « classique » qui correspond sensiblement au règne de Louis XIV. Entre les deux, entre 1580 et 1660, il y a… quoi donc, au fait ? L'aveu d'impuissance qu'implique la trop facile notion d'« époque de transition » correspond d'autant moins à la réalité que ces trois générations jouent un rôle décisif dans la construction de la France moderne, dans la préparation des Lumières aussi. Elles sont faites de citadins puis de paysans confrontés à de puissantes volontés réformatrices, de notables et de privilégiés confrontés à la volonté de civilisation des mœurs, et nous offrent aussi des figures d'autant plus attachantes qu'elles ne nous sont connues que par des déformations. Cyrano de Bergerac, les Précieuses, les dévots aussi – même s'ils engendrent *Tartuffe* –, ont bien failli édifier une « France baroque » ou, si l'on préfère, un « siècle de Louis XIII ». Entre Rabelais et Voltaire il y a aussi, en un sens, Alexandre Dumas.

PREMIÈRE PARTIE

L'ancien monde

Introduction

« Ancien monde » : l'expression renvoie, on s'en doute, à la découverte d'un « nouveau monde », et met d'entrée l'accent sur ce qui caractérise le XVIe siècle : le choc, de plein fouet, de changements culturels d'une énorme portée, humanisme, Renaissance, Réformes protestantes, et bien entendu le Nouveau Monde au sens strict, cette Amérique qui est peu à peu « découverte » – au seul sens qui compte, c'est-à-dire celui de l'arrivée de l'information – au cours du siècle. Un siècle : le délai est beaucoup plus court qu'il n'y paraît, dans un univers aux rythmes lents, tout particulièrement en matière de changements culturels. Nos ancêtres y sont exposés à ce qu'ils redoutent le plus, à ce qu'ils sont particulièrement mal préparés à accepter, la « novelleté », une nouveauté d'autant plus envahissante qu'elle est favorisée par l'argent facile, celui de la grande expansion économique, par l'exemple d'une culture d'État ou au moins princière, et par l'intensification des contacts avec la mère des changements, l'Italie.

Les terribles violences des guerres de Religion, les replis qu'elles entraînent en particulier dans le domaine de la création culturelle, pourraient faire douter de la profondeur et de la durée des changements, alors qu'elles leur servent en réalité d'épreuve de vérité. Dans les années 1580, la diversité culturelle de la France est confirmée, et surtout considérablement élargie et approfondie. Cette mutation n'en donne que plus d'intérêt à la connaissance d'« un monde [culturel] que nous avons perdu », ce monde où, pour la dernière fois, les Français partagent un très large fonds commun de références, de valeurs et de comportements.

Un des choix fondamentaux de cette *Histoire culturelle de la France*, et un des aspects essentiels de l'analyse proposée dans ce volume, tiennent dans cette ouverture vers la culture héritée, une culture qui marque les comportements des Français jusqu'en plein XXe siècle, comme l'a rappelé – simple exemple – Jeanne Favret-Saada en étudiant la sorcellerie bocagère de l'Ouest.

Le moment choisi pour cette ouverture, le XVIe siècle, n'est donc pas une évidence, d'autant que nous dépendons en partie d'une méthode régressive, c'est-à-dire du très patient croisement d'observations ou de témoignages tardifs et des documents d'archives ou, parfois, iconographiques. Ces si précieux témoignages du XIXe siècle constituent une source irremplaçable, d'autant que les « folkloristes », ethnologues avant la lettre, ont littéralement labouré certaines provinces, en particulier la Bretagne, la Champagne, la Lorraine et l'Alsace, et dans une moindre mesure la France du Midi. Ils nous ont rapporté usages, « traditions », tout ce qui leur semblait en fait marqué d'archaïsme et susceptible de disparaître. Ils ont, aussi, littéralement enregistré une littérature orale faite de chansons, de contes, de dictons, dont seuls les spécialistes, hélas, mesurent aujourd'hui l'importance : c'est oublier le retentissement européen qu'eut en 1839 la publication du plus illustre de ces recueils de chansons, le *Barzaz Breiz*, et la querelle sur l'authenticité des textes du vicomte mais aussi chartiste Théodore Hersart de La Villemarqué, ouverte pratiquement dès la publication pour ne se clore définitivement, et très largement en faveur de l'auteur, qu'avec l'exhumation de ses carnets de collecte voici quelques années. C'est au XIXe siècle aussi que se collectent les manuscrits où sont consignés les textes d'œuvres théâtrales transmises pour l'essentiel oralement, entreprise dont les autorités académiques comprennent suffisamment l'importance pour l'encourager et même la financer, comme dans le cas de François-Marie Luzel en 1864. Les historiens d'aujourd'hui ont pu, parfois, ajouter leur lot d'informations ponctuelles, en observant des pratiques de toute évidence héritées d'un lointain passé, à l'image de ces paysans des Dombes qui, au début de notre siècle encore, portaient leurs enfants malades sur la tombe d'un lévrier, saint Guinefort, injustement tué par son maître…

Chacun voit bien la difficulté née de cette masse documentaire : même lorsque la plus exigeante des critiques a confirmé la qualité du travail, nous n'établissons qu'un usage, un texte, du XIXe siècle au mieux. L'information, il faut bien l'avouer, a longtemps été dédaignée par des historiens que n'intéressaient aucunement des pratiques très éloignées de la Culture, et des acteurs souvent populaires à cent lieues de ceux qui faisaient l'Histoire, souverains et hommes politiques, généraux et apôtres, à la rigueur capitaines d'industrie et grands marchands. Le mépris ne tenait pas qu'à une conception idéologique de l'histoire : la toute-puissante – et à certains égards remarquable – école méthodique, incontestée pendant un demi-siècle, des années 1870 aux années 1920, avait appris à chacun que l'histoire ne se pouvait concevoir qu'à partir de documents écrits, ou du produit de fouilles archéologiques. Cet obstacle-là était cependant bien secondaire, puisque les documents existent : simplement personne ne pensait à leur poser les bonnes questions, personne ne songeait à exploiter des gisements documentaires peu susceptibles de nourrir la « grande » Histoire. Deux sinon trois générations d'historiens ont vécu sur le mépris, et peut-être sur la gêne : un mépris que traduit bien l'évolution négative du terme « folklore », pourtant voulu scientifique dans ses premiers emplois, vers 1840 ; une gêne au moins inconsciente qui interdisait de penser que « nos ancêtres » aient pu, en certains domaines, se comporter de la même manière que les « sauvages » d'exotiques et surtout coloniales contrées auxquelles il n'était guère question de reconnaître une culture.

L'ambition d'une histoire totale, dans ses questions comme dans ses documents, a fait litière de ces freins, et l'on a alors découvert la possibilité de remonter le temps en traquant dans les documents, d'archives le plus souvent, la trace même allusive de croyances, rites, comportements, usages, pratiques, sensibilités, formes de sociabilité, pour reprendre les termes qui ont fait fortune. Travail de bénédictin : il n'existe pas de « source » unique qui fournisse une documentation riche, et à l'inverse sans doute aucun document qui ne recèle quelque information, même ténue, sur la culture de nos ancêtres. Travail à peine esquissé, ayons-en bien conscience : il faudra plusieurs décennies de recherches encore pour espérer maîtriser la matière. Il n'empêche : partis de rien ou presque dans les années 1950, nous ressentons aujourd'hui une véritable ivresse de la connaissance, l'impression d'avoir découvert un monde que l'on croyait à jamais disparu.

Cette remontée du temps rencontre vite ses limites : les pistes documentaires se font de plus en plus incertaines, voire obscures, malgré les pépites que nous ont laissées, en particulier, les inquisiteurs médiévaux, et il serait donc difficile de prétendre, en l'état de nos connaissances en tout cas, remonter beaucoup plus loin. Ce ne sont pourtant pas ces difficultés techniques qui justifient de manière décisive le choix du XVIe siècle pour tenter une présentation synthétique de cet « ancien monde » culturel. Nous savons aujourd'hui que ce siècle constitue, à bien des égards, la fin de cet « ancien monde », le moment ultime où cette culture vivante, évoluant à son propre rythme, présente une *cohérence* à peu près totale. Le choix naît donc lui aussi d'une réflexion régressive : nous nous situons *avant*, avant les effets de ce choc énorme avec un univers culturel largement nouveau que désigne le terme de Renaissance.

CHAPITRE 1

Les âges de la vie

Solidarité et exclusion, environnement… : l'évolution de notre société donne évidemment un intérêt particulier à des thèmes qui pourraient facilement mener à une idéalisation de l'ancien temps. Les structures de sociabilité y sont si fortes que l'individu isolé ne s'y conçoit guère, et l'on peut rêver d'un environnement « intact », même si la vibrante élégie de Ronsard contre les bûcherons de la forêt de Gâtine tempère notre enthousiasme :

Écoute, bûcheron, arrête un peu le bras ! […]
Combien de feux, de fers, de morts et de détresses
Mérites-tu, méchant, pour tuer nos déesses ?

Les rapports entre l'homme et son milieu sont en réalité différents, essentiellement parce que nos ancêtres dépendent beaucoup plus de leur milieu que nous. Cette relative impuissance peut se traduire par une harmonie génératrice de rêve, mais elle implique, aussi, une grande fragilité : l'Histoire est ici celle de la construction, par la culture, des réponses aux impuissances.

Or la plus évidente des réponses tient dans l'organisation, et la régulation, de la société en « groupes d'âges », dans lesquels chacun entre par des « rites de passage » dont la pratique, affadie, rythme encore notre vie d'aujourd'hui, au moment de la naissance, du mariage, de la mort. C'est seulement, soulignons-le au passage, dans les années 1930 que ces notions s'imposent grâce à la vaste synthèse d'Arnold Van Gennep, donc hors d'une pratique historienne qui ne s'en empare qu'une génération plus tard.

I. L'entrée dans la vie

Elle se situe dans un contexte d'ignorance. La conception reste incomprise : le rôle de l'ovaire n'est connu que dans la première moitié du XVIIe siècle, le spermatozoïde n'entre dans l'histoire qu'en 1677 et, de toute manière, cela ne change strictement rien, à court ou moyen terme, à la culture, aux pratiques et aux croyances de l'immense majorité des Français. Le cycle féminin est pour longtemps encore méconnu, si bien que même le moment où la conception intervient reste incertain : l'interruption des règles est un signe, mais pas le plus important, même si nous nous tournons vers un témoin à la compétence indiscutable, Louise Bourgeois. Épouse d'un chirurgien qui a suivi l'enseignement d'Ambroise Paré, et suffisamment réputée elle-même pour devenir la sage-femme attitrée de Marie de Médicis, elle consigne en outre son expérience par écrit dans un ouvrage qui est tout simplement, en 1609, le premier livre d'obstétrique rédigé par une sage-femme – ouvrage dont le succès dure plus d'un demi-siècle, puisque, après plusieurs rééditions françaises, on le traduit encore en hollandais en 1658. Or notre sage-femme associe signes réels et imaginaires :

> Il faut savoir si elles ont perdu l'appétit des viandes que de tout temps elles avaient accoutumé d'aimer. Si elles ont envie de viandes nouvelles, si elles se sont trouvées fort aplaties de ventre, cela est ordinaire aux femmes, deux mois ou deux mois et demi, qu'il leur semble que leurs habits leur tombent de dessus les hanches ; et néanmoins il leur semble que tout ce qui leur touche au corps les blesse, et spécialement après avoir mangé pour peu que ce soit. Savoir si elles ont mal au cœur, soit qu'elles vomissent le matin, qu'elles n'en aient que l'envie, sans le pouvoir faire, si elles se sentent plus colère et aisées à fâcher que de coutume, si leur sein est grossi et durci, si le bout est changé de couleur comme aux femmes blanches il rougit, et à d'autres il devient plus brun, si le ventre est un peu plus plein d'un côté que de l'autre.

La gestation reste plus mystérieuse encore. Ambroise Paré lui-même explique complaisamment comment les enfants monstrueux naissent « de la corruption des viandes ordes et sales que les femmes mangent [...] ou que l'on aura jeté quelque chose entre leurs tétines, comme une cerise, prune, grenouille, une souris », et de citer à l'appui tel fait divers digne des pires canards du temps. Le mystère est d'autant plus angoissant que chacun sait bien les drames qui y mettent trop souvent un terme. « Femme grosse a un pied dans la fosse » : le dicton exprime bien, mais sur un mode trop plaisant, la part d'appréhension que suscite l'approche d'un accouchement qui, dans le meilleur des cas, s'accompagne d'une souffrance, vécue avec d'autant plus de force qu'elle est, chacun le sait aussi, la sanction du péché originel. Le Dieu de la Genèse a voulu cet enfantement dans la douleur : « Je multiplierai les peines de tes grossesses, dans la peine tu enfanteras. »

Les femmes, ou leurs proches, tentent non sans efficacité – psychologique – de répondre à ces craintes. C'est ainsi qu'est née la volonté de satisfaire les envies de la femme enceinte, c'est ainsi surtout que se sont développés les recours aux saints spécialisés, au premier rang desquels figure évidemment la Vierge, de Délivrance ou mieux encore des Sept Douleurs, recours parfois accompagné de rites matériels, pèlerinage ou port d'une ceinture bénite. Nous tenons sans doute là un des domaines où l'approche culturelle d'un événement naturel et somme toute banal s'est le plus radicalement transformée à notre époque.

Nous manquons de chiffres pour le XVIe siècle mais, pour le sud de la région parisienne autour de 1600, Yvonne Bézard avait pu établir qu'une jeune femme sur huit environ décédait lors de son premier accouchement, un ordre de grandeur d'autant plus sûr que nous savons, grâce aux études démographiques portant sur le XVIIe siècle, que les unions rompues dans les cinq premières années suivant le mariage le sont deux à trois fois plus souvent par le décès de la femme que par celui du mari. Le chiffre porte un nom : ignorance. L'accouchement est en effet assuré par des femmes d'expérience, en principe de bonne moralité : de sages femmes. Le chirurgien, à vrai dire pas toujours plus compétent, n'intervient que très rarement au XVIe siècle, parce qu'il n'en existe guère en dehors des villes et gros bourgs, parce que la vie a un prix, celui de sa visite, et parce qu'il reste et pour longtemps encore indécent de recourir à des hommes en cette circonstance. Le trait culturel fondamental est cependant certainement la résignation, non pas devant la nature mais, infiniment plus forte, devant la volonté divine et une hiérarchie de soucis que personne ne conteste, qui place au premier rang la vie spirituelle de l'enfant et la préoccupation de l'au-delà, et donc par exemple la volonté de pouvoir baptiser l'enfant plutôt que de sauver la vie de la mère. L'impureté de la femme – mêlée de manière indéfinissable mais certaine au péché – n'est d'ailleurs lavée qu'après sa rencontre avec le prêtre et ce qui est perçu par tous comme sa purification, lors des relevailles.

Le nombre élevé des naissances ne banalise donc certainement pas l'accouchement: ce n'est pas parce que la volonté divine multiplie les gestations que la naissance en perd son importance. C'est en effet sur le plan culturel que se situe le refus massif du contrôle des naissances, évidence prouvée par un rythme de naissances quasi naturel: la longueur du délai moyen entre les naissances, entre dix-huit mois et deux ans, s'explique par l'aménorrhée qu'entraîne l'allaitement chez la majorité des femmes. Cette attitude devant la vie est un indice capital de l'émancipation, ou non, de la volonté divine confondue avec la nature, telle qu'elle se conçoit alors. Seuls des comportements marginaux semblent faire exception, le mieux identifié étant celui de la jeune femme célibataire qui fait disparaître son fruit, « infanticide » qu'un édit d'Henri II vient pour la première fois punir de mort en 1556, en exigeant même à titre préventif une déclaration de grossesse. La force de la pression sociale sur la jeune fautive est évidente dans ce cas, mais nous ne pouvons cependant pas exclure, au stade actuel de la recherche, que ne se révèlent un jour d'autres types de comportements également moins soumis que nous ne le pensons à la volonté divine. Il y a bien longtemps que les historiens s'interrogent sur les « accidents » d'enfants étouffés en dormant dans le lit des parents, et sur le sens que l'on doit donner à la mise en nourrice d'enfants dont la majorité – les contemporains en sont bien conscients – meurent avant de revenir dans leur famille. Il y a peut-être même plus encore, dans le dossier à peine entrouvert de l'avortement: les recettes abortives certes, dont nous ignorons tout de l'usage, mais aussi un possible recours à des pratiques plus brutales et répétées, si l'on en croit les questions posées en confession, au milieu du XVIIe siècle, par le missionnaire breton Maunoir, et plus encore les arguments avancés pour justifier l'avortement aux yeux des femmes.

> Combien avez-vous perdu d'enfants ? [demande le prêtre aux femmes de basse Bretagne.] Le vilain vous a dit que

> vous aviez trop d'enfans, qu'on s'en mocquoit de vous, que vous ne les pourriez nourrir. Vous désiriez la mort à celuy que vous portiez dans vostre ventre ? Ce vilain vous a dit qu'il vous aideroit à vous en défaire ? Il l'écrasa en foulant sur votre ventre, et ensuite vous avortates ! Combien de fois ?

Nous saurons peut-être un jour quelles réalités recouvre exactement l'histoire du *Petit Poucet,* mais les enfants arrivent en tout cas dans un univers dur, incertain : 10 à 20 % d'entre eux n'atteignent pas leur premier mois, un quart leur première année. Cela explique sans doute l'importance accordée aux rites d'entrée dans la vie, d'autant qu'ils sont, pour partie au moins, moyen magique d'espérer la survie. Le baptême marque, bien entendu, l'entrée dans le monde des fidèles : il lave l'enfant du péché originel et de l'impureté liée à l'accouchement, lui évite un séjour dans les limbes – antichambre des enfers, tels que peuvent les percevoir les fidèles – matérialisé immédiatement par l'enterrement hors de la terre consacrée pour l'enfant mort sans baptême. Le souci explique la brièveté du délai, quelques heures, ou le lendemain de la naissance, au prix parfois de la vie de l'enfant, même s'il ne faut pas exclure, là encore, un comportement qui pourrait être moins marginal qu'on ne le croit : l'attente, par exemple, du dimanche suivant lorsque le travail presse, une négligence dénoncée en tout cas lors de certaines visites pastorales.

L'aspect magique est tout aussi évident pour l'immense majorité des fidèles : c'est la formule d'exorcisme du prêtre, c'est l'importance accordée au chrémeau, c'est-à-dire au bonnet de baptême marqué par le saint chrème, précieusement conservé comme garant de la vie du nouveau-né. C'est la certitude de même que la crasse protège, tout comme l'urine dans des couches qui seront séchées mais pas lavées, dans tous les milieux : Louis XIII a deux mois quand on lui frotte le visage, où « la crasse paraissait vouloir venir », avec… du beurre frais et de l'huile, et cinq ans quand on lui lave pour la première fois les jambes. Ce sont, plus largement, de multiples pratiques locales ou régionales, telles celles de l'Auvergne : le parrain et la marraine qui s'embrassent sous la cloche, pour que l'enfant ne soit pas muet, ou la roulade du corps sur l'autel, contre le rachitisme.

Le baptême est enfin un rituel d'intégration dans la société, et dans le groupe d'âge des enfants qui bénéficient de menus cadeaux à la sortie de l'église (noisettes, piécettes parfois, ou munificentes aumônes de l'aristocratie). Le choix du prénom, très important, place sous la protection d'un saint patron et surtout, dans la grande majorité des cas, d'un parrain ou d'une marraine auquel il est emprunté. Le choix des parrains et marraines est essentiel pour créer ou resserrer des liens de parenté, de voisinage, de métier, voire affirmer une fidélité ou revendiquer une protection particulière lorsqu'il s'agit d'un parrain puissant. L'arrêt à l'auberge permet la convivialité, mais le cortège permet surtout de faire connaître à tous les liens établis, d'affirmer son rang en étalant bien la robe de baptême, l'ensemble de la communauté bénéficiant de l'information grâce à un code sonore bien précis, garçon et fille étant sonnés un nombre de fois différent, ou par une cloche différente, ou à un rythme différent.

L'enfant est donc instrument de communication, mais il est en même temps l'objet central et le bénéficiaire principal des rites de passage, ce qui montre l'importance que sa famille lui accorde. Il faut donc faire justice de la thèse d'une « découverte de l'enfant », chez les notables d'abord, à partir du milieu du XVIIe siècle, thèse qu'avait défendue avec grand talent Philippe Ariès. Nous savons aujourd'hui que le changement tient dans la manière d'exprimer les sentiments bien plus que dans les sentiments eux-mêmes : l'enfant n'est pas plus ignoré au XVIe siècle que mignoté à la fin du XVIIe, ou un peu de l'un et de l'autre.

Il vit, tout simplement, dans un monde dur – nous l'avons vu –, et y vit en petit puis jeune adulte dès qu'il atteint l'âge de raison, celui de l'accès à la communion, de la responsabilité et des menus services, entre sept et dix ans. Ensuite, c'est le mariage qui changera son statut. Il est, sur le plan du vocabulaire, « enfant » à vingt ans voire plus, alors qu'à quatorze ou quinze ans il entre dans une vie professionnelle que n'a pas encore retardée, dans les élites, le développement des collèges. Le domaine du jeu est peut-être un des plus révélateurs qui soient de cette confusion : le véritable traité du jeu que publie en 1587 Guillaume Le Bé ne distingue pas, dans ses illustrations comme dans le texte, entre jeux d'enfants et jeux d'adultes. Claude Haton, de même, nous montre dans le Provins de 1572 des enfants de douze ans et moins jouant au tir à la corde, mimant un tribunal, et faisant durer un bûcher, jeux qui prennent un sens fort quand on sait que leur objet est le cadavre d'un huguenot et que la majorité de la population les encourage.

Les cœurs ne s'épanchent pas : les livres de raison mentionnent la mort de l'enfant – ou de l'épouse – d'une phrase sèche, sur le même ton que l'achat d'une paire de pantoufles ; mais il est profondément erroné d'en déduire l'absence de sentiments qui, tout simplement, se manifestent moins qu'aujourd'hui, ou qu'au XVIIIe siècle. Ils existent bel et bien, comme le prouvent les efforts pour ramener à la vie les enfants morts en recourant aux sanctuaires à répit censés accomplir des miracles et, plus directement encore, des manifestations qui parviennent à dépasser l'autocensure. Le médecin Laurent Joubert consacre en 1587 une page à décrire les ravissements qu'apporte l'enfant, ce qu'on pourrait considérer comme un point de vue isolé si son confrère Jacques Duval ne dénonçait en 1612, dans un traité d'obstétrique, les accouchées qui couvrent de baisers leur enfant : cela existe donc bien.

Un changement s'annonce cependant à partir du milieu du XVIe siècle, dans les classes privilégiées au moins, et chez les intellectuels : c'est le passage d'un rapport largement naturel avec l'enfant à un rapport plus calculé, plus réfléchi, qui correspond étroitement à l'émergence de la notion d'éducation, à la prise de conscience de l'importance de la compétence professionnelle théorique et donc de l'instruction, à la reconnaissance, aussi, de la compétence professionnelle dans l'éducation. Ce ne sont encore que prémices, mais essentielles, car c'est, aussi, l'émergence d'un modèle citadin et de milieux aisés, concurrent du traditionnel modèle commun qui se ruralise peu à peu.

Revenons, un instant, parmi les enfants de Provins qui maltraitent le cadavre du huguenot : ils ont dix ou douze ans, sont une centaine, et « aucuns [certains] d'entre eux furent par leur *communaulté esleuz*... ». Il est possible que ces enfants jouent, mais ils jouent alors à imiter les grands, organisés partout en sociétés de jeunesse, bachelleries et autres reinages. Le groupe des jeunes célibataires à marier est le mieux structuré de tous les groupes d'âge, le seul qui apparaisse fréquemment dans les documents écrits : il se dote de dirigeants, « roi » ou « abbé », dispose de revenus reconnus, quêtes rituelles au nouvel an (aguillaneuf) ou le jour de la fête de la société, droit rituel à l'occasion des mariages, voire droit sur le marché abandonné à son profit par le seigneur un jour dans l'année.

Cette reconnaissance s'explique par l'importance des fonctions que la jeunesse exerce dans la société. Organisation commune à tous les membres de la classe d'âge des jeunes célibataires, la jeunesse distrait, en pratiquant et organisant rire, musique et danses, compétitions sportives avant la lettre, en portant en certaines occasions des costumes de fantaisie. Elle représente si besoin est la communauté paroissiale, en affrontant l'extérieur lors de conflits de frontière pour quelque pacage par exemple. Surtout, elle assure, avec la force de la jeunesse, un rôle fondamental d'éducation et de défense des règles du jeu social admises par le plus grand nombre. Elle assure une sorte de préparation au mariage en inculquant les normes de comportement, et en sanctionnant à titre d'exemple les manquements publics : c'est par exemple la « promenade de l'âne », à l'envers sur l'animal, imposée au mari faible qui se laisse dominer publiquement par sa femme ou accepte trop facilement son cocuage ; c'est le charivari, dont sont victimes ceux qui transgressent trop ouvertement les règles tacites du mariage, ainsi le veuf âgé qui épouse une trop jeune fille. C'est la jeunesse aussi qui juge le comportement des jeunes filles en plantant devant leur porte des mais, c'est-à-dire des mâts décorés, dont la nature et parfois la parure utilisent un code transparent pour tous, ou bien encore en jonchant leur seuil de fumier ou d'excréments. Ce rôle est important, aussi, parce qu'il nous évite d'imaginer une liberté culturelle à laquelle aurait mis fin la coalition des autorités ecclésiastiques et civiles du XVIIe siècle : règles et normes culturelles existent bien évidemment avant le XVIIe siècle, la différence – essentielle sans doute – étant qu'elles ont été établies par les communautés elles-mêmes.

II. Le mariage

Il nous fournit un bon exemple de ces nécessaires nuances car il permet de marquer les différences entre ces règles traditionnelles – terme qui masque mal notre ignorance quant à leur origine – et les nouveautés qui apparaissent à notre époque. On garde trace encore au XVIe siècle, en effet, de pratiques très libres à l'égard du mariage, en particulier de mariages à l'essai pratiqués avec le consentement de tous les intéressés dans le Pays basque comme dans celui de Montbéliard par exemple, et de fiancés qui se « fréquentent familièrement ». Le mariage comme frontière stricte – avec virginité au moins féminine – n'est qu'une parenthèse historique de quelques siècles, pas encore parfaitement installée au XVIe siècle même si les pratiques d'essai peuvent déjà paraître suffisamment marginales pour que le Breton Noël du Fail, bien au fait des usages paysans, les qualifie de mœurs allemandes. Il n'empêche que, si nous savons très peu des libertés d'avant le mariage en dehors de cas célèbres mais mal attestés dans les archives comme le maraîchinage, des chiffres indiquent quand même des minima significatifs : 4 à 6 et parfois plus de 10 % de conceptions avant le mariage dans des paroisses bretonnes. Ces minima sont d'autant plus spectaculaires que nous ne saisissons la trace, dans les registres de baptêmes, que des rapports sexuels suivis de conception, et que nous échappent la fréquentation des veuves qui laisse trace éventuelle dans les naissances illégitimes, celle des femmes mariées, « femelles mal nottées », et de ces prostituées de village dont la trace nous parvient parfois presque accidentellement. Au-delà, les indices ne sont que théoriques – dans les manuels de confesseurs par exemple – quand il s'agit de l'onanisme, ou spectaculaires mais difficilement quantifiables quand il s'agit de bestialité ou d'homosexualité, également punies de mort.

L'importance de cette part d'ignorance sur la vie sexuelle avant le mariage ne doit cependant pas être exagérée, pour deux raisons essentielles. Le mariage intervient encore relativement tôt au XVIe siècle, entre vingt et vingt-deux ans en moyenne pour les femmes, soit cinq ans plus tôt qu'à la fin du XVIIe siècle, et un quart des filles se marient même avant vingt ans si nous en croyons les quelques chiffres disponibles en Lorraine et en Bretagne. Nous sommes donc bien avant le grand retardement de l'âge au mariage dont Pierre Chaunu a fait, dans une formule justement célèbre, « la grande arme contraceptive de l'Europe classique » : l'ampleur des interrogations sur ce qui se passe avant en est réduite d'autant.

Mais surtout, le mariage est déjà la norme de comportement habituelle, avec toutes les règles qu'elle impose. Le choix du conjoint est une affaire essentielle, autour du principe du bon assortiment en âge et d'abord en condition sociale, l'amour et ses ruses – attention à la vision d'une société de pure contrainte ! – intervenant d'autant plus facilement que les partis possibles sont nombreux, donc en milieu populaire et dans les communautés importantes, bourgs et villes. Simplement, l'importance du bon assortiment, la nécessité d'une stratégie pour y parvenir, et donc de règles, la nécessaire connaissance aussi du marché matrimonial expliquent-elles la très forte homogamie : on se marie, massivement, dans le même milieu social et professionnel, et dans sa paroisse ou les paroisses immédiatement limitrophes. Le mariage est aussi la seule issue concevable en dehors du cas particulier du clergé et de la plupart des domestiques : le choix du célibat est aussi inimaginable que le serait celui d'un mariage sans enfants.

La culture qui exprime ces règles sociales est particulièrement riche, dans un scénario qui peut s'étaler sur plusieurs années lorsque l'établissement du futur couple est matériellement difficile, faute de pécule… ou d'héritage. Une des clés en est la demande, beaucoup plus souvent une demande de fréquentation qu'une demande en mariage proprement dite, qui devient simple aboutissement d'un processus entamé de longue date. Il est exclu, bien entendu – sauf rarissime volonté d'offense délibérée –, d'opposer un refus brutal, et donc exclu de le provoquer par une grossière demande directe. Les usages sont innombrables, permettant de faire avancer les choses, même si les relevés des folkloristes du XIXe siècle ont rarement pu être confirmés avec certitude pour le XVIe. Gardons-en quelques exemples parmi les plus classiques. C'est le garçon qui tourne autour du domicile de la fille, la fille qui tente ou non de sortir sous quelque prétexte transparent, les parents qui l'y autorisent ou non : rien de direct n'aura jamais été dit, mais chacun sait parfaitement à quoi s'en tenir. C'est la visite du garçon à l'éventuel beau-père, qui lui offre vin ou eau – ou rien du tout –, lui fait servir lard ou œufs, ranime ou non le feu… C'est parfois, à un stade plus avancé, la visite d'un entremetteur. Entre-temps, la fréquentation se fait dans un cadre de liberté surveillée et codifiée, même si nous en avons noté les écarts : participation à la veillée, menus cadeaux…

L'autre étape importante est la négociation du mariage et des apports respectifs des deux futurs conjoints, un stade où l'intervention familiale devient d'autant plus décisive que la pression en faveur du renforcement de l'autorité parentale commence déjà à se faire sentir au XVIe siècle, sous la forme de l'exigence de l'autorisation formelle des parents et de garanties de publicité des mariages par la publication à trois reprises des bans lors de la messe dominicale (ordonnance de Blois, 1579).

Cette préparation du mariage apparaît donc bien comme le résultat conjoint de réalités économiques et sociales et de comportements culturels qui leur sont encore très largement adaptés, l'Église intervenant très peu dans l'ensemble du processus. Elle se borne pratiquement à interdire, évidemment avec succès, les mariages pendant le carême et l'avent, mais il n'est pas sûr que ses prescriptions comptent plus que les pratiques peu orthodoxes pour éviter le célibat, en particulier les pratiques divinatoires telles que l'observation de l'épingle ou du morceau de pain beurré jeté dans des fontaines christianisées bien superficiellement…

La célébration associe trois valeurs qui n'ont pas encore la même importance au XVIe siècle : pudeur peut-être, souci de protection sans doute, fécondité sûrement. La pudeur prêtée – en tout cas plus tard – à la mariée s'exprime par des rites comme sa fuite au moment où son futur époux vient la chercher en cortège, et bien sûr par les plaisanteries destinées à retarder la consommation du mariage pendant la nuit de noces. Parallèlement, la jeunesse intervient symboliquement en barrant la route du cortège vers l'église, prélevant un droit symbolique qui indemnise en quelque sorte le prélèvement sur le groupe des jeunes gens à marier, selon l'analyse qu'en a proposée voici longtemps déjà Claude Lévi-Strauss.

Le souci de protection se manifeste par le passage à l'église, mais dans un esprit bien éloigné de la religion épurée au XVIIe siècle : comme nous aimerions connaître les « insolences » et « irrévérences » habituelles en pays de Retz, dans l'église et dans le cimetière ! On peut peut-être les imaginer en pensant à ces « coups de pointe » (d'aiguille ?) que l'on donne lors des fiançailles…

L'importance accordée à la fécondité, valeur la plus certaine, se manifeste par les précautions prises pour éviter les nouements d'aiguillette – l'image renvoie au cordon qui ferme le haut-de-chausse –, générateurs d'impuissance masculine. L'étudiant bâlois Thomas Platter, curieux de tout, en est tout étonné lors de son passage à Uzès en 1597, comme nous pouvons l'être de l'apparente banalité du phénomène :

> Comme je m'étonnais que [le mariage] ne se fît pas à l'église, on m'expliqua que les fiancés vont se marier secrètement à celle d'un village voisin, pour empêcher qu'on ne leur noue l'aiguillette. [...]
> Voici en quoi consiste ce maléfice. Pendant que le prêtre dit « Ce qui est uni par Dieu ne doit pas être désuni par l'homme », – « mais par le Diable », murmure le sorcier ou la sorcière, en jetant un patard derrière l'épaule et en nouant un lacet. Si la pièce de monnaie disparaît sans qu'on puisse la retrouver, c'en est fait : le nouveau marié est alors dans l'impuissance de rendre ses devoirs à l'épousée aussi longtemps que le lacet reste noué. En revanche, il retrouve sa force virile auprès des autres femmes ; et de là, des adultères et toutes sortes de désordres. Il n'est pas douteux que le diable enlève lui-même le patard et ne le conserve jusqu'au jour du jugement dernier pour faire condamner le coupable.
> Ce crime est abominable et puni de la peine du feu. S'il est si commun en Languedoc, c'est probablement par jalousie, haine ou vengeance, car il y a toujours plusieurs prétendants à la main d'une jeune fille. Aussi ne voit-on pas dix mariages sur cent se célébrer publiquement à l'église.

C'est que, ce cas mis à part, la femme est toujours considérée comme la responsable de la stérilité, ce qui explique le recours ici aussi à des saints spécialisés dès les premières inquiétudes, vœux et pèlerinages à l'appui, et aussi à des pratiques dont la différence de nature n'est qu'apparente, comme ces frottements de ventre contre des menhirs, symboles phalliques évidents, attestés un peu partout en France.

Le mariage est enfin, bien entendu, une des plus grandes fêtes, occasion de repas gras – on évite toujours le vendredi –, de danses, de farces et de beuveries que nous devons en partie imaginer quand on nous évoque par exemple la promenade de la jeune mariée dans toute la paroisse pour convier les invités à la noce, une promenade qui ne doit pas rester sobre.

La culture religieuse est donc encore largement absente du mariage. Le respect des interdits calendaires lui-même apparaît pour le moins beaucoup plus discret quand il s'agit de l'abstinence de rapports sexuels pendant le carême, et même plus respecté du tout lorsque les contraintes professionnelles amènent les hommes à s'éloigner à d'autres moments : de même que les migrants saisonniers se marient surtout à l'été, les marins absents à la belle saison conçoivent surtout pendant l'hiver. Et nous entrevoyons encore à peine des manquements bien plus graves, en particulier l'inceste favorisé par l'usage de réunir dans le même lit parents et enfants : à l'« infinité d'horribles péchés » dénoncée par l'évêque de Saint-Brieuc en 1496 répond la confession testamentaire, avant exécution capitale, de Thomas Louys qui regrette en 1649 « la trop grande liberté et mauvaise coustume » de son pays de Janzé, en haute Bretagne, « de coucher pères mères et enfans sans distinction de sexe dans le même lit »…

III. La vieillesse et la mort

Même en considérant comme tels les quinquagénaires, pour tenir compte de la précocité du vieillissement, les vieillards ne constituent une classe d'âge que potentiellement, comme le rappellent cruellement les chiffres : alors que sensiblement la moitié des nouveau-nés disparaissent, nous l'avons vu, avant vingt ans, l'espérance de vie à la naissance est de l'ordre de vingt ans et, chez les survivants – les adultes –, encore au moins la moitié disparaissent avant cinquante ans, si l'on se fie, faute de mieux, à des données du XVIIe siècle pourtant issues de paroisses très favorisées. Le véritable seuil, en réalité, n'a guère à voir avec un âge précis : c'est celui qui sépare l'adulte âgé mais capable de gagner son pain de celui qui est devenu dépendant, en raison de l'infirmité – quelle qu'en soit la cause – qui l'empêche de travailler. La condition sociale est donc ici déterminante, qui sépare radicalement le rentier, quel que soit son statut, de celui qui gagne sa vie du travail de ses mains.

La transition s'opère sans doute insensiblement, du cantonnement à des tâches précises, travaux d'appoint, garde et éducation des petits-enfants, au simple partage d'une expérience liée à l'ancienneté, et il faut prendre garde ici aux caricatures transmises par la littérature : un type littéraire n'est pas toujours la réalité, et le XVIe siècle n'est certainement pas « cruel » (Jean-Pierre Bois) à l'égard des vieux, pas plus ou moins que le XVe ou le XVIIe en tout cas. La reconnaissance que nous situons aujourd'hui au XVIIIe siècle est une reconnaissance intellectuelle et institutionnelle, et d'ailleurs peut-être un des premiers signes de la dégradation de la condition effective d'un vieillard qui n'est véritablement en difficulté au XVIe siècle que s'il est isolé, privé de famille : celui-là, un peu comme la pauvre veuve chargée d'enfants, est condamné à la misère dans le meilleur des cas.

Il n'existe donc pas encore de véritable culture de la vieillesse, parce qu'au-delà des réalités matérielles, qui distinguent peu le vieillard, la seule perspective importante de l'adulte est la mort, perspective bien plus concrète qu'une hypothétique vieillesse.

La mort a été au cœur de deux décennies de recherches, rythmées par les synthèses de Philippe Ariès et de Michel Vovelle, mais nous pouvons aujourd'hui encore hésiter sur sa place réelle dans la culture. Nous pouvons, au moins, être assurés d'une certaine banalisation. Ce sont les dangers naturels, l'accident aux conséquences bien plus souvent fatales qu'aujourd'hui ; c'est la densité de la violence criminelle, la réponse sur le même ton d'une société qui pratique une justice voulue exemplaire par ses délais, ses peines et jusqu'au lieu toujours très public des exécutions ; c'est la maladie et la trop fréquente impuissance à y porter remède, l'épidémie et surtout sa soudaineté. Tout cela contribue puissamment à diffuser une idée admise par tous, reprise dans tous les testaments : « Rien n'est plus certain que la mort, et plus incertain que l'heure d'icelle. »

C'est à partir de là que s'est ouvert un débat historiographique pas encore clos, malgré l'abondance de la production, débat qui oppose, en forçant à peine le trait, les tenants d'une société obsédée par la mort et ceux qui soulignent au contraire son intégration très naturelle dans la vie de nos ancêtres. Ce débat dépasse, et de beaucoup, la seule question d'une culture de la mort : il est un des éléments essentiels de l'analyse culturelle du siècle, en termes de pessimisme ou d'optimisme de la Renaissance.

Il est certain que la mort est matériellement omniprésente, constat qui peut s'utiliser dans les deux sens. Le cimetière demeure partout au cœur des villages et des villes, presque toujours autour de l'église, et l'on enterre en outre une part non négligeable des défunts dans l'église, de l'ordre de 10 % en général – les notables –, et parfois tous les défunts, comme en basse Bretagne. Il faut dès lors *voir* le sol en terre battue de l'église bosselé par les fosses ou, pire encore, *sentir* les exhalaisons lorsque le sol est, comme presque toujours, mal dallé. Il faut voir les charniers emplis, pour faire de la place, des ossements retirés des fosses et exposés au vu de tous, et même, parfois, les chiens ou les porcs qui grattent le sol du cimetière et en retirent quelques os qui traînent ensuite à l'abandon. Le danger est d'*imaginer* les sentiments qu'inspirent ces réalités, en fonction de la culture dans laquelle elles s'inscrivent. Nous pensons pour notre part que leur banalisation même exclut la frayeur, voire l'angoisse, qu'elles ne manqueraient pas de susciter aujourd'hui, et de nombreuses pratiques culturelles s'inscrivent dans ce sens.

Parallèlement au souci de sauver l'âme, la mort inspire la même solidarité que les autres grandes étapes entre les groupes d'âge. La mort est publique, parce que l'agonie rassemble proches et voisins dans une veillée qui n'est pas toujours que de prière. Le prêtre, pas toujours prévenu à temps, pas toujours prompt à se déplacer, ne fait même pas toujours une apparition, alors qu'aucun des laïcs concernés ne pourrait manquer un tel moment : prier pour abréger l'agonie du mourant, participer ensuite à une veillée funèbre annoncée par un glas au code précis et par des signaux visuels bien reconnaissables (bottes de paille d'une forme donnée devant la maison, rubans noirs aux ruches ou à divers éléments de la maison…), et bien entendu participer au convoi d'enterrement. Celui-ci emprunte parfois – on en est sûr au moins en Bretagne – un itinéraire balisé par des points de repère, quand on porte le cercueil, ou ce qui en tient lieu, « choquer » les croix des carrefours. Il s'agit de permettre aux trépassés, ultime et essentielle classe d'âge, de retrouver leur chemin puisqu'on les attendra ensuite en diverses circonstances, au feu de la Saint-Jean ou, prières à l'appui, lors du mariage ou en cas de difficulté.

Ces usages n'excluent évidemment pas un discours ecclésiastique qui insiste sur la préparation à la mort, mais une préparation qui est encore immédiate : l'idéal est de bien utiliser ses derniers moments et donc, déjà, de ne pas être surpris par la mort. L'idéal est de pouvoir prendre ses dispositions : confesser ses péchés, contracter en fonction de ses moyens ces assurances pour l'au-delà que sont les demandes de messes, les legs aux pauvres et à l'Église, et pour les plus riches les fondations en principe perpétuelles. La vogue au début du siècle encore de l'*Ars moriendi*, l'art de (bien) mourir, dans ses multiples éditions, celle des livres d'heures illustrés, pour leur passage consacré à la mort, correspondent bien à une sensibilité très largement répandue et dont se satisfait l'Église : l'élément d'angoisse y est représenté par la terrible incertitude de la lutte entre le bon ange et le démon, l'énorme espoir du paradis et la terrible peur de l'enfer. Le grand cérémonial funèbre ne se répand – parmi les élites – qu'au XVIIe siècle, sensiblement au moment aussi où se généralise l'enregistrement des actes de sépulture qui, à la différence des baptêmes et des mariages, n'avaient guère d'importance religieuse ou juridique. La valorisation de la mort alors évidente n'est donc que balbutiante dans un XVIe siècle où l'on n'éprouve nul besoin de la canaliser par des procédés spectaculaires : si l'on veut retenir un tournant symbolique, on notera que c'est en 1579 seulement que le roi ordonne, sans être immédiatement suivi partout, l'enregistrement des sépultures dans les registres paroissiaux.

CHAPITRE 2

L'homme dans son environnement

Les rapports avec l'environnement sont beaucoup plus complexes que cette organisation finalement simple de la vie de l'homme, et beaucoup plus complexes que la présentation qu'on a pris l'habitude d'en proposer. Ils s'organisent autour de quatre notions aux frontières mouvantes, et en partie contradictoires : familiarité voire intimité, dépendance, peur et maîtrise.

I. L'intimité avec la nature

Le plus évident est la familiarité des hommes avec un environnement encore largement naturel. Il s'agit bien entendu de connaissance : connaissance des plantes, des animaux, connaissance des signes annonciateurs du temps qu'il va faire, quand ce n'est pas la recherche fondée sur une statistique empirique qu'expriment les dictons. Le meilleur indice en est sans doute la richesse d'un vocabulaire qui nous surprend aujourd'hui dans les textes, au point que nous succombons à la tentation de le qualifier de local ou régional, parce que disparu de notre français. Il demeure cependant dans quelques langues témoins restées proches de cette civilisation rurale : là où nous disons « chaumière », le breton distingue entre le *ti soul*, au toit de chaume, le *ti plouz*, au toit de paille de céréales, et le *ti balan*, au toit de genêt. Les citadins eux-mêmes restent très proches des réalités naturelles, sans même qu'il soit besoin d'invoquer leurs liens économiques avec les campagnes : on cultive les jardins, sauf dans les cœurs des très grandes villes, et des centaines ou milliers de chevaux, bœufs et porcs vivent en ville avec tout ce que cela implique de familiarités.

Le lien est cependant plus profond, parce que intellectuel, dans le domaine de la mesure. Le pouce, le doigt, la coudée parfois, le pied, le pas, le journal – la surface que l'on laboure raisonnablement en une journée de travail – ou la charrue n'ont pas besoin d'explication, même si d'autres mesures moins immédiatement concrètes ont fait leur apparition. Il y a plus : pour l'immense majorité des Français, l'époque n'est pas encore venue du temps mécanique. L'heure reste celle du soleil, de la lune, du coq, des oiseaux – « environ vollée de bécasse du soir » –, des ombres, de l'avant ou « après desjeuner », du « jour faillant », même si le sieur de Gouberville, gentilhomme normand et donc bon intermédiaire culturel, commence aussi à compter « trois heures » et même « une heure et demie », très probable indice du recours à un cadran solaire. L'horloge et son temps mécanique est au contraire le signe du luxe de l'intérieur, comme chez les plus riches des officiers du Parlement de Paris, ou des débuts d'une autre culture lorsqu'elle est publique et bien sûr citadine.

L'intimité avec la nature est tout aussi forte dans le domaine de l'habitat, mais la démonstration exige quelques précautions. Le recours à la spectaculaire documentation iconographique est en effet doublement trompeur, parce que sa qualité nous incite à étendre la portée de ce qui n'est presque toujours que documentation flamande – ah, Bruegel ! –, et surtout parce que le cadre de vie est peint en fonction de fantaisies, codes et symboles que nous ne déchiffrons que partiellement. Nous connaissons en réalité fort mal l'habitat *commun* du XVIe siècle : la « typique » maison bretonne de granit est un mythe, tout comme une bonne part des maisons de pierre ici, de brique là, qui nous sont parvenues, et même les maisons à poêle de faïence vernissée de Lorraine ou d'Alsace dûment évoquées par Montaigne lors de son voyage d'Allemagne : mythes, en tant que *type*, tout simplement parce que Montaigne ne descend pas chez les pauvres et que, plus largement, n'ont survécu que les plus solides et les plus riches des maisons du XVIe siècle. Il est encore prématuré, pour cette époque, de chercher à dégager des types régionaux pour l'habitat commun, en dehors de l'évidence du recours, dans toute la mesure du possible, à des matériaux locaux, pour éviter de prohibitifs coûts de transport qui font préférer au paysan mis en scène par Noël du Fail une couverture « de paille et joncs entremeslés » à l'ardoise qui lui « cousteroit à amener ».

Culturellement parlant, à vrai dire, les différences de matériau comptent assez peu, et moins encore celles de style. La maison commune utilise des matériaux fragiles : sur un socle de pierre parfois, la terre, le bois, la paille, le torchis qui les combine, parce que c'est bon marché, facile et rapide à travailler. La maison commune est sombre, parce que peut-être le besoin, la culture de la lumière ne sont pas les nôtres, parce que les grandes ouvertures fragilisent la construction, et parce que, surtout, elles rendent plus difficile encore le chauffage. L'homme du XVIe siècle voit en demi-teintes, glauque, gris, et parfois flou : papier plus que vitre aux fenêtres, et pas encore de lunettes pour le malheureux myope. L'homme du XVIe siècle est intime avec ses animaux, parfois séparés seulement par une claie du logement familial, dans une pièce unique. Plus en tout cas que l'organisation des pièces se pose la question de l'organisation de la pièce unique, mode d'habiter largement dominant en ville comme à la campagne même si, en compensation, on utilise largement l'espace proche, la rue en ville, les alentours de la maison à la campagne, là où se multiplient des têts et autres appentis sommaires, de la paille sur quelques poteaux de bois, pour loger outils, provisions non fragiles et parfois quelques animaux.

La réalité banale est celle que nous décrivent des voyageurs réellement égarés et contraints de demander asile à n'importe qui, comme le comte de Forbin dans le Poitou de 1683 auquel le paysan répond n'avoir « que ce méchant lit pour moi, ma femme et mes enfants » dans sa pièce unique, ou cet Italien anonyme perdu en haute Bretagne en 1618, qui ne dort point de la nuit « à cause des vaches qui y estoient, n'[y] ayant qun toy et les quatre parois où nous estions ». Même chez un petit noble comme le sieur de La Chesnaye, à Arradon près de Vannes, la grande salle du bâtiment de pierre est couverte de joncs, et l'étage n'a sans doute d'accès que par un escalier extérieur. Nous sommes pourtant ici dans un manoir, mais la culture du quotidien n'est pas fondamentalement différente : on garde vieux instruments de cuisine et vieux vêtements et, ici aussi bien que chez le magistrat du Parlement de Paris ou le paysan auvergnat, les meubles essentiels restent simples : coffres, où l'on entasse – l'armoire sera un tout autre mode de rangement, où l'on classe –, table et ses bancs, cheminée et son minimum d'instruments, lit.

La distinction, une certaine distance avec le plus naturel ne se manifestent vraiment que par quelques objets, bijoux et orfèvrerie par exemple, ou même étains, par la manière d'étaler, belle nappe ou dressoir, par la qualité d'un lit, ou bien par une quantité plus grande de vêtements ou linges de meilleure qualité, luxe important à une époque où la lessive est un très lourd travail. C'est par le tissu fin, lin plutôt que chanvre, ou précieux, velours ou satin, par la douzaine de chemises ou de draps que se fait la différence, car les éléments du vêtement restent les mêmes pour presque tous : chemises et chausses, serrant les cuisses, pour les hommes, et pour les femmes chemises puis corps et ses manches ou brassières, cotillon ou cotte et parfois robe, et bien sûr chapeau ou coiffe pour tous. Les couleurs restent ternes, et sombres le plus souvent, et tout autre usage choque : les Marseillaises montrent « plus de luxe que de bon goût », estime en 1597 encore le prude Thomas Platter ; n'arborent-elles pas, les jours de fête au moins, corsage et manches rouges, jupe jaune, grise ou bleue ? « On dirait des perroquets » ! Encore faut-il nuancer, car les officiers du Parlement de Paris, dans la première moitié du siècle il est vrai, sont loin de suivre les folies marseillaises : leurs robes sont de prix, mais compte surtout le fait de porter la robe, longue, alors que le paysan doit être à l'aise dans ses mouvements et se vêt court ; leurs coffres sont parfois sculptés, mais les notaires qui estiment leur mobilier y sont insensibles…

L'idéologie actuelle du naturel pourrait mener à une idyllique perception, celle d'une insertion idéale de l'habitat dans le paysage où il se fond, celle d'un temps où l'on se vêt de chanvre ou mieux de lin, et de laine bien sûr. Cette vision pourrait même se nourrir du sens de la belle ouvrage, qui mêle de la marjolaine à la paille du toit et couronne celui-ci d'un bouquet à son achèvement, ou qui construit un tas de fumier aussi bien parfois que les meules de paille et gerbes de blé. La réalité est tout autre : celle de logements qu'on chauffe très mal – même dans les châteaux – et donc celle du froid et de l'humidité combattus seulement, pour les plus aisés, par l'entassement du vêtement et par les tapisseries fixées le long des murs. La réalité est celle de la fragilité de logements sans cesse à réparer, et surtout très sensibles à un feu qui se fait facilement hantise : les nouvelles du grand incendie de Troyes, en 1524, dans le contexte tendu de la guerre contre Charles Quint, coûtent la vie à des dizaines de Parisiens accusés d'être des incendiaires, et victimes pendant quelques mois d'une véritable psychose. La peur n'est donc qu'à deux pas de la familiarité, et avec elle sans doute les moyens de la maîtriser : le feu des bûchers est purificateur, le feu porte puissance et danger – le feu grégeois ou le « bâton à feu », premier nom de l'arme… à feu – mais dissipe les ténèbres de la nuit ou éloigne le Malin grâce aux cierges des processions. Le bourgeois de Paris Nicolas Versoris, qui nous livre tous ces exemples pour la même année 1524, illustre parfaitement l'immense ambiguïté des rapports avec les éléments naturels.

II. La nourriture

Le rapport à la nourriture fournit un exemple encore plus brutal d'ambiguïté, dans la mesure où une alimentation dans l'ensemble suffisante, en temps normal et pour la majorité de la population, va de pair avec une « culture de la faim » pour une large part de la population aussi.

La France fait partie, bien entendu, de la très vaste zone culturelle dans laquelle l'alimentation repose sur les céréales, manière la plus rentable de produire des calories à l'hectare. Les différences interviennent de trois manières essentiellement : dans la nature et la manière de consommer ces céréales, par la place des autres aliments et, critère social s'il en est, par le degré de dépendance à l'égard des mauvaises récoltes.

Les céréales sont la base de l'alimentation partout, et leur domination parfois écrasante, comme dans les campagnes du Bassin parisien, est le signe d'une alimentation pauvre et fragile, puisque trop liée à une seule donnée climatique. On les consomme sous la forme de pain, le plus souvent rassis : en pays de montagne, il arrive même que la cuisson n'intervienne qu'une ou deux fois par an, usage dont les traces subsistent encore à Villar-d'Arène dans l'Oisans. Cela signifie simplement que le pain est consommé mouillé, soit en larges tranches servant d'assiettes, soit dans la soupe. La variante principale de ce mode de consommation, la bouillie, fait plus facilement appel à des céréales moins coûteuses, orge, avoine, blé noir miraculeux par ses faibles exigences culturales, mil même, alors que le pain se fabrique essentiellement à partir de froment pour les plus aisés, de seigle et plus souvent encore d'un mélange dans lequel le seigle joue le rôle principal. La pâte sert parfois à fabriquer des crêpes, comme en Bretagne ou en Flandre, ou des galettes consommées dures. Les substituts imposés par la disette ou la pauvreté, châtaignes et même glands, sont courants au moins dans les régions de montagne : Félix Platter, logé dans une « méchante auberge », nous décrit en octobre 1552, à la saison donc, « une longue table où étaient assis des paysans savoyards et des mendiants en train de manger des châtaignes rôties avec du pain noir, et de boire de la piquette ». Au total, ce sont au moins deux et souvent plus de trois livres de pain ou leur équivalent que consomme quotidiennement chaque habitant.

La culture « du pain » – des céréales en fait – ne se porte pas comme la nôtre sur ses formes : l'appétit se porte sur le plus fin, le froment, et, surtout, l'essentiel tient dans l'image très forte de l'aliment. La maie, qui sert à pétrir la pâte à domicile, est un des rares meubles courants. La peur de manquer est si forte qu'elle engendre de violentes émeutes contre les exportations ou parfois contre les boulangers, et si fortement ancrée dans les esprits qu'elle contribue à susciter des mouvements sociaux longtemps après la disparition des famines, avant, pendant et encore après la Révolution. La force du pain dans l'imaginaire tient aussi à son sens symbolique, qui en fait, après consécration, le corps du Christ : c'est lui, et aucun autre aliment, que l'on marque d'une croix symbolique avant de l'entamer.

Briseur de mythes, l'historien sait pourtant que l'essentiel tient dans la part des autres aliments, qui seule permet de pallier les carences et, plus encore peut-être, limite voire évite les conséquences des aléas climatiques. La culture est beaucoup moins forte cependant autour de la viande, dont la consommation, contrairement à ce que croyait Fernand Braudel, ne régresse pas, ou en tout cas pas partout au XVIe siècle, au prix peut-être d'une évolution vers la viande salée, le lard du charnier, sans qu'on puisse assurer cependant qu'existe déjà tout le rituel souvent décrit au XIXe siècle autour de l'abattage annuel du porc et du festin convivial qui l'accompagne. C'est cette viande salée, ou bouillie, qui, avec quelques racines – raves surtout –, des poireaux, des choux, des herbes avec la saison, enrichit la soupe selon des nuances sans doute décisives mais mal connues, de la riche Bretagne au très inégalitaire Bassin parisien. C'est dans la touche finale que la culture revient, très forte, autour de la noix de beurre ou de la cuillerée d'huile, les plus aisés savourant, eux, la viande rôtie, viande de l'aisance ou de l'exceptionnel jour de fête.

Le maigre de la culture catholique impose aussi le hareng ou la morue, séchés ou salés, bien moins largement qu'on ne le penserait cependant : plus qu'un problème de transport joue ici le fait qu'en dehors des régions côtières – et encore – le poisson est aliment acheté, alors que la viande peut se produire dans chaque famille. La vraie différence tient donc dans les substituts, les œufs par exemple, ou dans le niveau d'aisance qu'implique la consommation de poisson « frais », une fois sorti des zones côtières. À l'inverse, le pauvre se contente en carême, au moins si l'on en croit Érasme, d'accompagner son « noir pain de son [d']un navet cru et [d']un poireau ». C'est là une des rares ouvertures sur ce qui nous échappe presque totalement, alors que nous en savons l'importance : fèves et pois apparaissent encore dans les documents, mais guère les légumes, moins encore les fruits, dont l'apport est pourtant essentiel aussi pour pallier les carences, et quand tout manque.

La pauvreté de notre savoir reflète ici une réalité : la culture est encore, en matière alimentaire – le pain excepté –, celle du luxe des banquets, celle des envies rarement satisfaites de viande ou de vin, l'essentiel demeurant la satisfaction des besoins quotidiens. Le vin est d'ailleurs un bon exemple, puisque nous en connaissons bien la sociabilité cabaretière – il se boit très peu à domicile –, de fête, à la rigueur de dimanche, mais il n'est pas un produit qui s'élabore au prix d'une technique savante génératrice d'une riche culture, et se consomme parfois curieusement : Érasme, qui a pourtant vécu, chichement il est vrai, à Paris, et qui aime le vin, ajoute dans son bourgogne eau sucrée – avec du miel – et jus de réglisse ! Le vin et la bière sont en fait des boissons de meilleure qualité que les autres – le vin est nettement la plus chère –, mais on boit plutôt les diverses piquettes, des boissons artisanales comme le poiré ou le cidre qui, de Normandie, commence juste à gagner la Bretagne, du lait ou du petit-lait, et surtout la pire de toutes, l'eau, dont la consommation entraîne régulièrement de terribles épidémies de dysenterie sans parler des autres infections des voies digestives. La culture est d'autant moins forte encore que les zones de production ne sont pas encore bien arrêtées : Bourgogne et Gascogne sont connues pour leur vin, mais Champagne, région parisienne, Orléanais, Touraine, Anjou, Bretagne, entre autres, produisent des vins médiocres : c'est Érasme encore qui estime que « la plupart des vins méritent d'être bus par des hérétiques car ils constituent une punition suffisante pour n'importe quel méfait » ! Et ce n'est pas la qualité de la bière, mais son faible coût, qui lui assure une progression dans les ports de l'Atlantique. Si l'on excepte les classes aisées et le clergé, la consommation des boissons alcoolisées relève encore du simple geste de sociabilité : les vrais problèmes liés à l'alcoolisme n'émergent qu'au début du XVIIe siècle, quand se développe la consommation d'eau-de-vie.

Pour les hommes et les femmes du XVIe siècle, la satisfaction des besoins quotidiens s'accompagne de la hantise du lendemain. Les problèmes ne tiennent pas, contrairement à des illusions pas encore totalement dissipées, au climat et à ses aléas, pas suffisamment particuliers au XVIe siècle pour expliquer les catastrophes. Ils tiennent, tout simplement, à des questions structurelles : l'incapacité technique à faire face aux conséquences des aléas climatiques, et plus encore la très profonde inégalité sociale. En cas de mauvaise récolte, certains ne souffrent pas du tout et au contraire profitent de la situation en spéculant, grâce à leurs rentes foncières et à leurs stocks, alors que d'autres – petite bourgeoisie des villes notamment – souffrent dans leurs bourses mais parviennent en général à surmonter la crise, tandis que les plus pauvres, démunis de toute provision et de toute réserve financière, subissent de plein fouet la famine.

Il y a toujours du blé, mais trop cher, on sait en faire venir, d'autres provinces, de Flandres, voire de Pologne, mais trop tard, alors que les spéculateurs savent, très vite, faire grimper les prix. Tous les trente ans environ – et régionalement plus souvent encore –, une grande famine lance ainsi sur les routes des centaines de milliers et parfois peut-être des millions d'êtres qui espèrent trouver assistance en ville, des êtres qu'il faut imaginer, pour les plus touchés, semblables à ceux que nous montrent encore parfois de terribles images d'actualité. La charité, souvent réelle, est dépassée. « Les pauvres mouroient de faim par les chemins, ne mangeant que de l'herbe que l'on leur trouvoit à la gorge » : nous sommes au Puy-en-Velay, en 1575, avec Jean Burel. « Estoit une chose moult pitoiable de veoir tant de pauvres gens, hommes et femmes, languir par les rues et chemins et mourir de faim, faulte de sçavoir manger ce qu'on leur donnoit, pour leurs boyaux qui estoient rétressis. » Cela, c'est Provins en 1573, et le témoignage de Claude Haton. « Les pauvres mouroient de faim par les rues, chemins, et en leurs maisons, et estoient en telle nécessité qu'ilz rompoient et persoient les murailles, maisons, édiffices pour recouvrer du pain » ; et, quand on leur en donne, « ils mouroient, [car] ilz estoient si affaméz que ilz avoient les boyaulx estresiz. » Il faut avoir présentes à l'esprit ces images nantaises pour mieux comprendre *Pantagruel*, tout simplement parce qu'ils marquent la même année 1532.

III. L'animal

Nous commençons sans doute ainsi à mieux comprendre la complexité du rapport à la nature, dont le rôle de l'animal nous propose un nouvel exemple. Un regard superficiel livre des données simples. D'un côté, c'est la peur, illustrée par le loup. Du cadavre de Charles le Téméraire dévoré par les loups sous les murs de Nancy en 1477 au *Petit Chaperon rouge*, cette peur-là nous est presque trop bien parvenue, d'autant qu'elle s'est nourrie de connaissances, réelles, sur les peurs amplifiées par le mythe, celle de la bête du Gévaudan au XVIIIe siècle comme celle du loup-garou. Et pourtant la réalité est bien là, au moins dans les zones écartées, ou lorsque la guerre empêche l'entretien normal des campagnes, ou, sur le très long terme, dans les esprits. Suivons l'exemple de la Bretagne, ravagée par les guerres de la Ligue à la fin du siècle. En 1598, un témoin on ne peut plus sérieux, le chanoine quimpérois Moreau, raconte :

> Les pauvres gens [...] mouroient dedans les parcs [bretonisme pour « champs clos »] et fossés, où les loups les trouvant morts s'accoutumèrent si bien à la chair humaine que, dans la suite, pendant l'espace de sept à huit ans, ils attaquèrent les hommes étant même armés, et personne n'osoit aller seul. Quant aux femmes et enfants, il les

> falloit enfermer dedans les maisons, car si quelqu'un ouvroit les portes, il étoit le plus souvent happé jusques dans la maison ; et s'est trouvé plusieurs femmes, au sortir auprès de leurs portes pour faire de l'eau, avoir eu la gorge coupée sans pouvoir crier à leurs maris, qui n'étoient qu'à trois pas d'elles, même en plein jour.

Les documents nous laissent effectivement la trace de plusieurs dizaines de victimes, de seize enfants ainsi dans le seul village de Meslin en un peu plus d'un an ! Il n'en faut pas plus pour relancer l'imaginaire. Moreau évoque très sérieusement les loups-garous, et explique : le « menu peuple » les appelle « tut bleis, c'est-à-dire [en breton] gens loups ». Trois quarts de siècle plus tard, un voyageur charentais de passage, Jouvin de Rochefort, pourra noter « qu'on s'y plaint de la grande quantité de loups, qui souvent font d'horribles carnages dans la campagne, dont les bonnes gens du païs racontent mille histoires qui paroissent plus fabuleuses que véritables ».

Nous retrouvons bien là la frontière entre le sauvage et le maîtrisé, et la démarche très naturelle qui consiste à donner un nom et une forme connue à la peur, en l'occurrence ce loup-garou banal dans la culture occidentale. Le quotidien n'entre cependant pas toujours aussi facilement dans ce schéma anthropologique. L'animal domestique ou familier, ainsi, semble très – presque trop – bien intégré. Les chiens courent dans l'église, les porcs dans la maison – le nourrisson mordu, voire dévoré, n'est pas une légende –, on jette dans la rue ou la rivière les restes du bétail abattu, le maréchal traite les chevaux au vu de tous, ce qui n'est pas seulement ferrer : en pleine ville de Nantes, en 1570, en voici un qui « chastre et seigne les chevaulx et pense leurs playes et ulcères pourryes et infaictées, qui rendent tous les pavéz souilléz, sanglans et puans avecq les fiens ». Ne frémissons pas de dégoût devant cette banalité encore bien acceptée : les rats et les souris, les punaises, les poux et les puces eux aussi sont innombrables, mais intégrés dans la culture et ce que Georges Vigarello a bien analysé comme une véritable sociabilité, si ce n'est une culture du pou – « les maîtresses épouillent leurs amants avec application ; les servantes épouillent leurs maîtres ; les filles épouillent leurs mères et les belles-mères leurs futurs gendres ». L'image est un peu excessive peut-être, mais l'épouillage est bien une pratique ordinaire. C'est ainsi, un peu comme les nuages de sauterelles, et la comparaison paraît sans doute moins absurde quand on lit Jean Burel, le bourgeois du Puy :

> Dieu permist aultre fléau nous visiter, que fust que sur les moissons, survindrent si grand nombre de chenilhes et aultre vermine de terre qui commençarent à gaster et manger les febves et fruictz de la terre ; tellement que les pouvres laboreurs n'avoient aultre remède et moien de les chasser que par fulmination, censures ecclésiasticques et excommunication.

Le traitement religieux, preuve d'intégration dans le quotidien, nous laisse l'image d'un monde animal étroitement accolé à celui des humains, pour le meilleur et pour le pire, naturellement accolé surtout, du plus familier des animaux au parasite accueilli comme fléau de Dieu. Et pourtant, à certains moments, ces rapports retrouvent une brutalité qui fait partie, elle aussi, du naturel de l'époque : on brûle tout vifs des chats lors de certains bûchers de mi-carême, comme Robert Muchembled l'a observé à Cambrai, on massacre en masse, quand l'épidémie frappe, chiens et chats, et parfois porcs, pigeons, volailles. Le chat illustre le mieux ce rapport terriblement ambigu, objet de tendresse en même temps que symbole du péché et animal du diable, qui infecte « par son poil, son haleine et même son regard » si l'on suit le grand Ambroise Paré. Oui décidément, les frontières sont très floues entre une peur et une familiarité complémentaires, comme elles le sont entre la société humaine, le monde animal et même l'environnement végétal.

IV. Le paysage

Il nous fournit un ultime exemple de cette ambiguïté. Les hommes du XVIe siècle continuent en effet à construire le paysage, malgré la faiblesse des moyens techniques : drainage et irrigation en Comtat Venaissin, ou poursuite du maillage de l'Ouest en bocage. La forêt continue à reculer, sous la pression surtout des maîtres de forges dévoreurs de bois, et tout simplement parce que le bois est à peu près le seul moyen de chauffage. La marque est même parfois, techniquement au moins, plus spectaculaire quand il s'agit de canaliser des rivières, comme la Mayenne dès le début du règne de François Ier, au moins entre Château-Gontier et Laval, et plus encore la Vilaine, un ambitieux projet lancé vers 1540, avec recours aux toutes nouvelles écluses doubles. Ce chantier, encore inachevé à la fin du siècle, nous a laissé un ensemble de plans d'un intérêt exceptionnel, dans la mesure où ils nous représentent sans doute très fidèlement le paysage rural et pas seulement les villes concernées, Rennes et Redon.

Or c'est là une des rares représentations réalistes du paysage rural que nous possédions pour le XVIe siècle, si l'on excepte ces autres documents techniques que sont les plans de ville de plus en plus demandés, dessinés en général en intégrant une part des campagnes environnantes. Les élites intellectuelles, les peintres, les poètes, ceux qui écrivent, plus largement, ignorent superbement leur enracinement naturel pour lui préférer villes et monuments – souci presque exclusif des voyageurs qui racontent leur périple, Platter aussi bien que Montaigne par exemple –, ou alors pour reconstruire un paysage idéal. C'est en ce domaine que l'on peut percevoir sans doute un des tout premiers signes du divorce culturel qui s'annonce, entre les réalités vécues par l'immense majorité des Français et l'idéal culturel des élites de la société.

> Comme on voit sur la branche au mois de mai la rose
> En sa verte jeunesse, en sa première fleur,
> Rendre le ciel jaloux de sa vive splendeur
> Quand l'aube de ses pleurs au point du jour l'arrose.

« Mais où diable est passé ce qu'on devrait voir en arrière ? » – c'est-à-dire le paysage –, note plaisamment Bernard Quilliet en citant les illustres vers de Ronsard. Même Rabelais ne donne aucun environnement naturel à son abbaye de Thélème, et c'est plus criant encore dans une peinture influencée par la théorisation de Vinci, selon lequel

> on doit peindre les paysages de telle sorte que les arbres soient à moitié éclairés et à moitié dans l'ombre ; mais il est mieux de les faire quand le soleil est caché par les nuages, car alors les arbres sont teints par la lumière

> diffuse du jour et par l'obscurité de la terre. Et leurs parties sont d'autant plus obscures qu'elles sont plus proches du sol ou du centre de l'arbre.

Et Vinci de poursuivre sur les autres éléments d'un éventuel paysage. On court droit vers les paysages recomposés ou italianisés du XVIIe siècle, avant les paysages maîtrisés et ordonnés du temps de Louis XIV. En fait, seuls des créateurs marginaux s'intéressent à la nature, et cette incongruité échappe presque au lecteur même contemporain. D'Honoré d'Urfé nous retenons la bergerie de *L'Astrée*, qu'il rédige dans les toutes premières années du XVIIe siècle, mais certainement pas la juste évocation du paysage du Forez, qui ouvre le livre premier :

> Auprès de l'ancienne ville de Lyon, du costé du soleil couchant, il y a un pays nommé Forests, qui en sa petitesse contient ce qui est de plus rare au reste des Gaules. Car estant divisé en plaines et en montaignes, les unes et les autres sont si fertiles, et situées en un air si tempéré que la terre y est capable de tout ce que peut désirer le laboureur. Au cœur du pays est le plus beau de la plaine, ceinte, comme d'une forte muraille, des monts assez voisins et arrosée du fleuve de Loyre, qui prenant sa source assez près de là, passe presque par le milieu, non point encor trop enflé ny orgueilleux, mais doux et paisible. Plusieurs autres ruisseaux en divers lieux la vont baignant de leurs claires ondes : mais l'un des plus beaux est [le] Lignon, qui vagabond en son cours, aussi bien que douteux en sa source, va serpentant par ceste plaine depuis les hautes montaignes de Cervières et de Chalmasel jusques à Feurs, où [la] Loire le recevant, et luy faisant perdre son nom propre, l'emporte pour tribut à l'Océan.

Quelques décennies plus tard encore, les représentations paysannes des frères Le Nain sont dénoncées, non sans raison, comme illusoirement fidèles, mais on en oublie leur vision parfois très géographique du paysage… Ces exemples remarquables parce que isolés ne peuvent infléchir une tendance lourde, celle d'un art qui exclurait la nature, et donc d'une culture en train d'éclater.

V. Le calendrier

Le divorce est d'autant plus sensible que nous sommes alors à l'apogée des tentatives de maîtrise culturelle de la nature, au plus large sens du mot, à travers l'extraordinaire synthèse que constitue le calendrier vécu par presque tous les Français.

La première illustration tient dans le succès, tout au long du siècle, du *Grant Kalendrier et Compost des bergiers*, que sa nature, imprimée, et son recours, pour quelques passages, au latin destine à un public relativement privilégié. Calendrier des saints, physiognomonie – l'interprétation du caractère d'après l'aspect du visage –, moyens de prévoir le temps d'après le comportement des animaux, vertus, peines de l'enfer, vademecum du savoir religieux de base, soins élémentaires du corps, recettes de cuisine, chansons, et surtout astrologie, pratiquement dans cet ordre, résument une vision élémentaire mais relativement complète de l'univers et des outils nécessaires pour y vivre.

Les esprits et les corps sont pourtant beaucoup plus imprégnés encore de pratiques calendaires qui constituent une interprétation très cohérente de l'univers et répondent en même temps, en associant magie et religion, au souci de le maîtriser autant que le permet la volonté divine. François Lebrun en a proposé en 1987 une interprétation synthétique qui n'a pas été dépassée, et qui met remarquablement en évidence la fondamentale complémentarité entre le calendrier liturgique, dont les temps forts et les grandes fêtes qui les accompagnent s'étalent pour l'essentiel de la Toussaint à la fin avril, et le calendrier agraire, dont les gros travaux se succèdent de mai à octobre. Cette construction harmonieuse du temps, expression très sophistiquée d'une culture qu'on peut sans doute dire millénaire, est une des – et peut-être *la* – structures les plus fortes de la vie de nos ancêtres.

Le grand début du cycle hivernal se situe à la Toussaint, et notre actuelle confusion entre la fête de tous les saints, le 1er novembre, et celle des trépassés, le 2, ne trahit curieusement pas du tout l'esprit du calendrier traditionnel. La nuit du 1er au 2, en particulier, est bien celle d'une fête qui associe les trépassés aux vivants : cloches toute la nuit, rassemblement dans l'église avec boisson, repas, feu, sans doute chansons, peut-être danses... Le temps de l'avent est certes temps de pénitence, mais pas absolu : la Saint-Nicolas, le 6 décembre, est joyeusement célébrée au moins dans le Nord et l'Est comme la fête des jeunes gens. Surtout, l'avent mène à ce qui était sans doute perçu, toutes proportions gardées, comme un temps de vacances au sens actuel du terme : le cycle de douze jours, de Noël à l'Épiphanie, est une succession presque continue de fêtes qui inaugurent en quelque sorte le temps du carnaval. La fête des Innocents, le 28 décembre, est l'occasion pour les enfants de recueillir des sortes d'étrennes sous la forme de petits pains, mais surtout un premier grand défoulement, celui des parodies, des libertés et de toutes les inversions : processions festives, habits sacerdotaux portés à l'envers, défilés grotesques, couplets obscènes, et préparation de l'élection du roi du carnaval qui intervient en général le jour des Rois, le 6 janvier, en même temps que ripailles et nouveaux cortèges masqués.

Les descriptions abondent – citadines il est vrai – de ces festivités qui culminent cependant en février, dans le carnaval. L'illustre tableau de Bruegel, le *Combat de carnaval et de carême* (1559), marque bien la rupture que représente l'entrée dans le grand temps de pénitence d'avant Pâques, les quarante-six jours (quarante – d'où le nom – plus les dimanches) entre le mercredi des Cendres et le samedi de Pâques. Le contraste entre le Mardi gras, dernier jour avant le carême, et le mercredi des Cendres, où l'on se couvre en signe de pénitence des cendres venues bien souvent des feux de joie de la veille, n'est pas qu'un contraste de régime alimentaire. Le temps de carnaval est celui des envies enfin exprimées, fête, bombance, beuverie, celui des prodigalités, quand les citadins se composent des costumes de fantaisie ou quand volent par milliers, au moins dans les ports, les oranges venues d'Espagne, celui des promesses, celui du renouveau de la nature et des épis à venir, celui d'excès que compense symboliquement le temps de prière et donc d'appel à Dieu du carême. C'est, aussi, le temps de l'expression de sentiments forts : la frustration devant l'inégalité sociale quand les artisans de Romans dansent en 1580 la mort des riches ; la revendication religieuse et nationale face à l'Espagne, quand les Cambrésiens utilisent tout l'attirail carnavalesque lors de la révolte des Pays-Bas et brandissent leurs marottes de fou en signe de dérision à l'encontre du cardinal

Granvelle ; la revendication politique, plus intellectualisée, quand des Parisiens jouent en 1516 une Mère Sotte qui règne à la cour et ruine tous ses enfants par l'impôt. C'est, enfin, le temps d'une culture très largement partagée, ce qui relativise sans doute l'importance de transgressions dans l'ensemble bien canalisées : clercs et laïcs, roi, grands, citadins et ruraux participent tous aux festivités, réglées – ce n'est pas un détail – par la nature, c'est-à-dire par le cycle de la lune, qui situe Pâques entre le 22 mars et le 25 avril.

Les deux mois qui suivent connaissent encore de grandes fêtes, mais elles sont plus ponctuelles, même si Ascension, Pentecôte et Fête-Dieu sont des fêtes importantes. Au-delà des obligations du calendrier chrétien jouent sans doute ici deux grands soucis. L'un est d'ordre agraire, qu'illustre l'importance prise par les processions des rogations dont le nom dit bien le sens de prière pour les récoltes, ou même la célébration spectaculaire de la Saint-Jean, christianisation très superficielle de la fête du solstice d'été et de la nature triomphante. En même temps interviennent ainsi, tout simplement, des temps de repos qui rythment, bien mieux répartis que les nôtres, cette période éprouvante des gros travaux agricoles. Claude Haton nous décrit bien, dans la petite ville de Provins, ces rassemblements qui, à l'occasion de la « petite Fête-Dieu » – qui double parfois, huit jours après, la Fête-Dieu proprement dite –, réunissent

> les voysins de chascune rue et canton les ungs avec les aultres [...] à jouer et se récréer ensemblement, les hommes d'un costé, les femmes d'un aultre, chascun avec son semblable. Les hommes jouent aulcuns à la boulle, aultres à la paulme, aultres aux dames, chascun selon l'esbatement qui mieux plaist à son esprit ; les femmes jouent aux quilles ou aultres jeux convenables à leur sexe et qualité.

Le soir, des repas réunissent les groupes dans les rues, si le temps le permet, les nouveaux mariés de l'année ou les nouveaux venus y contribuant largement à titre de « bienvenue ». C'est le temps aussi des pardons bretons, des ducasses artésiennes, des assemblées un peu partout, moins idylliques bien sûr, violence latente et vin aidant, que les souvenirs de Claude Haton, le temps des danses et des amours, celui où la sueur du travail et celle de la fête se mêlent, à l'exemple de la construction des aires à battre assurée par le piétinement des danseurs jusqu'à l'épuisement. Le calendrier, sans doute, « parle chrétien », comme le disait Lucien Febvre, mais il parle surtout une langue beaucoup plus riche, à l'image de la culture de nos ancêtres.

Ainsi, le temps de la vie comme celui de la nature sont pris en charge et maîtrisés par des constructions intellectuelles et pratiques extrêmement cohérentes, qui assurent le minimum de sérénité et d'assurance dans un univers aux forces matériellement mal maîtrisées. Cette culture est une des réponses à la maladie et à la mort, aux incertitudes du climat et des récoltes, mais une des réponses seulement, nous allons le voir.

CHAPITRE 3

L'homme et son entourage

Hommes et femmes du XVIe siècle maîtrisent également l'univers grâce à une organisation très structurée des rapports avec la société. On pourrait, en forçant à peine le trait, concevoir ces rapports comme l'articulation d'une série de cercles, du plus au moins intime, à condition de ne pas oublier que cette construction sociale s'est déjà largement délitée dans les villes où immigration de ruraux, renouvellement de la population et poids de la misère détendent les structures traditionnelles.

I. La famille

L'insertion la plus évidente de l'individu se fait par la famille, ce qui explique évidemment l'impossibilité culturelle du choix du célibat en dehors des contraintes professionnelles déjà évoquées. La cellule n'est pas que biologique : la coïncidence entre famille et groupe de travail est presque systématique, le chef de famille est en même temps chef d'exploitation, ce qui entraîne d'ailleurs souvent une extension de la notion de famille à celle de maisonnée, incluant les domestiques dans les familles assez aisées pour en employer. La coïncidence est donc aussi celle de la structure sociale et du bâtiment ou ensemble de bâtiments qui l'abrite. La configuration de ce triptyque – groupe humain – cellule de travail – bâtiment – varie cependant énormément.

En fonction de traditions, mais aussi de considérations économiques – structure de la propriété, situation du marché de la terre – et juridiques – les règles de succession –, deux grandes formes d'organisation coexistent. L'archaïque, parce que appelée à disparaître, famille large réunit sous un même toit plusieurs générations, « patriarche » et jeunes couples, avec des règles de succession complexes, de subtiles stratégies matrimoniales pour équilibrer besoin et offre de travail, et des contraintes plus fortes par conséquent sur le choix du conjoint pour les jeunes à marier. Le patrimoine l'emporte ici sur l'individu : c'est la « maison », l'oustau déjà observé à Montaillou, mais, même dans le Midi, sa terre d'élection, ce type d'organisation n'est jamais dominant. Il nous donne ces grandes maisons de pierre provençales, souvent hautes et étroites, avec une organisation de l'espace très précise, la meilleure pièce, au premier étage, celle qui est chauffée en permanence et possède la vue sur la rue, allant au couple des parents, les autres aux enfants célibataires et au jeune couple marié, aux petits-enfants éventuellement. C'est qu'ici, comme en Languedoc ou en Aquitaine, les pratiques successorales permettent au chef de famille de désigner son héritier principal et – en gardant prudemment l'usufruit – de lui donner le moment venu les terres qu'il travaille avec d'autant plus de zèle qu'elles lui reviendront un jour en pleine propriété.

Alain Collomp a remarquablement disséqué, pour une époque légèrement postérieure, un tel mode de vie à Saint-André-des-Alpes, mais nous le trouvons, plus complexe et beaucoup plus archaïque encore, documents du XVIe siècle à l'appui, dans le système de la famille souche observé parfois dans le Centre et le Poitou ou, plus large encore, dans la frérèche auvergnate ou nivernaise. Dans ce cas extrême, la communauté reconduite tacitement de génération en génération finit par occuper des hameaux entiers. Dans sa *Cosmographie universelle de tout le monde*, François de Belleforest nous décrit ainsi en 1575 une véritable Arcadie limousine « où un vieillard verra ses enfans jusqu'à la quatriesme génération [...], ayant demouré sans faire partage aucuns de leurs biens ; et j'ay veu, poursuit-il, de ces familles où il y avoit plus de cent personnes tous parens et vivans en commun ». Les bâtiments évoluent ici au gré des besoins, mais il ne faut évidemment pas idéaliser un genre de vie et un mode d'organisation déjà curieux au XVIe siècle. Ces communautés continuent à évoluer vers une organisation en familles plus simples, à l'exemple de la communauté de La Chèze, à Esserteune en Autunois, qui éclate dans les toutes premières années du XVIe siècle en donnant deux hameaux, le Bas et le Haut de La Chèze, hameaux qui prendront un peu plus tard les noms de leurs occupants.

Les contraintes sont évidemment bien moindres lorsque la famille correspond au couple et à ses enfants, c'est-à-dire à l'usage majoritaire, presque exclusif dans la moitié septentrionale de la France, et plus encore en ville où les conditions de logement – d'entassement – des classes populaires ne laissent guère d'autre choix. C'est dans ces couples que nous pouvons observer le mieux le partage des tâches qui laisse à la femme le soin exclusif de la maison, des petits enfants, les travaux dits secondaires comme le soin de la basse-cour et la traite, cueillette et ramassages divers, filage, prise d'enfants en nourrice, sans compter bien entendu l'aide lors des gros travaux agricoles. La domination du père et mari est marquée aussi par sa place à table, mais il ne faut sans doute pas suivre aveuglément le droit et les dictons qui affirment une supériorité sans partage. Hiérarchie au sein du couple et autorité maritale sont des normes de comportement public affichées peut-être un peu trop ostensiblement, et qui ne tiennent pas compte en tout cas du réel pouvoir des femmes, qui ont leurs lieux – le lavoir par exemple –, leurs armes – la puissance du commérage –, et jouent un rôle tellement irremplaçable que les veufs n'ont qu'un souci, se remarier au plus vite.

Les réalités de la vie donnent en effet à ces familles des modes de fonctionnement à la fois bien moins harmonieux et peut-être bien moins contraignants qu'il n'y paraît. La brièveté de la durée moyenne des couples rompus par la mort, la rapidité du remariage des hommes surtout – veufs souvent plus jeunes et moins chargés d'enfants, en raison de la mortalité des jeunes femmes en couches – cassent une image un peu trop idyllique : un veuf se remarie en moyenne avant la fin de sa première année de veuvage, et dans bon nombre de cas moins de six mois après la mort de l'épouse. On imagine aussi sans peine les multiples conflits entre bru – ou gendre – et belle-famille, les rivalités, les jalousies, d'autant que chacun reste lié à son lignage d'origine, dont les femmes continuent à porter le nom. Et il faut insérer ces conflits dans un monde pratiquement sans intimité, où tout se sait dans le village, et à la ville dans la rue ou dans le milieu professionnel.

Quelques cas nous sont parvenus avec suffisamment de précision pour que nous mesurions l'ampleur des réseaux, des conflits et du commérage. Les difficultés du nouvel amour de Bertrande de Rols sont certes celles d'un manquement aux lois du mariage, mais l'échec du « retour » de Martin Guerre est la victoire du lignage des Guerre qui défend ses intérêts, de la surveillance de fait assurée par le voisinage, et peut-être aussi le rejet final par le village, en même temps que de l'imposteur, d'un étranger, en l'occurrence le Basque Aguirre venu s'installer au pied des Pyrénées centrales, entre Ariège et Garonne. La célébrité, cinéma aidant, du dossier étudié par Natalie Davis ne doit pas en faire un cas exceptionnel : l'affaire de Marie Quatrelivres agite le Tout-Paris en 1522, au point que nous gardons, outre quelques traces archivistiques, les récits de Nicolas Versoris et de l'autre bourgeois de Paris qui tiennent alors journal, et même la lettre de consolation que l'illustre humaniste Guillaume Budé adresse au mari, il est vrai très important magistrat du Parlement de Paris, apparenté qui plus est au baron de Semblançay, le responsable à cette époque des finances royales. Or la paysanne Bertrande de Rols et la grande dame Marie Quatrelivres ont en commun une histoire d'amour, d'autant plus scandaleuse à Paris que l'épouse s'est enfuie avec un jeune homme. Le grand intérêt de ce fait divers tient dans son évolution, chaque partie étant de toute évidence soutenue par son clan, le père Quatrelivres faisant jouer de puissantes relations, « des personnages qui avoient crédist en court » et obtiennent le pardon royal pour la traîtresse épouse.

Il en faut retenir que la cellule familiale, très concrètement, connaît toutes les réalités, de la violence à la tendresse, certaine – bien des mentions testamentaires le prouvent – bien qu'elle ne s'exprime pas plus que la douleur devant la mort ; et que la densité des liens sociaux prive l'individu d'intimité autant qu'elle lui apporte de précieuses solidarités, même dans le cas extrême de la famille couple que la mort aurait privée de tout lien familial.

II. Le voisinage

L'organisation sociale donne en effet aux pays de familles couples un réseau particulièrement dense de liens communautaires, qui sont d'abord ceux du voisinage. Chacun fréquente à peu près exactement les mêmes personnes dans le travail et dans les loisirs : ce constat élémentaire peut expliquer l'importance attachée au maintien et au renforcement des liens d'*amitié*, un terme alors pratiquement synonyme de bonne entente. C'est bien cela que nous montrait Claude Haton en décrivant, dans le Provins de 1570, les repas publics entre voisins qui «*par ce moyen* entretiennent paix, concorde et *amytié* les ungs avec les aultres», cela aussi que recherche Jehan du Ponceau, nouvel habitant de Wallers, qui offre en 1549 un tonneau de cervoise «pour soy récréer avec les habitants du lieu et acquérir leur *amitié*». C'est cette amitié entre parents, voisins, collègues de travail, que veut renforcer le choix des parrains et marraines, générateur d'une parenté spirituelle reconnue par l'Église autant que de précieux et solides compérages. C'est cela, bien sûr, que renforcent les multiples solidarités de travail, l'échange indispensable de services pour rentrer les récoltes, faire les vendanges, établir une clôture, voire faire garder le troupeau par les enfants. Hors de tout contrat et donc de trace écrite – sauf les providentielles archives criminelles qui font émerger le quotidien –, on échange ainsi l'usage d'un attelage contre des journées de travail, un transport contre le prêt d'un outil; on s'organise, à l'échelle du hameau aussi souvent sans doute qu'à celle de la paroisse, pour l'exploitation rationnelle des «communs» indispensables au pacage, à la constitution des litières pour les animaux et des réserves de bois pour les hommes, et plus largement à la survie des plus pauvres. Ce sont ces réalités – pas plus idylliques que celles du mariage, on s'en doute bien – qu'expriment aussi les devoirs rendus aux agonisants puis aux défunts de la famille et du voisinage, ou les rassemblements pour les veillées de l'hiver, les jeux de boules ou de quilles de l'été, lors de paisibles dimanches.

Paisible: le terme, évidemment subjectif, est introduit à dessein pour équilibrer le caractère également contraignant de cette indispensable recherche de l'amitié des autres, qui exclut le choix. Un des plus forts changements du siècle est sans aucun doute celui qui s'amorce, justement, au terme de notre période, c'est-à-dire la revendication d'amitiés choisies, et donc particulières: elles choquent parce que étrangères aux usages, parce qu'elles menacent cette amitié- bonne entente dont le cardinal du Perron fait «le lien et le ciment de toute société humaine». C'est pour cela qu'Henri III choque dans son lien d'élection avec les ducs d'Épernon et de Joyeuse, pour cela qu'est illustre le lien tout nouveau et très fort qui unit Montaigne et La Boétie…

III. La communauté paroissiale

Au-delà de ce cercle des proches, c'est la paroisse qui structure de la manière la plus forte l'horizon de nos ancêtres. C'est, aussi, la structure administrative de base dans un royaume incroyablement sous-administré, la structure religieuse de base bien sûr, et, surtout, dans l'immense majorité des cas, une cellule de vie qui s'administre elle-même, sans aucun agent du roi. Les habitants gèrent leurs affaires, comme dans les communes d'aujourd'hui mais avec infiniment moins de contraintes et de contrôles, gèrent les affaires matérielles de l'église, et à peu près tout ce qui conditionne leur vie quotidienne : les questions agricoles d'intérêt commun, dates de récolte et vaine pâture en pays de champs ouverts, bon usage de la forêt, entretien des chemins, salaire de l'éventuel maître d'école, mais aussi les questions fiscales, de la répartition de l'impôt direct entre eux jusqu'à sa levée, et encore la défense de la communauté quand besoin est, contre les collecteurs d'impôts indirects, les soldats, le seigneur et parfois le curé. La capacité d'organisation de ces communautés paroissiales les mène parfois – et pas seulement à l'occasion de révoltes – à s'organiser en véritables syndicats, à l'exemple des 108 villages du Comminges groupés en 1545 pour défendre leurs intérêts fiscaux. C'est dire que si la politique est la gestion de la cité, les hommes du XVIe siècle ont déjà une solide culture politique, qui s'inscrit dans des traditions très différentes d'une région à l'autre.

Ce que les documents désignent couramment comme « le général » des habitants – entendons la représentation de l'ensemble ou généralité des habitants – se traduit, concrètement, par l'échevinage artésien, la jurade de Guyenne, le consulat languedocien, structures laïques, qui coexistent avec la fabrique gérant les intérêts matériels de l'église. Les fabriques du Midi sont moins inexistantes qu'on ne l'a longtemps cru, au moins dans le Sud-Ouest, mais ne peuvent se comparer à celles de Bretagne, si influentes que la structure laïque s'est fondue ici dans la fabrique : la différence ouvre peut-être des perspectives pour comprendre des traditions régionales laïques ou cléricales. Dans bien des régions, en outre, cette organisation se ramifie à l'intérieur de la paroisse en quartiers, traits ou frairies, parfois dotés d'une administration autonome comme en Limousin. On peut parler, au moins à la campagne, d'une démocratie encore très large, dans la mesure où les différences culturelles entre les habitants sont encore peu sensibles et, surtout, parce que l'économie de marché et les divergences d'intérêt qu'elle suscite ne jouent pas encore de rôle déterminant : c'est bien plus tard, par exemple, que se poseront des questions comme celle de l'exploitation plus rationnelle des communs, et donc de leur partage.

Ce qui contribue à maintenir la cohésion des communautés rurales est aussi la profondeur du sentiment d'appartenance à la paroisse : le moindre acte écrit mentionne la paroisse d'origine des parties prenantes, et le voyageur la rappelle spontanément, même au loin. L'esprit de clocher est, au sens propre, la concurrence pour le plus beau clocher, qui atteint des sommets là où l'argent abonde, comme en Bretagne. Les paroisses commencent à se doter des drapeaux que sont les bannières, désignent leurs champions pour la lutte ou s'opposent dans de farouches parties de soule ou des bagarres ouvertes qui ne cherchent même pas ce prétexte, à l'exemple de la querelle entre les « lourdauds » de Vindelles et les « petits glorieux » de Flameaux racontée par Noël du Fail. Ces paroisses ont des chefs, marguillier élu pour administrer la fabrique, syndic, échevin, consul ou maire qui représente la communauté, capitaines de paroisse aussi qu'on voit à l'œuvre pendant les guerres civiles de la fin du siècle sans que nous en sachions encore beaucoup sur eux.

Le ciment réside aussi dans l'importance des lieux de sociabilité, du plus commun, le lavoir, le moulin où l'on attend en devisant, le cabaret, lieu de jeu, de boisson, de musique et de danse parfois, lieu d'affaires et d'échange d'informations plus encore. Il prend toute son importance le dimanche, après la messe, mais l'église et le cimetière qui l'entourent jouent un rôle presque permanent : les femmes cousent, filent, commèrent et se disputent à l'abri du porche, les marchands de passage installent leurs étaux sur les murs du cimetière – quand il est clos – ou à ses abords immédiats, un cimetière encore au cœur des villages et qui tient lieu de place publique. La vie se passe, beaucoup plus qu'aujourd'hui, à l'extérieur, mais ce trait est beaucoup plus fort encore en ville.

La force de ce ciment paroissial est ici sensiblement moindre, moins en raison de l'instabilité plus grande de la population que du fait de la concurrence d'autres formes de vie, l'espace vécu de la rue, ou du quartier, qui ne coïncide pas toujours avec la paroisse, et d'autres formes de pouvoir, le pouvoir municipal unique quand les paroisses sont, en général, plusieurs. L'hétérogénéité sociale des populations n'arrange évidemment rien. Il commence pourtant à se développer en ville des structures de sociabilité efficaces, les confréries de métier, associations à base professionnelle et vocabulaire religieux que Robert Mandrou qualifiait très joliment, et justement, de « paroisses professionnelles ». Ces confréries ne sont pas encore présentes partout, mais, même si l'organisation tarde, le regroupement fréquent des métiers en secteurs géographiques très concentrés – origine de bien des noms de rue anciens – facilite le jeu des solidarités. Dans des régions déjà bien urbanisées comme l'Artois ou la Flandre, et dans les grandes villes, les confréries de métier jouent un grand rôle en assurant, outre leur fonction professionnelle et religieuse évidente, l'organisation des loisirs d'une bonne part de la population.

C'est en ville aussi, exiguïté des logements oblige, que joue un rôle essentiel la place publique ou la rue, où tout se sait, tout se fait : le travail, boutiques ouvertes, les échanges de tous ordres avec les marchands et les artisans ambulants, l'amour, du lutinage au viol, et c'est bien sûr là que se pratique l'essentiel de la violence. À la ville, on le voit, l'organisation de l'espace perd un peu de sa cohérence, et surtout la part plus grande de l'inconnu réduit un peu la part de rassurant que peut offrir l'organisation collective du territoire.

IV. L'espace et l'étranger

Nous touchons ici au dernier cercle, infini, celui qui commence à l'extérieur de la communauté de vie réduite à la paroisse, et nous touchons en même temps à ce qui commence à devenir un passionnant débat historiographique. La cause, à vrai dire, peut paraître entendue, et l'a été pendant quarante ans, depuis la célèbre formule de Pierre Goubert : « l'enracinement au village fut un fait éclatant » de la France ancienne. L'endogamie partout massive, l'analyse même rapide des actes notariés et la part largement prépondérante des contractants indigènes confirment l'image d'un Jacques Bonhomme confiné dans un village dont il ne sort que rarement, et jamais très loin. C'est, en quelque sorte, le prolongement logique d'une grande intimité avec l'espace proche, qui permet de nommer par exemple chaque pré et chaque champ dans les compoix du Midi comme – en breton – dans les rentiers des domaines royaux de basse Bretagne inventoriés après la réunion de la province au royaume. Les recherches récentes ont même livré des manifestations symboliques et fortes de ce sens du territoire communautaire, les processions qui cernent le territoire municipal ou rural, du célèbre exemple aujourd'hui folklorisé de la troménie de Locronan à celui de La Chapelle-Chaussée, près de Rennes, où l'on peut suivre l'itinéraire sur les limites exactes du territoire, quasiment au mètre près.

Ajoutons, pour faire bonne mesure, les cas patents de rejet de l'étranger, mendiants que les villes commencent un peu partout à chasser à coups de chasse-gueux ou de travaux forcés, ou bien, plus profondément sans doute, concurrents dans l'exploitation du terroir. Christian Desplat par exemple a bien mis en évidence ces véritables « guerres paysannes » pour la maîtrise des pâturages communs des Pyrénées, éleveurs contre charbonniers ou chaufourniers, et surtout Béarnais contre Bigourdans, Basques contre Béarnais, Ossalois contre Palois...

Comment pourrait-il en être autrement dans un royaume d'autant plus immense qu'aucun moyen n'existe d'en maîtriser la taille, et que les communications y sont – à nos yeux – horriblement lentes, plus d'une semaine pour un prioritaire courrier royal entre Paris et Aix-en-Provence, le double pour un voyageur, autant qu'entre Lyon et Bordeaux pour un Montaigne pourtant très pressé en novembre 1581 ? Et comment ne pas être frappé par la fragmentation du royaume en entités disparates, tantôt acquises et presque aussitôt perdues, comme la Savoie, ou bien encore indépendantes sous l'autorité de princes intégrés dans la vie politique du royaume, comme le Béarn, ou bien fraîchement acquises, comme la Bretagne ? Comment hésiter quand on songe aux 40 000 paroisses et aux seigneuries sans doute deux fois plus nombreuses qui se partagent le territoire ? Les densités de peuplement, certes, sont étonnamment élevées pour l'époque, environ quarante habitants au kilomètre carré en moyenne, et on relève dans certains cas, comme en Bretagne, des densités rurales comparables à celles des Pays-Bas, ce qui doit bien faciliter les contacts... La certitude est cependant trop forte, que résume bien en 1994 la formule de Joël Cornette : « l'horizon était limité par un clocher », et la culture de nos ancêtres était une culture locale, avec tout ce que cela implique d'étroitesse.

Nos paysans bornent leurs sorties au marché, ou à la foire voisine, où se brassent la main-d'œuvre domestique quand la Saint-Michel approche, la main-d'œuvre saisonnière à la veille des moissons en Beauce ou en Brie, et une société de marchands venus des environs ou de la ville voisine, parfois peut-être d'étranges individus qui nourriront les rêves, charlatans et autres opérateurs, vendeurs de drogues miraculeuses et bateleurs à la fois. Et pour le reste l'extérieur est souvent désagréable : si la ville envoie aux alentours ses nourrissons et la ressource d'appoint qu'ils représentent, elle est, surtout, celle des propriétaires, pour les affaires graves celle des huissiers et des sergents, et les soldats passent beaucoup plus au XVIe siècle – avec les dépenses qu'entraînent leur logement et leurs exactions – que, par exemple, des évêques résidant encore trop rarement dans leur diocèse. Au mieux, quelques privilégiés peuvent jouer le rôle d'intermédiaires culturels, qu'illustre bien le cas de Gilles de Gouberville apparemment noyé dans son bocage au nord du Cotentin. Il se rend à la cour une fois, à Rouen plusieurs fois, à Caen souvent, il fréquente le capitaine du château de Cherbourg, des officiers de Valognes et Coutances, un prêtre cherbourgeois qui lui parle de Rabelais, et sa nombreuse domesticité peut donc avoir écho de ces échanges, en diffuser des bribes, ou les informations qui passent. C'est peu, très peu, mais ce n'est qu'une partie de la réalité.

Car les hommes du XVIe siècle – les femmes aussi, mais dans une bien moindre mesure – ont aussi une culture des grands espaces, ce qui nous a longtemps échappé en raison même des sources et des méthodes que les historiens ont utilisées. Les registres paroissiaux et les actes notariés ne permettent de suivre que la population stable, installée, et les reconstitutions de familles pratiquées à partir des années cinquante dans des buts d'histoire démographique ont évidemment porté sur les familles les plus stables, les seules dont nous pouvions suivre l'histoire. À partir de sources fiscales, l'Américain James B. Collins a pourtant pu établir des taux de mobilité de 5 à 7 % en un an, après les guerres civiles, à Carhaix et à Audierne, et beaucoup plus encore en Bretagne et en Bourgogne dans le cours du XVIIe siècle. Le chiffre n'a ici de mérite que de forcer notre attention car, à vrai dire, les exemples de cette culture des grands espaces sont sous nos yeux, dans les documents.

Ce sont les migrants professionnels des régions de montagne, maçons du Limousin ou colporteurs des Alpes dauphinoises, qui marquent profondément leurs communautés de départ – on imagine les objets et surtout souvenirs qu'ils y ramènent –, celles qu'ils traversent et celles où ils travaillent. Et Laurence Fontaine a bien montré, dans le cas des colporteurs, qu'il ne s'agit pas seulement de migrations forcées par la pauvreté, mais bien d'un véritable métier, intégré dans des réseaux de parenté soigneusement tissés par des mariages, et dans des réseaux de crédit. Ce sont, à un rythme complètement différent, les soldats dont certains – nous en ignorons tout – rentrent bien un jour au pays, à l'image de Martin Guerre ou de cet Antoine Langonesse revenu à Arras après avoir servi Charles Quint puis Philippe II jusqu'en Tunisie et en Grèce. Ce sont, dans un autre registre encore, les marchands, dont les relations d'affaires sont parfois étonnamment étendues, qui se rendent de fort loin aux foires de Lyon par exemple, qui voyagent beaucoup, et pas toujours depuis les grandes villes : le patient recensement des Français passés dans la grande place d'Anvers relève ainsi des marchands venus du tout petit bourg de Tinténiac et même, à plusieurs reprises, du village de La Baussaine, en plein pays de Rennes. À la foire de la Saint-Tugdual à Tréguier, les clients fréquentent, en 1611, des merciers, véritables bazars ambulants, des épiciers, porteurs des plus exotiques produits, des orfèvres, des marchands de savon, d'huile méditerranéenne, de sucre, des « vendeurs de painctures » et même, parmi les libraires, un Suisse venu de Constance. L'énumération que propose Georges Minois nous livre bien le grouillement de la vie et la diversité des contacts, difficulté des chemins ou pas. À plus modeste échelle, les chiffonniers ratissent des diocèses entiers, et les mendiants ont des circuits qui les mènent à plusieurs dizaines de kilomètres, jusqu'au jour peut-être où quelque imprévu les lance dans le monde de l'errance pure et simple – or ces mendiants représentent en Bretagne, la seule région où l'on dispose d'une estimation fiable, entre 9 et 10 % de la population ! C'est de cette manière aussi que commencent à bouger les jeunes à la recherche d'un établissement, que la croissance démographique rend plus difficile au XVIe siècle, et de cette manière aussi qu'un jour certains au moins partent pour la ville.

Les villes, les ports sont d'évidents lieux de contact avec des étrangers de toutes sortes, dont la présence est parfois très prenante : on parle italien à Lyon, espagnol à Nantes, et l'influence ne se borne certainement pas à la langue, nous le savons en tout cas pour ces deux villes. Il serait en outre trompeur d'imaginer ces cas limités à quelques grands centres : la petite taille des navires fait que plusieurs centaines de havres de la côte du Ponant sont des ports internationaux, et que les rivières sont, beaucoup plus que les chemins, d'intenses voies de circulation. Hommes, idées, produits nouveaux pénètrent donc largement, leur présence physique ou matérielle étant évidemment amplement relayée par le récit, celui des Indiens vus à Rouen ou à Saint-Malo, des Barbaresques dont ont pu se libérer marins méditerranéens mais aussi de toute la côte occidentale jusqu'à la Normandie. Mieux : qu'en 1571 la Nantaise Jeanne Cornouaille puisse se qualifier de « revenderesse de bananes » ne prouve évidemment pas la banalisation de ce fruit, mais illustre exactement ce que nous voulons montrer, c'est-à-dire l'offre d'ouverture sur le monde.

Et l'offre n'est pas que citadine. Les occasionnels, c'est-à-dire les livrets traitant de manière presque journalistique un grand événement, ne se diffusent certes que dans les villes, mais largement puisque Jean-Pierre Seguin en a repéré imprimés à Toulouse, Tours, Bourges, Poitiers, Reims, Troyes, outre bien sûr Paris, Rouen et Lyon. Les grandes informations circulent, comme le prouve leur mention dans les registres paroissiaux ruraux, ce dont on peut déduire à peu près sûrement que toute la paroisse en profite. Et l'offre est bien universelle quand il s'agit de pèlerinage, dont certains se pratiquent encore vers des destinations très lointaines : Saint-Nicolas-du-Port en Lorraine exerce un rayonnement national, Notre-Dame-de-Liesse près de Laon attire de tout le Bassin parisien les femmes qui souhaitent enfanter, reine comme humble paysanne, Saint-Claude est suffisamment réputé pour que le duc de Guise y fasse un vœu en 1587, et l'on pourrait multiplier évidemment des exemples qui sont aussi internationaux, à Notre-Dame-de-Montserrat en Catalogne, Rome, et bien sûr Saint-Jacques-de-Compostelle. Les confréries de Provins qui organisent les pèlerinages à Saint-Jacques, celles d'Évreux qui en envoient au Mont-Saint-Michel sont bien entendu des organisations pieuses, mais aussi, du point de vue qui nous intéresse, d'essentielles agences de voyage et d'ouverture sur le monde.

Au-delà, reste l'évasion, le voyage qui passe, avec les « Égiptiens », les toutes premières troupes de théâtre ambulantes qui apparaissent justement vers 1580, et surtout le voyage rêvé et conté. C'est par exemple le voyage vers le pays de Cocagne et ses îles de l'Abondance et de la Fertilité, « terre promise pour les affamés » (Martine Boiteux), dont l'audience nous est attestée par la floraison des mâts de cocagne. Ce sont, aussi, les contes dont la trame repose sur le retour de voyage du chevalier accusant injustement son épouse d'infidélité, ou bien tout simplement le cycle de la Table ronde. Il n'y a décidément pas eu besoin de l'Amérique pour que l'imaginaire des hommes et des femmes du XVIe siècle développe une réalité déjà très présente.

V. Les formes d'expression

Lucien Febvre croyait pouvoir établir un lien entre l'absence de maîtrise – matérielle – de la nature et la force des excitants sensoriels : c'était, voici presque un demi-siècle, nous inciter à une histoire des formes d'expression et plus précisément à une histoire des sensations et des sens qui, malgré les efforts de Robert Mandrou, n'a guère pris son essor avant les années soixante-dix.

Nous avons d'abord pris conscience de l'importance de l'ouïe, et en même temps de celle de l'oral dans une culture que, en dignes fils de Gutenberg, les historiens analysaient jusque-là à la seule aune de Rabelais ou Ronsard, des humanistes ou de Montaigne. Le son, le bruit constituent un environnement très prégnant, surtout en ville où l'entassement, l'étroitesse des rues et la transparence sonore de l'habitat ne laissent guère de possibilité d'isolement. Les cloches ont un langage extrêmement précis, dont nous avons perdu l'essentiel et même parfois le sens exact du vocabulaire qui nous est parvenu : heure, angélus – dont les trois sonneries se fixent au XVIe siècle –, gros, moyen et petit glas, tocsin, mais aussi clerault, remembrée et autre radebée, sans compter les nuances déjà évoquées à propos du baptême et du décès, et les évolutions qui nous échappent, quand un choriste de la cathédrale de Nantes par exemple réclame en 1650 « la vieille sonnerie »... Les bruits de la rue sont ceux des charrettes de tous ordres, des embarras de la circulation, des animaux, hennissements, meuglements, aboiements, cri des bêtes qu'on abat, volatiles divers, ce sont les cris des métiers ambulants, porteurs d'eau dans les grandes villes au moins, ramoneurs, gagne-deniers et petits vendeurs les plus divers, le choc des marteaux et des métiers à tisser. Les campagnes sont certes moins bruyantes, mais la culture est la même : on repère à l'oreille, c'est le tocsin qui alerte en cas de danger ou d'incendie, le bruit anormal, dans une gamme sonore beaucoup plus richement identifiée qu'aujourd'hui, qui inquiète pendant la nuit.

Il est possible – seulement – que nos ancêtres parlent moins volontiers que nous, mais certain que la parole a plus de poids : elle est capable de ruiner une réputation, elle constitue une des agressions les plus transparentes par le recours à l'injure. Ce n'est pas tout à fait banalité : on va en justice pour de simples injures, et la parole – surtout complétée par le toucher, quand on tope – vaut engagement autant que le contrat écrit. La parole, de même, suffit en matière testamentaire, pour la grande majorité des Français : l'illusion qui nous a fait croire que les pauvres ne manifestaient pas leurs dernières volontés vient de notre obsession de l'acte écrit. La parole est celle du conseiller, auprès du roi comme au Parlement, la Parole est celle de Dieu, et elle ne se transmet encore pratiquement qu'oralement, même si le prédicateur peut parfois s'appuyer sur l'image, le vitrail dont se dotent au XVIe siècle les paroisses rurales les plus riches, la fresque, ou mieux encore le calvaire historié dans quelques cas exceptionnels de Bretagne.

Il semble bien même que Robert Mandrou ait eu raison de privilégier l'oreille parmi les sens des « savants » : le poète n'écrit pas, il chante. Ronsard ne retient de la mer que ses bruits, flatte la « divine oreille » du roi et s'en va « tanter l'oreille de Marguerite et dans son palais chanter ». « Poète, prends ton luth » n'est pas un cliché. Et Quinte Essence ne guérit-elle pas chez Rabelais par la chanson ?

> Chanter, ou jouer de la musique : chez Ronsard sans cesse reviennent la harpe, la lyre et le luth – voire les flûtes et trompettes. Plus souvent que les bruits, et le tonnerre, c'est la musique qui est à l'honneur : partout appréciée, car elle exalte toutes les âmes bien nées, si l'on en croit encore Ronsard préfaçant un recueil de chansons : « Celuy, Sire, lequel oyant un doux accord d'instrumens, ou la douceur de la voix naturelle ne s'en resjouit point, comme doucement ravi et si ne scay comment dérobé hors de soi, c'est signe qu'il a l'âme tortue, vicieuse et dépravée. » [...] Composée, réglée, ordonnée dans sa suite, dans l'expression alternée des sentiments, la pièce de musique est sans doute pour [nos ancêtres] un apaisement, dont ils ne se lassent pas.

Et, s'il ne faut pas encore faire de l'église ordinaire un lieu d'éducation musicale – les orgues y apparaissent au XVIIe siècle surtout et les maîtrises, même en ville, ne sont pas courantes –, elle est bien, elle aussi, lieu de pratique musicale : Marguerite de Navarre nous rapporte ainsi, incidemment, la coutume auvergnate de « sonner des haulxbois » lors de l'élévation.

Nous pouvons aujourd'hui aller plus loin encore que la remarquable analyse de Robert Mandrou en soulignant combien cette pratique de l'ouïe est collective : pratique collective de la lecture à haute voix, qui n'est pas un mythe, et plus encore élaboration collective d'œuvres qui se transmettent ensuite oralement. Jean-Marie Goulemot a osé parler d'une « littérature de la communauté », et il a raison : le territoire de l'oral est un territoire collectif.

Le théâtre en est une magnifique illustration, à condition de dissiper d'entrée un malentendu. Quand Henri Weber estime que « le XVIe siècle n'est pas une grande époque du théâtre français », il pense uniquement à la création littéraire, et il a évidemment raison. Mais le XVIe siècle est, sous l'angle des pratiques culturelles, un grand siècle de théâtre, d'autant que commencent à coexister deux types d'œuvres profondément différents. L'essentiel reste une pratique dans le droit fil du siècle précédent, dominée par les mystères aux très longues et haletantes représentations. Vies de saints et histoire sainte fournissent l'essentiel des trames, même s'il est certain que notre vision est déformée par la survie au moins partielle d'un grand nombre de ces textes, alors que les pièces comiques ont quasiment toutes disparu : la même année 1598, *La Destruction de Jérusalem* se joue – encore – pendant la procession de la Fête-Dieu à Avignon, l'*Histoire de l'Enfant prodigue* un dimanche de septembre pour les paroissiens de Campbon, en pays nantais, et ceux-ci ont droit également le lendemain à « une tragédie de la mort de César, avec une farce ». Les costumes, les gestes, le décor si les moyens le permettent, sont essentiels dans ce genre de spectacle complet : pour la même *Destruction de Jérusalem*, cette fois en banlieue parisienne en 1541, les acteurs se procurent « painctures, coulleurs, perrucques, cheveulx, barbes, nuées », « cinq habitz de diable », et du linge « pour les décollations », très probable allusion à une mise en scène sanglante. Le dialogue entre la scène et le public est de règle, expressément prévu d'ailleurs par un prologue et une adresse finale en forme de morale. Les acteurs partagent pendant plusieurs jours la vie des spectateurs, et sont d'ailleurs souvent des amateurs locaux : Guillaume Duchemin, qui rachète en 1529 « ung mistayre par personnaiges servant à jouer la vie de monsieur sainct Jehan Baptiste [...] desquels il a joué par cy devant », est un boulanger parisien. À Mouvaux près de Tourcoing, ce sont aussi de simples paroissiens qui interprètent « certaines histoires du Vieu Testament, qui estoit l'adoration du Veau d'or », et enchaînent avec un « aultre jeu auquel estoient quatre personnaiges principalles, assavoir Vérité, le Ministre de l'église accoustré en prebtre, Convoitisse et Simonie ». Le curé de la paroisse finit par comprendre que le théâtre est devenu instrument de propagande huguenote – nous sommes en 1563 –, ce qui prouve sa très grande popularité, et il observe d'ailleurs une foule de quinze cents spectateurs, sans compter qu'il est lui-même capable de raconter les pièces par le menu.

Ce type de spectacle emprunte la voie ouverte par les saynètes beaucoup plus lourdement didactiques des entrées royales dans les bonnes villes du royaume, quand par exemple Madame Magnanimité, suivie par Dame Constance et Dame Crainte, tient enchaînées Folle Crainte et Folle Audace, et qu'Humaine Providence fait de même pour Bonheur et Malheur, épinette et cornemuse soulignant le discours. Nous sommes à Nantes en 1518, pour François Ier, mais l'exemple est banal. L'imitation directe de l'Antiquité, qui va suivre, ne rompt pas totalement avec cet esprit : l'*Arimène* de Nicolas de Montreux, éditée en 1597, multiplie les intermèdes mythologiques, mais elle met en scène un magicien, les enfers, garde chanteurs et musiciens et, surtout, le merveilleux. La rupture principale tient aux moyens, ici la machine, empruntée à la mode italienne, qui fait tourner quatre décors différents, et plus encore à la relation avec le public : un auteur, un lieu clos – nous connaissons les détails par le spectacle dans la cour du château de Nantes –, une représentation très coûteuse financée par le prince, un autre théâtre donc.

La chanson est un autre point fort de ce territoire de l'oral, que nous avons tendance à sous-estimer parce qu'elle n'est plus considérée comme un genre noble. Il suffit pourtant de rappeler sa vogue comme moyen d'expression et de lutte même politique – lors de la Ligue puis de la Fronde –, et bien entendu comme moyen de propagande religieuse. Les psaumes protestants expriment une intention bien pesée, puisque Calvin note que « le chant a grande force et vigueur d'émouvoir et enflammer le cœur des hommes, pour invoquer et louer Dieu d'un zèle plus véhément et ardent. Quand la mélodie est avec, cela transperce beaucoup plus fort le cœur ». Les plus grands compositeurs de musique savante s'y intéressent beaucoup, à l'exemple de Clément Janequin mais aussi de Josquin des Prés. Plus important encore, la chanson est un moyen de communication et de conservation des sentiments ou événements marquants, petits et grands. Nous en pouvons mesurer la richesse dans les régions où la collecte a été pratiquée intensément au XIXe siècle, en Bretagne donc mieux que partout ailleurs : *L'Héritière de Keroulas* conte en trente quatrains la malheureuse histoire – vécue en 1565 : elle n'est pas rêvée – d'une jeune noble qui meurt d'amour pour celui qu'elle n'a pu épouser, *Le Siège de Guingamp* mêle des détails véridiques empruntés aux sièges de 1489, à la fin de l'indépendance du duché, et à celui de 1591, quand les troupes royales reprennent la ville aux Ligueurs, ce qui montre bien comment ces chansons peuvent se transformer. Plus ordinairement, d'une rixe villageoise est « faict une chanson à sept parties, que on chantoit bien mélodieusement auprès du feu ».

Le témoignage de Noël du Fail évoque ainsi la veillée qui, outre ses fonctions de préparation au mariage, est un des lieux essentiels du territoire de l'oral, au point que, dans certaines régions aux hivers rudes, Bourgogne ou Champagne, on économise le chauffage en construisant des lieux réservés, les écreignes. Chez le sieur de Gouberville, où le travail ne presse pas, c'est vers quatre heures de l'après-midi, et en juin, qu'un visiteur se met à « conter trois ou quatre histoires du quart livre de Rabelais » : l'exemple brise l'image mythique de la veillée comme simple conservatoire des « traditions », puisque nous sommes en 1552, et que l'ouvrage est paru en janvier ! Dans la version plus populaire, à l'hiver, mais en pleine semaine, on va « filer du lin au soir en compagnie d'autres filles du village » : la veillée est aussi un lieu de travail, ce que soulignent bien les dénominations relevées dans l'Ouest de fileries, teilleries ou même « renderies de poupées [de fil] ». Elle compte pourtant surtout comme lieu de conversation, de chanson, de conte, ce dont rend assez bien compte le célèbre récit, quelque peu idéalisé, de Noël du Fail.

> Voulentiers après souper, le ventre tendu comme un tabourin, saoul comme Patault, [Robin] jazoit le dos tourné au feu, teillant bien mignonnement du chanvre, ou raccoustrant à la mode qui couroit ses bottes [...], chantant bien mélodieusement, comme honnestement le sçavoit faire, quelque chanson nouvelle, Jouanne, sa femme, de l'autre costé, qui filloit, luy respondant de mesmes. Le reste de la famille ouvrant [œuvrant] chascun en son office, les uns adoubans les courroyes de leurs fléaux, les autres faisans dens à rateaux. [...] Et ainsi occupés à diverses besongnes, le bonhomme Robin [après avoir imposé silence] commençoit un beau compte du temps que les bestes parloyent [...] : comme le Renard desroboit le poisson aux poissonniers ; comme il feit battre le Loup aux Lavandières, lors qu'il l'apprenoit à pescher ; comme le Chien et le Chat alloyent bien loing ; de la Corneille, qui en chantant perdit son fromage ; de Mélusine ; du Loup garou ; de cuir d'Asnette ; des Fées, et que souventesfois parloit à elles familiairement, mesmes la vesprée passant par le chemin creux, et qu'il les voyoit dancer au bransle près de la fontaine du Cormier, au son d'une belle veze, couverte de cuir rouge,

des danses qui se pratiquent aussi parfois pendant la veillée.

Il serait, on le voit, très artificiel d'isoler cet univers de l'ouïe de celui de l'expression par le corps, une réunion évidemment parfaitement illustrée par la danse. L'abondance des « danses paysannes » dans la production artistique est ici bon témoignage. Nos ancêtres dansent beaucoup, aux baptêmes et aux noces, lors des fêtes paroissiales, aux veillées, on l'a noté, aux aires neuves, suffisamment pour qu'en ville au moins s'organisent de véritables associations de ménétriers pour partager travail et profits : la confrérie parisienne placée sous l'égide de saint Julien est née en 1321, et le XVIe siècle en marque l'apogée avant l'exode des meilleurs instrumentistes vers la Chambre du roi. Malgré l'essor de danses de cour plus savantes, la culture de la danse reste encore largement commune. Il n'est qu'à voir le regard très nuancé que porte le jeune chirurgien Ambroise Paré sur la fête que donne le duc d'Étampes, gouverneur de Bretagne, pour faire patienter la noblesse mobilisée à Landerneau en vue d'une hypothétique descente anglaise : les chanteuses n'ont pour « harmonie [que] de coasser comme grenouilles lorsqu'elles sont en amour », alors qu'il « faisoit moult bon ouir et voir » les danseurs de trihori. Ce sont aussi ces danses populaires, observées en Poitou, qui inspirent au chanoine de Langres Jean Tabouret son *Orchésographie* publiée en 1588 : c'est en fait toute la culture d'un corps pas encore réprimé qui reste commune.

C'est une culture des apparences, celle de la physiognomonie du *Kalendrier des bergiers* et de savants traités, mais aussi de signes dont nous ne maîtrisons plus totalement les codes, à l'exemple du rire, dont l'ambiguïté ne se limite pas à celui de Rabelais. C'est une culture du goût, qui est très probablement celle du fade : sauf dans les régions productrices le sel est cher, et les épices ont leur place dans les banquets, ou chez les riches, ou dans les livres de cuisine, infiniment plus que dans les repas quotidiens.

C'est une culture de l'odorat, la moins mal connue dans la réalité concrète, et que nous devinons très différente de la nôtre. L'« haleine de rose » de la Cassandre de Ronsard est sans doute un fantasme, déjà moins lorsqu'elle souffle « une Arabie à qui près en approuche », à force sans doute de parfums forts. Imaginons ce qu'est l'haleine hors de ces milieux raffinés et aisés qui la peuvent déguiser : la paysanne Marie du Bois raconte même avoir échappé aux entreprises de Julien Prioul parce qu'il « la fist réveiller par la force de son alleine » !

Nous sommes à Saint-Hilaire-des-Landes, près de Fougères, en 1685 – date pour nous tardive qui explique, peut-être, cette sensibilité –, mais qu'importe : les odeurs sont beaucoup plus celles des feux de laurier, genévrier, sauge, romarin, genêts verts, mais aussi de soufre et de salpêtre, utilisés pour chasser les miasmes de l'épidémie, et les parfums beaucoup plus à base de musc que de subtiles essences de rose.

Le problème historique est d'ailleurs irritant. Nos ancêtres ont évidemment un nez, qui leur permet de reconnaître les odeurs de la nature, mais semblent s'accommoder des très fortes odeurs engendrées par les activités humaines : rivières utilisées comme égouts à ciel ouvert, excréments partout, fortes odeurs corporelles au mieux recouvertes par d'autres plus fortes, comme l'on recouvre d'ostensibles manchettes et collets blancs la saleté des chemises... Le manque de moyens financiers, réel pour les plus pauvres, ne peut tout expliquer, ni la peur de l'eau dont Alain Corbin a bien montré la réalité, quoique pourtant l'on se baigne en été dans les rivières et les étangs, voire dans les étuves urbaines en voie de disparition. Les épidémies elles-mêmes n'alertent vraiment, sur ce point, que les notables certains qu'elles se propagent par les mauvaises odeurs. Rien de solide – et de logique – ne nous permet de confirmer la régression de l'hygiène que Fernand Braudel notamment avait cru pouvoir déceler. Il *semble* bien, en fait, que ces odeurs fortes soient pleinement intégrées dans la perception du naturel, du « normal », et que seule une éducation imposera, en ce domaine comme dans les autres, un tri entre le « bon » et le « mauvais ».

Nous voyons beaucoup mieux où se situent les frontières du toucher, dont l'importance est naturellement très grande depuis longtemps : le soulignent au XVIe siècle des gestes aussi forts que le toucher des écrouelles par le roi investi d'un pouvoir thaumaturgique, le baiser des reliques, ou bien les ultimes traces du rituel de chevalerie quand Bayard touche François Ier de son épée en l'armant chevalier. Plus banalement, c'est bien par le toucher aussi qu'on émancipe des enfants, en joignant leurs mains dans les siennes, par le toucher et le geste qu'on prend possession d'un bien, selon le rite observé en 1550 près de Digne après une confiscation, tel que le rapporte Gabriel Audisio : le commissaire chargé de l'affaire accompagne le nouveau propriétaire, « le prend par la main et le fait entrer et sortir» de la maison. Ronsard tâte volontiers ses amours, et ce n'est pas fantaisie personnelle: le toucher non désiré, à l'inverse, vaut agression, et c'est ainsi que débutent bien des rixes de cabaret.

La nuance qui nous échappe encore largement est celle qui sépare – peut-être – le symbolique et le ludique. Quand les nouveaux mariés de l'année doivent courir la quintaine, c'est-à-dire renverser avec une lance un mannequin ou un écu fixé sur un poteau, montés sur un cheval ou parfois sur une barque, s'agit-il simplement de jeu, de rite de passage – les jeunes femmes devant parfois de leur côté chanter une chanson –, d'exécution d'une obligation seigneuriale peu à peu vidée de son sens militaire, ou – plus probablement, mais la conclusion est un peu facile – de tout cela à la fois ? La variété des usages en tout cas est infinie, qui témoigne de la variété des évolutions: à Malestroit, l'occupant d'une maison précise est tenu de fournir «le feu et paille pour bruller le cul de celuy qui tombera»; à Ancenis, où la quintaine est nautique, l'épouse doit embrasser le seigneur et lui présenter un bouquet tandis que le mari a dû sauter dans l'eau…

L'étalage de la force, individuelle ou collective, est plus évident dans les jeux de soule – ancêtre de notre rugby ou, lorsqu'elle se joue «à pied», de notre football –, ou bien de crosse, qui implique le recours à un bâton recourbé – on a reconnu notre hockey – ou à un maillet. La différence avec la quintaine n'est qu'apparente: c'est presque partout le seigneur qui organise le jeu, et c'est cette organisation très officielle qui justifie de même les privilèges fiscaux obtenus par le vainqueur des annuels concours de tir au papegaut, conçus pour entraîner à la défense des villes archers, puis arbalétriers, et bientôt utilisateurs d'armes à feu. On pourrait, à la suite, énumérer des jeux d'adresse, boules ou palets par exemple, mais le plus important tient sans doute dans une pratique encore largement commune. Le sieur de Gouberville pratique chaque année la soule, et s'y fait parfois fortement frotter les côtes, ce qui implique bien l'absence de barrière sociale. C'est une des grandes réjouissances collectives, chaque camp étant soutenu par de bruyants partisans: le témoin d'une violente altercation collective, à bout d'explications, finit par lâcher que «le bruict estoict sy grand qu'on eut dict que la soulle eust esté jettée», ce qui est clair pour chacun. Cette culture commune se manifeste aussi autour de la lutte, sur laquelle les témoignages abondent, avec une précision qui révèle une bonne imprégnation : la victoire de François Ier sur Henri VIII au camp du Drap d'or est célèbre, mais Rabelais aussi bien que Paré et dans une moindre mesure Brantôme sont capables d'utiliser le vocabulaire technique ou de décrire avec précision les prises. Il n'y a donc pas encore de trace de mépris pour ces pratiques physiques, même si l'on commence à sentir les premières différences culturelles : la paume – ancêtre de notre tennis – se pratique plutôt en ville, plutôt dans des milieux aisés – c'est aussi un sport royal –, commence à utiliser des lieux réservés, les « jeux de paume », quoique Gouberville la pratique encore dans sa cour avec ses domestiques.

L'expression par le corps culmine apparemment avec la violence, dont nous connaissons bien une omniprésence peut-être plus apparente que réelle, dans la mesure où les archives criminelles et les registres paroissiaux de sépultures biaisent par définition l'image qu'ils nous donnent de la réalité. Il est certain que nos ancêtres ont la tête près du bonnet : on porte beaucoup le bâton ferré, le poignard, voire l'épée, mais en fait tout peut servir d'arme dès que le défi est lancé par un geste apparemment bénin – enfoncer un chapeau jusqu'aux yeux ou faire tomber un bonnet par terre, pour retenir des exemples ordinaires.

Le véritable intérêt culturel de la violence tient moins dans ces gestes qui défient encore une analyse statistique solide que dans ce qu'ils nous révèlent. La banalité de la violence correspond à un seuil de résistance à la douleur plus élevé que le nôtre : c'est le temps des arracheurs de dents et des chirurgiens opérant sans anesthésie. La violence, surtout, exprime un système de valeurs qui ne recouvrent qu'en partie le rejet de l'étranger. La défense du territoire, la xénophobie la plus primaire interviennent certes, quand on voit des bergers de deux hameaux mitoyens se battre au nom de la frontière à Lestrem près de Béthune en 1528, ou ce jeune homme agressé l'année suivante à Saint-Omer uniquement parce qu'il parle un moment espagnol. Robert Muchembled, plus largement, a montré comment Artésiens et Flamands s'affrontent à tout propos de part et d'autre de la Lys, un comportement que nous retrouverions un peu partout en France sur des frontières provinciales. Plus profondément, la violence exprime des valeurs positives, construites – ainsi l'honneur, de l'individu, de la famille, de la communauté, ainsi des solidarités qui mènent parfois très loin. Les Beaufort, petits nobles auvergnats, et leurs anciens hommes d'affaires les Redon s'opposent ainsi dans une lutte de deux générations, née sans doute du refus des premiers d'admettre l'ascension sociale – à leurs dépens ? – des seconds. Pierre de Beaufort donne un coup d'épée à Gilbert Redon ; les Redon placent un banc dans l'église devant celui des Beaufort et, dans l'affrontement qui suit, tuent Antoine de Beaufort ; Pierre de Beaufort attaque avec des amis le domaine des Redon, le pille et tue les parents Redon ; les fils Redon font arrêter la mère Beaufort qui meurt en prison… Arrêtons là cette véritable vendetta que nous révèle une lettre de rémission de 1567, c'est-à-dire un document qui accorde le pardon royal. C'est là peut-être le plus révélateur : ces documents étudiés par Robert Muchembled, Natalie Davis et Claude Gauvard nous confirment que les violents ont des amis qui plaident pour eux… après avoir parfois participé à leurs actes, et nous confirment que sont jugées pardonnables les violences pour l'honneur, par solidarité, ou, bien entendu, sous le coup d'une provocation dont nous n'avons en général que la version du survivant.

Il existe en quelque sorte une violence juste, l'expression, par la force, d'une lecture culturelle du monde, et cette pratique est encore dans le cours du XVIe siècle largement commune aux habitants ordinaires et aux autorités. Elle explique la probable fréquence des accommodements, une indemnisation compensant le préjudice – l'affaire Beaufort-Redon commence ainsi –, et que parvienne encore à s'imposer cette vision traditionnelle de la justice face aux premiers zèles des magistrats. La justice seigneuriale de Bucquoy, en Artois, le constate à ses dépens en 1547, quand le lieutenant du châtelain est repoussé puis assailli à coups de pierre pour avoir voulu arrêter l'agresseur d'un étranger de passage. Plus spectaculaire encore apparaît en 1589 l'affaire Foulon. Pierre Foulon, un jeune célibataire de Quistède, tue apparemment par accident son ami François de Froideval. La victime pardonne avant de mourir, le meurtrier aide la famille Froideval à labourer ses terres. Tout irait bien si, au début de 1590, les officiers de justice de Saint-Omer ne projetaient de faire arrêter Pierre : avertis, les parents organisent la fuite du jeune homme, qui obtient le pardon royal trois ans plus tard. Le résultat d'un arrangement local et de complicités a été entériné par le roi aux dépens des magistrats.

La violence n'est donc pas le simple et primaire recours à la force : elle contribue aussi, selon la formule de Robert Muchembled, à créer de la cohésion sociale. Elle enseigne. Elle appartient, malgré ses excès, à la sociabilité ordinaire, et à une sociabilité encore presque unanime. Elle partage ce trait avec la fête, dont elle est d'ailleurs un élément difficilement évitable, et l'une comme l'autre nous montrent que, si la culture est dans les esprits, elle est aussi « dans les oreilles, dans les ventres et dans les jambes », bien jolie formule empruntée elle aussi à Robert Muchembled.

CHAPITRE 4

Un univers magique

L'ensemble de ces formes d'expression, de ces gestes, ritualisés ou non, pour tenter de maîtriser l'environnement s'inscrit dans une vision et une interprétation du monde qui est celle de la magie. La magie, et non pas le sacré, qui n'en est qu'une des dimensions : il y a distance, crainte, respect d'un Dieu qui relève du sacré, mais nos ancêtres, beaucoup plus largement, ne distinguent pas nettement, et parfois pas du tout, entre le naturel et le surnaturel, vivent dans un univers où rien n'est impossible, justement parce que tout est accessible à la magie. Cette croyance en des forces surnaturelles et la pratique de rites magiques pour les amadouer sont évidemment de tous les temps et de toutes les cultures : l'intérêt est pour nous d'en observer l'intensité, les formes et les éventuelles originalités.

I. La magie

L'homme est le jouet de forces qui dépassent la simple sphère du religieux, ce que prouve l'importance de l'astrologie, qui connaît sans doute au XVIe siècle son apogée, à la fois dans son statut de science reconnue, et dans une pratique sociale à peu près générale. On sait la passion de Catherine de Médicis, la réputation de Michel de Notre-Dame – Nostradamus –, mais le commun des mortels, qui n'a pas à sa disposition de tels « savants », pratique une astrologie de fortune sans doute proche de celle du *Kalendrier des bergiers*, et une « astrologie magique » qui confond divination et invocation des forces impliquées : les Bretons ne sont certainement pas les seuls, au tout début du XVIIe siècle, à « se mettre à genoux devant la nouvelle lune et [à] dire l'oraison dominicale en son honneur », selon le témoignage du père Verjus.

L'oraison dominicale à la lune : le trait montre bien comment les fidèles parviennent à intégrer toutes les forces cosmiques dans un univers simplement manichéen, partagé entre forces du Bien, Dieu, ses saints, ses prêtres, et forces du Mal, Satan, ses démons, ses sorciers. Il reste sans doute un territoire sauvage, celui des feux follets dans la nuit et des fées dans les contes, mais l'essentiel tient bien dans le témoignage du jésuite Verjus, toujours à propos des bas Bretons :

> Ces pauvres gens, pensant aussi bien que les Manichéens, qu'il y eust deux différens principes des bonnes choses et des mauvaises, croyoient que comme Dieu avoit fait le froment et le seigle, le diable avoit produit le bled noir ou sarrazin ; de manière qu'après avoir fait la récolte de cette dernière sorte de grains, dont se nourrissent les plus pauvres de quelques provinces du royaume, ils en jettoient plusieurs poignées dans les fosséz qui bornoient les champs d'où ils les avoient recueillis, pour en faire présent à celuy à qui ils s'imaginoient en avoir l'obligation.

Renonçons à l'exotisme du blé noir, et nous avons Paris, avec par exemple le *Discours miraculeux, inouy et espouventable* édité en 1582 par Benoît Chauchet. Ce canard, qui dénonce les excès de la mode féminine, met banalement en scène la jeune et trop coquette fille « jurant et blasphémant le nom de Dieu, [disant] qu'elle aimeroit mieux que le Diable l'emportast, que de se transporter aux nopces revestue d'une toile forte. La pauvre et forcenée fille n'eust si tost achevé telz propos, que le Diable... » Le monde est partagé entre Dieu et Satan, et tous les événements ont ou en tout cas peuvent avoir une interprétation magique.

La présence divine est pour nous la plus évidente, parce qu'elle a très largement survécu jusque loin dans le XXe siècle, à la campagne au moins : milliers de croix en tout genre, oratoires, chapelles, clochers, son des cloches, très forte pratique religieuse au moins dominicale, voire jurons, et plus encore présence dans les esprits, qui fait de toute calamité une punition divine. Les bourgeois troyens chassent-ils scandaleusement leurs propres pauvres en 1573 ? La peste éclate, « et dist-on que telle mortalité leur estoit envoyée de Dieu, en punition du déchassement de leurs pauvres ». Une terrible inondation ravage-t-elle Provins en 1570 ? « Punition de Dieu »,

« pour les insolences que quasi toutes personnes y faisoient en danses et chansons par les rues ». Le témoignage est d'une extrême banalité, et nous montre en même temps ce que l'Église enseigne puisque son auteur est un prêtre, Claude Haton.

La présence de Satan, ou de ses démons, est tout aussi évidente, ne serait-ce que parce que chacun le connaît et l'a vu, sur un vitrail, une scène de théâtre, ou dompté par sainte Marguerite ou saint Michel sur quelque statue : noir, une queue, des cornes, proche du dragon ou parfois du loup, ou encore homme monstrueux avec crocs et oreilles animales. Il porte d'ailleurs des noms familiers : Mirolège ou Robin à Boucoiran, Balot à Brantes, près de Carpentras, Guillaume Courtes Oreilles ou Pol le Petit Cornu en Bretagne. Il est présent dans la vie quotidienne, comme le prouvent, au même degré, la nécessité de l'exorcisme lors du baptême et sa présence au pied du lit du mourant, lui, « l'ennemy et dragon infernal », comme le décrivent – parce que leur peur prend la forme du dragon de l'iconographie – les nouveaux confrères des Trépassés à Vannes en 1543. « Les démons sont dans l'air et empêchent les fidèles de prier », reconnaît à la fin du XVIIe siècle encore l'abbé Jean-Baptiste Thiers, pourtant grand pourfendeur des superstitions. En 1599, le recteur de Plestin, en Trégor, s'effraie des « tonneres et malignes espritz », et comment pourrait-il en être autrement ? Probable lecteur, il a vu, de ses yeux, le démon dans le ciel : du « terrible et merveilleux signe » parisien, édité, gravure à l'appui, en 1531, à « la vision publique d'un horrible et très espouvantable démon [...] de couleur verte, ayant une longue queue de pareille couleur » vu à Quimper et édité à Rennes en 1620, le thème est constant dans les canards. Il n'est sans doute pas juste d'envisager un « sommeil de Satan » – l'expression est de Marc Venard – dans les années 1520-1570 : simplement les intellectuels en parlent-ils moins, et les juges s'en préoccupent-ils moins aussi, occupés qu'ils sont par l'expansion d'un péril plus immédiat, la Réforme protestante.

Cette double présence étant une évidente réalité, la culture fournit les moyens d'agir, des moyens énormes et largement efficaces dans le contexte du temps : il faut insister sur cette puissance, essentielle compensation des impuissances matérielles, essentielle pour que nous puissions mesurer la place de la peur dans cette culture. Les hommes du XVIe siècle ne vont-ils pas jusqu'à tenter, après tant d'autres, de transformer de vils métaux en or, et les meilleurs savants ne croient-ils pas en l'alchimie ? Ces ambitions, ce dynamisme apparent de la science ne sont rien à côté des moyens d'agir sur les forces qui régissent le monde, des moyens de composer avec elles au moins, que donnent le christianisme évidemment mais aussi son indispensable pendant qu'est la sorcellerie.

II. La place du christianisme

Notre regard sur la place du christianisme dans la culture du XVIe siècle a longtemps été et est encore largement biaisé. L'influence des travaux de Jean Delumeau – *Le Catholicisme de Luther à Voltaire* date de 1971 – nous a aujourd'hui à peu près totalement dégagés de la gangue imposée par la référence au catholicisme épuré à partir du XVIIe siècle, nous a permis d'envisager un catholicisme d'avant les réformes du concile de Trente (achevé en 1563), et de considérer par conséquent autrement que comme des « abus » le comportement des fidèles et du clergé. Peut-être l'approfondissement des travaux en histoire religieuse nous a-t-il cependant amenés à confondre parfois la théorie et la pratique, le prescrit et le vécu, ou, plus précisément encore – et c'est bien là le problème –, l'écrit et la réalité : la piété des testaments n'est peut-être pas toute la piété d'avant la mort, et ne permet pas de préjuger de la piété de tous ceux qui ne testent pas par écrit ; les progrès de la justification par la foi sont indiscutables au niveau des théologiens et plus largement des intellectuels mais restent à démontrer dans les pratiques, même si, bien entendu, l'écrit contribue parfois de manière décisive à éclairer les pratiques et surtout leurs évolutions. En sens inverse, la mode de la « religion populaire » a pu, pendant un temps, contribuer à occulter la réalité, chez certains fidèles au moins, d'une foi profonde et intériorisée.

La réalité la plus évidente est celle d'une religion très proche des soucis et des comportements quotidiens, ordinaire, spontanée, naturelle, pour reprendre les termes qui l'ont le moins mal définie. Illustrons avec un exemple de 1564, juste donc au lendemain du concile de Trente : comme chaque année, l'évêque de Rennes et plusieurs chanoines participent à une rituelle partie de jeu de paume dans un des principaux cimetières de la ville. D'autres évêques, dans d'autres diocèses, refusent certes depuis longtemps de se prêter à de telles pratiques, mais le niveau hiérarchique des joueurs nous indique clairement que tout est possible.

Il ne s'agit aucunement d'*irrespect*, mais tout simplement d'une de ces pratiques festives auxquelles se prêtent depuis longtemps seigneurs et grands, laïcs et religieux ; et où jouer à la paume en ville, lorsqu'il n'existe pas encore de salle, en dehors des seuls grands espaces que sont les cimetières, herbus à souhait qui plus est ? Il n'est plus besoin dès lors d'expliquer pourquoi les fidèles peuvent, sans que quiconque pense encore à mal – laissons pour le moment de côté les premiers réformateurs –, battre et abriter leurs récoltes dans l'église si le temps est mauvais, y abriter leurs meubles quand la place manque, *vivre* en un mot : parler, se quereller, s'aimer, travailler, se promener tout simplement, comme dans le cimetière d'Hénin-Liétard, en 1590, à la nuit tombée, ces jeunes Artésiens qu'une mauvaise querelle nous permet de saisir. On laisse le fumier dans le cimetière de Senlis en Artois, on y joue à Liaucous en Rouergue. C'est là aussi, à La Capelle-Viaur, qu'au hasard d'un inventaire après décès de 1531 nous constatons que l'aubergiste Jean Alaux entrepose dans l'église quatre coffres et deux caisses remplies de vaisselle. À Saint-Père-en-Retz on y vend des pâtisseries, et des chandelles à Saint-André-Treize-Voies.

Cette absolue banalité s'applique aussi aux offices, rite parmi d'autres, et pas plus important que le travail ou un pot de vin entre amis. La concurrence de la taverne, voire de danses, est bien réelle le dimanche, mais il y a plus : si l'on en croit le curé, en 1554, plus de deux cents habitants de Vertou limitent leur pratique dominicale à une messe annuelle, et l'exemple n'est pas isolé. Pour ceux qui viennent, la participation est passive, et ce n'est pas le fait de quelques mauvais comportements populaires. Dans nombre d'églises le jubé isole l'autel et le prêtre, et d'ailleurs François de Sales lui-même conseille en 1610 encore à une pénitente de réciter son chapelet pendant la messe, ce qui montre bien que la participation des fidèles compte peu. Pour le commun des assistants, ce sont donc bavardages, discussions d'affaires, bagarre parfois, et la recherche de ses aises dans des églises encore le plus souvent dépourvues de sièges, en dehors – d'où son importance – du fameux banc seigneurial : on s'appuie donc sur les fonts baptismaux et les autels s'ils sont accessibles, on y pose son chapeau, on envahit la chaire – s'il en est déjà une –, tout cela bien sûr sans penser à mal.

Les confréries nous donnent un autre exemple de cette pratique religieuse profondément intégrée dans la culture. Leur développement semble spectaculaire, au point que l'archevêque de Rouen approuve la création de plus de cinq cents d'entre elles entre 1500 et 1560, après une vague encore plus importante au XVe siècle ! Si certaines s'inscrivent dans le renouveau des formes de piété qui commence alors, la plupart se consacrent essentiellement à fêter leur saint patron, messe solennelle, parfois procession, et banquet fraternel à l'appui. Les soucis concrets de défense d'intérêts professionnels ou d'entretien de quelque chapelle, celui de prier pour les trépassés, sont en effet parfaitement compatibles avec un aspect festif d'autant plus important qu'il contribue à resserrer les liens entre les membres. « Élément essentiel de toute confrérie », comme le souligne très justement Marc Venard, le banquet se déroule parfois dans l'église en Angoumois, avec bien entendu boisson, musique et danses inséparables de tout banquet qui se respecte, et à Châteauneuf-de-Gadagne, près de Cavaillon, dans le cimetière, après les prières pour les morts. Un legs de 1527 à la confrérie du Saint-Esprit d'Avignon ne prévoit-il pas la distribution de presque six hectolitres de vin pendant le banquet de la Pentecôte ? Ces évidents bons chrétiens provençaux sont les mêmes – ou ce sont leurs frères – qui participent au même moment au développement des confréries de pénitents, sensibles aux mystères de la passion du Christ et soucieux de partager les souffrances de la Vierge. La pénitence est bien réelle, mais l'organisation en confréries concurrentes, fondées sur le quartier, le métier ou le rang, montre bien qu'elles expriment aussi le souci de liens amicaux et de solidarité qui soient de proximité. Les premières font leur apparition à l'extrême fin du XVe siècle, sur le modèle italien, et une ville comme Marseille en compte déjà quatorze un siècle plus tard, au moment où Thomas Platter nous décrit, dans une relation devenue classique, le passage dans la procession de

> la confrérie des Battus, c'est-à-dire de ceux qui se flagellent à de certains jours, vêtus de longs sacs qui leur couvrent la tête et le corps jusqu'à la cheville, avec des ouvertures pour les yeux, la bouche et le dos afin de pouvoir respirer, voir et se flageller. Les uns portaient des chemises blanches, les autres des chemises noires, d'autres des vertes et d'autres des bleues. Ils défilaient sans fin, et j'estime qu'il en passa plus de quatre mille,

un nombre vraisemblable puisque la confrérie la plus importante, celle des Blancs, compte un millier de membres. Les objectifs ne sont en fait peut-être plus dévots qu'à nos yeux : il reste à démontrer que, pour un fidèle ordinaire du XVIe siècle, il soit moins dévot de banqueter en l'honneur de saint Michel que de retrouver ses amis dans une confrérie de pénitents.

La démonstration serait d'autant plus difficile qu'une très grande majorité du clergé partage la même culture que les fidèles : ivrognerie, sans doute plus répandue parce que les moyens financiers du clergé sont un peu plus élevés, goûts et loisirs, et surtout une « ignorance » qui peut dans le cas des prêtres être considérée comme une insuffisance professionnelle. Un peu de latin, la pratique de la lecture, le savoir-faire de la messe constituent un minimum pas toujours dépassé, faute de formation, et donnent un type littéraire qui n'est peut-être pas forcé pour une fois, même si les meilleurs exemples nous viennent de deux témoins à la religion bien suspecte, Bonaventure des Périers et Marguerite de Navarre. Le premier met en scène un prêtre qui lit si péniblement les termes difficiles de l'Évangile qu'en leur lieu et place il « vous disoit à tous coups Jésus » : il est en train d'apprendre son métier, détail intéressant, et n'est prêtre que depuis trois ans. La sœur de François Ier nous raconte pour sa part, de manière bien vraisemblable, comment un prêtre résout ses incertitudes entre deux formules latines :

> Il n'est ja besoin d'y penser si fort, car comme expérimenté, je vous y responderai promptement : entendez, que j'ay autresfois esté en ce scrupulle, mais quant ces petites resveries me viennent en l'entendement, je laisse tout cela et ne dictz ne l'un ne l'autre, mais en leur lieu, je diz mon

Ave maria et voilà comme j'en eschappe au grand repos de ma conscience.

Ce sont là, détail important, de bons et honnêtes prêtres, et la moquerie reste gentille. L'exigence viendrait plutôt des fidèles, soucieux de la qualité du service rendu : et de dénoncer à Saint-Dolay en Bretagne, en 1573, les prêtres qui « ne font que quaqueter » au lieu de chanter, à Bouin (aujourd'hui Vendée) en 1561 ceux qui à la messe « se hastent trop et sans dévotion aulchune », et l'année précédente en Boulonnais les prêtres qui suppléent les curés absents mais « ne scavent ni lire, ny escripre [et] ne vacquent à prières et oraison ». Cette incapacité trop souvent dénoncée – ou la négligence – explique le recours aux moines mendiants pour la prédication, notamment lors du carême et de l'avent, mais elle permet de comprendre aussi pourquoi la culture religieuse des fidèles évolue encore peu.

Ce n'est en tout cas pas faute d'attente, ou par indifférence, comme le montre l'intensité assez extraordinaire de la pratique dès qu'il s'agit de gestes concrets. Bénédictions, processions, pèlerinages, les fidèles en voudraient plutôt plus que le clergé. Les fidèles du Léon imposent à leurs prêtres, jusqu'au milieu du siècle, une procession autour du cimetière, ceux de Courlon-sur-Yonne imposent en 1579 à leur curé le but d'une procession de rogations, ce qui donne lieu à une scène bien révélatrice aux dépens d'un prêtre paresseux ou trop précocement soucieux de rejet des superstitions. Le curé, raconte Claude Haton,

> leur accorda d'aller en procession à certain lieu qu'il leur nomma, plus près que celuy où ilz avoient dévotion d'aller, et, les vespres dictes, il commença, avec son vicaire et les paroissiens, à faire la procession. Mais, lorsqu'on fut hors du village, les paroissiens tournèrent et prindrent le chemin pour aller au lieu où ilz avoient résolu, et non où le curé vouloit. Celui-cy, se voyant desprisé et contempné, s'arreste tout quoy, et commence à quereller à ses paroissiens, disant qu'il ne leur estoit loisible de le mener où bon leur sembleroit, mais qu'au contraire estoit à luy de les mener où il vouldroit. Sur ce, y eut grand altercat et scandalle ; ledit curé estoit tout seul de son party, et n'avoit personne ou bien peu qui fussent d'accord en ce avec luy, et après diverses parolles, quelques paroissiens

> des plus éventéz embrassèrent le curé au corps et le jettèrent en la rivière d'Yonne.

On sent bien la force très grande de l'attente, la profondeur de cette culture magique soucieuse de réunir le plus grand nombre possible de garanties, ce qui s'exprime dans la recherche des formes les plus variées, et dans la richesse du catalogue des saints et des pèlerinages, parfois très locaux, dont ils sont l'objet.

Il n'est pas un mal, pas une inquiétude qui n'ait sa réponse, sous la forme de l'invocation d'un saint, spécialiste ou non. Rarement sans doute le texte d'un intellectuel aura été aussi éloigné des préoccupations du plus grand nombre que les moqueries sévères d'Érasme en 1503 :

> Il y en a qui honorent certains saints par de certaines cérémonies particulières. Tel courtise Christophe chaque jour, et cela non sans avoir contemplé son image. À quoi vise-t-il ? Évidemment à se convaincre lui-même que, ces jours-là, il sera protégé contre la malemort. Tel autre se prosterne devant un saint Roch. Pourquoi ? Parce qu'il se figure que Roch éloigne du corps la peste. Tel autre susurre certaines prières déterminées à Barbe ou à Georges pour ne pas tomber aux mains de l'ennemi. Tel autre jeûne en l'honneur d'Appoline, pour ne pas avoir mal aux dents. Tel autre va visiter des statues de Job pour échapper à la gale. [...] Or si ces dévotions ne sont pas détournées de la considération des avantages corporels pour être rapportées au Christ, elles sont si peu chrétiennes qu'elles ne diffèrent pas grandement de la superstition de ceux qui autrefois vouaient à Hercule le dixième de leurs biens pour devenir riches, ou un coq à Esculape pour guérir, ou sacrifiaient un taureau à Neptune pour avoir une heureuse traversée. Les noms sans doute ont changé, le but pour les uns et pour les autres est resté le même.

Spirituellement parlant, Érasme a bien entendu raison, mais cette croyance est une des plus profondes dans la culture de nos ancêtres. Lorsque le mal n'est pas trop exceptionnel, c'est un choix qui s'offre : pour la sécheresse de 1556, les paysans de la région parisienne processionnent à sainte Geneviève à

Paris, saint Spire à Corbeil, saints Cancien et Cancianille à Étampes, sainte Mathie et sainte Hélène à Troyes, la Vierge et saint Laurent à Nogent. Les notables pratiquent de même, comme le montrent leurs testaments : à Seiches, sur les bords du Loir, où il s'est retiré, le maréchal de Rohan invoque en 1509 le Christ, la Vierge, saints Pierre et Jacques ses patrons, et « tous les benoists anges et archanges, apostres, évangélistes, martyrs, confesseurs, vierges, tous saints et saintes de Paradis, et généralement toute la court et compagnie céleste » ! Et il réserve une mention particulière à saint Michel, le vainqueur du démon, en tête également dans les testaments douaisiens.

Il y a mieux, et plus profond encore : très loin de la « crise du culte des saints » et de la « crise de confiance en l'intercession » que l'on a parfois cru déceler, nos ancêtres continuent à faire vivre ce catalogue de remèdes et de rites. La popularité de l'archange saint Michel en est un exemple d'autant plus intéressant qu'elle est générale : l'ordre que Louis XI a placé sous sa protection en 1469 garde son éclat, et ce n'est que l'aspect spectaculaire d'un mouvement qui s'accélère au XVIe siècle – il est prématuré d'affiner la chronologie de cette dévotion d'abord réservée aux élites – en faveur de l'ange gardien, adversaire direct du démon présent auprès de chacun. Plus couramment, les fidèles inventent de toutes pièces des cultes et donc des saints : Diboan ôte la souffrance en abrégeant l'agonie, création d'autant plus intéressante que le nom du saint, en breton, exprime très exactement sa fonction ; Momelin, invoqué par les bègues et les muets, est en Flandre une francisation transparente de *mummelen* (« marmonner ») flamand ; Avoye est invoquée en Brie pour les enfants qui tardent à parler ; Notre-Dame de Crée-lait et Allant et Venant en Bretagne pour d'évidents motifs ; Mammard bien sûr pour les mamelles ; Acarie pour les acariâtres… Dans quelques cas privilégiés, nous pouvons même saisir le moment de la création : en 1621 et 1644 près de Plancoët, en 1625 près d'Auray l'exhumation accidentelle de statues développe en quelques jours des cultes spectaculaires à la Vierge ou à sainte Anne. Le premier cas, moins illustre, est d'autant plus intéressant qu'il a joué deux fois, la première flambée rencontrant un succès si éphémère que la statue est de nouveau perdue : il y a donc moins d'élus que d'appelés. En 1644, et avant l'approbation des autorités ecclésiastiques, les fidèles se pressent par milliers, et offrent en signe de demande, de vœu ou de reconnaissance pour les premiers miracles, des « bras, cuisses, corps d'hommes, femmes et enfans » en cire, des échasses aussi, qui font penser au geste identique pratiqué dans les mêmes circonstances à Notre-Dame de Banelle près de Gannat, en Auvergne.

Le temps a parfois assuré une ritualisation et aussi une certaine laïcisation des pratiques, comme le montrent, dans un domaine qui touche pourtant au démon, les promenades de dragons. L'histoire originelle est à peu près partout la même, celle d'une horrible bête démoniaque maîtrisée ou tuée par un saint. Elle se traduit par la promenade bon enfant, dans l'allégresse générale, de figures en bois, à l'occasion parfois des rogations, ce qui en souligne le rôle proche de l'exorcisme : la Grande Goule de Poitiers, sortie aussi contre les animaux nuisibles, le Graoully de Metz, la Guivre de Rouen, la Drague de Rochefort-en-Terre et la Tarasque de Tarascon – liste bien sûr non exhaustive – relèvent de la même culture que le culte des saints.

III. Des frontières ambiguës

Même en écartant soigneusement toute référence au catholicisme épuré du siècle suivant, il faut bien relever l'ambiguïté de certains de ces gestes, qui font appel à une magie parfois bien complexe. Le culte des saints n'est bien souvent que la christianisation ancienne de lieux de culte païens, et certains usages restent si suspects qu'ils feront l'objet d'interdictions au siècle suivant : il suffit de rappeler qu'à la Saint-Jean les fidèles passent parfois la nuit dans l'église, se déguisent, dansent, et profitent du feu pour fumer des herbes utilisées ensuite pour protéger la maison et le bétail. À Saint-Benoît-de-Brecklange, à Hinckange près de Saint-Dié, on guérit une cuisse démise en suspendant dans l'église les chausses du blessé, préalablement emplies du fumier mendié dans neuf écuries, et une jambe en apportant un bas empli de cinq œufs et trois poignées de fiente de cheval. L'assimilation du mal à la mauvaise odeur est limpide, mais l'importance accordée aux chiffres purement magique. À Maroilles de même, le rituel de guérison de la rage exige notamment cinq *pater* et cinq *ave* pendant neuf jours, un déjeuner de trois tranches de pain ayant touché les reliques de saint Humbert et trempées dans l'eau de sa fontaine, et encore de ne pas changer ses draps pendant neuf jours... Robert Muchembled rapproche à juste titre cette croyance des propos d'un prédicateur anonyme de Seclin qui, commentant un recours du même ordre au marteau de saint Éloi, déclare idolâtres les fidèles qui le touchent en pensant être guéris : à ce compte, nombreux sont les « idolâtres » au XVIe siècle !

Et où pourrait se situer la différence avec les reliques reconnues, aux yeux des fidèles ? Or la croyance dans le pouvoir miraculeux des reliques est plus vivante que jamais, les lieux de conservation se comptent par milliers, et l'abbaye Saint-Bertin de Saint-Omer dispose même d'un véritable catalogue qui propose, entre autres, des morceaux de la crèche, du berceau, de la table et du tombeau du Christ. Que penser du vœu, contrat magique avec un saint, déjà pratiqué dans l'Antiquité au profit de divinités païennes, auquel recourent toutes les classes de la société, souverain et collectivités comprises ? Que penser du miracle, et de sa banalisation ? À Tours en 1513, 60 miracles sont très officiellement enregistrés pendant le procès de canonisation de François de Paule, ce qui nous laisse encore très loin des 557 enregistrés à Sainte-Anne-d'Auray entre 1634 et 1646. Le miracle est quotidien, ou presque : en août 1561 à Troyes, le simple changement de couleur d'une croix de cuivre attire les foules et, raconte Haton,

> plusieurs malades et impotens de leurs membres, après avoir là faict leur dévotion et prières en ferme foy, s'en retournèrent sains et guéris de leurs maladies. Telz y furent à potences avec toute difficulté, qui sans retournèrent sans baston et à leur ayse ; aultres, fébricitans de toutes sortes de fiebvres, s'en retournèrent en santé. Et davantage me fut fidellement certiffié que des muetz et aveugles recouvrèrent là l'usage de parler et de veoir clair.

Où situer les limites de la foi catholique ? Le curé de Faucon, près de Carpentras, bénit à la demande une vieille clé qu'il conserve et qui, portée au rouge par le forgeron, guérit de la rage le malade sur lequel on l'applique. C'est une « clé de saint

Pierre », il est vrai. À Châteauneuf-du-Pape en 1582, le vicaire place pendant la messe, sous la nappe de l'autel, des billets portant une formule conjuratoire, et les distribue ensuite comme talismans. Invoquer un clou au nom de Dieu soigne les dents, appliquer un grain de blé bénit sur un malade le guérit, et d'ailleurs « toultes paroles qui parlon de Dieu a quelque vertu », une guérisseuse d'Avignon en est persuadée en 1582. Avec une certaine distance déjà, Noël du Fail relève de même des croyances des paysans de son pays de Rennes :

> ne dire chat la nuict ; ne rongner ses ongles au Dimenche, car le Diable en allonge les siennes ; ne filler au Sabmedy ; ne estudier aux festes, mais loysible jouer aux quilles ou à Cornichon va devant ; pour guérir des verrues fault toucher à la robbe d'un Cocu [...] ; pour la fièvre prendre neuf petites pierres et les envelopper en un mouchouer, puis le premier qui les trouvera prendra la fièvre ; fault estre huict jours entiers, après les nopces faictes, sans toucher à sa femme, encores avec protestation ; qui veult estre marié en l'an, prenne le premier papillon qu'il verra.

Innocent. Mais aller en pèlerinage ou faire dire une messe pour obtenir la mort de quelqu'un ? Dans l'esprit comme dans les formes, la frontière entre christianisme et sorcellerie demeure très floue au XVIe siècle, d'autant que les croyances qu'on n'appelle pas encore superstitieuses constituent un vaste espace intermédiaire. Cette situation laisse une très grande marge pour la répression ou l'indulgence, selon l'endroit où les autorités veulent situer la frontière, et, plus encore, exprime le caractère profondément indissociable de la double croyance en Dieu et en Satan.

La sorcellerie pose, du point de vue culturel, deux questions profondément différentes : celle des formes de son évidence, et celle, anachronique pour notre propos, des raisons qui ont mené à partir de 1580 environ à la véritable chasse aux sorcières responsable de plusieurs milliers de morts au moins.

Les années 1520-1580 ne sont pourtant pas des « années froides » en matière de sorcellerie. L'arsenal idéologique qui servira à la chasse est disponible depuis le traité en quelque sorte fondateur de deux inquisiteurs allemands, *Le Marteau des sorcières* de Jacques Sprenger et Henri Institoris, édité quinze fois, en latin – donc accessible à tous les « savants » –, de 1486 à 1520. Dans la pratique, Noël du Fail évoque très banalement le sorcier faisant le tour des champs et, si le Rouergat Huc Carrat est pendu pour « crimes et maléfices » à Saint-Léons en 1518, son confrère le prêtre Olivier Moysan, « convaincu de quelques cas de maléfices », vit tranquillement dans sa paroisse en 1572, bien qu'il refuse toute pénitence, soit incapable de dire la messe, s'enivre régulièrement et dissuade les paroissiens de payer la dîme ! Tout se passe comme si le savoir théorique en la matière était enfoui au fond des esprits, et ne surgissait opportunément que pour achever d'accabler un accusé.

Ce constat nous aide à relativiser la place de la peur dans la culture du siècle : l'imaginer omniprésente est peut-être plaquer nos propres peurs, ou notre regard, sur les raisons objectives que nos ancêtres auraient d'éprouver, en permanence, la peur. La faible place de l'inconnu – Dieu et Satan ont un nom, et font partie du monde connu –, l'importance de la gamme des remèdes nuancent fortement un sentiment qui coexiste avec d'autres : la peur et l'espérance des fidèles qui ont le mieux intériorisé leur foi, la peur et l'assurance magique, facilement accessible, de la prière, du geste, des mots qui donnent l'espoir. Il n'y a pas, on l'a compris, de « religion populaire », mais une religion pour tous, celle de pratiques partagées par tous, qui répondent aux mêmes besoins, aux mêmes exigences : dans les moments difficiles au moins, « aucune distinction entre clercs et laïcs, hommes et femmes, riches ou pauvres », soulignait Alphonse Dupront. *Presque* aucune distinction, nuancerons-nous : l'émergence, spectaculaire à partir des années 1555-1560, de la Réforme calviniste, l'influence profonde qu'exercent peu à peu les humanistes et les nouveautés culturelles et idéologiques qu'ils diffusent suffiraient à indiquer que notre « ancien monde » culturel n'est plus seul, et ne peut rester intact.

DEUXIÈME PARTIE

La révolution lente

(vers 1520-vers 1580)

Introduction

Révolution lente ! L'accouplement de deux termes aussi contradictoires veut attirer l'attention sur le paradoxe de notre XVIe siècle : l'énorme importance des changements culturels, et la lenteur extrême, même à l'aune de l'époque, de transformations qui n'ont pas encore toutes abouti aujourd'hui.

Imputer cette lenteur à celle d'esprits pesants ou simplement routiniers – une tentation longtemps très forte dès qu'il s'agissait des classes populaires – serait bien illusoire et en tout cas réducteur : il suffit de souligner avec quelle rapidité – versatilité, diraient certains – des foules entières répondent à l'appel de prédicateurs parfois spontanés pour adhérer à la nouvelle religion réformée ou se lancer sur les routes dans ces passionnées « processions blanches » des années 1583-1584. Lorsque l'attente est très forte, nos ancêtres réagissent vite, et la question de savoir si cette réaction s'inscrit dans la tradition ou en rupture avec elle ne se pose évidemment qu'aux historiens.

En fait, la lenteur de cette « révolution » est logique : outre que la notion même de révolution culturelle relève du rêve, l'étendue, l'importance même des changements exige du temps, beaucoup de temps. C'est cette dimension chronologique, la lenteur du rythme des changements qui nous a permis d'entretenir au début de ce livre l'illusion d'un « ancien monde » encore présent au XVIe siècle. Chaque Français du XVIe siècle est, bien entendu, concerné par les transformations culturelles du siècle, si peu que ce soit : l'histoire culturelle de la France ne peut donc se lire qu'en associant les deux approches, le déroulement du film, à partir de l'image fixe jusqu'ici proposée, se faisant à des vitesses très différentes selon le milieu concerné.

L'articulation des deux perceptions est cependant capitale. Du Bellay et Montaigne, Marguerite de Navarre et Lescot,

Budé et Calvin ne peuvent se comprendre sans l'Italie, sans l'humanisme, sans la Renaissance, sans la Réforme : chacun le sait depuis longtemps. Mais ils ne peuvent se comprendre non plus si l'on oublie qu'ils sont issus aussi de l'« ancien monde » culturel, qu'ils y puisent toujours une part de leur culture et parfois une part essentielle. À la limite, les exemples célèbres de Rabelais ou de Noël du Fail ont desservi cet essentiel constat, dans la mesure où l'originalité formelle de leur propos a permis de les considérer comme des exceptions presque marginales. Les plus grands intellectuels, les esprits les plus novateurs ont aussi une perception de l'au-delà, du corps, du chiffre ou de la divination qui les insère pleinement dans la culture la plus « traditionnelle »...

Et pourtant les transformations culturelles du XVIe siècle sont d'une profondeur, d'une étendue et d'une fécondité qui pourraient justifier le terme de révolution. La religion y joue un rôle bien plus prépondérant que le simple aspect spectaculaire des Réformes protestantes, parce qu'elle imprègne tous les comportements : il est sans doute peu de moments dans l'histoire où la religion a aussi manifestement exprimé simultanément son double sens étymologique, relier *(religare)* et en même temps relire *(religere)*... Cette visibilité, celle de l'humanisme, celle de la Renaissance ne peuvent cependant pas masquer l'ampleur du mouvement, de la table au vêtement, de la fête à la danse, de la culture politique à l'esprit critique, ou... de l'artichaut au château, pour en souligner l'extrême diversité. Il n'est pratiquement aucune de ces innovations qui ne trouve sa source, ou au moins quelque signe avant-coureur, au XVe siècle, mais la grande nouveauté tient à la généralisation du mouvement, à l'effet d'entraînement. Nous n'en sommes plus aujourd'hui à nous interroger pour savoir quand commence la Renaissance, ni même pour savoir si le terme est excessif : il l'est. L'important est de bien percevoir que, même lentement, le rythme des changements culturels s'accélère, et plus encore que les effets de ces changements s'amplifient : les domaines concernés sont de plus en plus divers, la population concernée de plus en plus large.

Pourquoi ? Incontournable, immense question aussi, que nous ne pouvons fuir tout en sachant que la réponse ne peut être que grossière. Nous avons certes dépassé le stade de la théorie globalisante et mécaniste qui attribue les changements culturels à un phénomène décisif, qu'il soit d'ordre économique, social ou religieux. Nous savons la vanité de l'explication fragmentée, comme si l'on pouvait comprendre indépendamment les raisons du succès des Réformes protestantes, du succès de l'esthétique et du goût de la Renaissance, ou de la vogue de l'humanisme. Mais nous savons, aussi, que les progrès dans l'explication viennent aujourd'hui d'études dont la modeste échelle permet la finesse et les nuances indispensables.

Cette multiplication des chausse-trapes et des bonnes raisons pour fuir une réflexion d'ensemble ne peut justifier le renoncement à des observations de bon sens, dont l'essentiel tient dans un processus cumulatif, une synergie, l'effet d'entraînement qu'introduisent une série d'évolutions profondes. Le XVIe siècle connaît, au moins jusque vers 1560-1570, un retour à une expansion économique génératrice d'excédents financiers, que captent et utilisent essentiellement le roi, la noblesse, l'Église, une bourgeoisie en très modeste essor et même parfois les plus aisés des paysans : c'est l'argent des chapelles, des châteaux et des mécènes, celui des modes nouvelles et des voyages.

La première moitié du siècle – essentiellement les règnes de François Ier et Henri II, de 1515 à 1559 – connaît aussi, à bien modeste échelle encore, un développement de l'autorité royale, grâce à des moyens financiers qu'envient tous les autres souverains européens, grâce aussi à la diffusion d'une idéologie royale de mieux en mieux relayée par les grands serviteurs de la monarchie. C'est, entre autres, un puissant centre de diffusion d'innovations culturelles.

Même si l'on reste à ce niveau de généralité, il faut aussi souligner l'importance de l'extraordinaire accroissement de la possibilité de diffusion des idées grâce aux progrès de l'imprimerie. Si on y ajoute, au moins, l'effet de la soudaine multiplication des contacts avec l'Italie, mère des arts et du goût, on mesure bien à la fois à quel point le XVIe siècle est continuité – « développement », « progrès », « accélération » – et à quel point peut intervenir cet effet d'entraînement qu'illustre bien l'évolution du luxe. Voilà bien une notion presque intemporelle, mais voilà aussi une notion qui prend une dimension très neuve quand elle bénéficie de moyens financiers d'une ampleur inégalée, qu'elle touche un public plus étendu que jamais, et qu'elle s'applique à des domaines parfois insoupçonnés jusque-là, à l'exemple du raffinement des cours emprunté à l'Italie.

On pourrait, non sans raison, reprocher à cette sommaire analyse de ne pas expliquer suffisamment : à la quantité près – ce qui n'est pas rien –, chacune de ces observations pourrait s'appliquer au moins au Moyen Âge classique, expansion, renforcement au moins relatif de l'État et de ses moyens, contacts avec une autre civilisation brillante, celle de l'Orient en l'occurrence. C'est vrai, à ceci près qu'il manque alors l'outil – l'imprimerie –, et plus encore peut-être la conscience que le monde change.

La mesure de cette prise de conscience est sans doute la plus formidable enquête, à peine amorcée, que nous impose l'histoire du XVIe siècle, mais nous en savons bien assez pour souligner des évidences. La sensible hausse des prix, la croissance démographique, la menace latente que représente la concentration dans certaines villes de milliers et, dans le cas extrême de villes comme Lyon, de dizaines de milliers de prolétaires sont des réalités nouvelles du XVIe siècle, perçues plus ou moins vite, plus ou moins lucidement, mais perçues par tous, ne serait-ce que pour des raisons matérielles : quelques sous à dépenser ou quelque rente amenuisée, une église à agrandir, la crainte de l'émeute ou de la peste. Les plus lucides ont saisi, très tôt, que les changements étaient plus amples encore, à l'exemple du Savoyard Claude de Seyssel, admirateur reconnaissant de Louis XII auquel il doit sa carrière, mais aussi remarquable observateur de son temps.

> L'on vouloit généralement par tout le royaume bastir grans édifices, tant publiques que privéz, et sont pleins de doreures, non pas les planchis tant seulement et les murailles qui sont par le dedans, mais les couvertes, les toitz, les tours et ymages qui sont par le dehors ; et si sont les maisons meublées de toutes choses, trop plus somptueusement que jamais ne feurent. Et use lon de vaisselle d'argent en tous estatz sans comparaison plus qu'on ne souloit, tellement qu'il a esté besoign sur cela faire ordonnance pour corriger cette superfluité, car il n'y a sorte de gens qui ne vueille avoir tasses, goubeletz, aiguières et cuilliers d'argent du moins. Et au regard des prélatz, seigneurs et autres grossiers, ilz ne se contentent pas d'avoir toute sorte de vaisselle, tant de table que de cuysine, d'argent s'il n'est doré : et mesmes aucuns en ont grande quan-

> tité d'or massif. Aussi sont les habillemens et la manière de vivre plus somptueux que jamais on ne les vit. [...]
> Aussi est l'entrecours de la marchandise, tant par mer que par terre, fort multiplié, car pour le bénéfice de la paix qui a esté de ce règne, et pour l'auctorité et réputation que les François ont en Italie, Alemagne, Espagne, Angleterre et autres pays et provinces, tant maritimes que terrestres, [...] toutes gens excepté les nobles, lesquelz encores je n'excepte pas tous, se meslent de marchandise, et pour un marchant que l'on trouvoit du temps du roy Loys unziesme, riche et grossier à Paris, à Rouen, à Lyon et aux autres bonnes villes du royaume et généralement par toute la France, l'on en trouve de ce règne plus de cinquante. Et si en a par les petites villes plus grans nombre qu'il n'en souloit avoir par les grosses et principalles citéz, tellement qu'on ne faict guères de maison sur rue qui n'ait boutique pour marchandise ou pour art mécanique; et sont à présent moins de difficulté d'aller à Rome, à Naples, à Londres et ailleurs delà la mer, qu'ilz ne faisoyent autreffois d'aller à Lyon ou à Genesve, tellement qu'aucuns en y a qui par mer sont alléz chercher et ont trouvé des terres nouvelles.
> [...]
> Et le peuple par la longueur de la paix est tant multiplié que l'on ne se devroit point merveiller si l'on trouvoit plus de gens pauvres qu'on ne souloit, car d'autant que les biens et l'argent se départent entre plus de personnes, d'autant en a moins un chascun. Mais la raison est au contraire, pourtant que tous labourent et travaillent, dont avecques les gens croissent les biens, le revenu et les richesses.

Il serait juste, mais facile, d'opposer que les structures économiques, sociales, démographiques ne changent guère, de relever les excès d'un fidèle qui veut justifier les expéditions italiennes. Le témoignage est cependant d'autant plus intéressant qu'il demeure presque naïf: Seyssel exprime remarquablement le sentiment d'un changement général, mais, dans les années 1510, ne perçoit pas, ne peut percevoir encore l'essentiel, à savoir que la conception d'un monde immuable n'est plus la seule possible. Les réalités devancent l'idéologie, mais il y a bien là, objectivement, un ferment révolutionnaire qui mûrira lentement.

CHAPITRE 5

Approfondissements

Les signes les plus spectaculaires et les plus précoces de la « révolution lente » se manifestent à travers une volonté nouvelle d'approfondissement de la culture héritée, une volonté servie par l'extraordinaire renouvellement des moyens disponibles. Ce n'est pas un hasard, bien sûr, si l'écrit et son univers sont les premiers touchés, si la foi, cœur des cultures, l'est aussi très vite. Moins fondamentales à court terme, les curiosités nouvelles du siècle sont peut-être pour nous domaine plus intéressant encore, dans la mesure où se pose ici une délicate question de pesée : qu'est-ce par exemple que l'Amérique, concrètement, dans la culture des hommes et des femmes du XVIe siècle ?

I. L'écrit et son univers

En 1536, Guillaume Budé est un très vieil homme de soixante-huit ans. Il fait partie du groupe prestigieux des notaires et secrétaires du roi, il a exercé pendant deux ans les fonctions de prévôt des marchands de Paris. Il n'est donc aucunement lié au milieu ecclésiastique et universitaire, mais il vient de publier deux ouvrages remarquables. Ses *Commentarii linguae græcae* (Commentaires sur la langue grecque) le posent en 1529 comme le meilleur helléniste d'Europe et, en 1534, il tente de concilier sagesse antique et christianisme dans son *De transitu hellenismi ad christianismum* (De l'hellénisme au christianisme).

Il n'est pas que cela, mais c'est déjà beaucoup. Il illustre, au meilleur niveau certes, l'ampleur d'un mouvement humaniste qui déborde largement les seuls intellectuels-hommes d'Église. Les grands serviteurs du roi, en particulier, sont pour les plus illustres comme Budé l'objet des attentions royales, mais se comportent aussi en mécènes ou au moins en animateurs de la vie culturelle dans leurs provinces, en y faisant vivre des cercles de lettrés, comme à Alençon, Bourges, Tours ou encore Bordeaux. Intellectuels, ils mènent donc aussi une vie sociale active. La « formidable vitalité culturelle » que leur attribue avec raison Sylvie Le Clec'h-Charton est un bon exemple des débuts de la « Renaissance » intellectuelle. Mais l'exemple de Budé vaut plus encore : il nous montre l'élargissement de la culture antique au-delà du seul latin et, aussi, le très grand intérêt pour les questions religieuses qui est peut-être une des originalités des humanistes français.

1536 : c'est aussi l'année où Étienne Dolet publie le premier volume de ses *Commentarii linguae latinae*, où il exprime sa culture latine mais surtout son admiration pour l'Antiquité païenne. Correcteur dans l'imprimerie tenue à Lyon par Sébastien Gryphe – encore un « profil type » d'humaniste –, il nous indique aussi les frontières de l'univers des humanistes. Querelleur et violent dans son comportement – Marguerite de Navarre, la sœur du roi, le tire cette année-là du mauvais pas où l'a plongé une rixe mortelle –, il se situe également sur le plan intellectuel sur des limites rarement franchies, celles de l'humanisme chrétien, ou en tout cas catholique : il a sans doute appris lors de son séjour à l'université de Padoue que la raison se pouvait imposer à la foi.

Monde de l'imprimerie et du service du roi, dynamisme et recherche intellectuelle, intérêt très vif pour l'Antiquité et pour les questions religieuses, audace de Dolet qui vend des livres calvinistes et prudence de Budé qui condamne les placards calvinistes de 1534 : c'est déjà une bonne image de la première génération des humanistes du XVIe siècle.

Le rapprochement, et le choix de 1536, n'ont d'ailleurs rien de fortuit. Lisons ce qu'écrit justement Dolet dans ses *Commentaires*, quand il exalte ceux qui ont rénové les lettres :

> Quels hommes et de quel cœur ils combattent pour la liberté ! Je ne nomme que les grands capitaines, mais combien de soldats obscurs dont les noms brilleront, un jour, d'un vif éclat ! En France, les troupes ont pour général en chef Guillaume Budé, ce maître sans égal dans les deux langues grecque et latine. À ses côtés paraît Lefèvre d'Étaples, défendu par le bouclier de la philosophie. [...]

> Cette armée de lettrés, levée de tous les coins de l'Europe, fait de tels assauts au camp ennemi, qu'enfin la barbarie n'a plus de refuge. [...]
> Les Lettres sont en honneur plus qu'elles ne l'ont jamais été. L'étude de tous les arts est florissante. Par les Lettres, les hommes sont ramenés à l'étude si longtemps négligée du bien et du vrai. Maintenant l'homme apprend à se connaître; maintenant il marche à la lumière du grand jour, au lieu de tâtonner misérablement à travers les ténèbres; maintenant l'homme s'élève vraiment au-dessus de l'animal, par son âme qu'il sait cultiver et par son langage qu'il perfectionne.

Si la notion d'optimisme de la Renaissance a un sens, c'est bien dans de tels élans d'enthousiasme, d'autant plus juste que Dolet associe à Budé celui qui est sans doute le plus remarquable intellectuel de cette génération, et l'un des plus respectables, Jacques Lefèvre.

Ce serait perdre beaucoup de la richesse, de l'épaisseur humaine de l'humanisme que de ne pas associer la profondeur des recherches et les idées qu'il implique à des hommes qui, toute leur vie, sont restés parfaitement dignes. Jacques Lefèvre est un peu le père de l'humanisme français: il a quatre-vingt-six ans lorsqu'il disparaît, en cette année 1536 toujours. Il n'en a que plus de mérite à avoir su s'extirper de la tradition universitaire et théologienne, lui qui est d'abord un pédagogue, notamment dans l'illustre collège du cardinal Lemoine, et un théologien parfois mystique, tenté un moment par la vie monastique. N'étaient leur finesse et leur précision, nous ne retiendrions pas non plus comme décisifs ses éditions, traductions et commentaires d'Aristote, et à peine plus le fait qu'il soit un des tout premiers grands intellectuels français à faire le voyage d'Italie, dès 1491-1492. Ce qui impose Jacques Lefèvre bien au-delà du rang des savants de son temps est l'essentiel choix culturel qu'il fait en éditant le Nouveau Testament (1523) puis toute la Bible (1530) en français. Il faut toute la conviction, la rigueur de cet intellectuel pour achever ainsi, à quatre-vingts ans, une œuvre qui lui vaut les persécutions de la Faculté de théologie de l'Université de Paris – la Sorbonne – et celles du Parlement, au point qu'il se réfugie un temps à Nérac auprès de Marguerite de Navarre. Il faut toute la conviction d'un homme de foi pour proposer ce geste révolutionnaire qu'est la mise à disposition de tous les lecteurs, et non des seuls savants, du Livre par excellence, fondement d'une tradition que Luther vient justement d'ébranler. Et nous verrons à quel point l'homme a su mettre en pratique son réformisme religieux en conseillant efficacement l'évêque de Meaux Guillaume Briçonnet. Ce pourrait être, par sa carrière, un troisième cas type d'humaniste, mais sa stature dépasse à l'évidence celle de tous les autres, à l'exception peut-être de Budé.

Si imparfaits et rapides que soient ces portraits, ils sont indispensables pour faire percevoir que l'humanisme n'est pas seulement une recherche de l'esprit, mais bien une affaire d'hommes sincères et passionnés, engagés dans des débats audacieux, au moins dans la sphère intellectuelle et parfois au-delà, avec les risques qu'illustre l'exécution de Dolet en 1546. Le point commun de leur passion, outre la curiosité d'esprit, tient certainement dans la volonté d'approfondir ce qui est, on ne le soulignera jamais assez, le cœur de leur culture, la foi. C'est quand on évoque l'humanisme que devient particulièrement mutilante l'inévitable distinction entre « humanisme » et « Réforme », voire « Renaissance ». Pour un intellectuel de ce temps, il est inconcevable de séparer recherche littéraire, philosophique, religieuse, et c'est la même volonté d'authenticité, de critique, de réforme qui s'applique à tous ces domaines, avant comme après l'initiative de Luther en 1517.

C'est dans ce contexte que doit s'interpréter la fascination éblouie ressentie dès la fin du XVe siècle, quand l'exode des lettrés de Constantinople, après la prise de la ville par les Turcs, amène en Occident quantité de manuscrits grecs et latins. C'est, peu à peu – l'exode n'est pas brutal, et ses effets sont en France amortis par le relais italien –, la formidable possibilité d'approfondir la culture savante par l'accès direct à l'Antiquité, par-dessus la « barbarie » médiévale que fustige Dolet, plus concrètement en débarrassant les textes antiques des multiples gloses, déformations et mutilations.

L'admiration pour l'Antiquité est donc celle d'un univers de pureté nouvelle, celle aussi de la source authentique accessible par morceaux toujours plus nombreux grâce à une véritable archéologie intellectuelle qui a pu engendrer chez les plus passionnés une véritable ivresse. L'admiration pour une Antiquité idéalisée devenue référence absolue a mené au moins à une impasse : la tentative de conciliation, voire de syncrétisme, entre paganime et christianisme. Les humanistes du début du XVIe siècle ne perçoivent pas qu'une partie des pratiques religieuses communes sont encore parfois teintées de paganisme – ex-voto, fontaines sacrées ou feux de la Saint-Jean, pour n'en retenir que des exemples spectaculaires –, et que la volonté d'authenticité et d'épuration ne peut que mener l'Église à vouloir extirper ces scories. La tentation de la synthèse « par le haut » ignore donc les restes de synthèse « par le bas » : c'est un beau signe de la fracture culturelle qui s'amorce, et sans doute aussi une des limites essentielles de cette admirable volonté d'approfondissement culturel.

L'ivresse de la nouveauté exprimée par Dolet, la certitude des humanistes d'accéder à un monde nouveau ne correspondent en effet que partiellement à la réalité, et il n'est même pas nécessaire pour le démontrer de rappeler que le Moyen Âge n'avait jamais totalement rompu avec la culture antique. Nous en trouvons en effet un exemple parfait avec François Rabelais qui, en 1536, pour rester fidèle à ce repère chronologique, a déjà publié *Gargantua* et *Pantagruel*. Nous pouvons alors le considérer comme le produit de la première génération de l'humanisme : il est bien en effet un incontestable savant moderne, maîtrisant suffisamment le latin et le grec pour correspondre avec Budé, pourvu d'une culture aussi bien théologique que juridique, médicale ou musicale. Ses nombreux voyages en Italie accentuent encore cette ouverture sur la culture la plus avancée de son temps, et il en exprime fort bien la passion du savoir, l'admiration pour l'Antiquité, l'esprit librement critique aussi. Il condamne bien sûr « les ténèbres épaisses de l'époque gothique », mais il n'empêche qu'à bien des égards sa conception du savoir, celle de l'éducation, « la volonté de totalité qui lui est implicite, sous de nouveaux oripeaux, renvoie à la somme médiévale ». Cette formule de Jean-Marie Goulemot est brutale, mais équilibre bien la liberté affirmée de se constituer un savoir propre, hors des idées reçues.

L'humanisme juxtapose donc l'évidente continuité de certains modes de penser et la très sensible libération intellectuelle de ces quelques décennies du début du XVIe siècle, mais ce qu'on a parfois appelé le « miracle de l'humanisme » tient surtout dans la coïncidence – certainement pas fortuite, l'essor de l'un épaulant celui de l'autre – entre cette avancée intellectuelle et son relais par l'imprimerie.

L'importance de l'imprimerie dans l'histoire culturelle tient d'abord, bien évidemment, à la diffusion même de l'outil. Entre l'installation de la première presse par le Parisien Guillaume Fichet en 1470 et le début du XVIe siècle, les progrès sont déjà spectaculaires, puisqu'une quarantaine de villes possèdent au moins un atelier d'imprimerie vers 1500. Le nombre vaut beaucoup plus que la géographie, dans la mesure où de petits imprimeurs, pendant les deux premières décennies du siècle au moins, se déplacent à la demande, en fonction du marché et des commandes d'un couvent, d'un évêque, de lettrés. Les entreprises, en outre, continuent à se multiplier à cette époque, alors que se précise l'autre grande tendance, la constitution de grands pôles et en leur sein de quelques grandes entreprises d'envergure presque industrielle, liées à des capitaux marchands. Les enjeux économiques indiscutables ne doivent cependant pas faire oublier que les meilleurs imprimeurs au moins sont en fait de véritables éditeurs au sens moderne du terme et s'impliquent dans la qualité, y compris « scientifique », de leur production.

L'exemple du modeste Thomas Anshelm, qui franchit le Rhin en 1516 pour s'installer à Haguenau, illustre parfaitement les soucis de ces imprimeurs consciencieux. Proche de Strasbourg, alors une des capitales européennes du livre imprimé, en relation avec des éditeurs allemands, Anshelm utilise par exemple comme correcteur Philipp Melanchthon, dont on connaît le rôle illustre comme helléniste et plus encore dans l'entourage de Luther : le cas de Dolet n'est décidément pas isolé. Il édite en latin, en grec – alors que les premiers livres entièrement en grec datent précisément des années 1510 –, en hébreu même. Sa correspondance nous permet même de le voir critiquer un de ses auteurs pour ses mauvaises traductions du grec, avec un argument bien révélateur de son état d'esprit : le publier en l'état serait « une honte pour lui et pour moi ». Mais c'est aussi un entrepreneur qui peine à trouver suffisamment de papier de qualité, à se procurer les caractères de bois nécessaires à telle édition. L'envergure et surtout l'exigence intellectuelles sont grandes, et les soucis pratiques encore ceux d'un artisan.

À Lyon, servie par l'abondance des capitaux, et à Paris, qui bénéficie de la proximité royale, l'échelle est tout autre au moins quand il s'agit d'entreprises comme celle de Sébastien Gryphe, qui publie un bon millier de textes, ou celle des Estienne, intéressante à bien des égards. L'entreprise montre en effet comment se concilient encore enjeux économiques, monde traditionnel des métiers et ambitions culturelles. Robert Estienne, le véritable fondateur de la dynastie, est en effet le fils d'Henri, déjà imprimeur, et surtout le gendre de Josse Bade, venu à Paris en 1499 après avoir lui-même travaillé à Lyon pour son beau-père Treschel : successions familiales et petit monde encore. Mais Robert Estienne est aussi l'ami de Budé, l'initiateur de dictionnaires fondamentaux français-latin, sans cesse améliorés, qui contribuent aussi à fixer l'orthographe du français. À ce niveau, on ne peut plus distinguer l'homme de l'art de l'humaniste : Perrette Bade, l'épouse, est elle-même très bonne latiniste, au point qu'à la maison chacun, enfants, domestiques et visiteurs, parle latin ! Et il faudrait évoquer les deux frères, également imprimeurs, et la descendance... La spécificité de ces imprimeurs humanistes tient cependant sans doute dans leur rôle pratique. Ils articulent la pensée et sa diffusion, et servent celles-ci grâce aux qualités économiques mais ausi techniques de leurs entreprises : c'est Robert Estienne qui utilise les fameux « grecs du roi », caractères grecs gravés par Garamond et jamais surpassés.

Il n'est pas besoin d'insister plus longuement sur l'importance d'une révolution technique qu'André Chastel comparait à celle de la photographie et du disque au XXe siècle, mais la réflexion même d'André Chastel invite en revanche à bien peser sa signification en ce début du XVIe siècle. Le changement sans doute le plus fondamental tient dans la rapidité de diffusion de la pensée : il n'est plus d'échelle de comparaison possible avec la réalisation puis la circulation de l'écrit manuscrit, et ce n'est pas là simple phénomène quantitatif. Pour certaines œuvres, le marché est si vite saturé qu'elles disparaissent pratiquement de l'édition. L'entrée dans la « galaxie Gutenberg », surtout, dévalorise les autres médias habituels : l'oral, le geste, en particulier. Dans le *Quart Livre* de Rabelais, Frère Jean raconte à Pantagruel qu'il a « autrefois *ouy dire* que le serpent entré dedans l'estomach ne faict déplaisir aulcuns ». « Vous l'avez ouï dire, réplique Pantagruel, mais tel remède ne fut oncques [jamais] *veu ne leu*», et tous les personnages que Rabelais présente de manière positive sont bien entendu des lecteurs. La version complète du *Quart Livre* n'est publiée qu'en 1552, mais l'affirmation de l'autorité de l'écrit est constante chez ce fils de l'humanisme, et si bien intégrée qu'il peut même, dans certaines situations, s'y référer avec ironie, comme dans le récit de l'étrange naissance de Gargantua qu'il ponctue d'une référence à Pline assortie d'une conclusion au sourire sans ambiguïté: «si vous le croyez, je ne m'en soucie, mais un homme de bien [...] croit tousjours ce qu'on luy dict *et qu'il trouve par escript*».

L'imprimé a en pratique assuré le triomphe de l'écrit en général, que consacre en 1539 l'ordonnance royale de Villers-Cotterêts en exigeant des preuves *écrites* en justice, en matière d'état civil, c'est-à-dire la tenue de registres paroissiaux. Signe qui ne trompe pas non plus, l'imprimé devient une arme bien avant les guerres de Religion, et bien en dehors du champ religieux où la très ancienne culture de l'écrit facilite évidemment son cheminement: François Ier et Charles Quint utilisent les plaquettes de propagande dans leur combat diplomatique pour acquérir le soutien des puissances neutres, au point qu'Henri Hauser pouvait parler, avec un peu d'excès peut-être, de «véritables campagnes de presse».

Ce succès porte également en germe une transformation profonde de la société. Il bouleverse en effet le petit monde des lecteurs en introduisant une nouvelle et décisive frontière sociale et culturelle, au sein même des alphabétisés, entre ceux qui pratiquent le livre et les autres.

La question de l'alphabétisation, qui semble de bon sens pour mesurer les exclus de l'écrit et *a fortiori* de l'humanisme, est en fait insoluble... et heureusement largement fausse. Posée directement, elle n'obtient guère de réponse, en dehors de l'évidence largement rétroactive (car fondée sur des observations pratiquées pour le XVIIe siècle) d'une faible minorité d'alphabétisés, encore plus faible sans doute dans certaines provinces – le seul progrès récent de la recherche est d'interdire des conclusions trop hâtives sur cette géographie au XVIe siècle –, à la campagne, et parmi les femmes: il serait illusoire de tirer quelque leçon que ce soit de quelques chiffres isolés portant sur de maigres échantillons.

L'avancée vient plutôt d'une approche des manières de lire.

Si Roger Chartier a sans doute raison en observant qu'on ne lit pas à la veillée, la lecture collective, elle, n'est pas un mythe, et… même à la veillée : nous avons vu comment, chez le sire de Gouberville, un visiteur pouvait *conter* des histoires tirées du *Quart Livre* de Rabelais tout juste mis en vente, ce qui ouvre bien la possibilité de contes directement inspirés par l'imprimé. Le plus courant est cependant une lecture à haute voix, qui est une certitude justement dans le cas du *Quart Livre*, dont le prologue s'achève par une formule sans ambiguïté : « toussez un bon coup, beuvez en trois, secouez dehait [joyeusement] vos aureilles, et vous oyrez dire merveilles du noble et bon Pantagruel ». La lecture publique à haute voix reste pendant tout le XVIe siècle une pratique courante, tant en milieu populaire que dans les classes privilégiées, et le « lecteur » implicite d'un texte est bien souvent un auditeur.

La véritable condition d'accès au livre tient donc dans les conditions de sa diffusion. Or la diffusion par colportage relève largement du mythe au XVIe siècle, du moins dans les campagnes. En outre, ce mode de diffusion dévalorise les œuvres concernées : Rabelais distingue bien un *Blason des couleurs* vendu par « bisouars [colporteurs] et porteballes » – tout comme les almanachs qu'il écrit, sans doute – des « beaux et grands livres » savants. Sans doute est-ce au même niveau qu'il faut situer le recours aux heures, signe d'accès à l'imprimé mais pas aux idées nouvelles : nous en connaissons la large diffusion, mais Rabelais toujours a le trait juste quand il nous montre Joan, le capitaine des Francs Topins, qui, croyant se trouver face au diable, « tyra ses heures de sa braguette ».

Le livre pénètre donc bien en milieu populaire, mais en quantité certainement infime et surtout dans des contenus toujours très traditionnels, à l'exemple de ceux qu'évoquait Noël du Fail. La seule « bibliothèque » rurale que Gabriel Audisio ait pu repérer, au terme d'une très riche enquête dans le Lubéron, est celle d'un clerc et ne compte que trois ouvrages religieux ! Pour aller plus loin, il faut en fait attendre, et chercher dans des régions très touchées par les controverses religieuses : ainsi, en 1565, un paysan aisé du Pévèle possède plusieurs livres « réprouvés »… Même en ville, où s'est installé rapidement un réseau de libraires, marchands de livres parfois éditeurs, il faut beaucoup relativiser le rapport au livre : l'enquête d'Albert Labarre sur Amiens dans les trois premiers quarts du siècle révèle surtout les absences, puisque 80 % des logements ne comptent aucun livre ! Et, si ecclésiastiques, médecins et chirurgiens, nobles possèdent dans leur grande majorité quelques ouvrages, la moitié des marchands qui en détiennent n'en possèdent qu'un seul. Le livre reste rare, et presque toujours étroitement lié à la profession, ou à la pratique religieuse élémentaire. Même chez les notaires et secrétaires du roi – à l'époque de François Ier il est vrai, donc encore relativement tôt dans le siècle –, les bibliothèques, réelles (entre cinquante et quatre-vingts volumes le plus souvent), sont remplies avant tout d'ouvrages de droit. En somme, si l'accès à l'imprimé est beaucoup plus large que ne le laisse penser la faiblesse de l'alphabétisation, l'accès à l'humanisme est beaucoup plus étroit que ne le laisse penser le simple indice de la possession de livres.

Il se dessine ainsi dès le XVIe siècle une hiérarchie souple, parce que les frontières en sont subtiles, mais très forte dans le rapport à l'imprimé et plus largement à l'écrit, et cette hiérarchie est renforcée encore par le type de rapport à l'écrit. Ce peut être le rapport à la plume d'oie, de la simple et élémentaire capacité au « signe » – dessiné – à la parfaite maîtrise, dans une hiérarchie que Guy Cabourdin a remarquablement illustrée pour la Lorraine. Ce peut être dans l'intériorisation de ce rapport, que manifeste le recours à l'écriture au-delà des seuls besoins professionnels. Nous pensons au livre de raison, à l'exemple illustre de ceux de Gilles de Gouberville ou de Jean Burel, souvent cités, et nous aurions tort de faire la fine bouche en raison de leur contenu très rarement intime ou de leur évidente rareté : l'important est bien moins leur contenu que le type de culture toute pénétrée d'écrit qu'ils nous révèlent, jusqu'à la véritable manie de collectionneur de canards et libelles de l'anonyme « bourgeois de Paris » dont nous avons conservé le journal pour l'époque de François Ier. Et, si ces documents sont trop rares pour que leur décompte ait un sens, il nous faut retenir que la démarche est la même chez ces professionnels de l'écrit qui transforment leur livre de compte ou plus souvent leurs registres paroissiaux en véritable chronique : on a pu dénombrer par exemple des centaines de ces intellectuels au petit pied parmi les prêtres bretons.

Le passage à la lecture silencieuse illustre, plus fortement encore, l'évolution du rapport à l'écrit qui se dessine dès le

XVIe siècle. Elle est déjà la lecture du savant, et implique une lecture individuelle, dans l'intimité, celle dont Montaigne fait son idéal pour penser à ses *Essais*. La manière de lire accentue donc fortement la différence que crée la nature des lectures, dans la mesure où elles coïncident déjà très largement : lecture savante et silencieuse, lecture à haute voix de livres faciles.

Livres « faciles » en effet, si subjective que soit la notion : la mesure des effets de l'imprimerie passe par le constat élémentaire mais fondamental qu'elle diffuse surtout une littérature très traditionnelle, héritée du Moyen Âge – mystères et vies de saints, farces, romans de chevalerie comme *Lancelot du Lac* ou *Les Quatre Fils Aymon*. Une bonne partie de la production nouvelle porte aussi sur les canards, ces petits livrets, rarement soignés, consacrés à un fait divers ou mystérieux dont le récit est accompagné d'une leçon très traditionnelle, éventuellement mise au goût du jour par quelque référence latine, et souvent illustré de quelques gravures sur bois rarement originales. Leur fortune est telle que Pierre Boaistuau en rassemble un certain nombre qu'il publie en 1560 sous le titre d'*Histoires prodigieuses*. Ce succès rejoint celui des petites publications dites « occasionnelles », lancées dans le public à la suite d'un événement marquant.

D'un Estienne ou d'un Gryphe aux imprimeurs – presque toujours anonymes avant l'obligation de signer imposée en 1539 – de ces opuscules, l'écart est évidemment énorme, mais il révèle les réalités du marché du livre, et les vrais succès. L'humanisme n'est pas souvent rentable, et même des imprimeurs aussi réputés que les Strasbourgeois hésitent longuement avant de s'y lancer : le cas est intéressant, puisque Strasbourg perd là son avance technique sur les villes du royaume de France, et parce que Mathias Schurer se décide en 1508 à imprimer massivement des auteurs antiques, datant ainsi en quelque sorte la création d'un véritable marché. Bien longtemps après cette date, cependant, les signes demeurent d'un marché étriqué. En 1528, ainsi, Josse Bade lui-même doit aller en justice pour régler les séquelles de l'échec commercial d'un Thucydide pourtant traduit par Claude de Seyssel et édité par un secrétaire du roi, Jacques Colin, et il faut solder pour vingt sous, une misère, le bel in-folio dont 96 exemplaires seulement ont été vendus sur un tirage de 1 225… De tels cas, qui réunissent pourtant tous les éléments du succès, nous aident à relativiser l'écho du livre humaniste et de l'humanisme en général, sans même insister sur ses évidentes limites sociales.

Le livre ne crée pas en soi une nouvelle culture : il élargit considérablement le milieu des lecteurs potentiels, et sans doute des lecteurs effectifs, et leur diffuse avant tout une littérature traditionnelle par le contenu ou l'esprit. C'est en ce sens, et en ce sens seulement, que nous pouvons parler d'un nouvel univers culturel, né à la fin du XVe siècle ou au début du XVIe et resté sensiblement le même jusqu'au XIXe siècle. Au sein du monde des lecteurs se développent par ailleurs plusieurs cultures, qui ne sont pas incompatibles, l'une « traditionnelle », simple amplification de l'héritage, mais d'autres largement nouvelles.

La plus évidente est l'émergence d'une culture européenne, qui n'est certes pas totalement nouvelle – l'université médiévale est déjà européenne – mais touche un public d'une ampleur nouvelle, celle du monde des savants sensiblement élargi. Cet élargissement même donne à cette culture une dimension laïque nouvelle, qui répond à des curiosités nouvelles : droit et médecine, astronomie et découverte de la nature, techniques, pratiques de tous ordres ; et il lance des ponts vers des milieux beaucoup plus larges que le monde des savants, dans la bourgeoisie notamment : le *Jardin de roses des femmes enceintes* connaît une centaine d'éditions au cours du siècle dans la seule ville de Strasbourg ! C'est un des aspects de l'approfondissement alors en cours de la culture héritée, qui prendra toute sa dimension avec le temps. La pleine maîtrise de l'écrit – et nous reprenons sur ce point l'analyse de Daniel Roche – est l'instrument décisif de la maîtrise de l'univers et de soi-même, le fondement même de la modernité, le recul de la nature devant la culture.

Une culture nouvelle se développe également autour de la Bible, en milieu protestant, même si la diversité des formes d'accès au livre en relativise un peu la portée au niveau de chaque individu. Simplement, l'assimilation du protestantisme à une religion du Livre, dès le XVIe siècle, pose la question beaucoup plus large de la nature des changements culturels apparemment spectaculaires qui affectent au XVIe siècle le domaine de la foi.

II. La culture et la foi

Vers 1560, à l'apogée du courant d'adhésion, 10 % environ des Français se reconnaissent dans le calvinisme ou parfois, si l'on étend la réflexion au territoire de la France actuelle, dans le luthéranisme. Se reconnaissent : c'est indiquer la diversité des formes d'adhésion, de l'intégration dans une des six à sept cents Églises « dressées » avec consistoire et pasteur, de moins en moins clandestines, à la simple assistance à des prêches qui, depuis quelques années, rassemblent souvent des foules. Le premier synode national a lieu à Paris en mai 1559 : nous pouvons en faire la date qui marque symboliquement l'aboutissement de quatre décennies de progrès. Le constat matériel et la place essentielle de la foi dans la culture exigent une attention qui doit être d'autant plus critique que les débats entre historiens restent très ouverts sur la Réforme. Réforme et pré-réforme, Réforme et réformation – nous ferons grâce au lecteur de la liste des concepts parfois utilisés –, chacun s'attache à un vocabulaire dont nous pouvons nous dispenser d'autant plus légitimement qu'il ne s'agit pas ici de présenter la mise en place de confessions et d'institutions opposées, mais d'en dégager la signification culturelle.

Sur le plan culturel en effet, l'approfondissement de la foi dépasse, et de beaucoup, la question du calvinisme et même du protestantisme. Il y a beau temps que des théologiens comme Jean Gerson, mais aussi les élites marchandes voire artisanes des cités flamandes influencées par la « dévotion moderne », développent une intériorisation de l'oraison et une prière privée nourrie de la méditation sur la vie et la passion du Christ. La profondeur de la réflexion bénéficie au début du XVIe siècle des succès de l'imprimerie, bien sûr, mais aussi d'un zèle nouveau que stimulent la densité nouvelle des échanges d'idées et bientôt la concurrence entre les tenants de l'Église établie et ses contempteurs. Il n'y a donc pas, ou pas seulement, une réflexion critique « protestante » sur le catholicisme, mais un effort très large, commun à tous les intellectuels et accessible sous certaines formes à la masse des fidèles : effort parallèle, voire jumeau, catholique, protestant, et, plus que cela encore, effort qui ouvre aussi de multiples voies intermédiaires. Jusque vers 1560 au moins il est possible de ne pas choisir son camp, et même possible d'y rêver plus tard encore puisque le chancelier Michel de L'Hospital, un des symboles de ce rêve, n'est disgracié qu'en 1568. Il ne faut donc pas lire le phénomène culturel que représente la Réforme avec les lunettes du XVIIe siècle, celle d'Églises établies et d'un catholicisme de plus en plus tridentin même si, bien entendu, l'importance de l'enjeu et la concurrence donnent de plus en plus de poids à une dimension de combat contre l'autre camp, même si, encore, des facteurs de raidissement prennent de plus en plus de poids au fil des ans. Les exécutions de réformés commencent dès le début des années vingt et, comme au temps des premiers chrétiens, le sang des martyrs est une semence. Les contraintes matérielles jouent dans le même sens, quand des réformés doivent prendre la fuite, surtout à partir de l'affaire des Placards. Ces affiches attaquant la messe, posées en octobre 1534 à Paris et dans plusieurs villes du Val de Loire – et jusque sur la porte de la chambre du roi –, provoquent un orage simplement passager, mais la répression se fait beaucoup plus vive à partir de 1545 et plus encore de la montée d'Henri II sur le trône deux ans plus tard. L'analyse ne peut donc s'opérer indépendamment d'un contexte de plus en plus difficile, mais elle doit pourtant se mener beaucoup plus largement qu'en termes institutionnels : la sensibilité religieuse, et plus largement la culture, ont joué un rôle déterminant.

La meilleure preuve en est le lien direct avec l'humanisme qu'établit Jacques Lefèvre, vicaire général de Guillaume Briçonnet, évêque de Meaux de 1516 à sa mort en 1534. Ce « groupe » ou « cénacle » de Meaux, tel qu'il apparaît dans l'historiographie, joue un rôle essentiel dans l'évolution de la culture religieuse du XVIe siècle par ses initiatives et, surtout, par son rôle de laboratoire. On y expérimente en effet bien des idées déjà apparues dans les conciles provinciaux du XVe siècle : obliger les curés à résider dans leur paroisse est essentiel pour l'encadrement mais aussi la formation des fidèles, tout comme la volonté de développer la prédication ; réunir ces curés en synode annuel est essentiel pour leur propre formation. Sous l'impulsion de Jacques Lefèvre, l'évêque et son entourage vont plus loin : il s'agit aussi de faire des Écritures, diffusées en français, le moteur d'une vie religieuse intérieure, d'utiliser le français dans la liturgie, de faire disparaître les « images » des saints. On peut discuter de la portée autant que de la nouveauté de certaines de ces mesures, dont il faut souligner qu'elles coïncident exactement dans le temps avec la diffusion des idées de Luther, mais on ne peut réduire la portée et les conséquences de leur échec. La Sorbonne condamne, et les traductions de Jacques Lefèvre, et les «erreurs» de l'évêque, et le zèle de certains disciples briseurs de statues : il est trop tôt pour une telle réforme «de l'intérieur» ; et certains des amis de Guillaume Briçonnet, lassés de la lenteur des progrès, passent au luthéranisme. Il est dès lors tentant de souligner une concordance chronologique : c'est en novembre 1533 que le recteur de l'université de Paris, Nicolas Cop – encore un «fils de l'humanisme» : son père Guillaume, médecin du roi, traduisant notamment les médecins de l'Antiquité grecque –, crée le scandale en prononçant un solennel discours imprégné des thèses de Luther, discours préparé avec son ami Jean Calvin. Et c'est en 1536 que ce dernier, réfugié à Bâle, publie, en latin, une *Institution de la religion chrétienne* passée presque inaperçue mais dont nous savons, nous, toute l'importance.

Simplement, ce rapprochement entre l'échec du groupe de Meaux et l'essor du calvinisme est doublement réducteur : il néglige les efforts menés parallèlement ailleurs en France, et ignore l'essentielle mesure de l'écho réel de ces volontés réformatrices, qu'elles soient ou non inspirées par les thèses luthériennes ou calvinistes. Nous savons en effet aujourd'hui qu'un certain nombre d'autres évêques tentent, très tôt, de modifier la culture et les pratiques religieuses de leurs ouailles, ou au moins de leurs prêtres. Ce peut n'être parfois – mais c'est beaucoup déjà – qu'un souci du développement, ou peut-être faudrait-il dire de la création, d'un véritable enseignement chrétien, comme il apparaît par exemple à Angoulême dans les années vingt. Ce peut être le gros effort de réforme du clergé que mène par exemple dans son diocèse de Rodez, entre 1504 et 1530, un évêque humaniste comme François d'Estaing. Ce peut être – et le Midi fournirait bien d'autres exemples – la véritable conversion de l'évêque de Carpentras, Jacques Sadolet, qui tente, entre 1527 et 1536 surtout, de réformer lui aussi son clergé paroissial, en suivant l'inspiration d'Érasme.

La référence à Érasme vaut aussi, malgré l'absence directe de lien entre les deux hommes, dans le cas de Guillaume Briçonnet, et vient rappeler qu'il n'y a pas rupture dans de tels cas. Le parallélisme entre les deux exemples va plus loin: la plupart des membres de l'entourage de Jacques Sadolet abandonnent Carpentras et rejoignent le camp protestant. À Meaux comme à Carpentras, le niveau des ruptures suggère bien que l'enjeu dépasse singulièrement celui des institutions, et bien sûr des gestes spectaculaires comme l'hostilité aux images. Ce que propose le calvinisme oblige ces intellectuels à franchir un pas, celui d'une nouvelle conception du rapport avec Dieu, fondée en fait sur la liberté de l'homme. La toute-puissance même de Dieu, absolue, infinie, son choix d'élus prédestinés et le fait qu'il en ait seul connaissance, sa décision souveraine d'accorder ou non une grâce qui donne la seule voie du salut éternel rendent à l'homme une vraie liberté: péché et salut ne dépendent plus des «œuvres», des pratiques quotidiennes, même pieuses ou charitables. La foi de *chacun* en la miséricorde divine et en Jésus-Christ, seul intermédiaire possible avec le Père, apporte la réponse à l'angoisse du salut, et témoigne que Dieu l'a élu.

Théoriquement au moins, le bouleversement est énorme: fi du salut en commun au profit d'une religion individuelle ou familiale, fi de l'essentiel des rites et de la liturgie catholiques, et de pratiques aussi fortes que celles du culte des saints ou des prières pour les morts. Il n'est plus besoin d'intermédiaires entre l'homme et Dieu, ce qui conduit évidemment à rejeter tout clergé, et toute autorité religieuse terrestre autre que la stricte parole de Dieu, exprimée dans les seules Écritures. La pratique atténue bien la brutalité du changement: il demeure chez les calvinistes des pratiques collectives pour entretenir chaque fidèle dans sa foi individuelle, et des pasteurs pour les organiser et surtout pour prêcher la parole de Dieu. Et chez les «élites» catholiques continue à se développer une religion plus intime, voire intérieure: c'est cela aussi que révèle le succès des livres d'heures et, plus profondément peut-être, celui d'ouvrages spécialisés dans la préparation individuelle à la mort, *Ars moriendi* – la manière de bien mourir –, voire à une bonne vie, *Ars moriendi beneque vivendi*. Les philosophies n'en sont pas moins radicalement différentes.

Cette analyse pèche pourtant beaucoup par son caractère presque intemporel, et la question essentielle pour l'historien tient dans la mesure de ses effets concrets au XVIe siècle, chez les intellectuels comme dans la masse des fidèles. Le danger est ici de surestimer des comportements incontestables mais qui restent, statistiquement, exceptionnels, celui des martyrs de leur foi, et peut-être aussi de les solliciter. Nous ne savons pas précisément pourquoi vont jusqu'au bûcher l'ermite Jean Vallière à Paris en 1523 ou le jeune Alain Guézennec en 1534 à Morlaix. En 1559, Anne du Bourg le sait parfaitement, l'exprime, mais il est prêtre, professeur de droit et conseiller au Parlement de Paris :

> Toutes les lois faictes par les papes ou autres concernant la religion chrestienne ne peuvent assubjectir les chrestiens à suivre autre reigle ou doctrine que ce qui est contenu au livre de la Bible, d'autant que, ainsi que Dieu est parfait, sa doctrine l'est aussi et n'a besoin de glose ou augmentation. [...] Que partant, s'apuyant sur la seule parole de Dieu, il rejettait toutes les constitutions du pape, comme de celuy qui voulait se montrer plus sçavant que Jésus-Christ et ses apostres et qui luy vouloit totalement contrarier. Le Seigneur Dieu ayant dict en Exode 20 « Six jours tu travailleras et au septième tu te reposeras », mais le pape pensant estre le plus sage défend de travailler par certains jours à luy limités. Jésus-Christ permet à toutes créatures qui ont cogneu la vérité d'user de toutes viandes en tout temps avec action de grâces, Paul 1, Timothée 4, mais le pape le défend. Jésus-Christ dict que ceux qui n'auront le don de continence se peuvent marier, 1 Timothée 4, mais le pape le défend aux prestres, combien qu'il y en ait eu moult de mariés en la primitive église, et jusques à Calixte, pape. Ainsi Dieu défend de mettre images aux temples, le pape le permet. Au moyen de quoy il est à bonne cause dict Antéchrist et dépainct tel par saint Paul, à la seconde aux Thesaloniciens, deuxième chapitre.

La confession, même réduite à cet extrait, montre qu'il a parfaitement intégré le calvinisme, et elle est en outre admirable de fermeté, mais, il faut le souligner avec d'autant plus de force, permet d'autant moins une appréciation d'ensemble de la portée culturelle de l'adhésion au calvinisme qu'elle se traduit par de multiples exemples concrets et pratiques, auxquels un autre qu'Anne du Bourg pourrait fort bien réduire la portée de son choix. Même des comportements beaucoup plus largement attestés doivent se lire avec prudence, dans la mesure où la force des gestes vise sans doute plus des symboles de la rupture qu'elle n'exprime un véritable et profond changement culturel. En 1525, les paysans alsaciens détruisent le registre des dons de la paroisse d'Hunawihr, là même où cinq ans plus tôt ils se pressaient par milliers pour assister à l'ostension des reliques d'une obscure sainte. Plus largement, Francis Rapp a beau jeu de souligner que ceux-là mêmes qui mettent à sac les églises et criblent de coups d'arquebuse les crucifix manifestaient encore quelques années plus tôt un grand attachement aux pèlerinages, finançaient les chantiers d'églises, peuplaient les confréries et croyaient aux miracles. L'iconoclasme n'est sans doute ici qu'un moyen très fort, très violent, mais aussi très simple, voire simpliste, de manifester une révolte, et la traduction de celle-ci en termes religieux, plus qu'une adhésion aux thèses de Luther dont l'issue même de la guerre des Paysans prouve aux intéressés qu'ils les ont mal comprises.

Peut-être pourrait-on, avec plus de nuances cependant, proposer peut-être une lecture comparable d'un geste culturellement très fort, du point de rupture le plus évident qu'est le refus de la messe catholique et surtout de l'eucharistie. La violence des attaques protestantes contre le sacrement, le «Dieu de pâte», vise sans doute moins la présence réelle du Christ qu'une pratique emblématique de ce qui est aux yeux des protestants l'apostasie catholique de la vraie foi. C'est l'objet même des placards de 1534, qui dénoncent «les horribles, grands et insupportables abus de la messe papale», c'est «pour la matière de la Cène» que périt le premier martyr protestant selon le *Livre des martyrs* que Jean Crespin publie en 1554, et c'est d'ailleurs le geste qu'exige très précisément l'édit de Châteaubriant en 1551 : la «due révérence et démonstration telle qu'un bon dévot religieux et fidèle chrétien doit faire à genoux et dévotement, adorant le Saint Sacrement de l'Autel à l'élévation et exhibition d'icelui». La Cène est devenue le symbole de la rupture, le geste sur lequel aucune transaction n'est possible, mais elle ne l'est peut-être pas tout de suite pour tous. Elle l'est pour les convertis, pour les intellectuels, pour les autorités, elle le devient pour le plus grand nombre après 1560 quand la multiplication des exactions rend l'enjeu évident ; il est probable en revanche que pour la masse des chrétiens la prise de conscience ait été très progressive, et très difficile.

Dans les années cinquante, ainsi, un ministre calviniste rend bien compte des inquiétudes de ceux qu'il convertit à la foire de Guibray, près de Falaise : « Plusieurs disoyent : que ferons-nous ? Il ne faut plus aller à la messe. Comment vivrons-nous ? » L'anecdote rapportée par le calviniste troyen Nicolas Pithou illustre bien cette difficulté. La foule rassemblée dans l'église Saint-Jean écoute un sermon dont la sensibilité calviniste est d'autant plus certaine, indépendamment des faits, que son auteur, le dominicain Constant, renonce un peu plus tard au catholicisme. Or que fait le public lorsqu'un prêtre traverse l'église en portant l'hostie destinée à un malade ? « Les assistants se levèrent tous et se prosternèrent à genoux, tournant visage pour la voir et adorer à leur façon accoutumée. Constant, fâché au possible de cette façon de faire, les en reprit et tança aigrement, leur remontrant et faisant entendre vivement qu'ils ne se devaient ainsi distraire de l'ouïe de la Parole de Dieu qu'il prêchait, en laquelle Jésus-Christ était partout au vif. »

Le Christ dans l'hostie ou dans la Parole révélée : le dilemme devait être d'autant plus difficile que les formes de la propagande calviniste restent traditionnelles. Les protestants recourent certes au livre, dans la mesure où Neuchâtel à partir de 1535 puis Genève à partir de 1550 sont capables d'alimenter largement le marché français. Mais, pour la masse des fidèles, ruraux au moins, citadins peut-être, l'instrument de la conversion reste la parole, ce que soulignent bien les formes de l'exécution de deux calvinistes brûlés au Puy en 1552, telles que les rapporte Jean Burel : « on leur coppa la langue à ce qu'ilz ne parlassent davantage pour le scandalle du peuple ». Il n'est pas sans effet non plus que près d'un quart des religieux mendiants suivis par Robert Sauzet au début du siècle soient passés à la Réforme, lui apportant autant de professionnels de la parole. En Flandre, nous l'avons vu, les réformés recourent à une propagande par le théâtre, au tout début des années soixante au moins. Et même le prêtre de Provins Claude Haton, qui colporte les plus infâmes ragots sur les raisons du succès des protestants, doit reconnaître que dans leurs assemblées les psaumes « estoient fort harmonieux et d'un chant bien délectable ». De tels modes de diffusion privilégient certainement le discours sur les actes, sur les symboles, aux dépens d'un message théologique.

Pouvait-il en être autrement, quand on connaît la culture de l'immense majorité des Français au début du XVIe siècle ? Jacques Sadolet se sépare d'Érasme quand il juge la masse des fidèles peu accessibles aux efforts pour approfondir la foi : « tout le monde, lui écrit-il en 1530, ne peut pas s'élever jusqu'à des considérations sublimes ». Les faits semblent bien lui donner raison. Dans le Rouergue qu'ont voulu réformer François d'Estaing puis le cardinal d'Armagnac, Thomas Platter est effaré par l'ignorance des muletiers qu'il rencontre en 1599 :

> Ils en [de la Bible] ignoraient les choses les plus simples et les plus indispensables à notre salut. Dans leurs églises, me disaient-ils, on n'entendait que prières et chants en latin, auxquels ils ne comprenaient goutte ; d'ailleurs, on ne prêchait presque jamais au fond de leurs montagnes et ils ne pouvaient que rarement suivre les offices, les habitations se trouvant le plus souvent disséminées dans la campagne et loin de l'église. Rien d'étonnant dès lors que ce soient des gens grossiers et impies, exposés à toutes les obsessions du démon, qui s'empare facilement de leurs âmes. Aussi les sorciers abondent-ils dans le pays.

Exemple tardif, et catholique. Dans le comté de Montbéliard, la seule église luthérienne durable d'expression française, on chante sans état d'âme les psaumes dans la version calviniste qu'en ont donnée Clément Marot et Théodore de Bèze. Il y a donc bien plus qu'un problème d'ignorance : il est difficile de changer profondément sa culture. Difficile psychologiquement, comme le montre le cas d'Antoinette Bolcier, une très active calviniste de Millau qui organise en 1561 son enterrement de manière parfaitement catholique. Difficile pour des raisons intellectuelles, d'autant que la Réforme pousse à l'individualisation de la réflexion : un foulon troyen jugé en 1528 mêle des propos luthériens, zwingliens, anabaptistes et vaudois ! Culture mal digérée, cas isolé, certes, mais il s'agit beaucoup plus souvent d'une foi pas assez intériorisée, même chez de brillants intellectuels. C'est ainsi que Thierry Wanegffelen analyse le cas de Pierre Caroli, docteur en théologie. Censuré par la Sorbonne en 1523, 1524, 1525, se rétractant à chaque fois très – trop ? – subtilement, il penche de plus en plus en faveur de la justification par la foi, et finit par nier la présence réelle du Christ dans la Cène : il devient donc très logiquement pasteur à Lausanne en 1536. Deux mois plus tard, les conflits commencent avec ses nouveaux amis, à propos des prières pour les morts qu'il recommande. Encore six mois et Caroli, révoqué, se retrouve à Lyon où il abjure et obtient l'absolution pontificale. Abrégeons : il revient en Suisse puis à Strasbourg, et donc à la Réforme, puis se réconcilie de nouveau avec la Faculté de théologie et œuvre à Metz pour ramener les protestants dans le giron catholique. Ce pourrait là aussi n'être que cas isolé, ou problème de caractère, si Caroli n'était un des plus brillants sujets de la Sorbonne, et l'un des membres du groupe de Meaux, et si nous ne savions que de telles trajectoires ne sont pas exceptionnelles.

Peut-être aussi réduisons-nous trop, impressionnés par les écrits et par la répression d'après 1545, les espaces de liberté qu'utilise à plein, et avec beaucoup de chance certainement, Pierre Caroli. En 1554 encore on peut rire publiquement, et donc admettre, des propos luthériens, même quand on est le premier maître d'école de Villefranche-de-Rouergue : il y a bien procès, mais Jean Junius est absous et pourra être élu ensuite premier consul de la cité. Un maître protestant candidat pour tenir l'école de Buies-les-Baronnies ne fait-il pas valoir encore en 1582 sa capacité à enseigner dans les deux religions ?

Comprendre de tels comportements, de telles libertés impose de faire intervenir une des clés de l'évolution de la culture religieuse, le public, aussi important au moins que les autorités. Or, au milieu du siècle encore, la tolérance n'est pas morte, ou du moins les choix religieux n'empêchent pas toujours la coexistence : la noblesse bretonne n'envoie-t-elle pas aux États généraux de Pontoise, en 1561, deux députés huguenots notoires, et ne réclame-t-elle pas, surtout, la liberté de culte pour « ceux qui disent ne pouvoir en saine conscience communier aux cérémonies de l'Église romaine » ? Geste de nobles ? Sans doute pas seulement, car l'attitude dominante est l'attention au discours religieux quel qu'il soit, la soif de connaissance qu'il n'est certainement pas nécessaire d'imaginer aiguisée par une crise sociale ou une angoisse eschatologique. Il suffit d'observer ce qui se passe à Provins lors de la prédication du carême de 1554. Le dominicain prévu est un moine local sans grande expérience, Jean Nynost, et nous voyons, grâce au témoignage de Claude Haton, comment le public, d'abord sceptique, est peu à peu conquis, le « commun peuple » comme les « grands, c'est-à-dire les sçavans ». Il existe dans le public – en ville en tout cas – une vraie culture qui est peut-être plus une culture du spectacle que du contenu : à preuve, la prédication de Nynost sur le culte des saints « scandalize », mais seulement « les gens lettréz » qui se plaignent aux autorités. Et cela n'empêche pas les dominicains de fournir l'année suivante un prédicateur ouvertement calviniste, Claude Haton lui-même mettant alors l'accent sur la compétition entre le prédicateur cordelier, bon catholique, et le dominicain.

La différence peut donc se faire entendre, les fidèles sont dans leur masse prêts à écouter, mais pas prêts à accepter n'importe quoi, dès lors que les enjeux leur apparaissent clairement. Les calvinistes éprouvent ainsi les pires difficultés à imposer l'enseignement du catéchisme en Languedoc, et même le renoncement aux fêtes paroissiales : les fidèles se rendent simplement dans les paroisses catholiques voisines... Briçonnet semble réussir à imposer une procession solennelle en l'honneur du saint sacrement – une forme traditionnelle donc –, à la différence de son interdiction des jeux et danses le dimanche. Et un cordonnier huguenot est agressé à Nantes en 1561 pour avoir traité les femmes dansant autour d'un feu de la Saint-Jean de « putains [qui] seroient mieux au bordeau qu'à danser et chanter des chansons de paillardise ». En 1554 de même, le luthéranisme strasbourgeois est bien installé, et pourtant les inspections organisées par Martin Bucer dans les villages qui dépendent de Strasbourg établissent que les dimanches sont, aux dépens du sermon et du catéchisme, moments de détente à la campagne pour les citadins qui y viennent par charrettes entières, et pour les ruraux qui organisent ce jour-là baptêmes et mariages, ce qui dégénère en beuveries, et donc en « disputes, jurons, blasphèmes et autres licences ». Peut-être est-ce tout simplement constater que la religion, même la religion, s'insère dans une culture bien plus large et que, luthériens, calvinistes ou catholiques, les hommes et les femmes du XVIe siècle restent avant tout des hommes et des femmes de leur temps.

Une telle insertion de la réforme religieuse dans la culture aide à mieux comprendre ce qui a longtemps été le point de départ de l'analyse des « causes » de la Réforme, la question des abus de l'Église et du clergé catholique. Au-delà même de la lecture très subjective de l'histoire que ce terme impose, la question n'est certainement pas d'en mesurer l'aggravation ou non, mais la perception par les fidèles, parfois très différente de celle des premiers évêques réformateurs et des prédicateurs calvinistes. Qu'un prêtre ne réside pas dans sa paroisse ne gêne pas les fidèles, dès lors que le service est assuré. Les prêtres ivrognes ou concubins, parfois de longue date, ne créent pas scandale sauf lorsque… abus il y a : la concubine, de prêtre ou non, qui occupe la place d'honneur dans l'église, le prêtre qui entretient « des putains » au presbytère. Les villageois veulent un service de qualité : haro sur les prêtres qui « se hastent trop [de dire la messe] sans dévotion aulchune », sur les « ignares et paouvres [qui] ne sçavent ni lire ny escripre » et sont donc incapables d'« avoir la charge de nos âmes et soing de nostre salut ». Nous sommes en 1560-1561, en Bretagne et en Boulonnais, mais, dans un cas comme dans l'autre, cela ne suffit pas à faire de ces fidèles des calvinistes.

L'essentiel tient de toute évidence dans la sensibilité de chacun à un discours local assimilé en fonction d'un contexte local. Cela n'exclut certes pas de grands mouvements de fond, des débats théologiques chez les intellectuels au rôle des réseaux de fidélité dans la noblesse des années soixante. Mais, fondamentalement, l'extrême diversité des situations, des critères de choix et des réactions explique l'apparemment insoluble et en tout cas « illogique » répartition des calvinistes dans la France du milieu du XVIe siècle. La représentation plus forte du monde des lecteurs – clercs, notables ou… imprimeurs – donne bien une clé, mais elle n'ouvre qu'une partie des consciences. Au-delà, l'impuissance des historiens à expliquer la faible mais surtout très inégale représentation du monde rural, et les inégalités géographiques, renvoie en fait – un peu trop facilement, reconnaissons-le – à la nécessité d'une micro-histoire, et surtout à la vraie liberté des consciences dans la France du XVIe siècle, parce que la foi est l'essentiel et passe parfois avant la vie.

Lucien Febvre avait donc raison quand il estimait tardive la constitution des frontières confessionnelles et, même après 1560, ces frontières tiennent plus de la zone de contact que de la ligne précise. C'est que la différence religieuse relève plus de la sensibilité et de la culture que de la théologie. Le succès au moins relatif du calvinisme ne prouve pas que sa théologie répondait aux besoins religieux du XVIe siècle, mais simplement qu'elle est une des voies qui permettent de répondre à la très forte attente d'approfondissement de la foi et de voie meilleure pour le salut des âmes : le catholicisme propose sa propre voie, sa propre réforme, avec un dynamisme bientôt conquérant. Ce qui se met en place tout au long du siècle est peut-être une autre religion – c'est indiscutable au moins pour ceux qui peuvent accéder au cœur théologique du calvinisme –, mais relève, plus sûrement, de la mise en place progressive d'une autre culture, et d'un nouveau rapport entre les cultures : Guillaume Briçonnet et Jean Calvin, les inspecteurs luthériens de Martin Bucer en 1554 et ceux, catholiques, de l'évêque de Nantes en 1561 se retrouvent, ou ne vont pas tarder à le faire, dans la volonté de mieux former le clergé, de corriger les fidèles, de traquer la sorcellerie. La dualité culturelle entre catholiques et calvinistes s'insère donc dans le mouvement, plus profond encore, qui instaure peu à peu une dualité culturelle entre les privilégiés du savoir et les autres. La mise en place et le jeu des articulations entre ces cultures croisées, autour du ciment de la foi, constituent une des questions essentielles de l'évolution culturelle de la France d'après 1560.

III. Une curiosité bridée

L'importance des enjeux culturels de l'évolution religieuse pourrait conduire à négliger l'importance des curiosités du siècle, alors qu'elles constituent l'étape préparatoire, seulement préparatoire, mais décisive, des révolutions mentales des deux siècles suivants.

L'aspect le mieux connu en est cette véritable passion du savoir qui semble s'emparer des intellectuels de la Renaissance : nous en savons – pour l'avoir vu dans le cas de Rabelais, en particulier – le côté traditionnel, dans l'esprit des sommes médiévales, mais la force de l'élan est neuve, comme la volonté d'explorer des champs nouveaux ou oubliés. Le valet de ferme beauceron Guillaume Postel y ajoute une part personnelle d'acharnement au travail qui lui a donné une juste célébrité. Devenu domestique au collège Sainte-Barbe à Paris, il y apprend le latin, le grec, l'hébreu, y ajoute italien, espagnol, portugais. À 25 ans, en 1535, il accompagne en Orient l'ambassade qui négocie les capitulations, spectaculaire accord entre François Ier et Soliman le Magnifique, et il profite de son voyage en Grèce, Turquie et Syrie pour apprendre l'arabe. Ce cas exceptionnel de savant issu du peuple n'est pas aussi marginal qu'on l'imagine, sur le plan intellectuel au moins : Postel tente plus tard, dans son domaine, le même type de démarche que Budé en rêvant d'une impossible conciliation entre islam et christianisme. Le plus remarquable de son histoire intervient pourtant en 1538 quand il est intégré dans une structure officielle d'enseignement, le collège des Lecteurs royaux.

La volonté royale de promouvoir un enseignement de haut niveau marque bien une rupture par la liberté de ses recrutements, et par l'extension du champ intellectuel qu'elle couvre, conçu au départ pour combler les lacunes des universités. Les premiers professeurs, payés par le roi lui-même, enseignent le grec, puis l'hébreu. En douze ans, de 1530 à 1542, le collège en vient aussi à dispenser un enseignement de mathématiques, de médecine, de philosophie grecque et latine, et de langues orientales, la chaire créée pour Postel. Les protestations de la Sorbonne, le soutien constant du roi même contre les accusations de favoriser la Réforme indiquent bien que l'enjeu est clairement perçu : le collège – ancêtre direct de notre Collège de France – est un espace de liberté.

Le mécénat royal accompagne en fait une évolution profonde en faveur de la curiosité d'esprit dont témoigne l'évolution même du mot, d'emploi encore rare au début du siècle, dans un sens neutre, proche du latin (*cura* : le soin), ou négatif, qui fait de la curiosité un vice. Rabelais, dans *Pantagruel*, et Calvin lui donnent son sens noble dont le triomphe dans le dernier tiers du siècle est parfaitement attesté chez Montaigne. Il y a bien là, au-delà des difficultés conjoncturelles, l'indication d'une direction positive née de l'humanisme.

Simplement faut-il peser, concrètement, la portée de cette évolution favorable, que les humanistes limitent au modeste univers des savants: Rabelais lui-même conçoit une éducation de type aristocratique, par un précepteur, et illustre, peut-être pas à son corps défendant, ce sentiment d'appartenir à une élite si courant chez les humanistes. Leur idéal d'une «république des lettres», admirable à bien des égards, porte aussi en lui une hiérarchisation des cultures et le mépris pour ceux qui ne possèdent pas la culture des savants. Le constat, clinique, n'implique aucun jugement de valeur pour une attitude parfaitement logique dans le contexte du XVIe siècle, mais doit compléter le regard porté sur l'humanisme, dont il faut souligner, encore, les inégales avancées.

On chercherait en effet vainement, au moins en France, les progrès scientifiques du siècle. Admettons, pour l'exception, que les travaux de François Viète sont à l'origine des progrès spectaculaires de l'algèbre au XVIIe siècle, en apportant l'indispensable symbolisation, notre *x* par exemple. Mais le malentendu est illustré par le choix au demeurant très honorable d'Oronce Fine pour la chaire de mathématiques du collège des Lecteurs royaux. Plus que pour ses traités de mathématiques, Fine est en effet considérable pour ses travaux de cartographie: l'association des mathématiques, parfois de la physique, et de la géographie est dans son cas déséquilibrée au profit d'applications pratiques qui le conduisent à réaliser en 1553 une admirable horloge astronomique. Et Fine, en bon humaniste, reste fidèle à Aristote et Ptolémée, et enseigne la géographie de la France à partir de Strabon et de la *Guerre des Gaules*...

Que le savant peine beaucoup à se distinguer de l'ingénieur n'est évidemment pas propre à la France, l'exemple de Vinci suffit à le rappeler. Mais, à quelques notables exceptions près, les ingénieurs ne sont pas français: le roi, principal employeur, les fait venir presque tous d'Italie. Ce n'est pas que précision géographique: les grands travaux, d'hydraulique et de fortification en particulier, manifestent «l'emprise du roi sur son territoire, et la matérialisent». La très juste formule d'Hélène Vérin, en soulignant les enjeux de pouvoir, accentue donc la faiblesse française en ce domaine, qu'illustre bien l'histoire presque anecdotique d'un Bernard Palissy cherchant désespérément à maîtriser la technique italienne de la faïence émaillée, allant jusqu'à brûler, à bout de ressources, les meubles et planchers de sa maison. L'image d'Épinal vaut bien plus que par le succès final du potier. Cet autodidacte continue à porter la curiosité et la passion du savoir de l'humanisme très loin dans le siècle, en publiant en 1580 son *Discours admirable de l'art de terre, de son utilité, des esmaux et du feu*, véritable glorification du travail et de la recherche.

Si remarquable qu'apparaisse donc l'exemple d'un Palissy, il nous faut bien mesurer les très grandes limites d'une démarche scientifique cantonnée à quelques progrès d'ordre essentiellement pratique ou technique, et à la description, qui en est sans doute la manifestation la moins contestable. La fertilité de cette orientation ne tient pas qu'à la passion du savoir. L'explication du monde, fondée sur le dogme de la Création, repose très concrètement sur la théorie des quatre éléments d'Aristote, la terre, l'eau, l'air et le feu. Chaque être se définit par la combinaison des qualités qui leur sont liées, chaud et froid, sec et humide. Les correspondances entre toutes les parties et tous les règnes de cet univers vitalisé sont donc évidence naturelle: chaque élément de l'univers est animé, les rapports entre les êtres et les choses sont le résultat de sympathies ou d'antipathies naturelles liées à leurs qualités, et les rapports s'établissent très logiquement entre par exemple la lune, humide, et la physiologie féminine ou bien le cerveau, entre le soleil, chaud, et le cœur, et ainsi pour chaque viscère. Cela ne conduit évidemment pas à distinguer suffisamment vite entre l'astronomie et une astrologie sans doute plus en vogue que jamais, mais incite en revanche à développer une histoire naturelle aux enjeux philosophiques. Quand Gargantua recommande à Pantagruel la « congnoissance des faictz de nature » et exige « qu'il n'y ait mer, rivière ny fontaine dont [il] ne congnoisse les poissons », il prône une démarche devenue banale dans l'univers humaniste, et manifeste ce qui est déjà une culture. Rabelais cite d'ailleurs son maître à Montpellier, le médecin Rondelet, illustre par son grand livre consacré aux poissons de mer, tout comme Thomas Platter peut visiter à la fin du siècle les restes d'un véritable cabinet de curiosités naturelles rassemblé tout au long d'une vie par un autre médecin montpelliérain, Laurent Joubert. Et Gargantua herborise, « visitant les arbres et plantes, les conférens avec les livres des anciens », tandis que le page Rhizotome (littéralement: « coupe-racines ») porte les spécimens recueillis. L'enthousiasme n'est plus loin, et Rabelais exprime bien dans son

Quart Livre l'esprit humaniste: « L'industrie de Nature appert merveilleuse en l'ébattement qu'elle semble avoir pris formant les coquilles de mer, tant y voit-on de variétés, tant de figures, tant de couleurs, tant de traits et formes non imitables par art. »

Le plaisir – l'ébattement – n'est encore que celui des prémices de la science: la révérence et la référence systématiques à l'Antiquité brident trop souvent les esprits et il manque, surtout, une rationalisation de la pensée, une *méthode* dont le *Discours* ne vient, faut-il le rappeler, qu'en 1637.

Les insuffisances de la méthode sont plus évidentes encore dans les domaines où les progrès sont indiscutables, car nous mesurons alors la difficulté avec laquelle même les esprits les plus avancés peuvent accepter de véritables bouleversements culturels.

Montpellier, 14 novembre 1552:

> Il fut pratiqué une dissection dans l'ancien amphithéâtre, sur le corps d'un garçon qui était mort d'un abcès dans la poitrine. On ne trouva dans l'intérieur de la poitrine qu'une tache bleuâtre, sans enflure ni abcès. Le poumon était attaché en cet endroit par des ligaments qu'on fut obligé de déchirer pour le sortir. Le docteur Guichard présidait l'anatomie, et un barbier opérait.

C'est Félix Platter bien sûr qui raconte, mais le plus intéressant se trouve sur les bancs de l'amphithéâtre: « Outre les étudiants, il y avait dans l'assistance beaucoup de personnes de la noblesse et de la bourgeoisie, et jusqu'à des demoiselles, quoiqu'on fît l'autopsie d'un homme. Il y assistait même des moines. » À Montpellier au moins, la dissection, justifiée ou non par le souci d'autopsie, est encore un spectacle, mais par là même entame un processus de banalisation, ce qui ne manque pas d'intérêt quand on sait que, vingt ans plus tôt encore, un Vésale peut être considéré comme un pionnier par sa pratique courante de la dissection. Allons plus loin encore: le *De humani corporis fabrica* qu'André Vésale publie à Bologne en 1543 marque un progrès essentiel dans la mesure où il démontre que l'homme ne peut être compris qu'à partir de lui-même. La rupture avec Aristote et, malgré les références obligées, avec la médecine de Galien est évidente. Un pas encore, et nous serions tout près du mécanisme de la circulation du sang : Michel Servet le pressent, mais, s'il pense que les veines renferment le sang, « esprit naturel », il en reste à un « esprit vital » fait d'air et de sang qui circulent dans les artères.

Le mécanisme du corps n'est donc pas maîtrisé – Harvey le comprend en 1627 seulement – et, surtout, ces progrès sensibles se diffusent lentement : Vésale et Servet ont bien sûr étudié en France, entre autres, mais le Bruxellois enseigne à Louvain puis à Padoue, et l'Espagnol s'est installé à Genève. Même à Montpellier, la dissection ne se banalise pas : les étudiants en médecine les plus curieux, dont fait partie Félix Platter, en sont toujours réduits à déterrer à leurs risques et périls les cadavres des cimetières au milieu du siècle, et en 1568 le chirurgien Claude Viard, qui prétend obtenir sa maîtrise, se voit encore imposer par ses confrères nantais, à titre de chef-d'œuvre, de « forger et faire lancettes ». Le cas n'est pas anecdotique, parce que l'affaire monte jusqu'au Parlement et que celui-ci donne raison à Viard et impose à l'avenir aux nouveaux chirurgiens l'« anathomie publicque d'un corps humain » ; elle vaut exemple, aussi, parce que Viard considère, comme son beau-frère Ambroise Paré, que c'est « aux guerres » que l'on apprend la pratique du métier. C'est limiter, assez justement, la portée des progrès médicaux du XVIe siècle à des aspects techniques qu'illustrent les premiers ouvrages d'Ambroise Paré depuis la fin des années quarante, et rappeler qu'à l'instar du domaine scientifique les progrès dépendent au moins autant de l'expérience pratique que de la recherche théorique.

Le regard sur le corps reste donc très traditionnel, et largement inspiré d'une Antiquité revisitée par Vinci ou Michel-Ange. La correspondance entre le matériel et le spirituel justifie l'importance accordée à la beauté par les intellectuels – c'est une des dimensions de l'enthousiasme de la Renaissance –, puisque le corps exprime l'âme : concrètement, l'idée se traduit par la croyance, nourrie de savants traités, et donc dans la science de l'analyse du visage, la physiognomonie, qui permet de déceler humeurs et caractères. Les progrès médicaux sont également beaucoup trop ténus pour modifier les habitudes en matière de soin quotidien du corps : les méfiances médicales traditionnelles à l'encontre de l'eau, susceptible de modifier l'équilibre des humeurs, n'ont pas plus d'effets que les recommandations pionnières et prudentes d'Érasme, et nous n'observons aucun changement notable en matière d'hygiène corporelle.

Le plus révélateur est cependant l'absence d'évolution dans la manière de se soigner, si l'on excepte bien sûr la chirurgie d'urgence d'un Paré. L'immense majorité des Français continue à ignorer le médecin, et même souvent le chirurgien, et ce n'est pas seulement pour des raisons financières ou géographiques, le médecin restant exclusivement un citadin. Il demeure en effet un monde entre le corps disséqué de quelque amphithéâtre et la perception courante de la maladie due à des forces magiques. Dans la trilogie des recours qu'illustre la formule de François Lebrun, médecins, saints et sorciers, même les milieux privilégiés, même les individus les plus savants ne concevraient pas de faire appel seulement aux premiers, et de dissocier des recours à leurs yeux évidemment complémentaires. On se soigne avec des plantes, mais cueillies à un moment précis, et d'une certaine manière, et on les utilise en les associant à des formules telles celles que nous livre, en 1606, le bourgeois de Rennes Claude Bordeaux :

> Recette pour guérir un enfant ou autre personne qui serait blessé. Premier, en sairant d'une certaine herbe, dis : [je te ferai] herbe que Dieu a créée, non pas plante, donne-moi de tes vertus que Dieu t'a données au nom du père et du Fils et du saint esprit ; après, dis cinq fois Pater Noster, autant d'Ave Maria au nom des cinq plaies de Notre Seigneur Jésus Christ et trois fois Pater Noster et trois fois l'Ave Maria au nom de la Trinité, et donne de cette herbe ou du jus.

Ce n'est pas l'échec d'une science au demeurant encore bien limitée, mais, une nouvelle fois, la force de la culture héritée.

Le siècle nous fournit une occasion encore plus évidente de mesurer l'aptitude à intégrer un bouleversement culturel avec la découverte de l'Amérique, dont il suffit ici de rappeler que la chronologie ibérique – 1492, 1522 pour l'achèvement du premier tour du monde, 1540 pour la mise en exploitation des mines d'argent – se double d'une chronologie française marquée par le voyage de Verazzano en 1523-1524 sur la côte orientale des actuels États-Unis, les expéditions de Cartier à partir de 1534 et les tentatives d'installation au Brésil entre 1526 et 1565. Cette chronologie américaine doit être replacée dans un contexte plus large, car, en France, il paraît au milieu du siècle encore deux fois plus de livres consacrés à la Turquie qu'à l'Amérique, un succès asiatique relayé ensuite par la vogue des ouvrages consacrés aux missions extrême-orientales.

Cette nuance française ne modifie cependant pas substantiellement l'essentiel, c'est-à-dire la très rapide diffusion de la nouveauté américaine: les lettres de Colomb sont éditées dès 1493 ! Or la prise en compte effective de la nouveauté s'avère très lente: l'enseignement humaniste de la géographie continue à privilégier les auteurs de l'Antiquité, la *Géographie* de Boemius, sans l'Amérique, fait l'objet de nombreuses rééditions en français jusqu'en 1558, et la cartographie française marque un très sérieux retard sur l'espagnole, la flamande et surtout l'allemande. Ce sont ici encore les praticiens qui innovent, en particulier ceux qui travaillent à Dieppe pour le grand marchand et armateur Jean Ango, comme les frères Parmentier, marins, cartographes... et humanistes, au point que Jean Parmentier traduit Salluste pendant les temps morts de son voyage aux Moluques. L'écho est aussi faible dans la littérature, à l'exception peut-être de Ronsard puis de Montaigne. L'ensemble est d'autant plus significatif qu'il s'agit de négligence bien plus que d'ignorance: les faux diamants ramenés par Cartier en 1542 font suffisamment de bruit pour engendrer une expression proverbiale, « voilà diamants de Canada », et ceux qui le veulent peuvent apprendre à « découvrir l'Amérique », à l'exemple du tout jeune Coligny – il a quinze ans – qui écrit en 1534 que « la majeure partie de [son] temps est consacrée à la lecture de Cicéron et à l'étude des tables de Ptolémée qui [...] y a joint la cosmographie et la latitude des lieux, avec addition de méridiens et de parallèles », intérêt qui explique l'encouragement que, devenu amiral de France, l'intéressé accorde aux expéditions américaines.

Il semble bien en fait que, pendant plus d'un demi-siècle, l'Amérique ne soit « lue » qu'à travers la culture héritée. L'Eldorado est une adaptation du mythe de la Toison d'or et, dans la ligne d'un Colomb profondément enraciné dans la culture médiévale, qui croyait avoir retrouvé en l'Orénoque un des quatre fleuves qui sortent du jardin d'Éden, les témoins français expriment leur pensée en utilisant des images anciennes. Les monstres de Jean de Mandeville et de bon nombre d'auteurs médiévaux sont là quand Cartier évoque les pays « où les gens n'ont que une jambe », et on pense à la merveilleuse île des Sept Cités quand il évoque le royaume du Saguenay à l'aspect d'île exceptionnelle. Quand Étienne Jodelle de même compose en 1557 une ode liminaire aux *Singularitéz de la France Antarctique* d'André Thévet, il le compare tout naturellement à Jason, Ulysse et Ptolémée.

Jodelle regrette aussi que les mérites de Thévet, qu'il estime supérieurs, ne soient pas mieux reconnus par ses contemporains : c'est le signe d'un changement d'état d'esprit, d'autant plus sensible que Jodelle, né en 1532, appartient à une génération bien postérieure à celle des grands humanistes. La nouveauté américaine est alors en train de s'imposer dans le monde des intellectuels : c'est presque exactement la date de la dernière réédition de Boemius, c'est le moment aussi où Ronsard développe la figure du Bon Sauvage libre et heureux, « d'habis tout aussi nu qu'il est nu de malice », preuve que Ronsard n'a sans doute pas lu Thévet, et plus encore preuve que l'image est suffisamment forte pour l'emporter sur la réalité. C'est le moment aussi où l'Indien devient assez familier pour entrer dans la représentation du pouvoir : l'entrée solennelle d'Henri II à Rouen en octobre 1550 est l'occasion pour les marchands rouennais de présenter, dans un décor illustrant la luxuriance du Brésil, le combat de deux tribus indiennes pacifiées par les Français, appel transparent au soutien royal pour la colonisation du Brésil. Il a donc fallu sensiblement un demi-siècle – les premiers Indiens débarquent à Honfleur en 1505 – pour que leur existence soit intégrée dans la culture, le soit suffisamment pour créer des images. À partir de ce moment, Thévet peut diffuser son témoignage assez réaliste sur les Indiens du Brésil et leur anthropophagie rituelle, l'essentiel s'est transmis du problème posé par la rencontre de deux civilisations aussi différentes. Montaigne lui donne sa véritable dimension : « nous les pouvons donq bien appeller barbares, eu esgard aux règles de la raison, mais non pas eu esgard à nous, qui les surpassons en toute sorte de barbarie ». Ces lignes sont écrites en 1579 ou 1580 ; en 1578, Jean de Léry publie l'*Histoire d'un Voyage fait en la terre de Brésil* qui manifeste la même ouverture sur l'autre, la même humanité, encore relayée en 1584 par les *Serées* de Guillaume Bouchet, très inspiré sur ce point par Montaigne. Ces voix peuvent paraître isolées à un moment où la violence l'emporte sur la tolérance, mais le si fécond débat sur la différence est bien lancé. « Notre monde vient d'en trouver un autre » : Montaigne, en 1588, a le trait juste, et c'est bien le résultat de la curiosité humaniste, même s'il lui a fallu bien longtemps pour cheminer.

Nous pourrions donc tirer à notre gré une leçon optimiste ou pessimiste de ces approfondissements du premier XVIe siècle, mais ce n'est évidemment pas notre propos. L'important est bien que des idées cheminent, quels que soient le rythme et l'écho de ce cheminement. Quand paraît à Nuremberg, en 1543, et en latin bien sûr, *De la révolution des corps célestes*, l'auteur, longtemps étudiant en Italie, est mort depuis quelques semaines déjà. L'ouvrage passe tellement inaperçu que Rome ne le condamne même pas, alors que Luther et Melanchthon ne manquent pas de le faire, et la première réimpression n'intervient qu'en 1566. C'est donc infiniment moins que l'Amérique, moins même que le traité de Vésale paru également cette année-là. Or Nicolas Copernic rompt tout simplement avec Aristote et Ptolémée, et sa conception de l'héliocentrisme impose un monde infini, tout le contraire du monde clos, fini, hiérarchisé de tous les intellectuels d'alors. On peut dès lors soutenir que les idées de ce lointain Polonais ne concernent en rien l'histoire culturelle de la France de ce temps, ou bien – et c'est notre choix – qu'elles illustrent de manière spectaculaire et incontournable la fécondité des recherches du siècle, et l'européanisation de la culture. Pour seulement une poignée d'individus encore en ce qui concerne les travaux de Copernic, pour beaucoup plus déjà en ce qui concerne l'Amérique, pour plus encore en ce qui concerne la religion, les cadres mentaux qui structurent les relations des hommes avec le monde, et les relations des hommes avec Dieu, commencent à éclater.

Et en même temps, si petit que cela paraisse, il nous faut bien garder la mesure de ces immenses bouleversements. Le ciel des Français n'est pas celui de Copernic, mais celui d'« une grandissime quantité ou nombre innumérable de lances flamboyantes et jettant grande clarté » en pleine nuit ; et notre témoin, le prêtre de Provins Claude Haton, passe sa nuit

> en philosophant, que povoit signifier et d'où provenoit ce signe. Et après longue dispute cérébrine, résolus tout seul que ceste clarté extraordinaire estoient les vapeurs de la terre, lesquelles avoient esté enlevées en hault, ayant trouvé la moyenne région de l'air, qui est au ciel infime, qui provient par le troisiesme interstice de l'air auquel est la chaleur, à cause de la répercution des rayons du soleil à la terre, qui est la région chaulde ; lesquelles vapeurs là montées s'allument et bruslent, comme faict le feu élémentaire en une poupée de chanvre, en laquelle il court jusques à ce qu'il soit au bout d'icelle, et semble au simple peuple que ce soient estoilles du ciel qui glissent ou qui tombent à terre.

Le « simple peuple » en sait assez cependant pour refuser de s'engager dans les expéditions brésiliennes de Villegagnon, dont le providentiel Haton nous entretient tout simplement parce qu'il s'agit d'un compatriote : « on se doubtoit de son intention, qui estoit de laisser là audit pays ceux qu'il y auroit menéz », et le rêve américain n'a visiblement pas gagné Provins. Il n'empêche que survivent en ville pendant sept ou huit ans deux Indiens que l'aventurier a donnés à son frère le bailli de la ville : l'Amérique, et les « sauvages », sous les yeux.

Ce « simple peuple » évidemment sans culture scientifique est capable, aussi, d'accepter sans difficulté majeure deux réformes d'origine parfaitement abstraite mais touchant de près sa vie quotidienne. En 1565, la France abandonne les styles de Pâques – c'est-à-dire le début de l'année fixé à Pâques –, de Noël, de l'Annonciation, etc., pour commencer partout l'année au 1er janvier. Plus ardue encore, l'adoption du calendrier grégorien conduit à supprimer dix jours, du 10 au 19 décembre 1582. Imagine-t-on ce que peut être la réaction d'un fidèle amené à fêter Noël à une date qu'il vit comme le 15 décembre, à décaler de manière sensible toutes ses pratiques culturales ? Or une étude menée dans les registres paroissiaux bretons, donc au niveau du village, loin du pouvoir royal, et dans une époque de troubles, montre que près de trois quarts des paroisses appliquent impeccablement la réforme en 1565, et plus de neuf sur dix en 1582. Notre bourgeois du Puy, Jean Burel, a mal compris les raisons techniques, mais assimilé l'essentiel :

> Ce fust publié tant par la ville du Puy à cry publicq de trompete, que audictoire de la seneschaussée, et paroisses de tout le diocèse du Puy par les curés et vicaires, tellement que le jour 10e décembre passé, le jour de lendemain prochain fust compté 20e de décembre ; par ainsi les festes de Nohé furent advancées de dix jours, et despuys a esté ainsi observé.

C'est peut-être, très modestement, la juste mesure des changements du siècle, et de leur portée : les subtilités n'en ont certainement pas été accessibles à tous, mais l'essentiel l'a bien été.

CHAPITRE 6

Modèle culturel et autonomie

À la fin de l'été 1494, Charles VIII passe les Alpes et entraîne la fleur de la chevalerie française dans une descente éblouie vers Pise, Florence, Rome puis Naples. La suite n'est que péripétie, une fois soulignée la continuité du rêve jusqu'au François Ier de Marignan.

Descente éblouie : voilà bien une formule qui aurait irrité André Chastel, dont l'immense culture et le talent se sont employés justement à nier la « découverte éblouie du Midi » lors des premières expéditions militaires françaises en Italie. Et pourtant : André Chastel lui-même souligne l'« accélération évidente, autour de 1500 », des échanges culturels avec l'Italie. Nous sommes tout simplement, une fois de plus, au cœur d'un grand débat historiographique entre les tenants d'une simple version française de la Renaissance italienne et ceux d'une Renaissance largement originale conforme au « génie français ». On a suffisamment pu constater, dans le volume précédent, l'éclat et le dynamisme culturel bourguignon ou provençal, les effets du mécénat royal dans le Val de Loire déjà, les créations des verriers, des tapissiers et plus encore des peintres de miniatures, sans parler du talent d'un Fouquet, pour ne pouvoir imaginer que la beauté et l'innovation sont simplement venues d'Italie. Et nous savons bien assez des réalités culturelles du temps pour ne pouvoir croire à l'adoption soudaine de nouveaux styles artistiques. Tout cela – qui rejoint les analyses d'André Chastel – est certes vrai, mais ne contredit aucunement une réalité toute simple : en une génération, au tout début du XVIe siècle, des dizaines de milliers de Français au moins ont pu voir l'Italie, en découvrir la manière de vivre. L'échelle est nouvelle, et ce contact amplifié et approfondi féconde les relations antérieures, les élargit, les densifie. Pour n'être pas absolu, pour n'être pas totalement neuf, le modèle italien n'en est pas moins une réalité.

I. Le modèle italien

L'influence italienne dans la France de la première moitié du XVIe siècle n'est pas simplement culturelle, et son ampleur même explique en partie l'intensité des liens culturels qui se tissent en quelques décennies. L'Italie est, faut-il le rappeler, la mère des lettres. Patrie de l'humanisme et même de la poésie si l'on se réfère à Pétrarque, elle concentre des universités qui attirent, et envoient, de brillants intellectuels : Padoue par exemple attire ceux que tente la périlleuse confrontation de la foi et de la raison, osée par Pomponazzi ; Ferrare retient systématiquement des Bretons qui y trouvent la protection de la duchesse, fille d'Anne de Bretagne et de Louis XII ; sans même parler de Rome et du puissant aimant qu'y constitue la présence pontificale. Elle est aussi, très largement, la mère des techniques, industrielles – pour la soie et le verre notamment –, financières et commerciales aussi : ce n'est pas un hasard si Lyon, la première place bancaire du royaume, est aussi ville « italienne », au point qu'en 1571 les Italiens en sont à payer le quart des impôts. Les dynasties marchandes « franco-italiennes » s'y installent durablement – les Lucquois Bonvisi de 1504 à 1629 –, les palais à l'italienne marquent de leur tour le paysage urbain. Il y a plus : c'est Giovanni Verazzano que Jean Ango envoie explorer l'Amérique du Nord, et c'est à l'exemple italien aussi que se réfère la notion même d'ambassadeur permanent, ou celle de mécène, exemple des Medici ou des Montefeltre à l'appui. Un tel contexte rend inévitables des liens plus serrés : négociés, comme dans le cas des grands mariages princiers ou royaux – la famille Medici donne deux reines à la France au cours du siècle ! –, violents quand il s'agit des convoitises encore amplifiées par les premières expéditions, les pillages, au demeurant modérés, se doublant d'achats d'œuvres d'art puis des artistes eux-mêmes. Qu'on pense religion – Genève n'est-elle pas « la nouvelle Rome » ? –, économie ou culture, la référence italienne n'est pas toujours seule, mais elle est aussi incontournable que le devient le « voyage d'Italie », et elle fascine les intellectuels, les artistes et plus largement les milieux privilégiés.

L'ampleur de ces liens permet de comprendre que l'influence italienne ait d'abord porté sur la manière de vivre : en 1495, Charles VIII ramène bien avec lui deux architectes et un sculpteur, mais surtout des tailleurs, ainsi que des perroquets et leur gardien ! La marque la plus nette est évidemment celle que subit la cour, transformée en profondeur par l'exemple des cours princières italiennes. Sans faire disparaître liberté de comportement et grossièreté des plaisanteries, le modèle italien introduit une nouvelle référence d'autant plus influente qu'elle est voulue par le roi. La première version du *Livre du courtisan*, de Baldassar Castiglione, est rédigée dès 1514 pour le jeune François d'Angoulême pas encore roi, et c'est François aussi qui fait traduire en français la version définitive en 1537. Le courtisan modèle doit désormais ajouter au goût des armes un corps beau et bien fait, l'esprit d'un lettré maîtrisant le latin voire le grec, la poésie et la musique, et donc se montrer capable de conversations raffinées. Castiglione propose, plus encore, un idéal moral : maîtrise de soi, civilité, courtoisie à l'égard des femmes. Nous sommes dans la droite ligne de l'idéal aristocratique de la cour de Bourgogne au XVe siècle, mais l'enrichissement en est frappant dans le domaine de la culture. La différence avec la réalité compte finalement peu : « savoir le Courtisan » devient proverbial, François s'efforce de ressembler à certains des traits du modèle par sa générosité, son amour des lettres et des arts. Nous tenons là le signe intellectuel essentiel d'une volonté de changer la culture de l'entourage royal, c'est-à-dire du modèle proposé à la noblesse et même plus largement à l'ensemble des classes privilégiées.

Le modèle a d'autant plus de poids qu'il s'inscrit bien dans une évolution culturelle d'ensemble, du goût des lettres aux possibilités nouvelles du luxe. Poussé à l'extrême, il est guetté par l'affectation, comme dans la pratique de l'italien à la cour, ou le recours à des italianismes très à la mode à partir du milieu du siècle au moins : *bellissime* ou *grandissime*, ou être *en bon conche*, bien en point… La manière de prononcer à l'italienne est suffisamment influente pour avoir durablement fait trace : c'est le passage à la prononciation « franç*ais* » ou « fais*ais* » à la place du « françois » ou « faisois » prononcé « franç*oué* » ou « fais*oué* ». Et cette admiration un peu béate se diffuse : le drapier lyonnais Jean Guéraud consigne ainsi dans son journal, comme un événement, que :

> le mercredi 15e de février 1541 les florentins jouarent une comédie en langue tosquane dedans le cloystre de St Jehan à la grand salle où ils font la cour, laquelle salle estoit accoustré tant magnifiquement et exellement qu'il estoit possible du plus, tant en paintures, tapisserie, antiques, médailles que flambeaux, le tout par l'ordonnance de Me Benedict, Florentin.

L'influence italienne donne également un élan décisif à la notion de mode vestimentaire, qui s'esquissait simplement au siècle précédent. L'exemple le plus spectaculaire est celui des crevés, ces fentes pratiquées dans le pourpoint ou les chausses pour mettre en valeur la luxueuse doublure et jouer sur les couleurs : les chausses de Gargantua, déjà, sont « deschiquetéz en formes de colommes, striées et crénelées [...] et flocquoit par dedan la deschiqueture, de damas bleu ». Le mantelet court à l'italienne, la toque à bord relevé à la florentine se diffusent un peu plus tard, mais le goût italien contribue puissamment à étendre le champ d'application du luxe : des broderies d'or et d'argent et des pierres précieuses incluses dans le vêtement à l'art culinaire, de la vaisselle aux jardins qui ont tant émerveillé les Français en Italie, c'est tout le cadre de vie des riches qui se transforme, intellectuellement et matériellement.

Baldassar Castiglione indiquait la voie à suivre en décrivant l'« Athènes de la Renaissance » qu'est à ses yeux Urbino, où le duc édifie un palais

> le plus beau qui soit en toute l'Italie, lequel il fournit si bien de toutes choses qu'il ne semblait pas un palais, mais une ville en forme de palais ; il le fournit non seulement de ce que l'on use ordinairement, comme de vases d'argent, de riches draps d'or, de soie et autres choses semblables pour le parement des chambres, mais pour un plus grand ornement de ce lieu, il y ajouta une infinité de statues anciennes de marbre et de bronze, peintures très singulières et instruments musicaux de toute sorte, et n'y voulut aucune chose qui ne fut très rare et excellente. Après il fit une très grande dépense pour assembler un grand nombre de très excellents livres grecs, latins et hébreux, lesquels il fit orner d'or et d'argent, estimant que ce fut la suprême élégance de son grand palais.

La réplique devait venir avec Chambord, pour lequel l'ambassadeur vénitien Jérôme Lippomano devait avoir en 1577 des mots qui seraient allés droit au cœur de François Ier: «J'ai vu dans ma vie plusieurs édifices magnifiques, mais jamais aucun plus beau ni plus riche.» L'architecture, et l'art en général, sont simplement au service de cet art de vivre dans lequel le roi et, chacun à son niveau, officiers, hommes d'Église ou même grands bourgeois expriment un nouveau goût et une nouvelle culture.

Goût, culture et même sensibilité: les hommes du XVIe siècle n'inventent évidemment pas la beauté, mais l'humanisme diffuse alors un idéal nouveau, une exaltation néoplatonicienne de la beauté qui contribue à nourrir l'élan d'enthousiasme déjà décelé dans le domaine des lettres. C'est banalement déjà que Rabelais peut décrire Panurge «bien proportionné en ses membres, bien tempéré en ses humeurs, bien complexionné en ses espritz», et qu'à l'inverse les personnages négatifs se caractérisent par la disproportion de telle ou telle partie de leur corps. La beauté du corps reflète celle de l'âme et de l'esprit, tout comme la beauté du cadre de vie montre que le maître des lieux est le parfait courtisan. Et l'accès à cet idéal nouveau ne se peut concevoir hors du modèle italien, au moins à partir de François Ier, le premier souverain indiscutablement conscient de la supériorité de l'art de la péninsule.

Simplement, l'Italie fournit un vocabulaire dans une grammaire qui reste longtemps française. Les premiers apports directs sont très ponctuels: des techniciens ou des artistes italiens séjournent en France, y introduisent une nouveauté souvent sans lendemain. Des œuvres sont commandées directement en Italie. En 1507, le cardinal Antoine Bohier s'adresse ainsi au Génois Girolamo Viscardi pour un tabernacle, un autel, une châsse et une statue: le hasard d'un voyage et les moyens financiers sont décisifs, mais les réalisations ne rayonnent guère au dehors de l'abbaye de la Trinité de Fécamp. Laurent de Medici, duc d'Urbino, amène à François Ier quelques toiles de Raphaël, cadeau du pape Léon X, sans plus d'effet, et nous pourrions ainsi multiplier les exemples.

L'essentiel de l'influence italienne tient d'abord dans l'apport d'un véritable «répertoire décoratif» nouveau, et qui connaît un succès d'autant plus vif qu'il n'impose aucune modification des conceptions architecturales gothiques : il s'agit simplement, comme le formule joliment André Chastel, du passage « du chou frisé à l'acanthe, de la niche avec arc surbaissé à la coquille ». Même si les exemples montrent que l'adaptation va plus loin, l'idée est bien celle-là : quand Louis d'Amboise, évêque d'Albi, fait réaliser par des Bolonais arabesques et médaillons à figure sur les voûtes de sa cathédrale gothique, il cherche simplement à en moderniser l'allure. Palmettes, médaillons, putti, voûtes à caissons, arabesques, rinceaux, pilastres, frontons, on emprunte gaillardement à l'Italie ou aux ordres antiques, sans respect de leur logique interne, pour moderniser et surtout enrichir la décoration traditionnelle. On ne démolit rien, mais on adapte : dans les cathédrales de Vannes et de Toul en ajoutant une chapelle circulaire, quand même dotée d'une coupole à pans à Toul. Georges d'Armagnac lui-même, prince de l'Église, ambassadeur – en Italie –, protecteur de Serlio, fait réaliser vers 1560 encore, au sommet de la façade occidentale de la cathédrale de Rodez, un véritable petit temple antique, qui montre bien à la fois la volonté d'innover, l'impuissance à révolutionner l'héritage pour d'évidentes raisons matérielles, et peut-être aussi une certaine difficulté à maîtriser la nouveauté. L'Italie est partout, mais jamais aussi présente que lorsqu'elle entre pleinement dans une mode déjà acquise : la primauté à la décoration était déjà acquise à la fin du XVe siècle, tout comme le goût d'emblèmes ou de devises parfois très sophistiqués que développe simplement le raffinement italien. C'est donc un « style éclectique » qui apparaît – le terme traduit bien l'embarras d'André Chastel à le définir –, un « gothique assoupli et enrichi de petits motifs à l'antique » dans lequel les Français finissent par exceller suffisamment pour faire école en Espagne ou en Angleterre, un « gothique modernisé » qui conserve ses masses et sa statique.

Cette assimilation très sélective et finalement très limitée des apports italiens a pu donner quelques résultats plus spectaculaires, dans le domaine des grands tombeaux princiers notamment. Celui de Louis XII et Anne de Bretagne, à Saint-Denis, commandé en 1515, adopte une structure très neuve en proposant la représentation des défunts à la fois en vifs agenouillés et en gisants, et réalise pour le reste la synthèse des nouveautés récentes, des Vertus assises aux quatre angles aux bas-reliefs historiés, en gardant même la représentation des douze Apôtres qui remplacent depuis quelques années les traditionnels pleurants. L'œuvre est remarquable, mais associe un concepteur florentin, Jean Juste, d'anonymes sculpteurs italiens, un au moins des élèves de Michel Colombe, et s'inspire du mausolée réalisé à Brou pour Philibert de Savoie par un maître d'œuvre flamand à partir de conseils donnés notamment par Jean Perréal, véritable artiste officiel sous Charles VIII et Louis XII. À ce niveau de qualité, la notion d'apport ou même d'école nationale est donc dépassée et, sans méconnaître l'importance de cet apport artistique italien, il ne suffirait certainement pas à justifier l'idée d'un tournant artistique.

La véritable innovation touche un domaine beaucoup plus large, celui de l'architecture, et plus précisément celui des châteaux (ou grands hôtels citadins), là où l'importance de l'héritage ne bride pas les initiatives – à la différence des cathédrales –, là surtout où se trouvent réunis moyens financiers importants et contacts denses avec l'Italie. Les initiateurs sont donc le roi, les grands seigneurs, laïcs ou ecclésiastiques, de son entourage et quelques grands bourgeois enrichis dans le maniement des finances royales.

Sans que nous puissions établir de lien formel, il est probable que le premier choc intervient dès 1495 à Lyon, quand le cardinal Della Rovere offre à Charles VIII tout juste rentré de Naples la maquette d'un palais réalisé par le sculpteur et architecte florentin Giuliano da Sangallo. Ce grand palais à l'italienne suscite l'admiration, et on en retrouve probablement la trace lointaine à Chambord et dans le château de Madrid : le projet arrive bien trop tôt mais marque, plus que symboliquement, le départ de la grande vague de construction de châteaux de la Renaissance, dans le Val de Loire et la région parisienne essentiellement.

Le château que fait construire au Verger, à Seiches-sur-Loir, le maréchal de France Pierre de Rohan a totalement disparu au XVIIIe siècle, mais il subsiste heureusement suffisamment de celui de Gaillon pour que nous puissions mesurer l'importance de ces réalisations qu'admirait tout particulièrement en 1517 un expert, le cardinal italien Louis d'Aragon. Pourquoi donc Gaillon peut-il être considéré comme le château le plus moderne du royaume, ce qu'il faut entendre au sens où nous parlerions d'art « contemporain » ? Le cardinal Georges d'Amboise, archevêque de Rouen et ministre de Louis XII, a fait travailler là, en cinq ans pour l'essentiel (1505-1510), des équipes entières d'artisans et d'artistes italiens et français pour transformer de fond en comble un vieux château. Nous y pouvons donc relever colonnes et chapiteaux antiques, arcs toscans, pilastres fleuris à la lombarde, médaillons à l'antique, de remarquables jardins aussi, mais le plan, imposé par le bâtiment hérité, n'est pas régulier. Cette très luxueuse réalisation s'inscrit cependant bien dans une double culture que révèlent certains choix décoratifs. Les stalles de la chapelle, ainsi, juxtaposent dans un même dorsal des scènes de la vie du Christ de facture traditionnelle et des figures de Vertus dans un décor de marqueterie italien ; le retable de marbre réalisé par Michel Colombe, de même, premier exemple de grand relief à l'italienne, sur le thème de saint Georges terrassant le dragon, est entouré d'une ornementation réalisée par des Italiens, mais il s'inscrit dans un cadre architectural gothique ! La modernité est donc encore la mixité.

Gaillon est donc à bien des égards supérieur au maladroit château de Blois où François fait sa première expérience de constructeur, mais il est bien dépassé dès que se réalisent les premiers grands châteaux neufs, au plan conçu de manière cohérente. Chenonceaux (1515-1522) bénéficie de la particularité de son site, mais le receveur général des finances Thomas Bohier – le frère du cardinal déjà cité : quel réseau, et quel petit monde ! – dépasse cette particularité en imposant aussi une réelle modernité dans la décoration : le plafond à caissons de son cabinet est une merveille de goût italien. Le château est ainsi plus sobre, mieux maîtrisé sans doute que son presque contemporain Chambord, mais le « poids » de l'immense château royal est sans commune mesure. Le moindre élément de décoration relève ici du goût nouveau, italien, jusqu'à concevoir des terrasses au niveau du toit, mais l'ampleur des moyens utilisés exacerbe le contraste entre ce vocabulaire italien et l'esprit français encore présent : pilastres et entablements sont ainsi complètement détachés de la structure et ne jouent de rôle que strictement décoratif, et la forêt de cheminées, lanternes, fenêtres et pans de toit sur ses hauts relève largement d'une tradition gothique. Chambord est, au sens propre, extra-ordinaire, et la luxuriance décorative cache littéralement ses aspects traditionnels. Quand les travaux commencent vraiment, en 1526, Chambord n'est déjà plus une fidèle vitrine de l'art français, et même plus le reflet des goûts du roi qui se sont considérablement affinés depuis le choix initial de 1518.

En 1527 en effet, François se fait construire dans le bois de Boulogne une vraie villa de luxe à l'italienne, le château de Madrid, sans la moindre trace de fortifications, avec deux niveaux de loggias qui font le tour d'un bâtiment au plan complexe, deux blocs de seize appartements s'organisant chacun autour de quatre grandes salles servant aux bals et au théâtre. L'accent italien est renforcé par une décoration de médaillons en majolique conçus par Girolamo della Robbia, au-dessus des loggias. Et, parallèlement, à partir de 1528, le roi commence l'aménagement du vieux château de Fontainebleau pour en faire, bien mieux qu'à Chambord, la manifestation spectaculaire de l'éclat de son règne.

L'intention souligne une importance qui est aussi strictement artistique : c'est Fontainebleau qui illustre le mieux l'apogée et en même temps les limites de l'influence italienne. Il faut, un instant au moins, se laisser prendre à la formidable luxuriance décorative des chambres conçues par le Primatice pour le roi et la reine, entre 1533 et 1537, et, surtout, à une galerie François Ier dont Rosso fait, entre 1534 et 1539, un tel sommet artistique, culturel et politique que la comparaison s'impose avec le Versailles de Louis XIV. Il est vain ici de distinguer entre l'idéologie royale exprimée par les fresques – quelle fierté, pour le roi courtisan, que cette *Ignorance chassée*, en particulier –, la virtuosité technique de l'extraordinaire plafond à caissons, l'inventivité qui, des boiseries au maniement du stuc presque aussi fin que dans la chambre du roi, des chutes de fruits, guirlandes et putti aux multiples peintures de complément, crée littéralement un « mur relief » cohérent, éclatant, sans commune mesure avec tout ce qui avait précédé. Il n'est plus question ici de style italien ou français, moins encore d'étiquette, maniériste ou autre, ou alors il faut parler d'une référence bellifontaine, de la plus marquante réalisation artistique de la France du XVIe siècle.

Apogée donc de l'apport italien, certainement, chant du cygne peut-être : Rosso meurt en 1540. Mais l'exemple de Fontainebleau permet aussi de mesurer les limites de cet apport italien, dans un château dont l'architecture n'a jamais atteint, à beaucoup près, une maîtrise comparable à celle de la décoration. Gilles Le Breton est plus un maître maçon qu'un architecte, et il est de toute manière prisonnier de la contrainte qu'impose le château médiéval. Dans le détail, certaines réalisations sont remarquables – l'entrée monumentale au sud, notamment –, mais, dans son ensemble, le château reste l'addition de morceaux de bravoure plus ou moins réussis : la cour ovale en est le parfait symbole. Avec le temps, les cours se multiplient, au point que l'accès y change trois fois d'orientation ! Il manque la maîtrise, même si les habitudes n'ont pas que du mauvais, avec cette valorisation très française de l'escalier, des cheminées, ou cette galerie qui fournit un cadre si remarquable à Rosso. C'est alors, vers 1540, qu'André Chastel situe le point d'orgue de l'influence italienne, et la métaphore met un peu perfidement l'accent sur l'ambiguïté de la fin du règne de François Ier. Le modèle de Fontainebleau se décline largement, par la gravure, la tapisserie – le roi fait installer des métiers au château en 1539 –, gagne des formes d'expression aussi typiquement françaises que l'émail peint, apparu à Limoges vers 1500 mais qui doit son élan à l'apport du modèle bellifontain. Dans ces années quarante, pourtant, l'initiative est en train de changer de terreau : en août 1546, c'est Pierre Lescot que le roi charge de réédifier le Louvre.

II. La maîtrise du modèle

Même à la cour, même parmi les lettrés, l'influence italienne n'a jamais été exclusive au XVIe siècle : le rappel s'impose pour équilibrer la possible mais très fausse perception d'une culture française à la remorque de l'Italie. Nous avons noté déjà le rayonnement qu'exerce la Flandre, inspiratrice de la « dévotion moderne » individualisée et intériorisée tout comme elle guide les débuts de la réforme des collèges, dont les meilleurs s'inspirent désormais des conceptions des Frères de la vie commune. Des artistes flamands sont installés à Paris, et le roi leur accorde ses faveurs : du Bruxellois Jean Clouet il fait son peintre ordinaire, et l'Anversois Joos van Cleve vient réaliser à Fontainebleau le portrait du roi et de ses proches. Érasme, de Rotterdam, n'est donc pas isolé, et l'ambiance culturelle est même beaucoup plus internationale encore : si les esprits soucieux de réforme religieuse sont réceptifs au discours de

Luther, les artistes s'inspirent beaucoup de Dürer (ou de Lucas de Leyde), *via* la gravure, pour des vitraux qui connaissent au XVIe siècle un âge d'or, expression très particulière mais réelle du talent des peintres français. Et il faudrait encore évoquer l'actif commerce de statues et bois dorés flamands qui parviennent presque partout dans les églises : la France n'est pas et n'a jamais été italianisée, même si le rapport à l'Italie domine dans le domaine de la création artistique.

Il est cependant beaucoup plus important de souligner l'exceptionnel apport culturel de la génération des années 1545-1570, un apport d'autant plus remarquable qu'il intervient dans une atmosphère sensiblement moins libre qu'auparavant : la répression des « déviances » religieuses se fait très dure, et le début des guerres civiles en 1562 réduit évidemment beaucoup les disponibilités financières de la plupart des mécènes.

Dans le domaine artistique, cette génération est, enfin, celle de la *maîtrise* architecturale, et de la synthèse, *maîtrisée* également, des apports décoratifs antérieurs. La manifestation la plus marquante en est bien l'aile « Henri II » du Louvre, dont Lescot emporte la réalisation aux dépens de projets concurrents, tous italiens, de Serlio, Vignole et Cellini. L'harmonie équilibrée de la façade conçue par ce « brillant amateur aux conceptions géniales » (André Chastel) repose sur une parfaite synthèse d'horizontales encore très italiennes, soulignées par des corniches, et surtout de verticales très enlevées mises en valeur par le recours à des pilastres (à chapiteaux corinthiens) et des niches que peuplent les remarquables statues de Jean Goujon. Lescot accentue encore l'enracinement français en rythmant sa façade par trois avant-corps couronnés de frontons arrondis. C'est le premier jalon d'un futur classicisme à la française, le signe d'un épanouissement architectural confirmé par la réalisation simultanée du château d'Anet (1547-1552), conçu par Philibert Delorme pour Diane de Poitiers. Il serait facile de souligner la remarquable habileté dont l'architecte fait preuve, notamment dans la réalisation et la décoration de la chapelle. Il serait juste d'étendre le bénéfice de cette maîtrise profondément méditée des formes antiques aux sculptures de Jean Goujon, en particulier aux merveilleuses nymphes dont il orne les bas-reliefs de la fontaine des Innocents, achevée pour l'entrée solennelle d'Henri II à Paris en 1549. Inclure le talent de son confrère Germain Pilon, réhabilité par André

Chastel, compléterait un indiscutable tableau d'honneur, mais ne dirait pas l'essentiel, qui tient dans l'effort de théorisation.

Ce ne sont pas le Louvre et Anet en effet qui rayonnent directement dans le royaume, mais les conceptions que défendent Philibert Delorme et Jacques Androuet du Cerceau. Surintendant des bâtiments royaux depuis 1547, fortement soutenu par Henri II, le premier compte en effet surtout par son *Livre d'architecture* publié en 1567, grâce auquel il parvient à rétablir définitivement un statut d'architecte oublié depuis le temps des cathédrales, et à rejeter avec beaucoup d'efficacité la servile imitation de l'Italie mais aussi de l'Antiquité. Ce faisant, Delorme dépasse même le modèle vitruvien pourtant tout récemment accessible, puisque la traduction ne date que de 1547. Il dépasse aussi un Serlio, à qui revenait le grand mérite d'avoir diffusé le modèle antique sans le détour par l'intermédiaire de l'art italien. Et il est fécond, parce qu'il a su allier pratique et théorie: dès 1559, son successeur moral, Androuet, peut écrire à Henri II qu'« il ne sera plus besoin avoir recours aux étrangers ». Il peut, aussi, se contenter pratiquement de théoriser et diffuser: la reconnaissance de la maîtrise architecturale française est acquise. L'énumération pour une fois vaut démonstration: entre 1549 et 1582, Androuet publie un *Livre des arcs*, un *Livre des temples*, trois *Livres d'architecture* et, plus important encore sans doute, en 1575 et 1579, deux volumes d'un ouvrage sans aucun équivalent européen dans le siècle, ses *Plus excellents bastiments de France*, exaltation des réalisations architecturales du siècle et diffusion de modèles.

Ce sont Delorme, Androuet et bien sûr quelques réalisations exemplaires qui permettent de juger le bilan artistique du siècle en termes d'*assimilation*, finalement réussie, de l'exemple italien, et d'une assimilation d'autant plus remarquable qu'elle n'était pas du tout évidente. Même si pour nous l'éclat en est un peu amoindri, Fontainebleau et le Primatice (mort en 1570) continuent à rayonner, à inspirer toute une série de réalisations sur le mode galant cher à Henri II – que de *Dame à sa toilette*... – et à servir de référence décorative.

Jamais même la présence italienne n'a été aussi forte que dans les années soixante et soixante-dix, à la cour en particulier, jamais l'influence n'a été aussi forte sur la vie de cour, les fêtes surtout, ou sur l'art si important des jardins, dont le succès doit tout à l'Italie. L'assimilation du modèle italien dépasse donc de beaucoup le talent de tel ou tel créateur : elle exprime un mouvement profond et une volonté forte, manifestes dans presque tous les aspects de la culture.

Le parallèle entre l'évolution de la création artistique et celle de la création littéraire est remarquable, même dans la chronologie. Jusque dans les années quarante en effet, la littérature fourmille de nouveautés en tout genre, dont la postérité est inégale. Les œuvres de Rabelais y côtoient le peu orthodoxe *Miroir de l'âme pécheresse* de Marguerite de Navarre (1532) ou le volume d'*Emblèmes* qu'Alciat publie en 1534, ou bien encore l'illustre roman de chevalerie *Amadis des Gaules* que le roi ramène de sa captivité madrilène et fait aussitôt traduire. On comprend qu'une production aussi hétéroclite – dont l'énumération pourrait s'allonger à l'infini – n'engendre pas de véritable courant littéraire. Quelques œuvres se détachent bien à côté de celles de Rabelais, mais pour confirmer l'atonie d'ensemble. Ainsi les récits de Marguerite de Navarre publiés sous le nom d'*Heptaméron* valent-ils à nos yeux au moins pour leur accent d'émancipation féminine, et pour la parfaite dignité de la sœur du roi fidèle à ses convictions tolérantes et à l'affirmation persévérante d'une pensée personnelle libérée des censures sorbonnardes : on conviendra que le statut de l'auteur facilite l'expression, et que la publication posthume, en 1558-1559, réduit à peu l'importance effective de l'œuvre. L'autre épanouissement manqué du demi-siècle est celui de Clément Marot, dont *L'Enfer* est une dénonciation forte des juges intolérants et des prisons où l'on torture : forte en 1526, quand le poète l'écrit, banalisée et sans grand effet en tout cas quand il la publie, en 1542, alors qu'il est passé ouvertement au calvinisme. Marot demeure comme traducteur et adaptateur des psaumes, mais sa poésie de cour n'est évidemment pas impérissable, même quand il s'adresse au roi pour dénoncer, en termes bien courtisans, ses ennemis les « Sorbonniqueurs » :

> Autant comme eux, sans cause qui soit bonne,
> Me veut du mal l'ignorante Sorbonne :
> Bien ignorante elle est d'être ennemie
> De la trilingue et noble académie
> Qu'as érigée. Il est tout manifeste

Que là dedans, contre ton veuil céleste,
Est défendu qu'on voise [aille] allégant
Hébreu ni grec, ni latin élégant,
Disant que c'est langage d'hérétiques.
Ô pauvres gens, de savoir tout étiques !
Bien faites vrai ce proverbe courant :
Science n'a haineux que l'ignorant.

C'est pourtant Marot qui, le premier sans doute, mesure les limites de l'imitation de Pétrarque, et introduit le sonnet dont Ronsard fera la gloire, mais il est révélateur qu'Étienne Pasquier l'oublie totalement quand il dresse en 1596 le bilan de la rénovation littéraire du siècle. Le seul des précurseurs qui trouve grâce aux yeux de Pasquier est Maurice Scève, et le choix n'est finalement pas mauvais dans la mesure où il souligne l'importance de la petite mais véritable « école lyonnaise » où se retrouvent Louise Labé, Pernette du Guillet, Olivier de Magny. La qualité de leur poésie amoureuse, et le caractère collectif de leur production, les femmes inspirant les hommes, en font les véritables initiateurs d'une renaissance littéraire en France, mais à l'écho bien limité : l'essentiel de leur production n'est édité qu'en 1554-1555.

Il n'est donc pas injuste que contemporains et historiens aient retenu comme le véritable tournant littéraire la constitution de la Brigade, en 1547-1548, autour du brillant helléniste Jean Dorat. Ces jeunes gens de vingt ans – les plus vieux en ont trente-cinq – n'ont peur de rien : le nom de Pléiade viendra d'une comparaison avec les sept étoiles de la constellation des Pléiades… Ces étoiles ne sont réunies en fait que peu de temps, une douzaine d'années, puisque Du Bellay meurt en janvier 1560, et seuls avec lui Ronsard, le Lyonnais Pontus de Tyard, Jean-Antoine de Baïf et Étienne Jodelle peuvent être considérés comme des membres permanents du groupe. Ces sept hommes jouent pourtant dans la littérature un rôle très comparable à celui de Philibert Delorme puis Jacques Androuet en architecture.

Leur rôle principal tient en effet dans la théorisation qu'ils proposent et parviennent largement à imposer, dans le domaine de la langue – nous y reviendrons – comme de l'art poétique. En 1548, Thomas Sébillet recommande bien dans son *Art poétique* le sonnet, mais surtout « dialogues, chants royaux, ballades, rondeaux, épigrammes, élégies, épistres, églogues, chansons, estrennes, épitaphes, complaintes, blasons, satyres en forme de coq à l'asne». Et Étienne Pasquier de se référer expressément, un demi-siècle plus tard, à Sébillet, en soulignant que la plupart de ces genres déplaisent

> aux nouveaux poètes parce que Du Bellay, en son second livre de la Deffense de la langue française, commande par exprès au poète qu'il veut former de laisser aux Jeux floraux de Tholose et au Puy de Rouen les rondeaux, ballades, virelais, chants royaux, chansons et satires en forme de coq à l'asne et autres telles espisseries (ce sont ses mots) qui corrompaient le goût de nostre langue et ne servaient à rien sinon à porter témoignage de notre ignorance.

Tout est là, ou presque : le succès de genres nouveaux comme les odes, grâce à Ronsard surtout, la prétention de ces jeunes gens à tout régenter – ce qui explique les protestations qui suivent la publication en mars 1549 de la *Défense et Illustration de la langue française* – et avant tout leur réussite essentielle, d'être parvenu à imposer le statut du poète, désormais reconnu mieux encore que l'architecte, même s'il reste très dépendant du prince ou du mécène. La poésie devient avec eux et grâce à eux une manière de dire reconnue comme supérieure à toute autre parole, ce qu'illustre parfaitement la carrière de Pierre de Ronsard. Ronsard a sans doute clairement perçu la notion de marché littéraire, et sans aucun doute su réunir sur son nom les faveurs de mécènes cultivés, les cardinaux de Lorraine et de Châtillon notamment, puis le roi lui-même séduit par la gloire qu'apporte la poésie. Sa longévité – il ne disparaît qu'en 1585 – et sa fécondité servent sa gloire, reconnue par ses contemporains, mais Ronsard assume pleinement et magnifie en quelque sorte sa fonction de poète courtisan et constamment amoureux… «Mignonne allons voir si la rose…» n'est peut-être – sans doute – pas un sommet de la littérature, mais le poète assoit un genre et plus largement la fonction d'intellectuel créateur de beauté gratuite. Il est possible que ce rôle trop facilement accepté ait contribué à sa brouille avec Du Bellay, possible aussi de préférer quelques-uns des *Regrets* inspirés à Du Bellay par son séjour romain. L'essentiel demeure que l'enthousiasme des jeunes gens ait tant marqué leur siècle, et l'on se prend à rêver de leur été 1549, quand Du Bellay vient de publier ses premiers sonnets – *L'Olive* – et sa *Défense*, qu'ils se promènent, déjeunent à la campagne, se baignent dans la Seine, s'écrivent...

Ce moment béni est bien celui d'une maîtrise de l'héritage, du dépassement de Pétrarque et du sonnet italien, de Pindare et de ses odes: «Lisez la Cassandre de Ronsard, vous y trouverez plusieurs cent sonnets qui prennent leur vol jusques au ciel. [...] Pétrarque n'écrivit qu'en un subject et cetuy en une infinité. Il a en notre langue représenté un Homère, Pindare, Théocrite, Virgile, Catulle, Horace, Pétrarque.» C'est du Pasquier, mais justement: les envolées d'un juriste et érudit montrent bien qu'il y a eu bien plus que la seule longévité de Ronsard, même si les repliements de la guerre, au début des années soixante, ont inévitablement valorisé la décennie précédente.

Il est cependant des comparaisons cruelles pour les poètes de la Pléiade. En 1550, le beau Ronsard publie les *Amours de Cassandre*:

Ciel, air et vents, plains et monts découvers,
Tertres vineux et forests verdoyantes,
Rivages torts et sources ondoyantes,
Taillis raséz et vous bocages vers

Antres moussus à demy-front ouvers,
Préz, boutons, fleurs et herbes rousoyantes,
Vallons bossus et plages blondoyantes,
Et vous rochers, les hostes de mes vers

Puis qu'au partir, rongé de soin et d'ire,
A ce bel œil Adieu je n'ay sceu dire,
Qui près et loin me détient en esmoy,

Je vous supply, Ciel, air, vents, monts et plaines,
Taillis, forests, rivages et fontaines,
Antres, préz, fleurs, dites-le luy pour moy.

Du Bellay publie en même temps la seconde édition augmentée de *L'Olive*:

Déjà la nuit en son parc amassoit
Un grand troupeau d'étoiles vagabondes,
Et pour entrer aux cavernes profondes
Fuyant le jour, ses noirs chevaulx chassoit :

Déjà le ciel aux Indes rougissoit,
Et l'Aulbe encor' de ses tresses tant blondes
Faisant gresler mile perlettes rondes,
De ses thrésorts les préz enrichissoit :

Quand d'occident, comme une étoile vive,
Je vy sortir dessus ta verde rive,
Ô fleuve mien ! une Nymphe en rient.

Alors voyant cete nouvelle Aurore,
Le jour honteux d'un double teint colore
Et l'Angevin et l'Indique orient.

Voilà deux ans déjà qu'un jeune homme de dix-huit ans compose, lui aussi, des sonnets pour une belle inconstante, « Dordogne », sans doute repoussée par sa laideur. Encore quelques années, et Étienne de La Boétie rencontre Montaigne qu'il subjugue : « Si on me prie de dire pourquoi je l'aimais, je sens que cela ne peut s'exprimer qu'en répondant : parce que c'était lui. » La fascination intellectuelle de Montaigne doit beaucoup à ce qu'écrit aussi La Boétie en 1548, *Le Contr'un ou Discours de la servitude volontaire*, « en l'honneur de la liberté, contre les tyrans ». La réflexion est forte : comment l'homme né libre a-t-il pu abdiquer sa liberté entre les mains d'un tyran ?

Pauvres gens et misérables, peuples insensés, nations opiniâtres en votre mal, et aveugles en votre bien, vous vous laissez emporter devant vous le plus beau et le plus clair de votre revenu, piller vos champs, voler vos maisons, et les dépouiller des meubles anciens et paternels ! […] Celui qui vous maîtrise tant, n'a que deux yeux, n'a que deux mains, n'a qu'un corps, et n'a autre chose que ce qu'a le moindre homme du grand nombre infini de nos villes ; sinon qu'il a plus que vous tous c'est l'avantage que vous lui faites, pour vous détruire. D'où a-t-il pris tant d'yeux,

> dont vous épie-t-il, si vous ne les lui donnez ? Comment a-t-il tant de mains pour vous frapper, s'il ne les prend de vous ? Les pieds dont il foule vos cités, d'où les a-t-il, s'ils ne sont les vôtres ? [...] Soyez résolus de ne servir plus, et vous voilà libres. Je ne veux pas que vous le poussiez ou le branliez, mais seulement ne le soutenez plus, et vous le verrez comme un grand Colosse, à qui on a dérobé la base, de son poids même fondre en bas, et se rompre.

La Boétie ne fait pas partie du panthéon culturel des Français, malgré l'illustre amitié de Montaigne, mais son œuvre n'en est pas moins éditée en des moments culturellement très forts, par les protestants d'abord en 1574, par les révolutionnaires en 1789, par Lamennais, par les exilés du coup d'État de Louis-Napoléon Bonaparte. La première analyse de l'aliénation, et sa conclusion logique en termes de revendication de la démocratie, balisent très fortement ce qui deviendra deux siècles plus tard avec Rousseau la construction d'une part essentielle de l'identité française.

Simplement, et évidemment, la gloire de Ronsard écrase le jeune homme de Sarlat, et ferait même oublier qu'à court terme au moins la fécondité de la Pléiade n'est pas, à beaucoup près, celle des architectes théoriciens contemporains. L'influence la plus immédiate et la plus durable joue en fait dans le domaine bien moins connu du théâtre, quand Étienne Jodelle, avec un certain succès, fait monter l'Antiquité sur les planches avec sa *Cléopâtre captive* (1553), dont il ne faut cependant pas oublier qu'elle est simplement jouée dans un collège. Nous sommes évidemment encore très loin du théâtre classique, mais c'est l'étape nécessaire vers les tragi-comédies savantes du début des années quatre-vingt. Au-delà, la Pléiade ne résiste pas aux pressions du temps : Ronsard lui-même y va de son *Discours des misères de ce temps*, et d'une laborieuse *Franciade* restée inachevée où, décalquant mécaniquement l'*Énéide* et l'*Odyssée*, il chante les origines troyennes de la dynastie française *via* Francus, le fils d'Hector... Chez cet homme si sensible aux attentes de son public, c'est un signe fort : les grands succès « littéraires » sont désormais les leçons morales qu'apportent les *Vies* de Plutarque traduites en 1559 par Jacques Amyot, c'est la *République* de Jean Bodin en 1576, c'est la publication des *Recherches de la France* que le juriste Pasquier commence en 1560 et enrichit sans cesse. Le point commun à toutes ces œuvres – Plutarque excepté, évidemment – est l'intérêt pour la France, son histoire, sa nature : c'est une des dimensions de la cristallisation de la sensibilité littéraire au milieu du siècle, et ce côté national, voire nationaliste, est bien le seul qui n'ait guère soulevé de critique, dans la *Défense* de Du Bellay.

« France, mère des arts… » : le sonnet des *Regrets*, écrit vers 1556, nous révèle un Du Bellay qui ne manque vraiment pas d'audace, mais une approche un peu plus fouillée montre qu'il adapte simplement là l'éloge de l'Italie que Virgile propose dans les *Géorgiques* et qu'ont repris Dante et Pétrarque. La *Défense* de 1549 est elle-même, dans sa première moitié consacrée à la valorisation du français, souvent très proche de la paraphrase de Speroni exaltant l'italien dans un ouvrage publié en 1542 puis en 1546. Si l'on rappelle que la *Défense* est introduite par une pièce de Dorat en distiques grecs, on établit facilement la très grande force encore des modèles italien et antique en ce milieu du XVIe siècle, mais cette caractéristique technique ne doit pas cacher l'immense portée du tournant.

Que Calvin ait repris en 1541 en français une *Institution chrétienne* déjà publiée cinq ans plus tôt en latin n'est pas gratuit, mais c'est, bien plus largement, le statut du français face à toutes les autres langues qui est en cause. Le maréchal de Vieilleville, par la plume de son secrétaire Vincent Carloix, rapporte ainsi le *rire* – et c'est le point important – d'Henri II quand le comte de Mirande lui rapporte la trahison de son fils passé aux Anglais :

> Corps di Dio, Sire, je son ruynat. Mon forfante de bastardin m'a robat trente mille escouz in oro, et tout ce que j'avia de riche et precioulx en quatre coffres ; et s'en est andat con les coffres et miei muletti rendre Anglais. Il n'i a pas mon colliero et mantello de l'ordre qu'il ne m'a habbia emportat, dispeto di Dio : que feray-je ?

Le texte est mis en forme une dizaine d'années au moins après la scène : il est donc resté une très forte impression d'excès ridicule, d'autant plus intéressante que l'échange se passe au camp de Boulogne en 1549, l'année même de la *Défense*.

À cette date, l'affectation du comte de Mirande est, effectivement, devenue ridicule, parce que des changements fondamentaux sont intervenus. La chancellerie royale, d'abord, a imposé en 1539 le recours exclusif au français pour tous les actes officiels :

> Nous voulons d'oresnavant que tous arrests, ensemble toutes autres procédures, soient de nos cours souveraines et autres subalternes et inférieures, soient de registres, enquestes, contrats, commissions, sentences, testaments et autres quelconques actes et exploicts de justice, ou qui en dépendent, soient prononcés, enregistrés et délivrés aux parties en langage maternel françois et non autrement.

L'article 111 de l'ordonnance de Villers-Cotterêts est célèbre, mais on en oublie parfois les attendus et le contexte. Il s'agit, précisément, d'éviter les « doutes » et « ambiguïtés » dans les arrêts de justice, « souvent advenus sur l'intelligence des mots latins ». Il s'agit, tout simplement, d'assurer le bon fonctionnement de la justice, de l'administration plus largement, et de rendre plus visible l'autorité royale en imposant une unification des procédures. Le français devient donc la langue de l'efficacité, au moment même où l'écrit, nous l'avons vu, s'impose aux dépens de l'oral.

L'importance de cette décision tient aussi au fait qu'elle s'accorde parfaitement avec l'évolution des intellectuels quant aux capacités du français à exprimer convenablement les idées. Des précurseurs s'expriment dès le début du règne de François Ier – Jean Bouchet en 1516, Jean Quentin en 1531 –, Marot plaide vigoureusement pour une poésie en français, ce qui n'est pas sans importance quand on sait le statut que sont en passe d'obtenir les poètes. Dans les années quarante, la bataille est gagnée au moins sur le plan intellectuel. En 1545, le Manceau Jacques Peletier – qu'Étienne Pasquier situe de manière significative à « l'avant garde » de la guerre « contre l'ignorance » – peut placer en tête de sa traduction de l'*Art poétique* d'Horace une apologie de la langue française dont il reprend l'idée deux ans plus tard dans ses *Vers lyriques* :

J'écris en langue maternelle,
Et tâche à la mettre en valeur,
Afin de la rendre éternelle,
Comme les vieux ont fait la leur:
Et soutiens que c'est grand malheur
Que son propre bien mépriser
Pour l'autrui tant favoriser.
Si les Grecs sont si fort fameux,
Si les Latins sont aussi tels,
Pourquoi ne faisons-nous comme eux,
Pour être comme eux immortels?

En 1546, l'Angevin Jean Mangin publie une nouvelle traduction de *Palmerin d'Olive*, un roman de chevalerie, histoire « traduite jadis par un auteur incertain de Castillan en Françoys, lourd et inusité, sans art ou disposicion quelconque, maintenant reveuë, et mise en son entier selon nostre vulgaire ». En 1549, c'est un autre Angevin, de Liré très exactement, qui propose la *Défense*, et en 1555 un Manceau encore, Jacques Tahureau, qui peut conclure :

> Jamais langue n'exprima mieux les conceptions de l'esprit que fait la nôtre ; jamais langue ne fut plus douce à l'oreille et plus coulante que la française : jamais langue n'eut les termes plus propres que nous avons en français.

L'idée d'excellence de la langue va de pair avec les premières tentatives pour en normaliser les mots, la prononciation, l'orthographe même, que le grammairien Meigret propose en 1550 – déjà – de réformer. L'importance de la *Défense* tient dans l'articulation de ces différents efforts de promotion du français, de rénovation de son usage et de ses formes d'expression, et dans le fait que cette synthèse exprime un sentiment désormais dominant. Le nombre de livres en français dépasse dès le milieu du XVIe siècle celui des livres en latin et, plus important peut-être, c'est en français d'abord que Bodin publie sa savante *République* en 1576 : la publication, ensuite, en latin montre tout le chemin parcouru en quarante ans exactement, depuis la démarche inverse de Calvin. Quand Henri Estienne publie en 1579 sa *Précellence du langage français*, il marque simplement un territoire conquis.

Et cette conquête-là ne se fait pas qu'aux dépens du latin, ou ponctuellement de l'italien. En 1532 encore, dans le *Pantagruel*, Rabelais dénonce la cuistrerie et les excessifs emprunts au latin de son étudiant limousin, et au contraire se réjouit de le voir s'exprimer en limousin: « à ceste heure parles tu naturellement ». Vingt ans plus tard environ, quand il rédige le *Cinquième Livre* (publié seulement en 1564), il continue à dénoncer les « rappetasseurs de vielles férailles latines, revandeurs de vieux mots latins, tous moisis et incertains », mais il a lu Du Bellay: « nostre langue vulgaire n'est tant vile, tant inepte, tant indigente et à mespriser ». Du Bellay représente pourtant aussi le contre-pied du français de Rabelais, un principe d'épuration face à une pratique d'insertion de la langue orale, de ses tournures et de ses localismes. Le succès du français est celui du bilinguisme français-latin, quand il aurait pu l'être du trilinguisme français-latin-parler local, ou c'est, ce qui revient presque au même, le succès d'un français local sur les autres langues vernaculaires du royaume, le succès de la « langue de cour et parisienne » selon la formule de Geoffroy Tory dès 1529, le succès du français de l'Ile-de-France et du Val de Loire: ce n'était peut-être pas un hasard si les chantres du français étaient manceaux ou angevins. Ce succès-là est celui d'une langue *minoritaire* dans la France du XVIe siècle, et il porte en lui de lourds clivages sociaux et géographiques.

CHAPITRE 7

De la différence à l'intolérance

La galerie royale de Fontainebleau et le mystère joué en langue bretonne ne relèvent pas de la même culture. Il n'est malheureusement plus possible aujourd'hui de se contenter de telles évidences quand on observe que telle formule magique est utilisée par tous dans la maladie, ou que Rabelais est conté devant les domestiques du sire de Gouberville. Paris et la province, la ville et le village, la famille, l'atelier, l'école voire le collège ou l'université, le cabaret, le lavoir, la place publique, le château royal sont certes culturellement différents, mais s'articulent en une série de réseaux d'autant plus complexes que l'écrit a considérablement diversifié les modes de circulation des idées. Cette notion de réseau – avancée par Daniel Roche – est d'autant plus pertinente qu'elle permet de comprendre pourquoi les différences culturelles ne recouvrent pas, ou jamais exactement en tout cas, les frontières sociales, professionnelles ou géographiques. Elle permet de comprendre, aussi, que la circulation des idées et des valeurs ne se fait pas à sens unique : même si des modèles issus de la culture savante se font de plus en plus prégnants, même si une hiérarchie des cultures s'esquisse, l'échange est encore possible. C'est vrai par osmose, comme l'a montré le cas de Gouberville, c'est vrai par conviction, nous allons le voir dans le domaine du religieux, et c'est vrai par résistance, comme le montrent les freins à l'évolution de l'attitude à l'égard des pauvres.

*Cette dialectique dans l'évolution culturelle s'inscrit cependant dans un cadre qui s'impose à elle, celui de l'établissement progressif de normes de comportement nouvelles, définies avec la précision que permet le succès de l'écrit : de la norme implicite et acceptée à peu près par tous, les hommes du XVI*e *siècle passent peu à peu à la définition d'une orthodoxie catholique ou réformée, aux normes du concile de Trente, de la Pléiade ou des architectes théoriciens, pour n'en évoquer que quelques exemples parlants. On peut, bien entendu, discuter la force et le succès de chacune de ces* *normes, mais la tendance est nette : elle exprime l'élargissement triomphal d'une culture savante qui les définit, et elle conduit logiquement à l'intolérance.*

I. Les France culturelles

Les sujets du roi de France parlent cinq langues différentes, oïl, oc et franco-provençal, breton et basque, trois de plus après les annexions du XVIIe siècle, flamand, alsacien et catalan, et encore les principales de ces langues se pratiquent-elles en réalité sous la forme d'une vingtaine de dialectes. Cela signifie que la moitié au moins des Français ne comprennent pas la langue française, même si au XVIe siècle déjà les classes aisées citadines la pratiquent presque toujours, en concurrence avec la langue locale parfois. La différence est une entrave réelle à la circulation des idées : l'absence de toute implantation huguenote dans les campagnes de basse Bretagne se comprend facilement quand on relève l'absence de tout imprimé calviniste en breton, et surtout de tout pasteur bretonnant jusqu'en 1572. La différence est aussi une entrave à l'unification du royaume, comme le montre l'exemple très parlant du passage du latin au français dans les registres paroissiaux, ordonné en 1539. Nous pouvons l'observer assez finement en Bretagne, en distinguant entre les diocèses francophones de haute Bretagne et les bretonnants de basse Bretagne. Là où les fidèles, les notables au moins, exercent une pression en faveur du français, langue vernaculaire, la régression du latin est spectaculaire dès les années cinquante au plus tard ; là où le passage du latin au français est simplement celui d'une langue étrangère à une autre, le latin résiste jusque loin dans le XVIIe siècle. Les « coutumes provinciales » – ensembles législatifs contraignants, et non simples collections d'usages – et les innombrables privilèges locaux, provinciaux et professionnels confortent voire accentuent la diversité. Nos ancêtres ne sont certes pas aussi sensibles que l'historiographie des XIXe et XXe siècles à l'« unité » du royaume, il leur arrive de percevoir la frontière comme une simple zone aux limites floues, mais, culturellement parlant, la différence géographique est essentielle : le domestique du Normand Gouberville peut entendre Rabelais, mais pas celui du noble breton ou languedocien.

La force de la culture locale l'emporte même parfois chez les privilégiés. Claude de Tournon, grand bourgeois et magistrat de Montbrison, en Forez, laisse ainsi en 1538 un testament parfaitement conforme au modèle des classes aisées ou de l'aristocratie de son époque, et prévoit donc des dons importants à sa paroisse et aux couvents de sa ville. Dix-neuf ans plus tôt, le très grand marchand et armateur morlaisien Nicolas Coëtanlem teste au contraire comme tous ses compatriotes de basse Bretagne, en ordonnant une grande quantité de très modestes dons, qui expriment l'importance accordée ici, au-delà des évolutions du sentiment religieux, au culte des saints, ceux de cinquante-cinq sanctuaires différents en l'occurrence !

La diversité est donc incontournable au moins quand elle exprime de profondes différences de culture. Ce n'est pas juxtaposition d'exemples, mais bien reflet d'une différence profonde, que d'observer comment les écoles de la France du Nord ont un statut paroissial, alors que celles du Midi relèvent en général de la commune laïque. Il est plus gênant – parce que nous ne l'expliquons pas de manière convaincante – de relever que dans cette France du Nord l'instruction élémentaire est beaucoup plus courante en Flandre qu'en Bretagne, mais le constat n'en est pas moins essentiel quand on sait l'alphabétisation massive des marchands et artisans des villes flamandes, et qu'à la campagne les lecteurs sont assez nombreux pour justifier l'affichage des cotes d'imposition. Cela n'autorise aucune déduction hâtive et mécanique quant à l'adhésion à la Réforme, par exemple, mais relativise toutes les analyses formulées en termes trop généraux.

La diversité en vient même à corriger l'analyse générale dans le domaine artistique. Quand André Chastel juge la province « à peine décalée dans le temps », il réduit implicitement sa réflexion au champ de la création de haut niveau, et il est alors facile d'énumérer quelques brillants exemples qui illustrent son propos : au milieu du siècle, ainsi, les hôtels toulousains de Nicolas Bachelier, et le château d'Ancy-le-Franc (Yonne) où un peintre inspiré par le Primatice crée dans le château de Serlio une « chambre des Arts » magnifiquement ornée de peintures entourées de reliefs en trompe-l'œil. S'il faut choisir, le portail à l'antique provençal de La Tour d'Aigues (1571) est peut-être plus intéressant, car l'inspiration vient en partie au moins des traces locales de l'Antiquité. La France du

XVIe siècle est pourtant encore massivement une France gothique, différente de la France de la cour ou influencée par la cour. Paris lui-même ne sort pas du gothique avant 1520, et la flèche de Chartres date de 1513 ! Une province pourtant riche et ouverte sur l'extérieur comme la Bretagne construit ses très nombreuses églises et chapelles en gothique jusque vers 1580 au moins, et les habitudes sont plus fortes encore quand l'œuvre émane d'un artisan : un coffre savoyard de 1563 reprend superbement le motif « en plis de serviette » à la mode dans les classes aisées du siècle précédent, tout comme une série de coffres bretons reprennent, jusqu'au milieu du XVIIe siècle, les décors de feuillages stylisés gothiques.

La difficulté avec laquelle s'impose l'esthétique de la Renaissance souligne mieux encore le décalage. Les Barbier, riches nobles léonards, font ainsi construire dans le dernier tiers du siècle un château au goût nouveau, Kerjean, directement inspiré d'Anet et Fontainebleau *via* Delorme et Androuet. La décoration, surabondante, relève bien de la Renaissance, mais n'est pas maîtrisée, ce qui crée un contraste flagrant entre des détails parfois très réussis et l'impression d'ensemble d'un « agrégat de souvenirs », selon la formule d'André Mussat. Or personne ne fait mieux à l'époque dans la province. Les innovations des années quatre-vingt dans le domaine de l'art religieux sont tout aussi hésitantes : l'ossuaire de Sizun, pourtant réalisé en trois ans (1585-1588), associe un niveau largement gothique et un niveau Renaissance. Mieux, et c'est presque tout dire : le premier étage du clocher de Pencran, gothique, date de 1639, le second, Renaissance, de… 1718. L'exemple est extrême, puisque la très belle tour Renaissance de Saint-Thégonnec est achevée en 1610, mais il renvoie au décalage mieux connu en matière de mobilier, et de ce que Jean Cuisenier qualifiait naguère d'« arts populaires » : le premier exemple patent, en France, de « style Renaissance » date de 1626, le dernier de 1768. La Bretagne et la Savoie sont sans doute des exemples un peu particuliers, dans la mesure où aucune initiative princière n'y introduit de modèle, mais, s'il finit bien par exister une « Renaissance populaire », celle-ci apparaît très décalée par rapport aux réalisations pionnières des grands créateurs.

Le monde maritime nous fournit, en apparence, un autre exemple de ces différences patentes, que nous connaissons relativement bien dans le cas facile à cerner des populations insulaires. Les femmes jouent là un rôle particulier, en se chargeant des travaux agricoles, le clergé y est moins présent, au point qu'une île comme Sein reste parfois une décennie entière sans prêtre. La réputation de naufrageurs de ces Sénans est d'ailleurs bien établie, mais elle relève plus du mythe que de la réalité : la peur des terriens transforme probablement en forfait délibéré ce qui est simple cueillette des épaves.

Pour l'essentiel, en effet, le monde maritime se comporte comme le reste de la société, et n'a pas encore d'identité très marquée : la proportion des gens de mer reste si modeste, même dans les ports, qu'il faudrait parler d'une culture littorale plutôt que maritime, d'autant que les marins sont des « pluri-actifs », tantôt pêcheurs, tantôt marins-marchands et toujours soldats potentiels. Les particularismes de vocabulaire, les solidarités sont celles de tous les métiers, et rarement spécifiques : les confréries côtières associent gens de mer, de négoce et métiers portuaires, donnent des assurances pour l'au-delà et pour les risques professionnels spécifiques, comme cette recherche des noyés prévue dans les statuts de plusieurs confréries bordelaises apparues aux XIVe et XVe siècles et encore en 1511 à Saint-Androny près de Blaye. Même si des contraintes d'éloignement pèsent parfois sur les comportements – nous l'avons vu en matière de respect de l'abstinence sexuelle de carême –, les marins ne sont pas encore les « chrétiens délocalisés » que présente Alain Cabantous au temps des grands voyages transocéaniques. Les sanctuaires des paroisses côtières sont nombreux – on a dénombré huit chapelles pour le millier d'habitants de Bréhat –, le recours aux ex-voto s'inscrit dans la tradition, mais ni plus ni moins, pour autant que les rares traces matérielles vaillent témoignage, que dans les autres milieux professionnels. En fait, ce sont la mer, les métiers de l'eau et l'ouverture sur le large qui pénètrent loin dans les terres : la spécificité maritime s'affirmera une fois que la concentration géographique du trafic donnera une place substantielle à la société maritime dans quelques villes, et quand les conditions de travail – grands voyages et recrutement massif pour les flottes du roi notamment – feront vraiment différente l'existence du marin.

Nous mesurons mieux ainsi combien la recherche indispensable de la diversité doit rester circonspecte, à quel point elle pourrait être tributaire de stéréotypes, contemporains ou postérieurs. Le cas des femmes nous en livre un autre exemple d'autant plus marqué qu'un courant historiographique important a valorisé depuis deux décennies au moins une spécificité historique jusque-là largement négligée.

La réalité des pouvoirs féminins correspond bien à une culture, attestée au moins dans les classes aisées. Jean-Pierre Desaive a bien mis en valeur la digne et forte présence de l'épouse d'Étienne Pasquier, l'admiration que lui porte son mari, suffisante sans doute pour qu'il discoure sur le droit à l'égalité des femmes dans son *Monophile* (1556) – et cet exemple n'est pas isolé. L'« anonyme » noble breton Bonaventure Chauvin de La Muce enseigne à ses enfants, dans un testament moral écrit vers 1588, ce que doivent être les qualités de l'épouse « sage et vertueuse », mais dans une optique très claire, bien qu'inégalitaire, du partage des responsabilités au sein du couple :

> La maison se doit gouverner par le mari et la femme ensemblement. Au mari appartient le soin des affaires de dehors, comme conduite de procès, défense de toute entreprise contre les droits de la maison, et y faire venir le revenu. À la femme appartient le gouvernement domestique, conduite de la dépense et ménage, connaissance des métairies, bétail, réparations, améliorations, et des ouvriers, et doivent souvent conforter de leur savoir même des fermes. Et que la femme ne fait qu'avec autorité du mari, et lui ne dédaigne prendre son avis.

La véritable infériorité des femmes réside avant tout dans l'inégalité devant la mort liée à l'accouchement, et surtout dans la résignation au moins apparente devant cette inégalité, résignation qui relève bien de la culture. Plus encore, le XVIe siècle voit se répandre des stéréotypes très négatifs, qui l'emportent de beaucoup sur les courageux mais presque confidentiels propos de Pasquier et peut-être sur l'austère éthique huguenote de Chauvin. L'arme la plus redoutable est la gravure, qui diffuse l'image de la femme dangereuse, car porteuse de tous les vices et péchés. Dans un registre de qualité, l'anonyme *Caquet des femmes*, imprimé à Paris vers 1560, montre avec une apparente objectivité le rôle des femmes au lavoir bien sûr mais aussi au moulin, au fournil, à la fontaine, et présente même l'accouchement. Mais ce n'est que prétexte à dénoncer les « lieux de parole » féminins, les futiles querelles (à cheveux tirés), la négligence (en ne surveillant pas le meunier voleur), l'impudeur (à l'étuve) et plus largement le caquet : la parole est femelle, et la femme médisance. La dénonciation du bavardage à l'église indique bien l'esprit : tout le monde bavarde alors à l'église, prêtres compris parfois ! Mauvaise foi et message normatif sont repris dans une gravure exactement contemporaine mais techniquement très sommaire, *Le Branle des folles*, collection de femmes négligentes (paresseuse, gloutonne, impudique ou avaricieuse), plus encore bavardes (curieuse, querelleuse, flatteuse, médisante, envieuse, jasarde), quand ce n'est pas fière ou ambitieuse, en un mot « folles ». Un discours de même nature passe plus banalement encore dans les opuscules qui dénoncent les folies féminines en matière de vêtement.

C'est par cette tendance au creusement ou au durcissement des différences que se caractérise le XVIe siècle. Les « types », selon l'appartenance sexuelle, sociale ou professionnelle, régionale, ne sont pas achevés, mais ils se construisent et s'affirment, en particulier autour de la différence de langage. Marguerite de Navarre construit toute une nouvelle de l'*Heptaméron* autour de la méprise entourant le mot *cordelier*, des religieux logés chez des paysans poitevins se croyant menacés quand ceux-ci évoquent simplement l'abattage d'un porc bien gras. Et l'on est toujours le Poitevin de quelqu'un : à la fin du siècle, le Poitevin Guillaume Bouchet définit le breton comme « un langage mal plaisant et rude », un « barragouïn, qui est autant à dire que si nous disions : il parle breton, car barra en breton, c'est-à-dire du pain, et gouïn du vin ; nous disons qu'ils sont Barragouïns, c'est-à-dire qu'ils parlent fort mal ». Il rejoint en cela le huguenot Jean de Léry, qui se jette pourtant affamé et épuisé sur la côte bretonne à son retour du Brésil en 1558, mais souhaite quitter au plus vite « ces Bretons bretonnants dont nous entendions moins le langage que celui des sauvages américains d'avec lesquels nous venions ».

Aucun corpus, aucune doctrine ne sont encore constitués, le mépris pour le rural grossier et bête n'est pas encore acquis, mais un processus s'est bel et bien engagé. En 1547, Noël du Fail peut déjà se moquer de ce benêt de Guillaume, envoyé aux écoles à Rennes par Gobemouche, son riche laboureur de père, sans y apprendre rien d'utile à sa condition. À la même époque, en Ile-de-France, les marchands-laboureurs ont déjà compris qu'il était utile d'investir dans l'éducation : ils mettent leurs fils à l'école, voire au collège, si bien que vers 1560 ce groupe social est massivement alphabétisé, au point que certains tiennent leur journal et que les épouses elles-mêmes commencent à savoir apposer leur signature. Les meilleurs de leurs enfants quittent la terre pour le clergé et l'office. Le succès des Pluyette, laboureurs de Goussainville, curés de Fontenay, Puiseux ou Châtenay-en-France, montre qu'ils ont parfaitement compris une idée désormais incontournable : la promotion sociale et culturelle passe par l'adoption du modèle culturel citadin.

II. La ville et le modèle citadin

La ville, foyer d'innovation ; le XVIe siècle et le poids évident des traditions : plutôt que de démontrer cette double évidence, l'étude du modèle culturel citadin peut apporter de passionnants exemples de la manière dont se marient innovation et traditions, une fois reconnu le fait décisif que constitue l'établissement même d'un modèle.

Le monde des métiers illustre bien ainsi la place des solidarités professionnelles, les aspects festifs déjà bien connus dans les villes flamandes du XVe siècle, l'organisation du travail imposée à tous. L'attention d'Henri Hauser avait pourtant été retenue, voici un siècle, par un extraordinaire mémoire produit en 1572 par les compagnons imprimeurs de Paris et Lyon. L'exemple est, bien entendu, privilégié : un métier d'ouvriers « savants », et l'héritage de décennies de conflits parfois durs, à l'exemple du grand tric – la grève – des imprimeurs lyonnais d'avril 1539 à la fin de 1542. Les imprimeurs s'appuient, bien sûr, sur l'argument de la tradition, rejettent, bien sûr, les « nouvelletéz » et s'inscrivent pleinement dans un idéal très chrétien, et traditionnel, de fraternité et de justice : ils demandent que leurs employeurs « *bornent* leur cupidité », dénoncent leur « *désordonnée* avarice ». Il existe un *ordre* – immuable – du monde, qui ne peut être violé. Ils trouvent cependant un ton très neuf pour évoquer la dureté de leur travail, les maladies professionnelles, savent déjà parler des fêtes chômées en termes d'indispensable repos. Et surtout, ils revendiquent le principe de l'égalité de droits avec les maîtres, affirment le primat de leur rôle dans l'entreprise, eux «qui sont les vrays imprimeurs» bien plus que des maîtres qui «acquièrent journellement de grandes et honnorables richesses, au prix de la sueur et industrie merveilleuse [des compagnons], et mesmes le plus souvent de leur sang». Même dans un contexte culturel déjà très réglementé, l'innovation pénètre: on ne peut «violer indignement la liberté naturelle des hommes».

Inversons le propos. Deux ans plus tard, un petit libraire parisien, Jean de Lastre, publie un médiocre opuscule, l'*Histoire horrible et espoventable d'un enfant, lequel après avoir meurtry et estranglé son père, enfin le pendit [...] avec les figures dudit meurtre*. Une grande complaisance à décrire le crime puis le châtiment, des personnages campés à très gros traits, père âgé, aisé et chargé de responsabilités – analogue au public visé – et fils-démon: l'ancêtre de notre presse à scandales n'innove cependant pas seulement par le recours à un média moderne, imprimerie et gravure. En douze pages, l'auteur anonyme introduit, sans doute pour donner bonne conscience au lecteur et «faire moderne», deux références développées à Cicéron et au médecin Paracelse, fausse modernité noyée dans la convention.

Il serait possible de multiplier, et dans à peu près tous les domaines, les exemples d'innovations ou de pesanteurs culturelles citadines, alors que les enjeux essentiels sont ailleurs, et d'abord dans la modernisation décisive du système éducatif. La grande nouveauté est ici la réforme puis le développement des collèges, à l'intérieur puis bientôt hors des universités. Les premières initiatives utilisent pleinement la souplesse du système universitaire des collèges, ce qui permet en particulier au collège parisien de Montaigu d'adopter largement et même d'améliorer les innovations flamandes des Frères de la vie commune. La modernisation se traduit par la définition de niveaux et donc de classes de niveau (1509), par une organisation précise et rationnelle du temps et de l'espace des cours: horaires, salle de cours, récréations aussi. Cet enseignement prévoit désormais le recours direct au livre, l'expression personnelle de l'élève grâce à des compositions écrites développées. La formule, bien entendu, se dispense en latin et uniquement aux garçons. Ce système «parisien» rapidement défini au début du siècle attire – Calvin, Rabelais, Ignace de Loyola étudient au collège de Montaigu, après Érasme – et surtout inspire. Aidées parfois par des mécènes, les grandes villes suivent, Bordeaux en 1533 avec son collège de Guyenne bientôt illustre, Strasbourg avec son Gymnase que le huguenot Jean Sturm, ancien élève des Frères de la vie commune, organise à partir de 1538, Nîmes encore en 1539, pour compléter la gamme d'exemples : la cité languedocienne crée en effet une « université et collège des arts », ce qui indique bien le succès de la formule des collèges aux dépens des traditionnelles Facultés des arts.

Le succès de ce nouveau mode d'éducation compte au moins autant que sa nature. Il signifie que, dans les milieux privilégiés, un nouveau mode de socialisation des jeunes gens commence à s'imposer, profondément différent du recours aux structures traditionnelles – famille, collectivité professionnelle, communauté de quartier ou de village, groupe d'âge, éventuellement précepteur. Le triomphe devient évident quand la concurrence religieuse s'exprime sur ce terrain : les jésuites, dont l'enseignement n'était pourtant pas la vocation première, créent un premier collège dès 1556 à Billom, près de Clermont, en contrôlent douze dans le royaume en 1572, dix-sept même dans le cadre territorial d'aujourd'hui. Entre 1561 et 1573, de même, se créent les académies protestantes de Nîmes, Orange, Orthez, La Rochelle, sans compter celle de Genève qui accueille depuis 1559 de jeunes huguenots français. En termes concrets – de nombre d'élèves notamment –, le progrès reste encore presque marginal mais, sur le plan intellectuel, sur celui des attitudes à l'égard du savoir surtout, un tournant décisif est bien intervenu, qui consacre le rôle de la ville et exprime un nouveau système de valeurs.

C'est dans ce domaine des valeurs, plus difficile à cerner, que se manifeste l'autre grande mutation de la culture citadine au XVIe siècle, d'autant plus importante qu'elle souligne très fortement la dimension également sociale des transformations en cours. Nous pouvons en même temps mesurer la diffusion du nouvel état d'esprit dont l'humanisme, la Renaissance, les réformes religieuses constituent les aspects les plus voyants. Esprit critique voire rationnel, volonté d'approfondir, d'épurer, aspiration à une meilleure maîtrise du monde se traduisent aussi par l'émergence et, plus encore, la reconnaissance de valeurs comme la rentabilité et l'efficacité. C'est le type même de nouveauté, on le mesure bien, qu'il n'est pas possible de dater avec précision : on en trouverait des signes importants bien avant le XVIe siècle, et des effets décisifs bien après. Mais il nous semble essentiel d'en bien situer le succès au XVIe siècle, car ces valeurs sont profondément étrangères à l'esprit du catholicisme préoccupé fondamentalement par le seul au-delà, et il n'est pas sûr du tout que leur prise en compte dans l'éthique protestante ait eu quelque effet dans la France du XVIe siècle. C'est un état d'esprit, que l'Église catholique elle-même fait sien quand elle se soucie par exemple, à partir du concile de Trente, de l'efficacité de son enseignement. C'est un état d'esprit, et une arme, qui sert la bonne marche des affaires, celles de l'économie, celles de l'État et de son renforcement, et celles bien plus concrètes des édiles municipaux.

Les manifestations les moins contestables s'observent dans le domaine de l'hygiène publique : c'est dans la seconde moitié du siècle que se banalisent les grandes ordonnances municipales de police, qui traitent des immondices et des porcs, organisent l'ébouage et réglementent les métiers polluants. L'application de ces ordonnances est encore presque toujours éphémère, car elles sont adoptées sous la pression de l'épidémie, mais l'important n'est pas là : le réflexe est acquis d'écarter ce qu'on imagine responsable de l'épidémie, et il s'applique indifféremment à toutes les sources supposées de danger, excréments aussi bien que pauvres vagabonds. Même si bien des nuances et des impuissances matérielles atténuent pour un temps encore les effets de ces ordonnances, une décisive mutation du regard sur les pauvres est intervenue au moins chez les bourgeois et officiers qui dirigent les villes.

C'est bien au XVIe siècle qu'intervient en effet le choix décisif entre la conception chrétienne, qui fait de la pauvreté une vertu éminente et du pauvre un intercesseur privilégié vers Dieu, et celle qui, à travers la législation répressive née au XIVe siècle, retient avant tout le danger et l'abus que constituent pauvres et oisiveté. L'aggravation des épidémies et l'observation objective que l'entassement des pauvres les suscite, la crainte devant les hordes de pauvres criant leur faim lors des terribles famines de 1532 ou 1562-1563 jouent beaucoup dans l'évolution, en même temps que l'effacement de l'Église des institutions de charité prises en mains, dans les grandes villes au moins, par les pouvoirs municipaux. Il a pourtant fallu qu'un nouveau système de valeurs justifie, moralement, les nouveaux comportements. On assiste donc à une rationalisation de l'assistance : administrations spéciales mises en place dans les trois plus grandes concentrations ouvrières du royaume, Paris, Lyon et Rouen, entre 1530 et 1534, création d'impôts spéciaux, attribution de monopoles à des entrepreneurs privés en échange de redevances. L'ampleur du « problème pauvre » est telle que les charités privées et spontanées ne suffisent plus. Le problème devient donc technique, et il est dès lors parfaitement logique de vouloir en limiter l'ampleur en expulsant une partie au moins des pauvres, efficace de vouloir limiter les abus en marquant les bénéficiaires des aumônes, parfois jusqu'à appliquer de l'eau-forte sur un ongle. Il est conséquent de vouloir rentabiliser le pauvre en l'obligeant à travailler, si possible dans des tâches pénibles comme la construction de fortifications ou le curage des fossés, en l'obligeant à prier, conséquent aussi bientôt, au début du XVIIe siècle, de veiller à la qualité de ces « prestations ». Le pauvre est en train de devenir un *objet* d'assistance : on peut donc interdire l'aumône aux « *amaz* de pauvres », au profit des seules distributions officielles. On peut ordonner aux bons habitants, même en pleine famine, de « faire prendre par leurs serviteurs les enfans et petis gueuz qui vont criant au soir par les rues » et de les fouetter (Rennes, 1597). On peut distribuer du pain en frappant « avec bastons dessus les pauvres gens comme sur des chiens » et les faire ensuite quitter les lieux par les fenêtres, « sur le corps desquelz marchoient le reste du peuple, qui à grand presse s'entretuoient pour s'aprocher du pain » (Provins, 1573).

La nature et la relative brutalité de l'évolution provoquent bien des résistances. Claude Haton, pour Provins, dénonce tel sergent « aussi pitoiable que ung pirate de mer », et il dénonce aussi les Troyens qui par ruse chassent tous les mendiants de leur ville : ils en sont punis par une épidémie. La résistance est bien plus large que celle des mots : c'est le maintien envers et contre tout d'une charité traditionnelle qui connaît son chant du cygne dans les années 1630-1640. Et ce n'est pas qu'une attitude d'« élite » : quand la ville du Puy embauche en 1574 des « chasse coquins », « le peuple, rapporte Jean Burel, s'en trouvoient terriblement fachés et escandalisés, murmurant que Dieu nous envoieroit quelque grand discipline». Claude Haton rapporte un épisode plus parlant encore. À la demande des autorités municipales, un prédicateur de Provins dénonce violemment en chaire, en 1573, les ouvriers cardeurs, vignerons et manœuvres, fainéants et blasphémateurs, «tas de gros gueux et marauls [...], tas de cocquins»: «c'estoit mal faict aux gens de justice de laisser une telle racaille de gens, et qu'ilz les debvoient faire pendre ou du moins les envoyer ès gallères sur la mer pour le service du roy». Et de conclure: «Toute telle racaille et bélistrailles veullent qu'on leur baille le blé à leur mot et menacent qu'en faulte de ce faire ilz s'eslèveront contre les riches et marchans. Il les fault pendre.» Or, malgré la solennité de la chaire, ces propos, loin d'avoir l'effet escompté,

> scandalisèrent les pauvres gens, lesquelz, au lieu de prier Dieu qu'il leur donnast patience, le conjuroient et mauldissoient tout hault, et se mutinèrent tellement en leur courage que, s'ilz l'eussent tenu hors de l'église, l'eussent massacré et cruellement mis à mort.

Nous vivons tout simplement là un des plus grands changements culturels du siècle, une subversion des valeurs traditionnelles qu'accélèrent, sans plus, les calamités du temps, et qui explique sans doute en partie certains ralliements à la Réforme, expressions d'un malaise social. C'est une des dimensions de la guerre des Paysans en Alsace en 1525; c'est l'interprétation sans doute très excessive, mais révélatrice, que propose le bourgeois lyonnais Symphorien Champier de la «rebeine» lyonnaise de 1529, avant tout émeute de la faim et de la misère qu'il veut à tout prix attribuer à l'influence de la «mauldicte secte vaudoyse»; c'est, très probablement, un élément important de la flambée iconoclaste en Flandre, Cambrésis et Hainaut en 1566: les fidèles expriment dans un langage religieux les malaises qu'ils ressentent profondément, de nature religieuse aussi bien que sociale ou nationale. À travers le regard porté sur le pauvre, se manifeste, et change, le regard porté sur le peuple tout entier, sur sa nature autant que sur sa culture.

La fracture nouvelle que révèle cette évolution apparaît aussi dans un autre aspect essentiel de la culture, son expression festive. Les apparences, celles d'un enrichissement très marqué, sont très trompeuses. Suivons un instant l'imposant compte rendu – imprimé ! – de la « chevauchée faicte en la ville de Lyon » le 17 novembre 1578 :

> Premièrement marchoyent devant toutes les compaignies de l'abbaye de Mal-Gouver, deux sergeans de bataille, esleuz par les abbéz de la dicte abbaye, lesquelz avec grande diligence, et favorisans icelle abbaye, mettoyent toutes les compaignies cy après nommées en l'ordre tels qu'ils marchoyent ledit jour, avec une gravité telle qu'il sera cy après descrit.
>
> Premièrement marchoit la compagnie de l'abbé de Mal-Gouver du quartier de Sainct-Vincent, en bon ordre, avec trompettes et clairons, accompaigné de six vingts hommes portans lances, lesquelz estoyent tous habillés de cazaques de taffetas verd ; et marchoit devant icelluy abbé son porte-guidon, auquel guidon estoit escrit pour devise ces mots : Vive sainct Vincent ; après lequel guidon marchoit le capitaine dudit quartier, seul, et conduisant laditte compaignie, aumosnier, et conseilliers d'icelluy abbé, avec un chariot, dans lequel estoit un martyr dudit quartier, battu par sa femme, comme il se peut voir aux dictons cy après jouéz, au devant lequel marchoit le porte-crosse dudit abbé richement accoustré.

On imagine facilement la splendeur et la joie d'un tel défilé que le texte décrit par le menu, compagnie par compagnie de la société de jeunesse de Malgouvert : musique, étendards, beaux vêtements, parfois saynètes sur des chars, un bon millier d'hommes au total. L'exemple n'est remarquable que par la richesse documentaire et la taille de la ville, et il est indiscutable que la jeunesse garde une belle vitalité dans les villes du XVIe siècle : on a même pu recenser à Lille, sur l'ensemble du siècle, 89 compagnies différentes !

Et pourtant, une des compagnies de l'abbaye lyonnaise de Malgouvert, celle de la rue Mercière, est traînée en justice en 1517 par un couple mécontent d'une chevauchée de l'âne prévue à ses dépens : le geste porte bien plus de sens que les mesures répressives prises ponctuellement par les autorités, parce qu'il implique une rupture avec les pratiques collectives traditionnelles, de la part d'un voisin, et parce que la compagnie elle-même éprouve alors le besoin de recourir à l'acte notarié pour rendre compte dans les formes de son assemblée. La rupture du consensus, le passage du vécu au prescrit s'accompagnent, en outre, d'une rupture fondamentale avec la logique même de la jeunesse. Nous y voyons entrer des gens mariés, et parallèlement des compagnies différentes s'organisent sur une base où la géographie dissimule mal les clivages sociaux. Les compagnies lyonnaises se structurent autour de rues ou quartiers, mais la géographie sociale lyonnaise est très tranchée, et les choix sont souvent plus transparents. Nice a quatre abbés élus séparément par les nobles, les marchands, les artisans, et les jardiniers et pêcheurs. Romans a ses reynages de gens de métier, drapiers essentiellement, et ceux des notables; l'appartenance sociale prend ici nettement le pas sur toute autre considération et conduit à des affrontements: le carnaval de 1580 se termine par un massacre.

Cette différenciation sociale se complète d'une évolution du rôle des compagnies de jeunes notables. Si l'abbaye lyonnaise de la rue Mercière prétend encore en 1517 «mectre paix et amytié» dans la rue et la «gouverner honestement», elle évolue ensuite comme les autres vers une fonction de représentation, lors des entrées royales ou plus banalement des fêtes municipales. Du souci de préparation au mariage et de régulation de la société, on passe à la simple insertion dans sa classe sociale, et il devient donc naturel, et relativement facile, que l'évolution se poursuive vers de simples et pieuses confréries: l'étape est un peu plus tardive, jamais véritablement achevée puisque les autorités finissent par interdire certaines abbayes au XVIIe siècle, mais l'évolution est d'autant plus importante qu'elle distingue les villes des campagnes, et dans la ville les notables des autres habitants.

On comprend mieux dès lors l'illusion que constitue la fête carnavalesque apparemment unanime, si l'on fait toutefois la part de la chronologie – l'idée n'est pas fausse pour le début du siècle – et celle de traditions régionales fortes, en Artois et en Flandre par exemple. Les interdictions commencent même à apparaître au milieu du siècle, à Toulouse ainsi dès 1559, même si leur répétition montre leur faible efficacité. Et, si Henri III se permet encore de «courir par la ville» le Mardi gras, on peut pour le moins douter du mélange avec la foule d'un souverain accompagné de dizaines de gentilshommes, de femmes de la cour, de pages porteurs de flambeaux et, surtout, de onze musiciens reconnaissables à leur nombre et à leur qualité. Les seules fêtes qui restent encore largement collectives dans la seconde moitié du siècle sont en fait les processions, ce qui n'est pas négligeable puisqu'elles se comptent par dizaines, mais, même en ce domaine, l'évolution se fait jour. Jean Guéraud décrit bien la belle procession lyonnaise du 16 avril 1559 avec ses quatre mille pauvres, « grand nombre de peuple », le corps de ville et le gouverneur, et relève aussi que le lendemain un riche Lucquois tient sa maison ouverte au peuple : le fait est déjà suffisamment rare pour être consigné. Il s'agit, il est vrai, de fêter la paix du Cateau-Cambrésis, et la vraie fête a eu lieu le 13, avec la seule participation des officiels en représentation...

La fête collective est en passe de se transformer en fête-spectacle, octroyée au peuple qui y joue au mieux un rôle de figurant. C'est le moment où les villes s'affirment, se dotent de beaux hôtels de ville ou maisons consulaires, organisent concours de tir au papegaut ou présentations des échevins en corps, et rivalisent surtout dans l'organisation des solennelles entrées royales. Le dialogue qu'elles impliquent entre le souverain, qui affirme sa bienveillance en renouvelant pour l'occasion les privilèges municipaux, et la ville, qui affirme son obéissance, est important sur le plan de la culture politique – Louis XIV n'aura plus besoin de telles manifestations –, mais leurs modalités révèlent aussi beaucoup sur l'évolution de la culture citadine et ses nuances géographiques. En 1530, et dans une ville modeste comme Angoulême – il est vrai que la comtesse d'Angoulême n'est autre que Louise de Savoie, la mère du roi –, les organisateurs sont déjà capables d'introduire les emblèmes de rigueur, salamandre et phénix, aux sens déjà pluriels et sophistiqués, de retenir quelques touches de goût antique, mais l'ambiance est encore bon enfant : l'anonyme chroniqueur local parle de « gros triumphe et grand joye », souligne que la ville a fait le « plus gros honneur qu'il estoit possible ». Il relève même la note de rusticité grossière apportée par la noblesse limousine venue en masse, qui a enveloppé les sabots de ses chevaux de peur de faire du bruit, et qui limite sa harangue au roi à un très concis *« bona dies »*. On peut encore parler dans ce cas d'une fête largement accessible à tous.

Il en est tout autrement lors des entrées dans les grandes villes, surtout à l'époque d'Henri II: les sommets artistiques atteints, l'extrême raffinement des codes utilisés pour faire passer les messages politiques, les savants emprunts à l'Antiquité, la splendeur en font des spectacles qui distinguent nettement entre les acteurs – suite royale, autorités et notables – et les spectateurs. Ceux-ci ont d'ailleurs déjà bien assimilé leur rôle: lors de l'entrée d'Henri II à Lyon le 24 septembre 1548, l'heure choisie, vers six heures du soir, provoque le «grand mescontentement et desplaisir de tout le peuple et de ceulx de la ville, car il faisoit sy nuict qu'on la vit point». Le carnaval lui-même, tard dans le siècle, devient parfois lui aussi fête duale: dans l'Avignon de 1596 on regarde, on assiste aux représentations données par de riches troupes masquées, dans le Marseille de 1597 on installe des barrières «pour permettre au peuple de voir les mascarades». L'esprit est déjà celui-là à Lyon dès le milieu du siècle, avec les «mommeryes» qu'organisent chaque année, le dimanche ou le Mardi gras, de riches familles bourgeoises souvent italiennes: il s'agit du défilé de personnages déguisés et très richement costumés qui empruntent les symboles à l'Antiquité, parfois simplement à l'exotisme, spectacle complété en général d'une course de bague à laquelle participent six notables de haut rang. Les spectateurs sont là, mais à des places différentes: des «dames», aux fenêtres, se font arroser d'eau par les coureurs, tandis que le petit peuple assiste dans la rue et se glisse entre les pieds des chevaux pour récupérer les oranges que se lancent les riches cavaliers…

Modèle italien aidant, Lyon est en train de réunir les éléments de ce qui va devenir le sommet de la fête, le ballet de cour, qui associe symbolique, exercices physiques et plusieurs autres ingrédients que nous voyons poindre au milieu du siècle. Les entrées organisées pour Henri II en 1548-1550 semblent en effet déjà un chant du cygne: de la grande tournée de Charles IX en 1564-1566 on retient bien plus les somptueuses «magnificences» organisées pour célébrer la rencontre des cours espagnole et française à Bayonne. C'est une fête «privée» qui se développe ainsi, la seule capable d'intégrer le raffinement qu'exprime la création de l'Académie de poésie et de musique en 1570. Jean Antoine de Baïf veut y marier ces deux arts, et par ce mariage recréer les effets extraordinaires qu'obtenaient, croit-il, les artistes de l'Antiquité en purifiant les âmes des spectateurs de leurs passions.

Baïf exprime là l'héritage de ce qu'on peut sans doute qualifier d'humanisme musical, qui tient sans doute moins dans les formes que dans l'usage social de la musique. La forme la plus ancienne en est l'association de la musique, de la poésie et parfois de la danse qu'illustrent les œuvres de Clément Janequin, disparu en 1558 ; on a pu, de même, identifier des œuvres de Claude de Sermisy parmi les chansons sur lesquelles dansent les Dames Lanternes du *Cinquième Livre* de Rabelais. La sensibilité au couple musique-poésie d'abord exprimée à travers la chanson est si forte que, si l'on en croit Noël du Fail, quand on interprétait devant François Ier *La Bataille de Marignan* de Janequin, « il n'y avait celui qui ne regardât si son épée tenait au fourreau, et qui ne se haussât sur les orteils pour se rendre plus bragard et de la riche taille ». Le courtisan doit être capable d'accompagner ses chansons au luth, un instrument noble qu'apprend aussi, bien entendu, Gargantua. Mais Baïf va bien plus loin en intégrant une dimension philosophique – politique essentiellement, en réalité –, pour construire un type d'œuvre presque totalement nouveau.

Le ballet de cour est bien un spectacle « total », qui fond harmonieusement danses, musique – vocale et instrumentale –, poésie, décors et costumes. Il exprime des intentions politiques claires : exalter la puissance du souverain, le thème précis dépendant des circonstances. Et il adresse un message à la cour – le roi lui-même, ou la reine, et des proches soigneusement choisis l'interprètent – comme à la ville : il s'intègre presque toujours dans une cérémonie plus vaste dont une partie est publique. Le sommet du genre est incontestablement donné à l'occasion des noces du favori d'Henri III, le duc de Joyeuse, avec la sœur de la reine, Marguerite de Lorraine, à l'automne 1581. Le ballet, donné sur une chorégraphie de Catherine de Médicis elle-même, n'intervient qu'à la fin de plusieurs semaines de festivités marquées notamment par une course de bague, divers combats évidemment simulés et mis en scène, des danses, des banquets, et, rapporte Pierre de L'Estoile, un spectacle nautique et musical et des feux d'artifice auxquels 50 000 personnes assistent sur les bords de la Seine. Pour le ballet lui-même, outre Baïf, sont mis à contribution Claude Le Jeune pour la musique, Ronsard, Dorat et Desportes pour les textes, le Savoyard Balthasar da Belgiojoso pour la danse, Antoine Caron pour les décors : les meilleurs créateurs du temps. Le thème central, le transfert du pouvoir de la magicienne Circé à la famille royale de France, permet l'intervention de Jupiter et de Mercure à la prière chantée des quatre Vertus cardinales, et ordonne ainsi les puissances planétaires dans un sens bénéfique. Henri III, responsable d'un nouvel âge d'or, apparaît associé au soleil : sa lutte victorieuse pour s'affranchir de la domination des passions lui permet de bannir les vices et la guerre : il s'agit bien d'un message, quelque peu flatteur… Roy Strong y voit avec raison « le chant du cygne de l'art des fêtes des Valois », mais c'est, plus encore, le moment véritablement fondateur d'un genre qui vit pendant un siècle.

Et c'est, avec de nécessaires nuances – même la cour reste pendant plusieurs décennies encore un lieu relativement ouvert –, l'exemple de l'esprit nouveau de la fête. Thomas Platter, à Marseille pour le carnaval 1597, y observe bien que, si certaines maisons restent ouvertes, les principaux bals sont privés ; qu'on y danse autrement que dans le peuple, par couple, la pavane ou la gaillarde ; et que, si le duc de Guise, gouverneur de Provence, affecte de se confondre derrière un masque avec les autres invités, il est immédiatement reconnu « à cause de la supériorité des musiciens qui l'accompagnaient ». À la cour comme à la ville, la distinction s'est décidément imposée dans presque tous les domaines.

III. Une culture de l'intolérance

L'interrogation sur l'extraordinaire période de violence que connaît la France entre 1562 et 1598 est difficilement évitable : la Saint-Barthélemy fait partie des repères chronologiques classiques, et les descriptions d'atrocités sont, au sens précis du terme, innombrables. L'intérêt tient pourtant dans le rapprochement de ces violences et de réalités en apparence bien éloignées.

Entre 1582 et 1584, terrible période de guerre mais surtout de famine et d'épidémie, le Dauphiné, la Provence, le Languedoc, la Lorraine, la Champagne, la Picardie connaissent ainsi une vague spectaculaire de processions, suffisamment marquantes pour que, dix-neuf ans plus tard, un prévenu saisi au hasard d'un procès puisse dater sa naissance de « l'année des processions blanches ». Il s'agit de mouvements de masse à caractère pénitentiel fort : on crie miséricorde, on s'habille du blanc de la pureté – d'où le nom de processions « blanches » –, des filles portent les cheveux dénoués, on arbore même le capuchon et le fouet de la confrérie de pénitents créée pour la circonstance, comme à Montélimar. Rural et peut-être spontané au départ, le mouvement semble ensuite accompagné par des notables, en ville notamment, et l'Église n'y reste certainement pas étrangère, Denis Crouzet l'a bien montré. Plusieurs centaines de milliers de fidèles au moins ont ainsi processionné parfois sur plus de cent kilomètres, comme on a pu l'établir pour des fidèles venus à Notre-Dame-de-Liesse en Champagne et à Saint-Nicolas-du-Port en Lorraine. Le climat mental passionné est celui de la Ligue : nous rejoignons sur ce point les analyses de Denis Crouzet, qui permettent de montrer que la violence ligueuse et la dévotion spectaculaire et pacifique peuvent être les manifestations d'une même culture et d'un même état d'esprit. Il n'est pas nécessaire en effet de voir là geste de panique ou « pulsation d'angoisse eschatologique » : l'attente, la réceptivité des fidèles à tout signe ou appel de Dieu est telle qu'elle explique très largement des comportements de périodes particulièrement difficiles.

Le clergé le sait bien, qui monte de toutes pièces, le matin du 24 août 1572, le miracle de l'aubépine au cimetière des Saints-Innocents à Paris. Le nonce lui-même se moque de la crédulité des Parisiens voyant dans le soudain refleurissement de l'arbre desséché un signe de Dieu – les épines évoquent celles de la couronne du Christ – qui approuve le massacre des huguenots commencé dans la nuit, et des malades y sont guéris pendant plusieurs semaines, comme la nouvelle en parvient jusque dans le Provins de Claude Haton.

La sincérité des foules est évidente : le geste religieux, le miracle sont des besoins et, toutes proportions gardées, on pourrait comparer le mouvement des processions blanches à l'élan qui rassemble des foules dans les « prêches des haies » tenus au printemps 1566 en Flandre et dans le Cambrésis. La parole de Dieu est annoncée par des prédicants en pleine campagne, à l'abri de la répression citadine : les *Prédication de saint Jean-Baptiste* peintes cette année-là – celle de Bruegel n'en est qu'un exemple – révèlent de bien transparentes sympathies. Mais cet élan et cette sincérité révèlent en même temps une dualité culturelle qui dépasse de beaucoup la grossière supercherie du miracle.

Le geste est bien en effet populaire avant tout. Il est remarquable, et donc consigné, que « plusieurs gros catholiques » (Champagne), « une infinité de gentilshommes en dévotion et plusieurs damoizelles » (Notre-Dame-des-Plans, près d'Orange) se mêlent aux processions blanches. Le Gascon Pierre de Paschal, proche de Ronsard et Du Bellay, insiste beaucoup lui aussi sur l'origine populaire des violences dont sont victimes les huguenots parisiens à l'été 1562 : « les bateliers » assomment les malheureux jetés à l'eau, « le peuple » tue, arrache les cadavres à la justice pour les mutiler et les brûler, et « murmure fort » contre un édit qui interdit les exécutions sauvages. Lors de la Saint-Barthélemy orléanaise, de même, l'étudiant allemand Botzheim attribue le comble de l'horreur à « quatre cents paysans » venus pour piller : « ceux-là égorgeaient et massacraient les malheureux huguenots sans nulle miséricorde ». Au Puy, c'est l'évêque lui-même qui organise une conversion collective des huguenots pour les protéger des massacres, « craignant la fureur » du populaire, et c'est le marchand tanneur Jean Burel qui compatit ainsi, ce qui ne l'empêchera aucunement d'être ligueur vingt ans plus tard. Dans la Ligue parisienne elle-même, c'est pour se garantir de la populace, et non contre les troupes royales, que sont inventées les barricades en mai 1588 :

> Il y avoit dans la ville une grande quantité de voleurs et gens méchaniques, qui passoient le nombre de six voire de sept milles, qui n'estoient advertis de l'entreprise [l'insurrection], lesquels il seroit malaisé de retenir, s'estans une fois mis à piller ; que leur bande seroit une pelote de neige qui grossiroit toujours et en fin apporteroit ruine et confusion totale à l'entreprise et aux entrepreneurs. Sur cest advis qui sembla considérable et très pertinent, fut proposé l'invention des barricades [...] assavoir que joignant chacune chaîne il seroit mis des tonneaux pleins de terre pour empescher le passage et que, si tost que le mot seroit donné, nul ne pourroit passer par les rues que ceux qui auroient le mot et la marque pour passer.

Le témoignage de Nicolas Poulain, exhumé par Denis Richet, rejoint bien les soucis des consuls lyonnais au tout début des troubles, voulant avant tout préserver la bonne marche des affaires. On peut même à bon droit se demander si l'ampleur du massacre de la Saint-Barthélemy ne lui confère pas un caractère de violence qui ne peut être imaginé que populaire : d'éventuels organisateurs, roi, reine mère ou même Guise, n'auraient ainsi littéralement pas pu revendiquer la responsabilité d'une telle inconvenance.

La querelle historiographique encore vive sur la responsabilité directe de ces massacres n'a guère d'importance sur le plan culturel, mais elle invite à une distinction, essentielle celle-là, entre exécutants, largement spontanés, et inspirateurs. La violence de la répression n'a sans doute pas beaucoup joué sur ce point : elle est banale, et bien des suppliciés huguenots confessent courageusement leur foi jusqu'au bout. Le massacre des vaudois du Lubéron – d'authentiques calvinistes – en avril 1546 marque pour nous un tournant dans la politique royale, mais ses excès mêmes – 3 000 morts, des viols en grand nombre, neuf villages incendiés – suscitent une certaine compassion : complaintes, protestations de seigneurs catholiques voisins, et même une enquête, sans suite, du Parlement de Paris cinq ans plus tard. Le retour à des procédés brutaux d'exclusion collective des minorités a pu donner quelques idées : ainsi, en Avignon, le pape fait brûler en 1555 les livres saints des juifs, leur impose le port d'un bonnet jaune, la vente de leurs biens, et les enferme dans un ghetto ouvert par deux portes seulement. L'écho de ces mesures ne dépasse cependant pas le Comtat, et le public dans son ensemble est certainement beaucoup plus touché par l'image : les très nombreux pamphlets imprimés et illustrés du temps de la Ligue sont précédés par des images de propagande grossières, à l'exemple de celle qui montre dès 1562 la bestialité des huguenots lyonnais figurés sous la forme de singes, occupés notamment à tirer sur le Christ. L'image est aussi celle du geste : la participation de moines en armes aux processions de la Ligue légitime évidemment la violence, et le trait a suffisamment marqué pour que plusieurs témoignages iconographiques nous en soient parvenus.

Des gestes aussi forts sont l'aboutissement d'une escalade politique : la Ligue de 1585, provisoirement victorieuse grâce au contrôle de Paris en mai 1588, est en fait née par étapes, de banales ligues régionales de soutien au roi vers 1568 à la Sainte et Chrétienne Union de 1576, menée déjà par les Guise contre toute paix avec les huguenots. Ils sont, plus encore, le résultat d'une radicalisation de la pensée de certains intellectuels. Depuis le milieu du siècle se multiplient les appels au roi pour qu'il extirpe l'hérésie du royaume par le fer et par le feu. Largement appuyés sur l'Ancien Testament, les clercs Jean Talpin, Antoine de Mouchy, Artus Désiré et combien d'autres, parfois laïcs – Denis Crouzet en a réuni une très impressionnante collection –, distillent la haine et le fanatisme.

> Faictes rotir sur les charbons
> Prédicans de faulce doctrine [...]
> Prenez ceux des conventicules
> De nuict aux conciliabules
> Et les mettez tous dans le feu.

De tels propos, d'Artus Désiré en l'occurrence, ne sont pas du tout alors des figures de rhétorique, et le relais de ces textes savants est assuré par des prédicateurs. En même temps, la conception d'un devoir sacré de violence ouvre la possibilité d'une réflexion plus radicale encore : l'idée du tyrannicide. Au lendemain de la Saint-Barthélemy, des huguenots, François Hotman puis Théodore de Bèze, le successeur de Calvin à Genève, fondent le pouvoir souverain sur un contrat avec les sujets. Le mauvais souverain, devenu tyran, peut être chassé, conception que Duplessis-Mornay et Languet poussent à sa logique ultime en 1579. L'idée est reprise à leur compte après 1585 par les prédicateurs mendiants, avec d'autant plus d'écho qu'une escalade des assassinats est venue en quelque sorte banaliser le propos : François de Guise et Louis de Condé dans les années soixante, traîtreusement tués sur le champ de bataille, puis l'amiral de Coligny, puis Henri de Guise à Blois, puis le roi Henri III. Le geste de Jacques Clément, le 1er août 1589, et la succession assurée par un huguenot, posent brutalement un problème culturel d'immense portée : la priorité à l'État ou à la religion, au caractère sacré du roi ou à la foi.

Les violences et les péripéties du temps de la Ligue ne peuvent masquer en effet la maturation remarquable de la culture politique française – des classes privilégiées au moins – qui se concrétise par le choix et le moment du ralliement à Henri IV. Robert Descimon en a proposé une magnifique synthèse qui montre, au-delà des étiquettes précises qui renvoient aux péripéties, comment l'opinion française passe en une génération d'un clivage de nature religieuse à un clivage de nature politique, autour de la primauté, inéluctablement reconnue à terme, de l'autorité royale. Le moteur en a très certainement été le courant des Politiques. Le terme apparaît – et ce n'est pas un hasard – au début exactement des guerres dites de Religion, sous la plume du cardinal de Granvelle, un Franc-Comtois alors gouverneur de fait des Pays-Bas espagnols, qui dénonce le comportement d'un Coligny «plus politique [...] que dévot». L'opposition du politique et du religieux est donc perçue très tôt, et nous la pouvons suivre tout au long du conflit: autour de Michel de L'Hospital, soutenu par un véritable parti des Politiques, et après la Saint-Barthélemy, quand des catholiques partisans de la liberté de conscience et de culte, et soucieux de pacification, appellent les protestants à rejoindre un parti de «bons citoyens». Le souci d'une union nationale autour du roi est plus vif encore dans la *Satire Ménippée* que publient quelques Politiques parisiens en 1594, et l'œuvre, quoique de circonstance, exprime assez bien le sentiment alors dominant dans une bourgeoisie de lettrés et surtout d'officiers du roi, parfois accompagnée par quelques grands seigneurs, comme en 1574 Henri de Montmorency, alors gouverneur du Languedoc, et même François, le frère du roi.

Il ne s'agit pas que d'un courant d'idées: les Politiques risquent leurs biens, parfois leur vie, et se manifestent dans ce qui est sans doute un des premiers exemples de lutte politique au sens moderne du mot. Le cas parisien, célèbre, n'a en effet rien d'exceptionnel: Jean Burel par exemple nous raconte comment les Politiques du Puy persévèrent, malgré la saisie de leurs biens en 1590, au point de devenir en 1594 la référence de la vie politique municipale. Quand, au printemps, le faux bruit de la mort d'Henri IV provoque de bruyantes manifestations de joie, c'est au cri de «Va, meschant Polleticque, ton roy de Navarre est mort» que le «menu peuple» se répand dans les rues. Quand, le 1er mai, un mai arbore les couleurs espagnoles, «vous heussiès veu les Polleticques reprandre ceulx de la rue», au point de provoquer de passionnés débats dans toute la ville. Et ce sont encore les Politiques qui tentent de prendre par surprise le contrôle de la ville en octobre et se font massacrer. Ces événements ne sont pas de détail : ils marquent toute la difficulté, même pour les Politiques, de faire abstraction du contexte de violence et de guerre civile. Ils montrent que les oppositions religieuses et « politiques » recouvrent largement des clivages sociaux : les Politiques du Puy sont des notables, dont des consuls, et l'évêque figure parmi eux en 1590. L'émergence de cette force politique qui dépasse les clivages religieux exprime une aspiration à l'ordre, qui repose sur des craintes de nature sociale sans doute – Denis Richet l'a souligné, et les événements du Puy illustrent son propos – mais aussi sur une profonde évolution culturelle : c'est, déjà, l'aspiration bourgeoise à l'ordre assuré par le droit et par l'État, et donc, fût-ce au prix de l'autonomie municipale, le refus de la violence « sauvage » pratiquée par une large part de la noblesse et du peuple. L'acquis n'est évidemment pas définitif, la Fronde le rappelle, et il serait excessif d'en conclure à une laïcisation de la culture politique. Il n'empêche qu'un des clivages essentiels de l'avenir se précise là, auquel il manque seulement une expression forte.

Le massacre des Politiques du Puy montre bien la difficulté avec laquelle s'impose la modernité politique : le renvoi à cet exemple privilégié est, certes, procédé facile, mais il reflète bien la réalité. Les excès même de l'intolérance religieuse et de la violence ne provoquent de réaction organisée et exprimée que dans une minorité. Et, s'il est vrai que Montaigne a partagé les analyses des Politiques, il est bien plus la source d'un formidable potentiel critique qu'un maître à penser de sa génération. Les *Essais*, publiés à partir de 1580, proposent avant tout une méthode, en invitant le lecteur à pratiquer, comme l'auteur, l'interrogation systématique sur toute évidence, tout savoir reconnu, sur la raison même. Cette recherche en perpétuelle construction porte en elle le principe même de la tolérance, peut apporter – nous l'avons noté par exemple à propos des Indiens – de nouveaux regards, mais elle ne peut témoigner d'une époque.

S'il fallait en effet un bon reflet, nous le trouverions bien plutôt dans cette *Démonomanie des sorciers* que Jean Bodin publie, aussi, en 1580. L'auteur est un des plus brillants intellectuels de son temps, et l'œuvre connaît un grand succès si l'on en juge à ses quatre traductions et à ses douze rééditions en trente-six ans. Bodin, en prenant presque le contre-pied de Montaigne, introduit des certitudes grâce à un raisonnement de nature scientifique, largement fondé sur l'autorité des Anciens et des observations de « bon sens » : puisque les corps légers, comme le feu, montent, et que la sorcière sur son balai en fait autant, elle est un corps léger. Elle entre ainsi dans un domaine de la connaissance qui a ses propres règles, bien éloignées de celles, physiques notamment, qui régissent notre univers : « il ne faut point chercher de raison là où il n'y a point de raison », ce qui est textuellement emprunté à Aristote. L'accent mis sur l'œuvre de Bodin fait certes bon compte du débat qui s'est instauré sur ces questions depuis la traduction en français, en 1567, du traité du médecin rhénan Jean Wier, qui voit dans la sorcellerie le fruit d'une « humeur mélancolique » et du radotage de la vieillesse. La *Démonomanie* n'en reflète pas moins une tendance profonde, qui voit se préciser un discours d'« élite » appuyé sur les certitudes d'une culture affinée, scientifique ou religieuse.

Parallèlement en effet à la violence physique des guerres civiles se développe une normalisation idéologique qui touche peu à peu tous les domaines de la culture. En 1541, le vicaire général de l'évêque de Cavaillon sanctionne un prêtre de la ville qui, le jour des Saints-Innocents, a joué selon l'usage sur la place publique « une certaine fable, baptisée moralité, dont la signification paraissait peu conforme à la foi catholique » : Marc Venard a raison de voir là un moment décisif, celui où la plaisanterie devient hérésie. Et, au-delà de telle ou telle disposition isolée et pas forcément neuve – les velléités de police des tavernes ne datent pas du XVIe siècle –, s'amorce bien un mouvement de fond.

L'exemple des blasphèmes est à cet égard très parlant puisque, s'agissant de simples paroles, leur répression ne relève que de critères strictement culturels. Or, bien que rien ne nous permette de démontrer une floraison au XVIe siècle, nous pouvons facilement relever la véritable obsession que développent à leur propos les autorités. L'Artois espagnol livre ainsi, grâce aux travaux de Robert Muchembled, les traces d'une véritable escalade, marquée en 1550 par la première application à un récidiviste du percement de la langue. En 1554, une même menace impériale englobe le blasphème et l'injure : « bougre »,

« wuyot [cocu] » ou « mort Dieu » vaudront trois jours au pain et à l'eau. Le plus important n'est peut-être pas cette répression, au demeurant difficile à mesurer, mais la prise en compte dans les comportements quotidiens de cette normalisation arbitraire. Elle peut être parfaitement hypocrite, et drôle, lorsque, sous la pression de son confesseur le père Coton, Henri IV remplace son « jarnidié » par un « jarnicoton ». Elle peut aussi, exactement comme la sorcellerie, devenir une arme dans des querelles sans rapport, comme lorsque le Lorrain Georges Molin dénonce son neveu pour blasphème en 1578. Mais le message s'impose : en 1581, les autorités municipales et judiciaires du Puy décident que

> pour pugnir les raigneurs et blaphémateurs du nom de Dieu qu'estoient en si grand nombre et continuellement jusques aux petiz enfans, il seroit faicte une cage de boys grande et pousée au carré de la Bigdoyre, dans laquelle on mectroit lesditz blaphémateurs du nom de Dieu pour servir d'exemple [...], tenant par ce moyen en craincte le peuple et habitans de ladicte ville, chose remarcable et de grand effect !

Trente ans après la cage d'Avignon, nous pouvons mesurer le chemin, de la cité des papes à la petite ville du Velay, de l'hérétique au simple blasphémateur, spectaculaires extensions de la sanction donc, mais aussi, bien sûr, de l'enfermement jusqu'à la mort à la simple exposition dans un pilori théâtralisé.

C'est exactement au même moment aussi, en 1580, qu'Henri III ordonne aux évêques de tenir des conciles provinciaux, et nous savons qu'au moins sept provinces s'exécutent dans les cinq ans : ce sont là les débuts effectifs de l'application en France des décisions du concile de Trente, et donc de l'élan décisif donné à la Réforme catholique.

Ainsi, par petites ou grandes touches, du blasphème à la Réforme catholique dans son ensemble, du traitement de la sorcellerie à celui des pauvres, des comportements à la cour à un regard nouveau sur la violence, nous assistons au glissement très progressif mais réel de pratiques empiriques ou isolées à un corpus à la fois – la simultanéité est essentielle – intellectuellement cohérent et largement diffusé dans les classes privilégiées. Ce corpus s'exprime, donc, à travers une *police*, au sens que ce terme revêt alors: une administration, une gestion, une réglementation. Cette police n'exclut pas, évidemment pas, la violence, mais elle prétend remplacer la violence spontanée et sauvage par une contrainte réfléchie. C'est bien, en adaptant la formule de Norbert Elias, un processus de «civilisation de la violence», mais pas son éradication.

C'est avec ce constat présent à l'esprit qu'il faut relire les premiers mots de la célèbre introduction de Michelet au volume qu'il consacre à la Renaissance dans son *Histoire de France*:

> L'aimable mot de Renaissance ne rappelle aux amis du beau que l'avènement d'un art nouveau et le libre essor de la fantaisie. Pour l'érudit, c'est la rénovation des études de l'Antiquité; pour les légistes, le jour qui commence à luire sur le discordant chaos de nos vieilles coutumes. [...] Ainsi ce colossal effort d'une révolution, si complexe, si vaste, si laborieuse, n'eût enfanté que le néant. Une si immense volonté fût restée sans résultat. Quoi de plus décourageant pour la pensée humaine? Ces esprits trop prévenus ont seulement oublié deux choses, petites en effet, qui appartiennent à cet âge plus qu'à ses prédécesseurs: la découverte du monde, la découverte de l'homme. [...]
> [L'homme] a sondé les bases profondes de sa nature. Il a commencé à s'asseoir dans la Justice et la Raison. Les douteurs ont aidé la foi, et le plus hardi de tous a pu écrire au portique de son Temple de la Volonté: «Entrez, qu'on fonde ici la foi profonde.»
> Profonde en effet est la base où s'appuie la nouvelle foi quand l'Antiquité retrouvée se reconnaît identique de cœur à l'âge moderne, lorsque l'Orient entrevu tend la main à notre Occident, et que, dans le lieu, dans le temps, commence l'heureuse réconciliation des membres de la famille humaine.

La réconciliation des membres de la famille humaine est une vue juste, à l'échelle géographique et chronologique la plus large. On peut passer sur le libre essor de la fantaisie, bien éphémère, et accepter de considérer comme très secondaires les divisions religieuses. Mais, comme il est normal en 1867, Michelet oublie que la Renaissance est aussi le temps décisif de la fracture culturelle, de sa conception, de sa gestation, de ses premières manifestations. Il oublie que deux cultures commencent à coexister, dont le langage n'est plus qu'en partie commun, et dont l'une prétend transformer l'autre.

TROISIÈME PARTIE

Rendre chaque homme digne de l'homme

(vers 1580-vers 1660)

Introduction

«Culture de l'intolérance»... même si l'avenir est aux Politiques, le terme s'impose décidément de lui-même en ces années 1580, où tout symbole, toute représentation sont marqués par la division religieuse. L'inquiétude et les interrogations qui coexistaient avec l'optimisme de la Renaissance se sont transformées en certitudes tragiques, ces *Tragiques* dont Agrippa d'Aubigné commence en 1577 la rédaction: «Je veux peindre la France une mère affligée/Qui est entre ses bras de deux enfants chargée...», une mère qui leur crie: «Je n'ai plus que du sang pour votre nourriture.» La dureté des affrontements recouvre d'une tonalité assombrie ou morbide, qu'illustrent les exagérations fiévreuses, le faste, l'extravagance de la cour d'Henri III, ces leçons de l'Antiquité où les humanistes pensaient trouver à la fois le savoir et la sagesse. Le temps est apparemment terminé où les artistes accordaient à la philosophie néoplatonicienne l'équilibre de leurs compositions. La *Vierge de douleur* que Germain Pilon sculpte vers 1585, les *Larmes de saint Pierre* que Malherbe écrit deux ans plus tard et que Roland de Lassus va mettre en musique illustrent eux aussi ce climat dramatique.

La conjoncture des vingt dernières années du siècle est donc celle d'un combat, où le culturel joue son rôle. Les écrivains sont plus ou moins – et pour certains, comme l'a montré le chapitre précédent, très nettement – engagés dans l'un ou l'autre camp. La controverse envahit l'écrit, au point d'en devenir pour plusieurs décennies un genre majeur; propagée par une infinité de petites brochures, elle atteint à coup sûr tout le monde urbain; mais le relais des élites, de la transmission orale, souvent sommaire, la fait connaître, plus ou moins déformée, jusque dans les campagnes. Il n'est plus un catholique qui ne sache qu'il y a des hérétiques, condamnés à l'enfer, et plus un paysan huguenot qui ne sache que le papiste est damné.

La divergence religieuse induit des différenciations culturelles. Alors que la prédication est encore peu fréquente dans les campagnes catholiques, le calvinisme met l'accent sur l'écoute et le commentaire de la parole de Dieu, dans le cadre familial ou lors des deux prêches hebdomadaires habituels dans un fonctionnement normal du culte. Les conditions de la création des Églises locales et leur ecclésiologie favorisent chez les huguenots le sens de la réflexion collective, au sein des consistoires ou des synodes. Le chant en commun des psaumes, qui a été pour certaines Églises la première manifestation publique de leur identité religieuse, soude lors de chaque prêche les communautés dans la prière.

La production artistique, dans ses éléments les plus largement accessibles, traduit aussi ces oppositions. La liturgie catholique, au moins dans les cérémonies solennelles, reste fidèle à une polyphonie complexe, exécutée par des spécialistes, où la musique, faite pour toucher les sens, rend incompréhensible un texte latin dont la signification précise échappe de toute façon à la majorité des auditeurs. Au contraire, les recueils de psaumes de Goudimel publiés en 1565 et 1580, qui sont désormais, malgré ceux de Claude Le Jeune, la référence essentielle de l'hymnologie quotidienne des protestants, se caractérisent par la priorité donnée au texte, en français, sur un support musical qui ne doit jamais en gêner la compréhension, et à l'exécution par toute l'assistance qui en fait une forme de prière collective. La polyphonie, chassée du temple, n'est admise en d'autres lieux qu'à la condition de respecter par une écriture en accords verticaux – où toutes les voix disent en même temps les mêmes paroles – le principe qu'énonçait Goudimel :

> Nous avons adjouté au chant des psaumes trois parties, non pour induire à les chanter en l'Église, mais pour s'esjouir en Dieu, particulièrement ès maisons. Ce qui ne doit pas être trouvé mauvais, d'autant que le chant duquel on use en l'Église demeure en son entier, comme s'il estoit seul.

On pourrait multiplier ces exemples, qui atteignent bien des domaines de la vie quotidienne. Se réformer, c'est aussi se dissocier plus ou moins, car les faits sont plus complexes que la théorie, du calendrier catholique, de ses jours de jeûne ou d'abstinence, de ses multiples fêtes de saints. Le temple se caractérise par son dépouillement. Le décor de la vie privée, les supports de la dévotion sont eux-mêmes atteints par la disparition des statues, des tableaux, ou, beaucoup plus répandues, des simples images représentant Dieu ou les saints, auxquels la plupart des catholiques sont passionnément attachés, avant que les prescriptions des évêques réformateurs ne viennent opérer dans les lieux de culte un tri difficile. Le primat de la Parole, et surtout du texte de l'Écriture, lu, entendu, écrit, mémorisé, s'impose dans les cérémonies, les familles, les milieux protestants, poussant ceux qui le peuvent à l'apprentissage de la lecture.

Ces effets de dissociation, source d'une essentielle et, nous le verrons, féconde émulation, ne peuvent pourtant se dissocier d'un fonds culturel qui continue à s'appuyer sur des modes d'analyse et de réflexion, des concepts et des représentations du monde largement convergents. Les notions aristotéliciennes de forme et de substance, d'âme et de vivant gouvernent toujours une forme de raisonnement largement détachée de la nécessité de la preuve matérielle, fondée sur les qualités plutôt que sur la mesure, et plus attachée à décrire les finalités qu'à rechercher par le raisonnement une chaîne de causalités. La Renaissance, à la suite de l'enseignement des universités, en a hérité un système d'organisation des connaissances qui ignore de fait la coupure entre l'observation et la théorie, entre le visible et l'invisible. La recherche des secrets de l'univers relève de spéculations où, comme on l'a vu, la métaphysique ne se distingue pas réellement de la physique, puisqu'elles sont toutes deux des modes de la philosophie, où l'alchimie recouvre des savoirs que nous rattacherions aujourd'hui tantôt à la chimie, tantôt à la magie ou à l'illusionnisme, où l'astrologie va de soi. Les interprétations de l'ordre du monde restent très largement symboliques.

Les différents niveaux ou modes d'appréhension, écrits ou oraux, savants ou familiaux, ne présentent entre eux ni contradiction ni solution de continuité. Il n'y a pas, en ce tournant du siècle, imperméabilité ou opposition entre culture écrite et culture orale: les modalités de la diffusion des idées de la Réforme suffiraient d'ailleurs à prouver le contraire. Le protestantisme ne s'est durablement implanté dans des milieux peu ou pas alphabétisés qu'à la condition de trouver sur place, tout aussi durablement, des relais locaux susceptibles de traduire oralement, à chaque instant, un discours venu d'ailleurs. Le propos des Églises ne peut être intégré à la culture d'un groupe social que par un double processus d'acculturation, ralliement du groupe à des croyances, des pratiques qui viennent de l'extérieur, mais aussi d'inculturation, c'est-à-dire d'adaptation de ces croyances et de ces pratiques à des modes de pensée différents.

Pourtant, cet exemple montre aussi les effets de dissociation qui, progressivement, apparaissent, élargissant au sein du corps social une fêlure qui ne coïncide nullement avec le front interconfessionnel, mais dont la division religieuse, sans précédent, a sans doute hâté le processus. L'« humeur mélancolique », où le médecin Jean Wier trouve, on l'a vu, la raison de la sorcellerie, n'est nullement incompatible avec le mode de raisonnement et de représentation du plus grand nombre ; mais la désignation précise de la possession diabolique, et la répression qu'elle provoque, sont imposées par le monde du savoir érudit, qui est aussi celui des pouvoirs. L'écrit, déjà, marque une évidente coupure ; il entraîne désormais la conscience d'une supériorité, qui s'accompagne d'une connotation morale, voire, peu à peu, d'un glissement ou plutôt d'un élargissement de la conception de l'humanisme, qui s'identifie avec le « pleinement homme ».

La rivalité religieuse, les troubles politiques, les tensions sociales justifient aux yeux des élites, à partir de cette prise de conscience, une double action de régulation et d'éducation, de répression et de promotion, qui va fortement marquer, sous des formes et dans des domaines très divers, l'histoire culturelle du XVIIe siècle. L'âpreté de la rivalité, la volonté de convertir, la place essentielle que tiennent les clercs dans la transmission du savoir et dans l'encadrement de la société expliquent le rôle important que jouent à ce stade les hommes d'Église, protestants ou catholiques. Rendre chaque homme digne de l'homme, c'est l'arracher à l'animalité, à la sauvagerie ; mais c'est d'abord, aux yeux des uns et des autres, faire qu'il soit un peu plus à l'image de Dieu, c'est-à-dire en droite doctrine chrétienne qu'il révèle sa vraie nature, gâtée par le péché.

CHAPITRE 8

Du combat des hommes au combat pour Dieu

La première partie de cet ouvrage nous a déjà familiarisés avec cette approche nécessairement duale du religieux dans la société des débuts de l'âge moderne. À côté du besoin de protection, de la nécessité du recours dont on vient de rappeler la prégnance, des minorités trouvent dans leur foi religieuse une aspiration à la conversion du cœur et de l'esprit. Le progrès de l'écrit, brutalement amplifié par l'imprimerie, a favorisé dans certaines familles, appartenant généralement à l'élite sociale, à la fois l'enracinement d'une piété personnelle et le désir d'une Église et d'une société qui correspondent davantage à leur idéal.

I. La formation du milieu dévot

Ces facteurs nouveaux expliquent à la fois l'expansion de la Réforme protestante, qui, sauf en quelques régions, ne s'est durablement maintenue, après le sommet des années 1570, que là où elle s'appuyait sur des élites urbaines ou sur une petite noblesse rurale, et le développement, accéléré par le choc de l'hérésie, de la Réforme catholique, deux phénomènes majeurs dont l'intensité première, longtemps soutenue chez les plus dévots des deux camps, est aussi le résultat d'un fort sentiment d'émulation. Car ces élites sont aussi les plus convaincues de la malignité de l'autre, de l'adversaire religieux en qui elles voient l'incarnation du mal. Du côté protestant, elles débusquent dans leurs propres Églises d'éventuels relents de papisme ; du côté catholique, elles rejettent toute position de tolérance qui laisserait un espace à l'adversaire. Ce milieu de clercs et de laïcs contribue à diffuser au sein des populations urbaines les thèmes et les mots d'ordre d'un catholicisme extrême dans ses convictions, ses pratiques, son refus de l'autre, comme dans la subordination à la religion et au clergé de toute autre préoccupation. Quelles que soient les manipulations politiques de leurs chefs, les partisans de la Ligue à Paris, qui se recrutent dans la bourgeoisie et se présentent eux-mêmes comme une compagnie de dévots, offrent l'exemple même d'une forme de culture où chaque événement, chaque projet est pesé et jugé selon des critères cléricaux et religieux.

Cette fraction de l'opinion catholique est, en ces décennies d'oppositions exacerbées, fortement marquée par l'Espagne. La complicité est à la fois politique et culturelle : ennemie jurée de toutes les formes de protestantisme, l'Espagne soutient en France la Ligue, où certains veulent en 1591 mettre une infante sur le trône. Opposés aux compromissions d'Henri IV avec les puissances protestantes, comme ils le seront plus tard à la lutte de Richelieu contre les Habsbourg catholiques, les dévots se sentent en revanche en accord avec une politique espagnole qu'ils jugent avant tout vouée à la défense des intérêts de la vraie religion. Plus largement encore, l'une des sources de cette influence réside probablement dans son intransigeance doctrinale et politique : l'éradication de toute hérésie par les moyens les plus radicaux – expulsion des juifs en 1492, et en 1610 des Morisques qui ne sont convertis qu'en apparence –, la traque que mène contre elle l'Inquisition ne contrastent que trop à leurs yeux avec les accommodements des rois de France envers les huguenots.

Cette intolérance violente s'étend aux racines familiales gâtées par la corruption d'une fausse religion. L'Espagne a vu se développer, à partir d'institutions religieuses, les statuts concernant la *limpieza*, la pureté du sang, qui interdisent l'entrée en leur sein de tout individu ayant par son ascendance du sang juif ou maure. Le mirage espagnol est aussi affaire de sang et de race élue ou damnée, de souillures dont il faut laver ou préserver sa famille comme l'État. Une telle vision du monde intègre comme valeur essentielle la notion d'honneur, conçue en termes chevaleresques, l'honneur qui, dans la tradition de la vieille noblesse militaire si prompte au duel, se lave dans le sang. L'honneur des hommes, mais aussi, bien sûr, celui de Dieu, ce qui justifie l'iconoclasme, la profanation des valeurs sacrées de l'adversaire, le meurtre, et la vengeance sanglante, qui seule rétablit l'homme dans sa propre estime, celle des autres, celle de Dieu.

Toute une partie des élites françaises, quelle que soit l'appartenance religieuse des individus, structure alors sa représentation du monde dans un manichéisme du blanc et du noir, avec une violence, une colère que l'on prête à Dieu même, lui qui, comme l'écrit Agrippa d'Aubigné, « m'anime à guerroyer la puante Ninive », c'est-à-dire Rome et le catholicisme. Au-delà des manifestations physiques de cette violence, la vie spirituelle, les attitudes politiques, les thèmes de réflexion sont dans certaines fractions de la population française dominés par la hantise du sacrilège, d'une hérésie identifiée à une souillure permanente de la face de Dieu, et par la nécessité impérieuse de défendre toujours et par tous les moyens la véritable Église.

Une telle fureur guerrière ne s'apaise pas avec l'édit de Nantes de 1598 qui marque le triomphe, à cette date fragile, d'autres valeurs. Elle reparaît dans les années 1620, lorsque les combats, de nouveau, dévastent certaines provinces du midi de la France, et ruinent ou profanent des églises à peine reconstruites : lorsque l'évêque de Nîmes évoque alors, s'appuyant sur des témoignages qui ne sont évidemment pas dénués de passion, des huguenots qui ont fait « leurs excréments dans lesdites églises sur les autels et dans les bénitiers [...] joué aux cartes et dés sur les autels, sur lesquels ils ont fait tourner la broche et rôti des cochons... », c'est encore la même mentalité qu'expriment les deux camps. Mais elle se maintient aussi sous des formes qui, pour n'être pas sanglantes, n'en sont pas moins virulentes.

Les premières années du XVIIe siècle sont en effet la grande époque de la controverse écrite et des joutes orales, où la variété des tactiques et des procédés traduit la diversité des avis sur la conduite à suivre envers l'ennemi d'hier. Pour les plus extrêmes, la guerre n'a fait que changer d'armes : on n'hésite pas, par exemple, à défier le ministre protestant en venant prêcher devant le temple, au moment de la sortie du culte, voire en envahissant le lieu du prêche. Cette culture de combat est alimentée par la persistance, jusque dans les années 1630, d'une violente littérature polémique : ainsi, en 1612, la *Chasse de la bête romaine*, que cite Jacques Solé, énumère en dix lignes extraordinairement violentes les crimes de la papauté, accusée, entre bien d'autres atrocités, d'« idolâtrie, magie [...] athéisme [...] adultère, inceste, sodomie [...] judaïsme, mahométanisme » ; ainsi, en 1613 à Caen, le capucin Ange de Raconis publie un virulent appel en forme de *Resveil matin catholique aux desvoyés de la foi*. Le manichéisme de telles productions continue à influencer, par disputes publiques ou prédicateurs interposés, toute une partie de l'opinion, la hiérarchie de ses valeurs, la perception qu'elle a de ses propres comportements.

Sous des formes moins sauvages, la controverse se moule à la fois dans la forme universitaire de la dispute, où un maître répond aux objections de ses élèves, et dans les cadres du tournoi où s'opposent, selon les règles nobiliaires minutieusement précisées, les champions des deux camps. Par souci d'efficacité ou simple charité, il est d'ailleurs des catholiques qui, comme François de Sales, grand adversaire du protestantisme en Savoie où il était évêque au début du XVIIe siècle, préfèrent « leur dire leurs vérités avec tant de douceur que s'ils se dépouillent de passion ils auront sujet d'en être contents ». Ces différents registres ne sont pas sans rapport avec les courants spirituels qui, plus généralement, traversent comme on le verra le catholicisme français de l'époque. Mais ces forces, ces tactiques s'additionnent : la controverse décline vers 1630, parce que les forces sont devenues trop inégales et les arguments répétitifs – « si nous voulions disputer avec eux toutes les fois qu'il leur plaît, il nous faudrait abandonner nos charges », écrira en 1654 le pasteur Drelincourt.

C'est aussi qu'en un demi-siècle la lutte contre l'autre est devenue mineure par rapport à la lutte contre soi, la réduction de l'adversaire secondaire par rapport à la conversion de la société tout entière. Il n'est pas question de faire ici un exposé complet de ce grand mouvement de la Réforme catholique, et en particulier de ses développements institutionnels, mais plutôt de montrer comment, à travers des milieux et des formes d'expression progressivement élargis, elle traduit et transforme à la fois la culture d'une époque. La génération des fondateurs, des pionniers actifs de la Réforme catholique, plongeait une part de ses racines dans l'extrémisme ligueur. Mais elle appartient aussi à ce monde plus large des élites de la piété qui, d'abord dans la bourgeoisie urbaine, place Dieu avant toute chose humaine.

L'une des transformations culturelles majeures, avivée par la Réforme, réside dans cette constitution d'un milieu dévot qui intègre la nécessité d'un perfectionnement spirituel, pour lui et pour l'ensemble de la société, dans ses lectures, ses réflexions, ses pratiques intellectuelles et sociales, ses projets et ses initiatives. D'une certaine façon, les dévots sont une composante précoce de cette partie des élites qui refuse la grossièreté des préoccupations et des mœurs si commune dans son propre milieu. Clercs et laïcs s'y mêlent, dans des cercles inspirés par des écrits, par des sermons de religieux, de prêtres ou de pasteurs, voire chez les catholiques par des directeurs de conscience, mais qui sont aussi le terreau d'un grand nombre de vocations religieuses. À l'intérieur de ce monde, la fin des guerres donne désormais une visibilité particulière aux femmes, que la lutte armée avait laissées à l'arrière-plan. Leurs initiatives manifestent de façon spectaculaire une réalité beaucoup plus profonde : la place essentielle de la femme dans la religion domestique et dans l'apprentissage et la transmission de valeurs et de pratiques, voire dans le rayonnement et l'influence morale d'une famille. En passant de la réflexion à l'action, ces femmes en général de milieux aristocratiques ou bourgeois montrent que ce laïcat responsable et conscient a désormais atteint une sorte de masse critique.

Les protestantes semblent à première vue en retrait. L'ecclésiologie réformée, caractérisée par l'importance dans chaque Église locale d'un consistoire le plus souvent constitué de notables, et l'absence d'ordres religieux ne leur laissent en temps ordinaire guère d'espace hors du cadre de la piété familiale. Pourtant deux différences majeures leur assurent un statut culturel et religieux surévalué par rapport à leurs homologues catholiques. La femme mariée bénéficie de la revalorisation du mariage induite par la disparition du sacerdoce clérical : le modèle n'est plus celui de la vierge consacrée ou de la veuve, comme il l'est pour les dévotes catholiques. Pour celles-ci, les restrictions apportées par le concile de Trente à l'accès des laïcs à la Bible sont par ailleurs renforcées, en raison de la faiblesse de ce sexe, et volontiers étendues à tous les problèmes théologiques. En revanche, la huguenote peut librement écouter, lire, répandre elle-même l'Écriture : Charles Gouyon, noble breton devenu veuf de Claude du Chastel, raconte dans son *Brief discours* rédigé vers 1590 à la mémoire de sa femme comment elle faisait apprendre à ses filles les psaumes qu'elle « sçavoit tous sur le doigt, ou leur faisoit dire leur catéchisme, qu'elle sçavoit de même, ou leur faisoit lire en la Bible, où elle estoit instruite, autant que leur âge le pouvoit porter». La place de la piété familiale donne à la mère un rôle essentiel dans la formation religieuse de ses enfants.

Parce qu'il est public, le rôle des dévotes catholiques est beaucoup plus perceptible. L'exemple de Barbe Acarie, en raison de ses relations et de son influence, est particulièrement connu. Femme d'un conseiller à la Chambre des comptes qui fait partie – ce n'est évidemment pas par hasard – de la direction de la Ligue, elle fonde dans les années 1580 un cercle dévot, auquel participent séculiers, réguliers et laïcs: on y trouve entre autres des prêtres comme Pierre de Bérulle, futur fondateur de l'Oratoire, des réguliers comme le capucin Benoît de Canfeld, des laïcs dévots tels Michel de Marillac ou madame de Sainte-Beuve, qui participera en 1607 à la fondation des ursulines à Paris, ou encore la marquise de Meignelay, sœur de l'évêque de Paris. Ces cercles sont d'abord des lieux de réflexion et d'échange, des sortes de salons austères où se créent et s'entretiennent des relations, qui structurent ce milieu dévot. On passe dans ces familles beaucoup de temps en pratiques diverses de piété: prières, assistance aux offices, examen de conscience journalier, pratique des sacrements aussi fréquente que ce que permet leur directeur de conscience, méditations, lecture de piété. Le mode de vie, l'habillement sont austères… jusqu'à l'ostentation, jugeront les détracteurs. On s'y détourne, volontairement, du profane, persuadé que la vie ne doit être vécue que dans la perspective de l'au-delà.

Les figures les plus représentatives de ces femmes d'influence sont cependant plus souvent filles ou veuves que mariées. On a d'ailleurs reproché du haut de la chaire à Barbe Acarie de négliger ses devoirs d'épouse. Le mariage est ici handicap: une de ces dévotes de haute noblesse, devenue veuve, dira au cardinal de Gondi qu'elle s'était attachée dans le mariage «à aimer le monde plus que le ciel, et la vanité plus que la piété […] et qu'elle souhaitait rester dans l'état de liberté que lui permettait sa nouvelle condition». Madame Acarie, veuve également, se retire en 1614 avec plusieurs de ses filles dans le Carmel qu'elle a contribué à réformer; elle sera béatifiée sous le nom de Marie de l'Incarnation. Les figures connues qui participent à ce grand mouvement de fondation ou de réforme de congrégations et d'ordres religieux – commencé au siècle précédent et qui caractérise cette première étape de la

Réforme catholique – sont également hors de l'état de mariage. Jeanne, baronne de Chantal, est veuve avec quatre enfants et a fait vœu de chasteté lorsqu'elle crée en 1610 avec François de Sales la première communauté de la Visitation. Jeanne de Lestonnac, nièce de Montaigne, et de mère calviniste, est veuve depuis six ans quand elle fonde la Compagnie des Filles de Notre-Dame. C'est un groupe de jeunes filles dévotes qui constitue à Avignon l'ébauche, dès 1597, de la première communauté d'ursulines, ou à la même date, en Lorraine, la congrégation de Notre-Dame. On pourrait aussi multiplier les exemples de grandes abbesses réformatrices de leur couvent, femmes de hautes familles, de pouvoir et d'influence aux tempéraments, qualités et vertus d'ailleurs fort dissemblables, telles Françoise de Foix, abbesse de l'abbaye aux Dames de Saintes durant soixante ans, de 1606 à 1666, Gabrielle de Rochechouard à Fontevraud, ou, plus connue encore, la mère Angélique Arnauld, réformatrice à dix-huit ans, en 1609, de l'abbaye de Port-Royal.

Dans ces milieux, où certains ont trouvé un moment dans l'idéologie ligueuse une conception du monde qui correspondait à leur mentalité, la religion est au centre de la vie intellectuelle ; leur représentation du monde écarte autant qu'il est possible les déviations de la culture profane. Les créatrices ne sont que les personnages les plus visibles d'un mouvement plus profond, d'une sensibilité largement répandue dans les milieux aristocratiques ou bourgeois, et même au-delà, mais qui reste en un premier temps essentiellement urbaine ; la Ligue, déjà, touchait par les curés de paroisse, par les prédicateurs, de larges fractions de la population parisienne. Les vocations y sont très diverses : la dévotion, l'action ne se limitent pas à la prière, à la méditation, à la sanctification personnelle, ni pour la plupart à l'espace du cloître, auquel les religieuses, y compris les ordres enseignants, telles les ursulines, ne pourront échapper. Plus caractéristique encore est la création de nombreuses associations qui, sous le nom de « compagnie », de « confrérie », etc., traduisent ce souci d'un engagement actif de femmes dans l'assistance aux plus démunis. Les Dames de la Charité, créées dans les années 1620 par Vincent de Paul, les Filles de la Charité qu'il fonde en 1633 sont tout aussi représentatives de la sensibilité nouvelle que les vocations carmélitaines.

II. Les transformations du paysage culturel

Ces exemples s'insèrent dans un grand mouvement de création de maisons religieuses, qui deviennent autant de centres spirituels. Entre 1580 et 1650, les maisons jésuites passent d'une douzaine à une centaine, et il y a à cette date en France cinquante-cinq couvents de carmélites ; implantées dans le Comtat Venaissin à la fin du XVIe siècle, et à Paris en 1607-1608, les ursulines ont soixante-cinq maisons en 1620, plus de trois cents en 1670. Dans la seule province de Bretagne, près d'une centaine de maisons religieuses, dont une soixantaine de femmes, sont fondées entre 1595 et 1650 ; Lille compte en 1588 dix communautés religieuses des deux sexes, et vingt-sept en 1667, au moment de la conquête française ; à Tours on passe en un demi-siècle de cinq à treize.

Entre ces maisons et la société, les liens débordent largement ce qu'impose leur mission, contemplative ou active. Chaque création traduit, par avance, l'influence du milieu dévot local, des édiles urbains, des responsables civils et ecclésiastiques. Bienfaitrices, pourvoyeuses de vocations, des familles ont des liens privilégiés avec l'un ou l'autre de ces couvents : les filles, s'il s'agit d'une maison de femmes, y sont pensionnaires ; on s'y fait aussi enterrer, et dire des messes pour ses défunts. Chaque maison est ainsi un lieu de dévotion, d'initiatives pastorales qui contribuent, bien plus alors que les paroisses, à la structuration du milieu dévot. Dans nombre de couvents d'hommes se créent des confréries, qui en accroissent le rayonnement dans la société laïque. Les collèges et résidences jésuites rassemblent les plus pieux de leurs élèves dans des congrégations souvent dédiées à la Vierge ; leur souci d'encadrement spirituel s'étend à d'autres couches de la société urbaine, tels les artisans ou les bourgeois, eux-mêmes regroupés dans des organisations spécifiques. Les maisons des capucins, des jésuites, sont des points de départ de prédicateurs et de missionnaires pour toute la région environnante, qui en cette première moitié du siècle suppléent quelque peu aux déficiences du clergé rural. Ajoutons enfin que, pour le tout-venant des fidèles, la multiplication de lieux de culte généralement ouverts au public est de nature à favoriser une pratique plus régulière et plus intense.

La Compagnie du Saint-Sacrement illustre aussi ce poids du religieux dans la société. Fondée en 1627 par un laïc, le duc de Ventadour, cette société discrète et même secrète – dont les membres doivent demeurer cachés comme le Christ l'est dans l'hostie – étend ses ramifications dans une soixantaine de villes : elle réunit, au nombre d'environ quatre mille, des clercs, tels Vincent de Paul, Olier et un certain nombre d'évêques, et des laïcs de toutes conditions. Comme dans les salons des dévotes, on s'y nourrit à la fois l'âme et l'esprit, et on n'y sépare pas l'action de la contemplation. Chaque réunion locale comprend un temps de prière, de méditation, des lectures pieuses en commun ; mais chacun doit aussi s'efforcer de convertir son entourage familial, professionnel et social, là où Dieu l'a placé. Les membres de la Compagnie financeront ainsi de nombreuses missions ; ils seront aussi très actifs pour réduire la place des protestants dans les milieux de l'administration et de la justice. La Compagnie sera officiellement supprimée en 1667 : il semble cependant, comme le précise Alain Tallon dans l'étude qu'il lui a consacrée, que des groupes de province aient continué, sous forme de confréries, à se réunir après cette date.

À chaque fondation correspondent, dès que les moyens financiers sont réunis, des bâtiments, une église ou une chapelle, souvent construits à la périphérie des vieux centres anciens. André Chastel, rappelant à juste titre le retard pris par la France de 1600 dans la culture européenne, en dessine à grands traits la chronologie : « trente ans de désordres, de ruines et d'inertie », puis une période d'une vingtaine d'années « de reprise et de réparations » au cours de laquelle les programmes interrompus furent plus ou moins réalisés, les vieux modèles repris, et où, d'une manière générale, il y eut « une sorte de piétinement ». Le grand élan de création date effectivement du règne de Louis XIII, et la Réforme catholique est un de ses moteurs.

Le témoignage d'un contemporain du début du règne de Louis XIV, naguère reproduit par Roland Mousnier, en donne pour la capitale une description assez saisissante :

> Avant 1600, Paris et ses faubourgs renfermaient vingt-quatre maisons religieuses. Au début du règne de Louis XIV,

Sauval y énumérait plus de trois cents églises, quarante-neuf paroisses, dix-huit collégiales, quarante-six couvents de religieuses, soixante de religieux, soixante-cinq collèges, dont bon nombre avec une église ouverte sur la rue pour permettre aux fidèles d'y venir assister aux offices et écouter les prédications.

Même si les données sont malaisément comparables, il n'en reste pas moins que plusieurs dizaines d'édifices religieux – églises, couvents – sont construits ou font l'objet durant cette période dans la capitale de travaux importants.

Au-delà de ses effets proprement religieux, cet élan de créations, que viennent renforcer, dans les régions touchées par les guerres, les reconstructions, est un des principaux facteurs de transformation des paysages urbains au XVIIe siècle. La Réforme catholique est ainsi un puissant facteur de développement et d'évolution artistique, et donc d'évolution des sensibilités. Non pas qu'il y ait en ce domaine, surtout au début de la période, une unité marquée : le temps de l'académisme n'est pas encore venu. On achèvera d'ailleurs sous Louis XIV l'église Saint-Eustache dans un style qui, même révisé par des conceptions décoratives plus récentes, perpétue les canons du style gothique ; de même, on peut citer à titre d'exemple de cet éclectisme la façade de Saint-Étienne-du-Mont, commencée il est vrai dès 1610 et achevée en 1622, où André Chastel voit dans la superposition des éléments un exemple de « compromis entre le système additif et pittoresque de la Renaissance et le parti rigoureux des ordres ».

S'il n'y a pas de lieu où s'affirment des règles, ces années sont en revanche, selon le titre d'un colloque du CNRS, l'« âge d'or du mécénat », qui, avec l'esprit de dévotion, contribue au financement de quelques édifices religieux : ainsi la chapelle de la Sorbonne, construite par l'architecte Lemercier, dont Richelieu pose en 1635 la première pierre avec le dessein d'y placer sa sépulture, ou celle du collège des Quatre-Nations voulue par Mazarin. Dans une perspective d'histoire culturelle, l'essentiel est cependant moins d'insister sur le rôle des artistes et des commanditaires que de souligner combien ils habituent l'œil du citadin ordinaire à des formes, des influences dont, en dehors d'une minorité, il n'a pas lui-même clairement conscience, mais qui deviennent en quelque sorte des références, les canons du bon goût ou du faste.

L'architecture religieuse traduit clairement sur ce point le renouveau de l'influence italienne, et plus spécifiquement de la Rome post-tridentine, où ont eux-mêmes séjourné nombre des artistes français. Deux traits s'imposent alors dans la grammaire des formes comme des signes de grandeur monumentale, *ad majorem Dei gloriam*. En premier lieu, la façade monumentale en ordres superposés, rythmée par de fortes colonnes et des entablements massifs, couronnée d'un fronton triangulaire ou en arc surbaissé : l'archétype parisien en est la nouvelle façade, construite à partir de 1616, de Saint-Gervais-Saint-Protais (attribuée à Salomon de Brosse ou à Clément II Métezeau) qui adapte à l'édifice existant le modèle romain de Giacomo della Porta ; mais cette conception architecturale se retrouve désormais dans nombre d'églises et de chapelles de tailles fort différentes.

La seconde caractéristique, appelée à une longue postérité, est l'apparition du dôme, inspiré d'exemples comme Saint-Pierre ou l'église du Gesù à Rome, qui modifie sur l'horizon parisien la ligne des perspectives. Apparu modestement sur la chapelle de la Vierge de l'église des Petits-Augustins, il s'enfle à Saint-Joseph-des-Carmes, commencé en 1613, comme à la Visitation-Sainte-Marie, pour s'épanouir en quelques dizaines d'années au-dessus de l'église des jésuites (aujourd'hui Saint-Paul-Saint-Louis) réalisée par Martellange, à la chapelle de la Sorbonne, à celle du Val-de-Grâce commencée par François Mansart en 1645 et poursuivie par Jacques Lemercier, puis par Pierre Le Muet et Le Duc, ou, un peu plus tard, au collège des Quatre-Nations ou à l'église des théatins. Par l'intermédiaire de tous ceux qui sont en contact avec Paris ou l'Italie, ce goût se diffuse en province, grâce en particulier aux ordres religieux fortement marqués, comme les jésuites, par l'influence romaine. On est ainsi redevable au jésuite architecte Martellange, né à Lyon en 1569, mort à Paris en 1641, de la construction, à l'époque où l'expansion de l'ordre est la plus rapide, de nombreux collèges et de leurs chapelles.

La décoration de ces édifices donne un élan nouveau à la grande peinture décorative. Au moment où s'ouvre notre période, le retard français est manifeste dans le domaine de la peinture religieuse, et les tableaux conservés peu nombreux. C'est encore l'époque d'un maniérisme attentif à l'accumulation des détails, accordé à l'esthétique de cour, dont témoigne par exemple le *Jugement dernier* peint par Jean Cousin vers 1585. La peinture française, notamment parisienne, n'en est que plus facilement accessible à cette souveraine influence de l'Italie, et tout particulièrement de Rome, qui en ce tournant du siècle s'affirme sur toute l'Europe. Pourtant ce primat n'est pas exclusif, en particulier dans le domaine de la peinture religieuse : avant même le passage de Rubens travaillent à Paris ceux qu'André Chastel appelle les « purs Flamands », tel ce Jérôme Francken (1540-1610) qui a passé le plus gros de sa carrière en France à peindre des tableaux d'église.

Les conséquences de ce retard se font assez longuement sentir. Les frères Le Nain, plus connus pour leurs tableaux de genre, manifestent encore dans des œuvres de jeunesse, comme les six toiles sur la vie de la Vierge réalisées pour l'église du couvent des Petits-Augustins, des défauts que Jacques Thuillier attribue aux peintres « à qui avaient manqué les leçons des maîtres italiens ou italianisés et la formation théorique des grands ateliers, notamment pour la perspective et l'architecture ». Des formes de maniérisme tardif plus attentif à l'anecdote, au foisonnement de la composition, transparaissent encore dans les œuvres d'un Lallemant (vers 1575-1636), qui répondent au goût d'une clientèle plutôt conservatrice.

La nouvelle sensibilité abandonne en effet le souci du détail et du pittoresque pour un art beaucoup plus soucieux, comme les nouvelles façades des églises, des lignes de force de la composition globale, mais aussi du mouvement du sujet interprété avec une liberté, une vivacité, un lyrisme nouveaux. Le style des œuvres religieuses des Le Nain évolue ainsi vers une maîtrise beaucoup plus grande, perceptible dans *La Nativité de la Vierge*, aujourd'hui à Notre-Dame de Paris, caractéristique selon Jacques Thuillier du « grand langage "baroque", colonnes, anges, trouée lumineuse, doigt pointé vers le ciel ». Elle se transmet par des peintres très marqués par leur formation italienne. Elle s'affirme progressivement avec Martin Freminet (1564-1619), devenu après son retour d'Italie en 1603 le peintre ordinaire d'Henri IV, qui décore par exemple la chapelle de la Trinité à Fontainebleau, ou mieux encore chez Jacques Blanchard (1600-1638) ou Simon Vouet, deux peintres dont Félibien affirmera en 1679 dans ses *Entretiens* que, « bien que travaillant de manière bien différente [...] ils ont beaucoup contribué à remettre en France le bon goût de la

Peinture». De Simon Vouet il dira de surcroît qu'«il n'est guère d'églises, de palais et de maisons considérables à Paris qui ne soient ornés de ses ouvrages», soulignant ainsi le rôle capital de cet atelier dans le Paris de l'époque de Louis XIII. Les années 1640 voient s'amorcer une nouvelle inflexion vers un art plus sévère, plus dépouillé, souvent plus proche de règles et de modèles antiques que de la Rome post-tridentine: en témoigne par exemple l'évolution de Laurent de La Hyre (1606-1656), dont le baroque évolue alors vers un art beaucoup plus retenu. C'est en 1630 que Philippe de Champaigne commence sa prestigieuse carrière, avec six toiles destinées aux carmélites du faubourg Saint-Jacques.

L'opinion de Jacques Thuillier, soulignant à propos de l'art du XVIIe siècle qu'il n'y a «pas d'historique qui en définisse le cheminement», nous invite à la prudence. Elle sollicite aussi l'éloignement du regard d'une capitale toujours mieux connue, mais qui ne peut à elle seule résumer toutes les tendances et les sensibilités de l'époque. Cette première moitié du siècle se caractérise par la vitalité maintenue, et l'indépendance par rapport à Paris d'ateliers provinciaux, auxquels la Réforme catholique donne également une dernière impulsion avant que ne s'impose la régulation de l'âge classique. L'influence italienne n'a pas besoin d'un détour par la capitale pour marquer le peintre lyonnais Horace Le Blanc (1580-1637), le Languedocien d'adoption Nicolas Tournier (1590-1639?), qui travaille notamment pour les confréries et les couvents toulousains, le Berrichon Jean Boucher (vers 1575-vers 1633) ou Guy François, né et mort au Puy (1578?-1650) mais passé comme tous les précédents par Rome, et qui répond à de nombreuses commandes de couvents dans le sud-ouest de la France. Faut-il rappeler l'importance à l'époque du foyer lorrain, avec Jacques Bellange (1574-1616), qui n'a eu avec Paris que des contacts limités, et surtout Georges de La Tour (1593-1652)?

Ce qu'il nous semble important de souligner ici, c'est la très forte croissance de la demande picturale, dont la Réforme catholique est une des raisons majeures. Bien des signes en témoignent. Du côté de la production, les peintres les plus célèbres font travailler de véritables ateliers: Félibien cite plus de quarante peintres ayant travaillé chez Simon Vouet, parmi lesquels Le Lorrain (en Italie), Le Sueur, Pierre Mignard, etc.

Les collections privées se multiplient : celles des deux cardinaux-ministres sont parmi les plus connues. Richelieu laisse à sa mort au Palais-Cardinal environ 200 sculptures et 250 tableaux. L'exemple de Richelieu, dont les émissaires acquéraient des tableaux à Rome, Florence ou Mantoue, montre – même si Van Dyck ou Rubens apparaissent également dans ses collections – l'importance, ici encore, de l'influence italienne. Mais, malgré la présence de quelques chefs-d'œuvre aujourd'hui au Louvre – parmi lesquels la *Sainte Anne* de Léonard de Vinci, *Les Pèlerins d'Emmaüs* de Véronèse ou *La Famille de la Vierge* d'Andrea del Sarto –, cet alignement dans les deux galeries du palais tient beaucoup plus du musée propre à la satisfaction de quelques-uns qu'il ne traduit la dévotion du propriétaire.

Les tableaux qui décorent les églises, les chapelles des couvents, ont évidemment un impact culturel plus large. Le mécénat, qui attire ou fait revenir en France des peintres attirés par de bonnes perspectives matérielles, joue encore un rôle important. Mais, dans cette fièvre de constructions nouvelles, le désir d'affirmer sa foi, celui aussi de rendre à Dieu et à la cour céleste, face au dépouillement voulu des temples calvinistes, l'honneur qui leur est dû, sont, par les commandes qu'ils induisent, l'élément essentiel du dynamisme que connaît dans la première moitié du XVIIe siècle la peinture religieuse. Cette abondance des œuvres influence aussi l'évolution du goût, plus rapidement que l'architecture. Elle le traduit également de façon plus directe et surtout bien plus large : Alain Mérot a montré que les prescriptions iconographiques de l'Église post-tridentine ne donnaient pas pour autant au clergé le rôle essentiel dans les commandes d'œuvres d'art destinées aux églises paroissiales. Ce sont les fabriques, c'est-à-dire les conseils de paroisse composés de laïcs, ou les confréries, qui signent les marchés et traitent avec les artistes de leur choix. Ils s'y montrent à la fois soucieux de rattacher les dépenses qu'ils engagent à leur piété personnelle, au service de Dieu et à l'honneur de leur paroisse. Aussi peut-on penser que l'art religieux correspond au goût des notables bourgeois, marchands, voire artisans, qui les constituent, en même temps qu'il « donne à voir » au vaste public des fidèles.

Le tableau, plus qu'auparavant, est présent dans les intérieurs. Michel Sylvestre, que cite Jacques Thuillier, dénombre à Nancy, ville d'environ 16 000 habitants, 663 foyers possesseurs de tableaux dans la première moitié du siècle, et au total 8 500 œuvres. En supposant même que certaines toiles aient été inventoriées deux fois, on peut estimer raisonnablement qu'un foyer sur dix est concerné par cet élément du décor. Les trois cinquièmes des 6 000 titres connus concernent des tableaux d'inspiration religieuse. Entre 50 et 60 %, telle est aussi la part du religieux dans les quelque 200 gravures et tableaux de peintres français reproduits par le catalogue de l'exposition *Grand siècle* pour la période précédant l'âge classique. On y distingue sans peine, par leur fréquence, les thèmes des grandes dévotions christologiques et mariales groupées en deux ensembles, qui constituent à eux seuls plus de 35 % des œuvres représentées : le cycle de l'enfance (Nativité, Épiphanie, représentations de la sainte Famille) et celui de la Passion (Crucifixion, Déposition) ; 30 % sont des tableaux de saints.

Sans doute serait-il présomptueux de tirer de ces chiffres plus que ce qu'ils peuvent dire, alors même que Jacques Thuillier considère qu'ont survécu moins de 4 % des tableaux peints au cours du siècle. Il serait tout aussi imprudent d'extrapoler les résultats d'une étude locale : Nancy, avec sa cour ducale, est un centre culturel important, dont on vient de voir la fécondité picturale ; la Lorraine est aussi, précocement, un terreau particulièrement dynamique de la Réforme catholique. L'exemple attire cependant notre attention sur la dissémination géographique et sociale d'une culture picturale, et notamment d'une sensibilité religieuse à l'image, qui, à partir de l'exemple institutionnel des paroisses et des couvents, gagne les intérieurs d'élites élargies. Cette influence se propage bien davantage encore par la gravure, qui touche sans doute déjà de très larges milieux.

La vitalité provinciale est plus apparente encore dans le domaine musical : Claude Le Jeune est né à Valenciennes vers 1530, Eustache du Caurroy à Beauvais en 1549, Jehan Titelouze à Saint-Omer en 1563, Pierre Guédron dans la région de Châteaudun vers 1570 ; Boesset, né en 1586, vient de Blois, et Bouzignac du Languedoc, tout comme Antoine et Étienne Moulinié nés comme lui aux alentours de 1600. Plusieurs d'entre eux – Boesset, Antoine Moulinié, Guédron, Le Jeune – mourront à Paris, absorbés par des fonctions musicales à la cour ou dans l'entourage des grands. Mais le vivier est provincial, et la Réforme catholique en multiplie les potentialités. Pour les musiciens, elle accroît matériellement les possibilités d'emploi : le rétablissement du culte catholique dans les régions huguenotes s'accompagne d'une restauration liturgique, à laquelle le triomphalisme post-tridentin donne dans la mesure des moyens locaux des aspects spectaculaires, dont on espère sur les protestants des effets de séduction. Les maîtrises des cathédrales se développent. Chaque nouveau couvent a son maître de chant : Boesset est ainsi nommé en 1613 à ce poste chez les bénédictines de Montmartre. Chaque restauration, chaque création devient un nouveau lieu d'exécution musicale, pour qui l'on multiplie messes et motets ; et, aussi, un nouveau lieu, souvent accessible au public au moment des offices, où l'on peut entendre la musique religieuse.

C'est aussi dans les chapelles, les maîtrises des cathédrales provinciales que se forment les musiciens de ces décennies, dont quelques-uns seulement nous sont aujourd'hui connus : Pierre Guédron a étudié la musique à la chapelle du cardinal de Guise où il chantait le haute-contre ; Étienne Moulinié est enfant de chœur à Narbonne, tout comme Bouzignac. Plusieurs accomplissent tout ou partie de leur carrière comme organistes ou maîtres de chapelle, loin de Paris : Titelouze est pendant plusieurs dizaines d'années organiste à Rouen ; après un long séjour auprès de Gaston d'Orléans, Étienne Moulinié revient en Languedoc ; Bouzignac est successivement choriste puis sous-maître à la cathédrale d'Angoulême, maître de musique à Grenoble, à Bourges, et comme maître de chapelle dirige les enfants à Rodez, à Tours et à Clermont-Ferrand, avant de revenir, semble-t-il, à la tête de la maîtrise de la cathédrale de Narbonne où il avait été enfant de chœur.

D'où viennent les enfants de ces maîtrises, d'où sortiront les musiciens de demain, et plus tard tant d'organistes de campagne ? La Réforme catholique a contribué à développer les possibilités d'expression et d'audition musicales dans les publics urbains ; au-delà, déjà, les missionnaires sillonnent, de plus en plus, les campagnes, y chantant et distribuant leurs recueils de cantiques, qu'ils tentent de superposer à des répertoires profanes. La pratique rurale, que l'on devine intense par maint témoignage littéraire et artistique, reste évidemment moins facilement saisissable dans un environnement précis.

Pourtant, voici, en 1640, un « laboureur » et « procureur » du petit village de Beauvoir, en Brie, que l'on dit être aussi « maître joueur d'instruments » ; l'inventaire de son fils Charles, « tailleur d'habits » à Chaumes-en-Brie, énumère violes, violons, flûtes et hautbois… On aura reconnu les premières traces laissées dans l'histoire par la famille Couperin.

III. Courants spirituels et littérature dévote

Avant même de s'exprimer à travers monuments, tableaux, estampes, messes et cantiques, c'est dans les ouvrages de dévotion et de spiritualité que s'est enracinée la foi, la conviction d'un milieu. Or, en France, la violence de la guerre, les fractures qu'elle a entraînées ont perturbé à la fois la vie intellectuelle, l'édition et le commerce du livre, tout en les soumettant aux nécessités immédiates de la polémique. La lenteur du mouvement de création ou de réforme des collèges ne place pas la France de la fin du XVIe siècle à l'avant-garde du vaste mouvement de productions culturelles qui accompagne les réformes religieuses. Sur 450 titres d'ouvrages religieux publiés en France entre 1550 et 1610, une soixantaine seulement ont un Français pour auteur. Ce relatif effacement contraste avec le poids de l'Italie, et surtout de l'Espagne.

C'est d'Italie que viennent les ursulines ou l'Oratoire, dont le rôle éducatif et plus largement pastoral va être considérable. Viennent aussi d'Italie des textes essentiels – le *Catéchisme du concile de Trente*, le bréviaire, le missel et quelques autres classiques de la catéchèse – qui s'imposent, partout où se met en place la réforme du clergé, comme les outils de base, progressivement améliorés, de la formation, de la pratique et de l'enseignement des prêtres. La culture dévote est, davantage encore, nourrie par l'extraordinaire vitalité de la littérature spirituelle espagnole, où se distinguent particulièrement les jésuites, et dont Lyon est l'un des principaux centres d'impression. Dans les familles aisées se constituent en quelques décennies, à cheval sur les deux siècles, des bibliothèques importantes, en particulier dans les cabinets de cette élite de la magistrature que forment les parlementaires, dont la culture théologique surpasse au début du XVIIe siècle celle de la majorité des ecclésiastiques.

On y trouve une ou plusieurs Bibles, le plus souvent en latin : la majeure partie de l'opinion catholique reste hostile à la lecture de l'Écriture en langue française, qui sent le huguenot et doit être en principe autorisée par le confesseur. Il faut sur ce point nuancer l'opposition classique entre catholiques et protestants. Certes, la foi et la spiritualité réformées sont profondément enracinées dans la lecture de l'Écriture, mais des raisons économiques et surtout culturelles – l'analphabétisme de la plus grande partie de la population – en limitent de fait la diffusion ; pour la plupart des huguenots, la Bible est écoutée, et mémorisée par une écoute répétée. À l'inverse, la prudence de l'Église catholique, telle qu'on l'interprète en France, tend surtout, comme l'a souligné Bernard Chedozeau, à éviter de vaines curiosités, ou une approche intellectuelle de l'Écriture, qui doit être, au-delà du texte, un support de la méditation, d'une méditation guidée par l'Église elle-même.

Présents, également, les lourds in-folio, forme sous laquelle sont encore édités jusqu'en 1640 les deux tiers des éditions des Pères de l'Église, dont Paris est alors un des principaux centres d'impression en Europe. On ne peut comprendre le jansénisme sans prendre en compte les progrès, au XVIIe siècle, de la théologie positive, qui s'appuie sur le recours direct des élites cléricales ou laïques à la littérature patristique. On y trouve aussi des commentaires de l'Écriture, genre où sont abondamment représentés des jésuites espagnols comme Francesco de Toledo, Luis de Alcazar ou Maldonado, qui, sous son nom francisé – Maldonat –, avait enseigné à partir de 1564 au collège de Clermont à Paris, le futur collège Louis-le-Grand ; mais le plus lu est sans doute à l'époque le Flamand Cornelius Van den Steene, souvent signalé sous le nom latinisé de Cornelius a Lapide. Les œuvres de référence, en matière de théologie, viennent aussi souvent d'auteurs espagnols, tels Suarez ou Vazquez, et secondairement italiens ; c'est particulièrement le rayon de la théologie morale qui, en réponse aux critiques des protestants contre les confessions faites par des prêtres insuffisamment préparés à cette tâche, se développe chez les ecclésiastiques les plus savants ; là encore des Espagnols – Thomas Sanchez, Francisco de Toledo – sont les plus lus, avec le jésuite allemand Laymann.

Ces grandes bibliothèques ne sont pas, tant s'en faut, les plus nombreuses. Les dévots se nourrissent en bien plus grand nombre d'une littérature dévote de format plus maniable, destinée à un usage plus fréquent : livres de dévotion pour la prière ou l'« oraison », livres de support à la méditation, ouvrages d'approfondissement religieux, etc. À l'exception des plus courants, tels les livres d'heures qui reproduisent les offices les plus fréquents, souvent accompagnés des prières les plus ordinaires, la production de ces ouvrages avait connu une certaine éclipse à Paris dans les années 1590-1600, époque particulièrement troublée de l'histoire de la capitale. Elle est, au contraire, en forte et croissante augmentation dans la première moitié du XVIIe siècle, où paraissent par exemple plusieurs traductions de la messe en français. Ce mouvement traduit, en décalage chronologique par rapport aux pays méditerranéens, l'influence croissante d'auteurs français dans cette littérature de pratique courante, et l'élargissement du public, même s'il se limite aux couches sociales déjà largement atteintes par la culture écrite.

Sans doute est-il assez vain, dans une étude qui se veut plus culturelle que théologique, de distinguer de façon trop précise des spiritualités dont l'historiographie récente tend plutôt à montrer qu'elles participent à un effort commun. Ni les esprits ni les bibliothèques, ni sans doute les pratiques ne participent d'univers séparés. Les polémiques – genre illustré en 1656 par les *Lettres à un provincial* de Pascal –, les inimitiés, les actes mêmes d'hostilité ou de répression très réels qui se manifestent au moment des crises durcissent de façon trompeuse le tableau beaucoup plus nuancé de l'éventail des opinions et des sensibilités quotidiennes. Les lectures en sont à la fois le reflet et l'aliment, dans un ensemble de facteurs où interviennent tout autant la psychologie ou l'entourage de chacun. Mais le problème posé à chaque chrétien, qu'il soit d'ailleurs protestant ou catholique, plus ou moins croyant, est le même : quelle représentation se fait-il de Dieu, de l'homme et de leurs rapports en ce monde comme après la mort ? C'est bien là un problème culturel.

Tous les dévots convaincus partagent les mêmes préoccupations, la même vision du but à atteindre, qui est la conversion, c'est-à-dire un retournement de l'esprit et des facultés vers Dieu, une soumission à sa volonté. Les divergences que traduit la littérature de dévotion portent sur les moyens et sur les méthodes. Pour certains, la conversion ne peut être que progressive, et doit s'appuyer sur une éducation de la volonté. Les dévots plus attirés par cette voie lisent le *Combat spirituel* de l'italien Scupoli, au titre évocateur. Ils accomplissent avec un directeur spirituel les *Exercices spirituels* de saint Ignace, dont la pratique se développe sous l'influence des collèges et des congrégations jésuites. Ces titres mêmes évoquent l'idée d'une lutte constante, où l'homme progresse par ses efforts propres. Dans le vieux débat, mais toujours central, qui, face au protestantisme niant tout mérite propre à l'homme, cherchait à préciser la nature et l'inspiration de cette libre coopération de l'individu, réaffirmée par le concile de Trente, tous les hommes d'Église jugeaient bien entendu la grâce divine nécessaire ; mais la spiritualité incarnée par les jésuites allait dans le sens d'une possibilité pour l'homme d'accepter ou de refuser cette grâce à tout moment, pour chaque acte de la vie.

Dans ce courant optimiste quant aux possibilités d'action de l'homme sur lui-même et sur son milieu s'insère la première grande œuvre de spiritualité française : l'*Introduction à la vie dévote*, publiée en 1609 par l'évêque d'Annecy François de Sales, éditée à vingt-deux reprises du vivant de l'auteur, mort en 1622. Présente au XVIIIe siècle dans de nombreuses bibliothèques, maintes fois rééditée encore au XIXe, elle a littéralement nourri la réflexion de générations dévotes successives sur leur mode de vie. Si l'œuvre de François de Sales marque, et de façon durable et de plus en plus large, la culture religieuse, c'est qu'elle est le premier guide spirituel explicitement destiné aux laïcs, à ceux qui, précisément, sont dans le « monde », et non pas à ceux qui sont par état au service d'autres âmes. L'*Introduction à la vie dévote* doit d'abord son succès à la simplicité apparente d'une forme imagée, adaptée à un public qui ne se pique pas de théologie, mais cherche à progresser dans la mise en concordance de sa religion et de sa vie. Si le livre dessine un cheminement d'ensemble, nombreux sont ceux qui peuvent trouver dans tel ou tel de ses quelque cent vingt brefs chapitres écrits en langage simple une analyse, des recommandations adaptées à leur état spirituel du moment, directement assimilables par leur culture. Il doit aussi ce succès à l'importance accordée au « devoir d'état », c'est-à-dire à la manière de vivre chrétiennement dans sa profession ou dans sa condition.

La perspective de François de Sales adoucit en effet celles

d'une hiérarchie qui, de façon plus ou moins explicite, placerait l'homme plus ou moins près de Dieu. Le cloître, la cléricature ne donnent pas plus de chances de faire son salut que le mariage. Il y a une manière de vivre saintement le mariage, qui n'est pas dans le refus de ses plaisirs, mais dans une modération pour laquelle l'auteur use de la comparaison avec les plaisirs de la table. Le chemin de perfection que dessine François de Sales sous ce titre modeste n'est nullement une voie facile ; mais chacun peut en adapter les repères généraux à sa vie familiale, à son métier ou à son état de vie. Les pratiques, les méthodes qu'il propose pour parvenir à la vraie dévotion, d'ailleurs soigneusement distinguée de l'observance des cérémonies, ne se font pas contre le monde, mais en son cœur, au cœur aussi de la vie de chacun. Chacun doit à la fois se convertir, et par son exemple contribuer à la conversion de la société.

Les influences mystiques sont un des traits distinctifs de cette culture dévote de l'époque d'Henri IV et de Louis XIII. On continue à lire quelques ouvrages issus des milieux de la « dévotion moderne » de la fin du Moyen Âge, entre autres l'*Imitation de Jésus-Christ* ; cette veine venue des milieux flamands et rhénans se prolonge avec des livres plus récents, comme la *Règle de perfection* du capucin Benoît de Canfeld. Mais la source la plus abondante est bien celle des œuvres espagnoles, dont les traductions se multiplient à partir de la fin du XVIe siècle : ainsi, par exemple, celles de Louis de Grenade, de Jean de la Croix, ou celles de Thérèse d'Avila, traduites par un ligueur – un de plus – qui s'est exilé en Lorraine, terre alors étrangère, après la victoire d'Henri IV. Les œuvres de sainte Thérèse, dont on connaît soixante-sept éditions en français au XVIIe siècle, ont contribué à répandre dans des milieux restreints épris de perfection cet idéal d'un abandon désintéressé, où se réalise l'union mystique avec le Christ.

Mettre au centre de sa vie le Christ, celui qui « n'est pas de ce monde », s'est traduit chez quelques-uns par la retraite totale. La fin des guerres de religion, en démobilisant des hommes qui rejettent les compromis à leurs yeux médiocres de la société civile, contribue au renouveau de l'érémitisme, qui reste vigoureux jusque vers 1635, sans d'ailleurs disparaître ensuite. Des esprits attirés par cet idéal créent, réforment ou viennent gonfler les effectifs des ordres cloîtrés et contemplatifs, fortement marqués par le mysticisme et la vie ascétique. Ainsi s'explique, entre autres, l'introduction en France du Carmel réformé, dont l'inspiration se rattache directement à l'œuvre de Thérèse d'Avila et de Jean de la Croix. L'établissement à Paris, en 1604, du premier groupe de carmélites venues de Salamanque, Avila et Burgos témoigne à la fois de l'influence de la spiritualité et de la dévotion mystiques espagnoles, et aussi de ses limites. Il est significatif que les premières carmélites aient rapidement renoncé à des pratiques qui faisaient rire leurs novices françaises. Des formes du catholicisme spectaculaire, extraverti, d'outre-Pyrénées se retrouvent en France méridionale, où elles participent d'une commune culture méditerranéenne ; elles ne s'imposeront jamais dans la culture religieuse de la France du Nord.

L'aspiration au renoncement s'incarne aussi à partir de l'époque de Louis XIII dans les familles qui se situeront par la suite dans les courants extrêmes du jansénisme. Pourtant, travailler « à mourir à toutes les choses de la vie présente », selon une formule d'Arnauld d'Andilly inspirée par l'abbé de Saint-Cyran Duvergier de Hauranne, n'implique pas pour la plupart une retraite physique hors du monde, qui ne peut concerner qu'un nombre restreint d'individus. Cette attitude, centrale dans la spiritualité de Bérulle, et qui trouve ensuite dans le courant janséniste son incarnation la plus évidente, pousse à ses conséquences extrêmes les exigences d'une conversion radicale. Le théocentrisme, ou plus précisément encore le christocentrisme, dont on a vu l'incidence dans la production artistique, refuse une mentalité religieuse centrée sur le besoin de protection et les fins dernières. Il exige une véritable conversion, une « adhérence » au Christ, terme dont Louis Chatellier souligne la nouveauté, au XVIIe siècle, dans le vocabulaire spirituel.

Le travail de conversion, toujours à mener, doit être tout autant au service des autres que tourné sur soi-même : ce sens de la responsabilité explique plus largement que le mysticisme puisse s'accompagner, comme le prouvent les exemples de Barbe Acarie ou de Bérulle, d'une grande et multiforme activité, d'une participation active, voire décisive – madame Acarie pour le Carmel, Bérulle pour l'Oratoire qu'il crée en 1611 –, à des œuvres diverses, comme c'était aussi le cas chez Thérèse d'Avila. L'évasion n'est d'ailleurs jamais si radicale qu'il y paraît. Du fond de leur couvent, des religieux et religieuses provoquent leur famille, leurs relations de jeunesse, par leur exemple, par leurs écrits parfois, et participent à leur manière à l'œuvre de conversion. La culture dévote s'ancre dans une vie spirituelle intense de prières, de participation aux offices, de méditation ; mais elle est inséparable de la formation et de l'action. Sans pour autant faire disparaître l'idéal du renoncement au monde – Bérulle est prêtre, madame Acarie entrera au Carmel –, à la raison humaine identifiée à l'orgueil, afin de répondre aux desseins de Dieu, bien au-delà de la seule « imitation » de Jésus-Christ.

Le courant de pensée qu'on appellera « jansénisme », par référence à l'évêque d'Ypres Jansen et à son traité posthume l'*Augustinus*, publié en 1640, est en fait fortement marqué avant l'heure par la pensée de Bérulle, et par Saint-Cyran, tous deux attachés à une interprétation pessimiste de l'œuvre de saint Augustin sur la part laissée au libre arbitre de l'homme dans l'économie du salut. La spiritualité bérullienne et janséniste voit dans l'homme un être à ce point corrompu par le péché qu'il ne peut faire le bien sans la grâce de Dieu, qui l'accorde à certains et la refuse à d'autres par un juste jugement de son infinie sagesse. C'est donc par un abandon à l'action de cette grâce qui le transforme comme le levain dans la pâte, par une abdication de sa volonté propre pour suivre celle de Dieu que l'homme réussira cette conversion, ce retournement dont le désir, premier indice du travail de l'esprit, est déjà signe d'élection.

Au-delà de débats théologiques que peut suivre aussi une minorité de laïcs – ces magistrats aux bibliothèques si fournies d'ouvrages de référence –, cette anthropologie implique aussi des attitudes et des pratiques concrètes. Le jansénisme a ses hauts lieux, dont les plus célèbres sont Port-Royal-des Champs (occupé jusqu'en 1625, puis réinvesti par une partie de ses religieuses après 1648) et, à partir de 1625, l'abbaye parisienne de Port-Royal. Plus encore que bien d'autres maisons conventuelles, Port-Royal est un lieu de référence et de rayonnement qui dépasse les familles des religieuses pour englober toute une frange d'individus et de groupes plus ou moins attirés par une spiritualité sévère, une attitude dévote et intransigeante envers la société et l'État. On y trouve la mondanité inattendue, mais très caractéristique de cette époque violemment contrastée, des « belles amies », dames de haute noblesse, dont le noyau central est constitué par ce petit groupe qui s'installe dans le monastère parisien, ou à proximité immédiate. Mais aussi de fortes personnalités intellectuelles, tel Le Maître de Sacy, qui participeront au groupe peu structuré des Solitaires, dont l'influence est sans commune mesure avec leur nombre (tout au plus, au sens strict, vingt-cinq personnes, dont jamais plus d'une douzaine réunies en même temps).

Les cercles touchés s'agrandissent par la direction spirituelle qu'assurent, notamment auprès de gens d'influence, des prêtres renommés pour leur vertu, et au-delà par les sermons, la confession et les écrits. L'efficacité d'une telle pastorale, l'adhésion à une conception aussi exigeante de la vie religieuse suppose d'ailleurs qu'elle entre en résonance avec les aspirations personnelles d'individus, où certains ont voulu voir aussi le résultat du refus des évolutions politiques et sociales en cours. Il provoque effectivement des changements de vie, dont un des plus connus est, en 1637, la renonciation à vingt-huit ans d'Antoine Le Maître, conseiller d'État et avocat parisien en vue, à sa carrière et à la vie dans le monde. Mais aussi, plus largement et de façon non mesurable, un sens aigu de la nécessité d'une vie de renoncement et de pénitence, jusque après la mort, que traduisent par exemple des testaments de haute tenue spirituelle, tel celui, en 1657, du Parisien du Gué de Bagnols qu'a étudié Louis Chatellier,

> suppliant [Dieu] d'appliquer pour l'expiation de toutes mes fautes le prix infini de son adorable sang respandu sur sa croix pour un si grand pécheur que moy et les mérittes de touts les saints de m'accorder par sa grâce asses de temps pour purifier ma vie passée par une nouvelle qui soit une continuelle pénitence comme le saint concile de Trente nous l'enseigne et de me donner après ma mort l'antrée dans le purgatoire pour y laver dans le feu toutes les taches que je n'auray pas effacé dans cette vie pecheresse par les larmes et les indulgences sacrées de l'Église, et de la passer au Paradis.

« Conscience aiguë de la faute », « incertitude poignante du salut », « nécessité de la pénitence », ces expressions de

Louis Chatellier expriment parfaitement les interactions entre spiritualité, psychologie et attitudes concrètes dans le monde où il faut néanmoins vivre. Des modes de la pratique sacramentelle ont des incidences sur le comportement des fidèles. Ce courant rejette ainsi totalement l'idée que l'attrition, où l'on regrette ses fautes par peur de l'enfer, permette le pardon des péchés ; celui-ci ne peut être accordé au tribunal de la pénitence, comme lors du jugement, que s'il y a contrition, c'est-à-dire le regret de n'avoir pas répondu à l'amour de Dieu, du Christ mort pour racheter les péchés des hommes. La publication en 1643 du traité d'Antoine Arnauld sur *La Fréquente Communion*, qui illustre le point de vue janséniste sur la pratique eucharistique, n'est pas une condamnation de principe, mais revient de fait à en écarter tous ceux qui ne donnent pas des signes suffisants de contrition et de conversion.

Catholicisme doloriste, à coup sûr, que celui-là, fondé sur la pénitence, et donc sur le refus des plaisirs et sur l'austérité. On y refuse l'expression artistique pour elle-même, piège de la concupiscence. La musique à Port-Royal se limite au plain-chant ; la peinture profane est condamnée. L'art ne se justifie que s'il est le moyen de conduire à Dieu, et d'y conduire authentiquement en se bornant à illustrer sans fantaisie ou invention, avec une gravité, une intériorité qui caractérisent si bien les tableaux de Philippe de Champaigne, les thèmes de l'histoire sainte ou les vertus héroïques. C'est dans cette sensibilité que se retrouve, poussé à son point extrême, le mépris de l'enveloppe corporelle, de la chair, la méfiance même envers tout commerce charnel. Lorsqu'en 1634 Antoine Arnauld songe au mariage, sa tante, la mère Agnès, lui écrit ces lignes :

> Mon très cher neveu, ce sera la dernière fois que je me servirai de ce titre. Autant que vous m'avez été cher, vous me serez indifférent, n'y ayant plus de reprise en vous pour y fonder une amitié qui soit singulière. Je vous aimerai dans la charité chrétienne, mais universelle ; et, comme vous serez dans une affection fort commune, je serai aussi pour vous dans une affection fort ordinaire…

Cette sensibilité élitaire, exigeante, pour laquelle nous avons souvent très volontairement utilisé le terme de « refus », pouvait-elle, sans contrainte ou tromperie, dépasser les milieux étroits acquis à l'obligation d'une conversion radicale ? En 1648, Vincent de Paul remarquait que, pour cent personnes qui avaient tiré profit du livre d'Arnauld, il s'en trouvait plus de dix mille qui avaient abandonné la pratique eucharistique en raison des exigences des curés rigoristes qui refusaient l'absolution chez ceux qu'ils trouvaient insuffisamment préparés à changer de vie. D'autres pensaient au contraire qu'une contrition imparfaite valait mieux que rien, et qu'il fallait prendre l'homme dans sa condition, pour espérer le changer. Réforme ? Révolution ? Ce dilemme ne se pose pas seulement pour les individus, mais aussi à l'échelle de la société et de l'État.

IV. Religion, politique et société

Le refus de l'envahissement par l'idéal des dévots, qui caractérise une partie de ces élites, se manifeste en effet aussi dans le grand débat politique qui, de la Ligue au début du règne de Louis XIV, marque toute l'époque. Dieu premier servi ? Certes. Mais faut-il accepter, au nom de la lutte pour la vraie religion, que deux camps s'entre-tuent ? L'édit de Nantes symbolise en 1598 le rejet, dans de larges secteurs de l'opinion dirigeante, de l'extrémisme qui avait redonné vie à la théorie du tyrannicide : les jésuites de France ont été contraints de désavouer le traité de leur confrère espagnol Mariana, qui en faisait l'éloge. Mais, outre la lassitude ou l'horreur de la guerre, il s'agit aussi de refuser la subordination du roi de France à d'autres intérêts. Dans la pensée des dévots les plus extrêmes, qui se situent dans la tradition de la Ligue, Dieu ne peut être séparé de Rome, le catholicisme ne peut être séparé des puissances qui le défendent, et en particulier de l'Espagne, dont se nourrit aussi leur culture religieuse. Au contraire, les Politiques, on l'a vu, traduisent la permanence dans l'opinion d'une autre tradition culturelle, à la fois méfiante envers le dogmatisme ecclésiastique et envers les ingérences romaines ou extérieures dans le gouvernement de la France.

Double tradition en fait, à la fois gallicane et nationale. Par moments éclipsé, notamment à partir des années 1830, le gallicanisme est, depuis les derniers siècles du Moyen Âge, une composante constante de la culture et du catholicisme français, particulièrement présente dans les milieux intellectuels ou les familles d'administration, de justice ou de finances. Il se traduit par une méfiance envers les ordres religieux très liés à Rome ; c'est une des causes du développement relativement lent des jésuites en France, par ailleurs interdits entre 1593 et 1603, et qui ne s'imposent que par le soutien du parti dévot et la reconnaissance de leurs compétences. Il s'appuiera aussi, ultérieurement, sur la qualité de la formation des évêques et du clergé français.

Le gallicanisme peut se coupler à d'autres attitudes qui, appuyées par des arguments scripturaires, souhaitent borner au sein de l'Église et dans la société civile les droits de la hiérarchie. Dans son traité *De ecclesiastica et politica potestate*, publié en 1611 et mis à l'Index deux ans plus tard, Edmond Richer, syndic de la Faculté de théologie de Paris, en donne cette interprétation maximale : supériorité des conciles sur les papes ; droit divin des évêques qui ne laisse au pape qu'une primauté d'honneur et un rôle spécifique sans pouvoir absolu, dont le fondement serait spirituel. Allant plus loin que le gallicanisme classique, il affirme même l'origine divine des droits des curés, « évêques en leur paroisse », munis comme eux de la plénitude du sacerdoce, théorie reprise plus tard par des ecclésiastiques jansénistes. Et le temps viendra bientôt où l'autorité nouvelle du curé se heurtera à ceux qui, dans les campagnes, y verront un rival jusqu'alors inexistant, et chercheront à borner son autorité à l'autel, à la chaire et au confessionnal de l'église paroissiale, sans lui permettre d'en franchir les murs.

Pour les gallicans, le roi de France ne tient son pouvoir que de Dieu. Tout ce qui s'oppose à la romanité, à l'Espagne, au pouvoir des dévots sur la vie intellectuelle, sociale et politique – de l'opposition à la Ligue factieuse à la journée des Dupes de 1630 où Louis XIII choisit la politique de Richelieu contre le dévot chancelier Michel de Marillac –, pousse ainsi vers la monarchie absolue. La raison d'État conduit à soutenir contre l'Espagne une politique d'alliance avec les princes protestants allemands. Dieu premier servi ? Oui, mais avec les nécessaires compromissions qu'engendre la politique humaine et la ferme conviction que le roi de France, sacré, ne tenant son pouvoir que de Dieu, n'est responsable que devant lui.

Car il serait anachronique d'opposer dans la culture de l'époque un parti de l'Église et un parti de l'État. La foi des

Politiques n'est pas forcément moins forte, ni leur vertu moins assurée. De grandes familles parlementaires sont à la fois marquées par le gallicanisme et le jansénisme. On trouve chez certains le même souhait de rénover l'Église : Richelieu a été à Luçon un évêque réformateur, avant d'incarner la raison d'État. Leurs bibliothèques sont en général largement pourvues de livres religieux, même si leur piété est plus souvent, selon les termes de l'époque, « solide » que portée au mysticisme et à l'absolu.

La description d'une France à tous égards dévote serait d'ailleurs insuffisante. Au cours des premières décennies du siècle, le mouvement concerne encore essentiellement les milieux urbains, même si, comme nous le verrons, les campagnes commencent à être travaillées. Il y a, bien entendu, une large adhésion aux pratiques d'un catholicisme traditionnel ; mais les agents actifs du mouvement de réforme appartiennent, avec les nuances que nous introduirons, au monde de l'écrit, c'est-à-dire à ceux qui ont dans cette première période un accès direct au livre, fût-il réduit au petit manuel de dévotion.

Sous les règnes d'Henri IV et de Louis XIII, la Réforme catholique, les besoins de la pastorale ont incontestablement contribué à en développer l'usage. L'exemple de la basse Bretagne est à cet égard significatif : alors que l'imprimerie y avait quasiment disparu au XVIe siècle, les catéchismes, cantiques et vies de saints en breton vont faire vivre très progressivement, à partir des années 1620, des imprimeurs et des libraires qui marquent véritablement l'entrée de cette région dans la culture imprimée. Pourtant, même si la retransmission orale en accroît à coup sûr l'audience, l'écrit ne concerne encore, en raison de son coût et surtout du contexte culturel, que des couches limitées. La campagne l'ignore encore presque complètement, hormis chez quelques notables, essentiellement ecclésiastiques ou seigneurs.

Mais les besoins mêmes des couches sociales les plus directement concernées leur donnent faim d'autres savoirs, d'autres pratiques, d'autres formes artistiques. L'héritage chrétien se double de celui de l'Antiquité. Cette diversité apparaît dès lors qu'on considère l'ensemble de la production et de la consommation imprimées. À en juger par les ouvrages conservés, la première aurait au moins doublé entre la fin du XVIe siècle et la fin du règne de Louis XIII. Le commerce du livre se développe beaucoup, au moins à Paris, comme le montre l'élargissement des lieux de vente : à côté du traditionnel quartier de l'Université, des libraires plus nombreux s'établissent autour du Palais, signe du poids des magistrats dans la clientèle. Les petits libraires sans boutique, ancêtres des bouquinistes, et les colporteurs se multiplient sur le pont Saint-Michel, le Pont-Neuf et les quais environnants. À plusieurs reprises, les autorités tentent en vain de limiter le nombre des colporteurs, fixé successivement à douze en 1616, cinquante en 1634, cent en 1653.

En 1644, le *Traité des plus belles bibliothèques* du père Jacob dénombre à Paris quatre-vingt-dix bibliothèques de plus de trois mille ouvrages, dont vingt appartiennent à des maisons religieuses et soixante-dix à des personnes privées, magistrats surtout, théologiens, érudits et médecins. Certaines sont libéralement ouvertes à un cercle d'amis et de relations savantes : ainsi celle du chanoine Jean Decordes, héritier d'une famille humaniste limougeaude, forte de huit mille volumes qui, entre 1629 et 1642, date de sa mort, accueille dans son logis du faubourg Saint-Michel un milieu cosmopolite d'érudits, dont en 1635 le Hollandais Grotius est un des personnages les plus connus.

Sans doute des ensembles de cette taille – telles la bibliothèque de Mazarin dont l'érudit libertin Naudé était le conservateur, ou celle de ces autres érudits parisiens connus de l'époque de Louis XIII qu'étaient les frères Dupuy – sont-ils exceptionnels. L'enquête d'Henri-Jean Martin, qui porte sur quatre cents inventaires de bibliothèques parisiennes effectués entre 1600 et 1660, montre que 4 % d'entre elles dépassent le millier d'ouvrages, alors que près de la moitié sont comprises entre 100 et 500 titres, et le quart entre 26 et 100 titres. Leurs propriétaires sont pour moins de 15 % des marchands, artisans ou bourgeois sans autre précision ; les autres appartiennent à la noblesse, au clergé ou aux catégories sociales que mettait en évidence l'étude des grandes bibliothèques. Le document exceptionnel que constitue le livre de comptes d'un libraire grenoblois, pour les années 1645-1668, aboutit à des constatations proches, puisqu'il ne compte dans sa clientèle que 10 % de marchands et gens de métier.

Ainsi se dessine, à cheval sur bonne bourgeoisie et noblesse de robe occupant des fonctions de finances, de justice ou d'administration, un milieu de lecteurs, dont les préoccupations et leurs évolutions dessinent une culture de référence. Le livre religieux reste prépondérant, voire essentiel ou exclusif dans les plus petits ensembles : jusqu'à la fin de l'Ancien Régime, le premier livre acheté restera sauf exception un livre d'heures ou autre ouvrage religieux de très grande diffusion. Viennent ensuite les auteurs de l'Antiquité païenne, dont les plus souvent mentionnés dans l'échantillon des quatre cents bibliothèques parisiennes sont Plutarque et Sénèque ; mais l'histoire occupe chez Decordes une place non négligeable. L'ouverture, quoique secondaire par rapport aux tendances lourdes de l'écrit, n'en montre pas moins un certain désir d'individualisation : la noblesse militaire a une préférence plus marquée pour l'histoire, les récits de voyage, l'art militaire. Le choix s'élargit aussi par les échanges, les prêts entre voisins ou familiers, qui témoignent d'une accoutumance plus grande à un support relativement banalisé chez les notables.

L'ouverture à la fois thématique et sociale paraît davantage si l'on prend en compte les feuilles et brochures éphémères, de valeur trop faible pour être mentionnées dans un inventaire. Outre les images, la littérature de pamphlets, abondante jusqu'à la Fronde dans les périodes agitées où s'affaiblit le pouvoir royal, le XVIIe siècle voit l'apparition des premiers périodiques : c'est en 1631 que paraît le premier numéro de la *Gazette* de Théophraste Renaudot. Les contrefaçons immédiates, indice certain du succès, amènent d'ailleurs Renaudot à passer des accords avec des libraires provinciaux de Rouen et de Lyon dès 1632 et 1633, puis de Bordeaux et de Tours en 1638 et 1646, villes et régions où sans doute l'existence d'un marché était la plus évidente. Le tirage global – environ trois mille exemplaires de chaque numéro au milieu du XVIIe siècle – en montre à la fois l'extension et les limites.

Il reviendra à un autre chapitre de cet ouvrage de montrer, sous les dehors trop schématiques des grandes catégories bibliographiques, la réelle diversité littéraire et artistique de cette époque baroque. Car, sous les progrès spectaculaires de la dévotion qui forme la composante la plus apparente et même la plus spectaculaire de la culture des élites françaises à l'époque d'Henri IV et de Louis XIII, les problèmes anciens des rapports entre raison et foi, entre foi et attitudes morales et sociales subsistent. Ce premier XVIIe siècle est un véritable carrefour où l'héritage des deux humanismes profane et chrétien et l'inventivité du siècle précédent se mêlent pour en faire un moment de grande variété des genres, sorte de bouquet final d'une expression déjà attaquée par de puissantes forces normalisatrices, que nous allons maintenant voir à l'œuvre de façon plus précise.

CHAPITRE 9

Enseigner les savoirs

Rappelons, au moment d'élargir notre regard à l'ensemble du corps social, que nous ne partons pas en terrain inconnu. Nous avons vu au contraire à quel point la culture des hommes, jusqu'en ces premières décennies du XVIIe siècle, se fonde sur des modes d'analyse, des catégories mentales que rien ne différencie encore fondamentalement, à quel point aussi elle est, chez les plus éloignés du monde des lettrés, imprégnée de religiosité. Ce qui change en fait, c'est l'attention nouvelle portée par les Églises à l'orthodoxie des savoirs et des pratiques ; c'est, en même temps, une demande croissante de connaissances dans les fractions de la population qui y voient le levier de leur ascension sociale.

Obéissez aux commandements de Dieu et à ceux de l'Église, repentez-vous : tel était, schématiquement, le message du clergé médiéval au fidèle ordinaire, souvent bien démuni dans les campagnes où il n'avait le plus souvent comme médiateur que des desservants très mal préparés à leur ministère. Il n'était nullement nécessaire, et il était peut-être nuisible aux yeux de la plupart des responsables de l'Église, que les laïcs connaissent ce qui échappait à leur entendement. Pourtant, le milieu fermé des théologiens s'est déjà bon gré mal gré ouvert à cette élite informée à des niveaux divers par la diffusion de la littérature de spiritualité. Le retour à l'Écriture, ce contact personnel auquel chaque réformé doit pouvoir accéder sans intermédiaire clérical témoignent aussi de ce besoin de faire éclater les cercles du savoir. En même temps, la rivalité confessionnelle fait d'une meilleure connaissance de ce qu'il faut croire et faire l'un des moyens, désormais, de prémunir les fidèles contre l'hérésie.

La création des Églises protestantes avait en effet aidé à prendre conscience de la profonde ignorance des hommes ordinaires en matière religieuse. Le savoir de ces hommes n'était pas dogmatique : il résultait pour une part plus ou moins grande, mais essentielle au moins dans le monde rural, de ces traditions transmises, étrangères à toute orthodoxie, qui cherchaient à se concilier des pouvoirs plutôt qu'à acquérir des connaissances ordonnées selon une logique savante. Il était, dans cette optique, essentiel de savoir que saint Cloud guérissait les furoncles, ou que sainte Claire devait être invoquée pour les maux d'yeux, mais pas du tout de comprendre comment la grâce de Dieu pouvait agir en l'homme. On a vu combien cette ignorance avait au départ favorisé les passages d'une religion à l'autre.

Protestants et catholiques estiment donc, désormais, que la religion, fût-ce celle des plus populaires, des plus incultes des fidèles, ne peut se limiter à des attitudes et des pratiques dont le sens n'est pas compris, ou qui sont l'objet de contresens, quand elles ne sont pas complètement étrangères à toute orthodoxie. Il faut, maintenant, « savoir ». Cette optique n'est pas radicalement nouvelle : elle s'appliquait déjà aux élites, dont les parents, estimait déjà au XIIIe *siècle saint Thomas, devaient instruire leurs enfants ; mais les conditions concrètes d'un enseignement efficace n'étaient nullement assurées. Le changement radical est dans l'application de ce programme à l'ensemble de la société, et notamment aux « rustres ». Lors des quatre grandes cènes annuelles, les calvinistes interdisent la participation au sacrement de tous ceux de leur Église qui n'ont pas obtenu le « méreau », ce jeton donné à ceux qui ont correctement répondu aux questions d'ordre catéchétique posées par les membres du consistoire. À partir de ces milieux dévots dont on a vu l'importance qu'ils accordaient aux œuvres de toutes sortes, les catholiques vont, de même, insister sur la responsabilité des parents dans l'éducation religieuse de leurs enfants, mais aussi sur celle de chaque prêtre, qui répondra devant Dieu de l'ignorance où il a laissé son troupeau. Ainsi se diffuse une conception renouvelée de la religion, aux conséquences culturelles indéniables, mais dont l'application, fort lente, est loin d'être achevée vers 1660, quand elle n'est pas simplement ébauchée. Elle s'appuie sur des institutions, qui ne sont pas toutes spécifiquement religieuses.*

I. Un encadrement renouvelé : formation et humanisme

Le collège traduit tout à fait cette conception élargie de l'humanisme, où le savoir et la sagesse que donne la fréquentation des auteurs antiques s'intègrent pleinement dans une vision chrétienne de la destinée de chaque homme, amené à manifester une image de Dieu elle-même inséparable des critères moraux, sociaux et esthétiques de l'époque. Il se situe en réalité au carrefour d'ambitions diverses, mais qui expriment des besoins convergents de formation ; la réponse qu'il offre au souhait de l'ensemble des élites, hormis quelques secteurs, de voir se mettre en place un lieu efficace de formation en explique le rapide développement dans la première moitié du XVIIe siècle. Les réformes fondamentales ont été conçues au XVIe siècle : tous les collèges de quelque importance ont adopté le modèle mis au point à Paris au cours du siècle précédent, c'est-à-dire ce système hiérarchisé de classes de niveau – huit dans les établissements les plus complets – qui s'accompagne d'une séparation de fait d'avec le vieux système universitaire. Mais ce modèle, qui devient en quelque sorte figure de référence stable avec l'édition définitive en 1599 de la *Ratio studiorum* jésuite, dont une première version avait été réalisée en 1586, ne prend toute son importance sociale et culturelle qu'avec la multiplication de ses applications. Au-delà des clivages religieux, il est au XVIIe siècle l'objet d'un large consensus.

Il implique, entre autres, une évolution du contenu et des finalités de l'enseignement. Désormais, le travail humaniste fait sentir ses effets au niveau de l'éducation : l'autorité de référence n'est plus le dialecticien, mais le bon auteur, qui est bien entendu la référence antique. L'apprentissage du latin est fondamental : il doit commencer par un solide enseignement de la grammaire et des auteurs. L'élève est aidé par des manuels, tel le « Despautère » évoqué par Molière (en fait, un ensemble de manuels adaptés à différents niveaux de l'apprentissage du latin). Les méthodes jusqu'alors appliquées à la philosophie et à la théologie sont étendues à toutes les disciplines, y compris aux classes de grammaire. Au centre de cet enseignement, les auteurs : le maître au début de la leçon présente le texte, le traduit, commente la forme (souligne par exemple une formule particulièrement élégante), le fond (mettant en rapport le texte avec son contexte, ce qui contribue à imprégner les élèves de la civilisation latine) ; il en tire les conclusions, voire un enseignement philosophique ou moral. Après un solide bagage de connaissances latines acquis dans les trois ou quatre classes de grammaire et dans celle d'humanités, le cursus complet comprend l'apprentissage de la rhétorique, art de plaire, art de persuader. Dans la plupart des collèges, cet apprentissage est complété par des exercices publics, des représentations théâtrales, qui sont aussi exercice de maintien, éducation du corps. Il aborde, enfin, les deux niveaux de la philosophie : la logique, qui démonte les processus de raisonnement, et la physique, qui démonte les mécanismes de fonctionnement du monde.

Le succès rapide du modèle parisien vient de son efficacité, par rapport aux besoins de l'époque. Efficacité des méthodes, qui vont se perpétuer : on insiste beaucoup sur l'émulation ; après l'exposé du maître, les élèves partagés en plusieurs groupes s'interrogent réciproquement. L'assimilation est vérifiée par le maître, grâce à des exercices oraux, ou à des devoirs écrits – thèmes, versions, compositions, versifications – qui vont prendre une importance grandissante. Efficacité et cohérence, également, des contenus, dont l'unification définitive (quoique jamais absolue) est le résultat de la prise en charge de la plupart des grands collèges par des congrégations ou ordres religieux. Aussi faut-il, autant que sur le modèle, mettre l'accent sur le caractère très progressif de cet épisode décisif de l'histoire de chaque établissement, qu'il soit alors créé ou qu'il change de mains : les troubles des guerres de Religion, l'expulsion pendant une dizaine d'années des jésuites, qui ne se réinstallent qu'en 1603, en ont retardé la progression ; quant aux doctrinaires et aux oratoriens, qui vont eux aussi se charger peu à peu d'un certain nombre d'établissements, ils ne sont respectivement fondés qu'en 1592 et 1611.

Le programme des études exprime ces besoins, autant par ce qu'il exclut que par ce qu'il développe. La création des collèges prolonge et sclérose en effet des tendances lourdes de l'enseignement et de la culture, dont quelques racines remontent à l'Antiquité. Elle détermine entre autres une dichotomie profonde entre l'enseignement spécialisé, à finalité professionnelle, et la culture générale. La conception même du monde dont il a été question au chapitre précédent fait de la science – mais cette classification deviendra progressivement plus difficilement soutenable – une partie de la philosophie. Elle explique la très faible place qui lui est accordée en fin de cursus, que palliera tardivement et de façon incomplète et insatisfaisante la création ultérieure, dans un nombre limité de collèges, de chaires de mathématiques. Elle explique aussi le clivage renforcé qui sépare la science fondamentale des recherches appliquées. Le monde des métiers, de l'habileté manuelle, est plus que jamais rejeté du côté des activités mercantiles, avec, sous la forme de l'apprentissage, sa filière propre d'acquisition des connaissances.

Entre l'une et l'autre, la hiérarchie, voire même l'incompatibilité ne font pas de doute. L'éducation humaniste seule donne une vue large des grandes questions qui se posent à l'homme. Langue et civilisation latines, qui absorbent l'essentiel du temps passé en classe, englobent en fait diverses de nos disciplines, telles l'histoire et la géographie, qui entrent dans la présentation ou le commentaire des textes. L'éducation de la langue est une éducation au langage, et à la pensée, grâce à la fréquentation des bons auteurs. Elle est aussi une école de sagesse et de morale : humanistes, les enseignants des collèges voient dans le stoïcisme de certaines œuvres antiques une morale compatible avec le christianisme. La formation reçue dans les collèges renforce ainsi l'idée d'une culture de référence, « la » culture.

Ce modèle est bien entendu adopté non seulement par les élites, mais par tous ceux qui cherchent à échapper au monde de la marchandise et de l'artisanat. Au niveau inférieur, le début de banalisation de l'écrit a fait de sa maîtrise le levier obligé pour progresser dans la société. S'il veut quitter sa terre et ne pas se contenter de louer ses bras, le paysan doit apprendre à lire, et si possible à écrire. Le fermier doit acquérir un savoir minimum pour comprendre les comptes de son propriétaire, négocier en position moins défavorable avec les officiers de la seigneurie ou les leveurs d'impôt. S'il s'agit de se placer en ville, l'alphabétisation fait échapper à la condition du domestique uniquement chargé de tâches matérielles. Une bonne alphabétisation permet même à celui qui est soutenu financièrement par sa famille ou par quelque bienfaiteur de pousser ses études, et peut-être, à son niveau, d'entrer dans les ordres ; ainsi, comme on l'a vu, en Ile-de-France, où des cures sont tenues par des fils de paysans aisés. On peut aussi entrer au service du seigneur, ou du roi. Autant de modes d'ascension sociale que les besoins élargissent au XVIIe siècle.

Mais l'apprentissage du latin se révèle très vite nécessaire, qu'il s'agisse d'entrer dans l'Église ou de faire des études de droit ou de médecine. Les études juridiques ou médicales se font essentiellement en latin, langue de l'enseignement, et qui demeure à l'époque celle des ouvrages érudits ; les années d'études sont d'ailleurs quasi exclusivement pour le droit, et très largement encore pour la médecine, consacrées à l'analyse des traités antiques. Les études qui mènent à la prêtrise, ou pour une minorité de prêtres à la licence ou au doctorat en théologie, obtenus devant une université, demandent au départ les mêmes bases linguistiques. Le passage par les collèges devient donc au XVIIe siècle le moyen privilégié d'accéder à la cléricature ou au monde des offices royaux ou seigneuriaux – qui sont alors la voie majeure de l'ascension sociale –, et plus largement au milieu qui gravite autour d'eux. L'ignorance de la noblesse est d'ailleurs alors couramment présentée comme une des raisons de l'abaissement de l'ordre, et de l'intrusion croissante des roturiers dans les charges publiques.

Le développement des collèges, dont l'expansion la plus rapide se situe précisément en cette première moitié du XVIIe siècle, est ainsi l'un des facteurs qui cassent en fait, dans une acception plus large du terme, l'unité culturelle de la société française, peu à peu segmentée en trois grands groupes schématiques : les analphabètes, ceux qui lisent et écrivent, et la minorité qui accède aux études humanistes. Cette conception de la culture, qui, malgré les prises de conscience, les critiques et les réformes scolaires – mais le savoir n'est pas la culture –, demeurera pour l'essentiel jusqu'à aujourd'hui, dévalorise à la fois la technique et le corps, l'habileté manuelle et physique. Elle valorise, profondément, la spéculation abstraite, aux dépens de l'observation concrète ; cette attitude d'esprit s'observe jusque dans l'importance accordée à la forme, à l'art, appris en rhétorique, d'organiser les arguments et les gestes dans un souci d'efficacité, qui sous-tend l'exercice de la dissertation, longtemps modèle de référence du raisonnement.

L'éducation des collèges ne fait cependant pas l'unanimité. À l'échelle des stratégies ou des idéologies familiales demeurent, on le verra plus loin, des résistances dans certains secteurs de l'aristocratie. Le collège suscite aussi des réserves dans le monde des marchands aisés et des négociants, qui n'y trouvent aucune préparation aux carrières manufacturières ou commerciales. L'éducation dans ce milieu se fait bien davantage par des maîtres privés, et par l'expérience acquise en mer, dans la boutique ou dans des comptoirs lointains. Il est significatif de constater que de grands ports de commerce comme Bayonne ou Nantes n'acceptent un collège qu'avec beaucoup de difficultés, de même que des centres manufacturiers comme Troyes ou Lille (espagnole jusqu'en 1668). À un niveau plus humble, les abandons rapides, au bout d'une ou deux années, sont peut-être liés, autant qu'à des raisons purement économiques, à l'inadéquation de la formation à l'attente de ces commerçants ou de ces artisans qui souhaitent pour leurs enfants non un autre métier, mais une meilleure formation. Mais cet enseignement n'est guère profitable qu'à condition de suivre l'intégralité d'un cursus, qui ouvre alors la porte à d'autres études plus spécialisées.

En termes d'économie politique, la multiplication des collèges au XVIIe siècle commence à provoquer des réactions de rejet, ce qu'exprime Richelieu dans un passage célèbre de son *Testament politique* :

> Comme la connaissance des lettres est tout à fait nécessaire en une république, il est certain qu'elles ne doivent pas être indifféremment enseignées à tout le monde. Ainsi qu'un corps qui aurait des yeux en toutes ses parties serait monstrueux, de même un État le serait-il si tous ses sujets étaient savants ; on y verrait aussi peu d'obéissance que l'orgueil ou la présomption y seraient ordinaires. Le commerce des lettres bannirait absolument celui de la marchandise, qui comble les États de richesses, ruinerait l'agriculture, vraie mère nourrice des peuples, et déserterait en peu de temps la pépinière des soldats qui s'élèvent plutôt dans la rudesse de l'ignorance que dans la politique des sciences. Enfin il remplirait la France de chicaneurs plus propres à ruiner les familles particulières et à troubler le repos public qu'à procurer aucun bien aux États.

L'argumentation est donc politique, et plus encore économique : la dichotomie entre arts libéraux (ceux des collèges) et arts mécaniques (les activités directement productives) fait craindre, déjà, un détournement de jeunes gens capables hors de la production ; le problème de la diffusion sociale de l'instruction devient dès le XVIIe siècle un thème récurrent de la réflexion sur le système scolaire.

Les quelques exemples privilégiés par la qualité des sources montrent de sensibles différences de recrutement selon les collèges, tout en permettant quelques conclusions. Les collèges absorbent au XVIIe siècle quelques dizaines de milliers d'élèves, poussés par leurs familles : en 1627, il y en a probablement près de quarante mille chez les jésuites, au moins soixante mille en tout. Par rapport à sa place dans la population, la noblesse, malgré les réserves de certaines de ses composantes, est sur-représentée ; mais les gros bataillons sont formés par les grands secteurs de la bourgeoisie urbaine. La paysannerie est au contraire tout à fait sous-représentée ; pourtant, le recrutement s'effectue jusque dans le milieu des paysans riches ou laboureurs (10 à 20 %) et des artisans (20 ou 25 %) ; ne sont donc exclues que les couches populaires (compagnons, et la grande masse des paysans).

La population des collèges est encore très hétérogène. Certains arrivent en sachant tout juste lire et écrire : il a fallu pour eux créer une classe de sixième, préparatoire au cursus normal. Dans les régions les plus avancées (comme en Champagne ou en Lorraine) se fondent des établissements intermédiaires, les « régences latines », chargés de cette préparation : ils permettent aux parents de garder plus longtemps leurs enfants près d'eux ; avantage d'autant plus apprécié que, contrairement aux anciens, les nouveaux collèges n'ont pas, sauf exception, de pensionnat. Les âges sont, eux aussi, très hétérogènes : à Auch, les élèves de cinquième, entre 1598 et 1607, ont entre sept et vingt-cinq ans, avec vingt à cinquante élèves pour toutes les classes d'âge entre neuf et dix-huit ans. La durée des études est très variable, soit pour des raisons financières, soit par incapacité, soit aussi parce qu'elle n'est considérée par certaines familles que comme un complément à d'autres formes d'éducation : recours à un précepteur (au début du siècle, certains sont même accompagnés dans les collèges-pensionnats par leur précepteur), apprentissage sur le tas (très pratiqué chez les robins). Cette hétérogénéité, qui se réduira par la suite, montre à la fois que l'institution n'est pas encore stabilisée et, en même temps, que le collège attire, signe qu'il est bien devenu en quelques décennies le fondement de l'éducation des élites.

L'indéniable succès des collèges est donc aussi fonction de leur adéquation indirecte à la préparation aux études juridiques, médicales et ecclésiastiques, par où se font alors beaucoup d'ascensions sociales. Mais elle suppose une complicité des élites pour lier ces formations à la culture humaniste et à la réflexion abstraite. Les études de médecine en sont l'exemple le plus flagrant : malgré la création – dès le XVIe siècle à Paris, au siècle suivant à Toulouse et Montpellier – de lecteurs permanents qui leur donnent un début de formation universitaire, la coupure reste nette entre les chirurgiens et les apothicaires, dont le métier relève de l'apprentissage, de la boutique, bref de l'artisanat, et l'art noble de la médecine. Même à Paris, et surtout à Montpellier qui est du XVIe au XVIIIe siècle le centre d'enseignement le plus renommé, les cours sont d'abord fondés sur l'autorité des Anciens, Hippocrate et Galien. Seul Montpellier, qui reçoit vers 1590-1600 une quarantaine de nouveaux étudiants chaque année – chiffre qui reviendra à une moyenne de vingt-cinq vers le milieu du XVIIe siècle –, a introduit dès le XVIe siècle dans son enseignement des formations pratiques en anatomie et en botanique. Les étudiants, on l'a vu, peuvent y assister officiellement, dès 1550, à quatre dissections annuelles, alors que la pratique ne s'en développera dans l'enseignement parisien que vers 1620 ; la chaire de botanique, qui n'apparaît ailleurs qu'au XVIIIe siècle, y est créée dès 1593, ce qui rapproche futurs médecins et apothicaires. Mais, même à Montpellier, très en avance sur les autres universités, il faut attendre 1634 pour que les étudiants soient en principe tenus de faire deux visites mensuelles dans les hôpitaux. Aussi les médecins frais émoulus de l'Université manquent-ils cruellement de pratique et d'expérimentation, même si des institutions privées ou des pratiques plus ou moins clandestines pallient quelque peu ces déficiences.

Une analyse parallèle s'impose pour les études de droit. Jusqu'en 1679 – date d'introduction, à faible dose, du français –, l'enseignement est exclusivement consacré au droit canon et au droit romain, et fondé sur les recueils de Justinien (VIe siècle) pour celui-ci, et sur ceux de Gratien et Grégoire IX (XIIe et XIIIe siècles) pour celui-là. Ce contenu est d'autant plus paradoxal que le droit romain n'a d'application concrète que dans le midi de la France, le reste du pays jugeant selon le droit coutumier pour lequel il n'existe pas d'enseignement universitaire. On comprend dans ces conditions la faible assiduité des étudiants, qui semblent s'être souvent contentés des inscriptions administratives nécessaires pour se présenter aux examens, et le caractère artificiel des épreuves (Charles Perrault a raconté dans ses *Mémoires* – mais peut-on pour autant généraliser ? – comment quelques espèces sonnantes et trébuchantes l'avaient aidé en 1651 à Orléans à obtenir sa licence après un simulacre d'épreuves). Cette licence en droit est à partir de 1679 nécessaire pour occuper nombre de professions juridiques ; mais le métier s'apprend en réalité sur le tas, auprès d'avocats, de procureurs, de juges ou de notaires expérimentés.

L'enseignement universitaire comprend donc une très forte dose de conservatisme et d'irréalité, qui facilite, surtout en médecine, la reproduction sociale, puisque l'apprentissage efficace du métier se fait en fonction du jeu des relations personnelles et familiales. Il est en décalage de plusieurs dizaines d'années par rapport à la science qui se fait : les facultés de médecine n'intègrent que vers 1600 la circulation pulmonaire découverte par Servet au milieu du XVIe siècle, et seulement vers 1650-1660 la circulation du sang à partir du cœur déterminée par Harvey en 1627. Il est, en cette première moitié du XVIIe siècle, marginal par rapport au milieu vivant des cercles érudits et de leurs correspondants. Mais sa stabilité repose en premier lieu sur l'argument d'autorité, qui conduit de façon générale à privilégier les auteurs qui, précisément, « font » autorité, tant qu'il est possible de contester les conclusions tirées de l'expérience : de même que l'interprétation traditionnelle de l'Écriture conduisait à rejeter les théories héliocentriques d'un Copernic ou d'un Galilée (dont le célèbre procès se déroule en 1633), de même c'est l'autorité de Galien qui au XVIIe siècle provoque le rejet des théories de Harvey. S'y ajoute l'idée, soutenue par des juristes, selon laquelle le droit romain est par lui-même une expression sûre de la raison, et qu'il a donc une valeur formatrice, au-delà de son inutilité apparente. On se trouve ainsi ramené par ce biais aux valeurs fondatrices de l'humanisme, même sclérosé, qui soustendent tout l'enseignement des élites.

II. Humanisme et savoir religieux

Les divisions religieuses du XVIe siècle ont renforcé aux yeux des Églises l'enjeu que constitue la formation des élites. Protestants comme catholiques estiment à la fois nécessaire et de leur devoir de contrôler ce qui est du domaine de la formation des esprits, et s'accordent à penser que l'instruction favorise la piété ; mais leur investissement dans des établissements d'enseignement suppose des ressources régulières. Leurs préoccupations rencontrent celle des responsables locaux ecclésiastiques ou laïcs, qui redoutent une succession trop rapide des maîtres, et les discontinuités ou différences de méthode qu'elle peut entraîner. Cette convergence d'intérêt va faire le succès, du côté catholique, des congrégations et des ordres religieux : ils vont assurer, là où ils s'installeront, la stabilité financière et la continuité pédagogique des collèges, mais en y laissant la marque de ce qui a toujours été leur priorité : assurer et développer la formation des âmes, c'est-à-dire la formation religieuse.

Il y a entre catholiques et protestants une large identité de vues sur l'éducation des élites. En 1565, Jean Sturm, le fameux recteur protestant du gymnase de Strasbourg, rendait hommage aux jésuites « parce qu'ils nous secondent et cultivent les belles-lettres », ajoutant : « J'ai vu les auteurs qu'ils expliquent, les exercices qu'ils pratiquent, et leur méthode d'enseignement qui est si proche de la nôtre qu'elle semble dérivée de nos sources. » Comme chez les catholiques, le modèle reste le collège humaniste. Entre les deux contenus éducatifs, il n'y a que des nuances : les protestants font une place un peu plus large au grec, qui n'est en général qu'une option chez les catholiques. Ils sont plus réservés sur les représentations théâtrales, en raison de leur austérité. Mais c'est évidemment dans le domaine de l'enseignement religieux que les différences sont le plus sensibles : celui-ci est plus fondé sur l'étude de la Bible, le chant des psaumes ; au contraire, les jésuites mettent l'accent sur la pratique des sacrements et sur les dévotions prônées par la Réforme catholique.

Entre 1560 et 1598, douze collèges protestants sont établis dans le royaume ; il y en aura une trentaine à l'apogée, dans les premières années d'application de l'édit de Nantes. Mais leur taille, leur rayonnement, leur durée de vie sont très différents, car ils se heurtent au problème de la continuité : continuité pédagogique (en l'absence de corps prenant en charge l'enseignement, ils sont jugés moins sûrs que les établissements jésuites) ; continuité du statut, après la reconquête catholique, pour ceux qui s'étaient développés dans les villes tenues par les huguenots. Ils n'ont ni les moyens financiers ni les forces humaines nécessaires pour assurer durablement leur maintien dans des régions de faible implantation protestante ; aussi beaucoup disparaissent-ils rapidement. Les principaux – Millau, Montauban, Die et Nîmes – sont par ailleurs transformés en collèges mi-partis, où l'enseignement est donné par des régents appartenant aux deux religions, ce qui en réduit la spécificité.

Il se pose donc à nombre de familles protestantes un problème de conciliation entre foi religieuse et scolarité, différemment résolu selon les moyens financiers, l'ardeur des convictions et la force des tempéraments. Car l'école n'est pas seulement un instrument de pastorale religieuse : elle répond aussi aux besoins d'une communauté d'habitants, ce qui explique les arrangements, là où c'est possible, entre les deux confessions. Mais chaque famille réagit en fonction de la hiérarchie de ses valeurs : malgré les interdictions de leur Église, des familles protestantes inscrivent leurs enfants dans un collège tenu par des prêtres, parce qu'il est à la fois plus proche et plus stable. D'autres préfèrent des maîtres privés beaucoup plus coûteux, ou contrebalancent l'enseignement d'un régent catholique par un répétiteur réformé. Des familles envoient leurs enfants étudier à l'étranger, notamment à l'université de Leyde.

Humanisme, oui, mais chrétien : telle est aussi la préoccupation des évêques réformateurs lorsqu'ils favorisent la création ou la rénovation d'un collège, et des congrégations ou des ordres religieux qui n'acceptent d'y investir une partie de leurs forces que parce qu'ils sont persuadés de faire œuvre utile sur le plan pastoral. Ils ne se situent donc pas sur le même terrain que les municipalités qui les sollicitent. La *Ratio studiorum* – mais les textes des autres congrégations ne diffèrent guère – est sur ce point très explicite ; elles voient dans les collèges un des lieux où peut s'exercer leur mission de christianisation.

Les jésuites, les oratoriens, les pères de la Doctrine chrétienne ont été les plus présents sur ce terrain ; plusieurs autres ordres, congrégations ou compagnies tiendront quelques établissements, mais de façon marginale. Aucun des trois n'avait comme vocation première l'enseignement : les jésuites, les pères de la Doctrine chrétienne ont d'abord été des missionnaires ; les oratoriens ont eux aussi missionné, mais ils avaient surtout comme but la restauration de la dignité du sacerdoce. Leur prise en charge de collèges résulte de plusieurs facteurs : leur formation intellectuelle, particulièrement développée, dès les origines de l'ordre, chez les jésuites ; les besoins des villes ; la conviction que cette nouvelle orientation (qui n'exclut pas les précédentes) sera une nouvelle forme d'apostolat.

La première moitié du XVIIe siècle est le moment essentiel de ce transfert. Les jésuites ont une vingtaine de collèges en 1600, environ quatre-vingt-dix en 1640 (chiffres auxquels il faudrait ajouter une bonne dizaine d'établissements pour tenir compte des implantations réalisées dans les provinces qui seront rattachées au royaume à l'époque de Louis XIV) ; ils n'en créeront ou reprendront plus qu'une dizaine avant la fin du siècle. Les oratoriens enseignent en 1640 dans dix-huit collèges : pour eux aussi, l'essentiel des créations est réalisé, puisqu'ils en ont vingt-six en 1760. Seuls les doctrinaires, qui ont quinze établissements en 1660 et vingt-cinq en 1690, continuent à se développer de façon importante à l'époque suivante. Leur implantation répond à des critères variés : chronologiques (les jésuites, nettement antérieurs, ont eu le plus de choix) ; économiques (il faut affecter à la fondation des revenus suffisants, que leur origine soit privée ou publique) ; sociaux (importance de la population, composition sociale de nature à permettre un recrutement suffisant) ; confessionnels peut-être. On a contesté la thèse selon laquelle la carte des implantations favorisait les régions au contact du protestantisme, ou marquées par lui : ce facteur n'a peut-être joué que de façon limitée en France – beaucoup plus, semble-t-il, en Flandre ou en Lorraine, où elles ont été manifestement un instrument actif de la Contre-Réforme.

Il faut se garder de schématiser : les ordres et congrégations répondent, comme le montrent les enquêtes préliminaires à l'installation des collèges jésuites, à des critères divers d'opportunité et de faisabilité ; du côté des autorités civiles, aucune autorité centrale, puisque l'État n'intervient pas, ne vient imposer une logique unique, ce qui interdit toute grille unique et simple d'interprétation. L'essentiel tient en une conclusion : au milieu du XVIIe siècle, alors que le processus est presque achevé, ordres et congrégations sont loin de tenir en main tous les collèges ; mais ils dirigent les plus importants, et les méthodes et contenus de leur enseignement servent de référence.

Certes, ces prêtres d'élite sont très marqués par l'humanisme ; mais, dans leur conception, le but premier est de faire des chrétiens : la formation religieuse – ce n'est d'ailleurs pas nouveau – tient une grande place, à la fois par l'enseignement (catéchisme, leçons d'histoire sainte) et par les pratiques (prières avant et après les cours, messe quotidienne, examen de conscience journalier, confession et communion mensuelle, etc.). L'humanisme, l'éducation aux civilisations antiques, et surtout latine, est partiellement détourné à cette fin. Les pères usent abondamment d'éditions expurgées, et focalisent l'attention sur des textes choisis pour leur valeur morale ou exemplaire. Ils renforcent une alliance formatrice entre le christianisme et le stoïcisme antique découvert à travers les œuvres de Cicéron ou de Sénèque, ou à travers les vertus héroïques de tel ou tel personnage. Il y a dans cet enseignement des héros positifs ou négatifs. Les thèmes latins, dont le sujet est choisi sans contrainte préalable de texte par l'enseignant, vont dans le même sens, celui de la formation d'une personnalité, dont on espère qu'elle fuira la paresse, l'esprit de lucre ou d'ambition, et qu'elle sera capable de faire preuve de modestie, de courage, et bien sûr de piété.

Il s'agit aussi de préparer ces élèves, que leur faible nombre ou leur origine sociale vouent à occuper ultérieurement dans la société des places d'influence ou de pouvoir, à être de bons ouvriers, eux-mêmes capables de rayonnement. La rhétorique, l'apprentissage du discours oral et écrit, entrent donc tout à fait dans cette perspective formatrice, y compris par les exercices publics et les représentations théâtrales, qui sont en fait une école du maintien et de l'assurance. Les autorités civiles, qui assistent à ces démonstrations, et donc le cas échéant à l'exhibition de leur progéniture, ne partagent pas forcément avec autant d'ardeur ces finalités apostoliques ; mais ils sont en accord avec les méthodes et avec la formation. Car, à la fin du

XVIe siècle, au XVIIe siècle, le développement des collèges est bien porté par une demande sociale. La pression des familles pousse dans ce sens ; les responsables urbains, locaux, y sont eux-mêmes souvent directement intéressés, puisque leurs propres familles sont concernées. Quant aux évêques réformateurs, ils y voient une des bases de la reconstruction de leur diocèse.

La composante religieuse de l'éducation est encore plus nettement accentuée chez les filles de la noblesse ou de la bourgeoisie. Les incidences professionnelles de l'instruction reçue ne se posent guère dans ces milieux ; ce n'est que dans le monde de la marchandise et de la boutique que des femmes sont les auxiliaires professionnelles de leur mari, capables même dans bien des cas de reprendre en main l'entreprise lorsqu'elles deviennent veuves. En revanche, les exigences sociales sont à la mesure du rang qu'il convient de tenir, et du rôle que la femme doit jouer dans sa famille et dans son milieu. C'est en fonction de ces différences que s'organisent les discours et les pratiques sur l'éducation des filles, et le postulat généralement admis d'une nécessaire spécificité.

L'instruction féminine est-elle indispensable ? La réponse, longtemps, n'alla pas de soi, même au sein des élites sociales : on cite à la fin du Moyen Âge l'exemple de l'épouse presque illettrée d'un duc de Bretagne. Mais l'abondance plus grande de l'écrit a modifié l'image sociale même de l'illettrée : la participation des femmes à ce milieu dévot que la littérature spirituelle aide à progresser en vertu et en piété amorce une dévalorisation de celles qui n'accèdent pas à ce nouvel outil. Des femmes ont participé, on l'a vu, au mouvement humaniste, et on sait leur rôle dans le passage à la Réforme, ainsi que dans les milieux qui inspirent la Réforme catholique. Salons dévots comme celui de madame Acarie, salons précieux comme celui de la marquise de Rambouillet, où l'on se pique de littérature et de beau langage – tous ces exemples montrent avec éclat que le principe de l'instruction des femmes est acquis dans les milieux de la haute bourgeoisie et de la noblesse, sans entraîner pour autant de remise en cause de leur rôle social.

La femme est seconde par rapport à l'homme, et son éducation doit refléter cette condition. Il n'y a pas de collèges pour les femmes, qui n'ont accès ni au sacerdoce, ni aux fonctions administratives ou autres. Le latin, très rarement pratiqué en dehors des offices religieux, est une barrière quasi symbolique : on dit que Marguerite d'Angoulême elle-même le lisait, mais n'était pas capable de l'écrire. L'opinion partagerait volontiers le mot de Luther que nous citons d'après Marc Venard, selon lequel « le monde a besoin d'hommes et de femmes capables, de manière que les hommes puissent bien diriger le pays et les gens, et les femmes bien éduquer et gouverner la maison, les enfants et les domestiques ».

Dans les milieux aisés, les filles sont le plus souvent confiées à un couvent, dans nombre de cas sous la protection d'une tante, d'une cousine religieuse ; certaines y prononcent ensuite leurs vœux. La préparation éventuelle au noviciat permet à un très grand nombre des congrégations et ordres féminins qui se créent à l'époque de la Réforme catholique d'accueillir quelques pensionnaires ; il y a par exemple toujours quelques filles dans les couvents de la Visitation, institués par Jeanne de Chantal. Les ordres spécifiquement enseignants se vouent, on le verra, à l'éducation gratuite des filles pauvres ; mais ils accueillent eux aussi des pensionnaires de la bonne bourgeoisie ou de l'aristocratie, moyennant un prix de pension élevé ; c'est le cas, notamment, des ursulines, dont le développement a été particulièrement rapide.

Dans ces conditions, la formation dans ces couvents marqués par les premières décennies de la Réforme catholique, est avant tout religieuse. L'effectif des pensionnaires est réduit : le « Coutumier et Directoire » de l'ordre de la Visitation prescrit de ne recevoir que « deux, trois ou quatre [élèves] au plus, âgées d'environ dix à douze ans, s'il se peut [...] de bon naturel, et tant qu'il sera possible portées à être religieuses ou leurs parents en ayant le désir ». L'éducation conventuelle s'assouplira ultérieurement, sous la double pression d'effectifs croissants moins strictement encadrés, pour lesquels l'hypothèse du noviciat envisagé deviendra pure fiction, et de familles désireuses de préparer la future femme à ses devoirs de maîtresse de maison. Plus tard, les arts d'agrément entreront dans des couvents par ailleurs moins austères qu'à l'époque des grandes réformes ou des créations.

L'éducation conventuelle plonge donc les jeunes filles des meilleures familles dans un bain continu de pratiques religieuses qui les habitue sans rupture et en tout cas sans surprise à la vie monastique. À qui imaginerait ces femmes comme des ombres sans consistance, il suffirait cependant de rappeler l'exemple d'Angélique Arnauld, entrée à Port-Royal à l'âge de neuf ans, et réformatrice énergique de ce même couvent à dix-huit ans, comme celui de bien d'autres abbesses. Au-delà de ces personnalités connues, chaque couvent est une communauté avec ses fonctions temporelles, spirituelles, des biens à gérer, des missions à remplir, de multiples responsabilités. Elle n'est pas en rupture avec la vie ; nous penserions assez volontiers avec Marc Venard qu'on peut « y donner d'excellentes leçons d'économie domestique et même de gouvernement seigneurial ». L'origine des religieuses, issues des mêmes milieux, voire la présence d'une parente, limite le dépaysement que pourraient ressentir les pensionnaires. Pour celles qui, renonçant au voile, reviennent au monde, la mission religieuse est toute tracée : rendre comme leurs frères sortis du collège un peu de ce qu'elles ont reçu, en agissant sur la conduite et les mœurs de leur entourage. Le milieu conventuel est lui aussi un lieu de formation dévote, qui, aux yeux des prêtres et des religieuses, impose des devoirs ; nombre de familles connues pour leur dévotion ont sans doute pour noyau une de ces femmes formées dans leur jeunesse à cette austère école. Leurs devoirs spécifiques concernent avant tout leur mari, et leurs enfants, dont elles vont être de plus en plus chargées par l'Église d'éveiller et de consolider la foi. Leur formation, leur culture – y compris pour certaines tâches matérielles et ménagères apprises au couvent – sont adaptées à cette image de bonne épouse, de bonne mère, apte à gouverner sa maison, et à être sous son toit le gardien de la religion.

III. La diffusion des savoirs : modes et contenus

À travers les universités, les collèges, les pensionnats de cette première moitié du XVIIe siècle, ce sont bien entendu les savoirs de l'élite que nous avons vus se constituer en une culture de référence. Il nous faut maintenant élargir le regard, voir au-delà du monde de la latinité cette fraction numériquement autrement importante de la population que constituent ceux qui se sont bornés aux rudiments et au mieux à quelques petits ouvrages, et le monde plus nombreux encore des analphabètes.

Ici encore, les motivations religieuses et les ambitions sociales se mêlent dans le désir de dispenser ou d'acquérir un savoir somme toute étranger, pour la plupart des individus, à la vie quotidienne ou professionnelle. En descendant l'échelle sociale, les ambitions se font cependant par force plus modestes, jusqu'à n'avoir plus guère de sens ; reste cependant la motivation religieuse, c'est-à-dire la volonté venue de l'extérieur du monde rural, impulsée par les cadres et les dévots des Églises, d'apprendre la religion à tous. Cette tâche, immense, nécessite des intermédiaires ; aussi la christianisation du savoir passe-t-elle par la constitution préalable d'une culture cléricale.

Pour les ordres religieux qui les encadrent, les collèges sont aussi et autant que possible le lieu d'une formation qui peut mener au sacerdoce. Tous les élèves y sont soumis, autant que le permet l'externat, à des habitudes de dévotion, et à un règlement de vie fondé sur la régularité et l'occupation de tous les instants. Il s'agit ainsi d'éviter les pièges de l'oisiveté et d'accoutumer à un mode de vie que l'on s'efforcera de présenter comme devant être celui des prêtres. Les élèves remarqués pour leur piété se regroupent dans les congrégations, lieu d'observation de futures vocations. On peut penser, à partir de quelques exemples, qu'au XVIIIe siècle encore 10 % au moins des élèves des collèges deviennent prêtres. Peut-être est-ce là un minimum. Cette proportion est en tout cas plus forte en Bretagne ; elle atteint 30 à 40 %, ce qui semble être un record, chez les élèves du collège jésuite de Vannes.

Les motivations pastorales qui ont conduit les religieux à s'investir dans l'enseignement rencontrent la préoccupation d'assurer à chaque futur prêtre un bagage minimum et sûr, qui caractérise les évêques soucieux, au XVIIe siècle, de réformer leur diocèse. Elle n'est pas nouvelle : le concile de Trente lui-même n'avait fait à cet égard que constater des manques soulignés par tous ceux qui souhaitaient dès avant le schisme une rénovation de l'Église, reprendre les aspirations et recommander les voies explorées dès le siècle précédent par quelques évêques. Ce qui est en revanche nouveau, et sans doute décisif, c'est, en amont de la préparation précise au sacerdoce, la constitution nouvelle et rapide de ce réseau suffisamment dense de collèges.

La formation qu'on y reçoit est tout à fait adaptée à cette préparation aux ordres, pour lesquels un évêque ne peut dans la première moitié du XVIIe siècle imaginer de meilleurs formateurs que les oratoriens ou les jésuites. Certes, pendant longtemps, et en Bretagne peut-être jusqu'à la fin de l'Ancien Régime, les curés continueront à donner une première formation, faite de piété et de latin mêlés, à quelques adolescents aptes à se diriger vers le sacerdoce. Mais l'existence de solides collèges leur permet désormais, même dans ce cas de figure, de rejoindre à un niveau plus ou moins élevé une institution stable. Même si l'évolution est loin d'être achevée au milieu du siècle, le renforcement des exigences épiscopales pour l'admission aux ordres oblige progressivement les futurs prêtres à suivre au moins les dernières années de l'enseignement classique des collèges. Au-delà du cursus général qui se termine avec la philosophie, de nombreux évêques confient dès le XVIe siècle aux collèges le soin d'enseigner la théologie aux futurs prêtres, dans des classes qui leur sont réservées : changement considérable, puisque, en dehors du faible secours que pouvaient apporter quelques rares ouvrages, la théologie n'était jusqu'alors accessible qu'à la minorité des prêtres qui entreprenaient des études universitaires.

Le problème de la formation des ministres protestants avait été plus précocement abordé, à la fois parce que tout était à créer au sein de ces Églises nouvelles et parce que l'ecclésiologie calviniste accordait au ministre, à travers la prédication, un rôle essentiel dans le commentaire de l'Écriture. Mais, inspiré par les mêmes préoccupations, il aboutit au même schéma formel. Sur le modèle de celle de Calvin, fondée en 1559 à Genève, la préparation au ministère pastoral se fait dans les huit académies (dont quatre antérieures à 1598), qui annexent à des collèges des classes de théologie. Les ministres protestants viennent donc, sous le régime de l'édit de Nantes, de Digne ou de Die, et surtout, outre Genève, de Sedan ou de Saumur ; l'académie de Saumur, créée en 1599, s'affirme au XVIIe siècle, à l'échelle européenne, comme l'un des lieux les plus représentatifs du protestantisme libéral et modéré.

Durant tout le XVIIe siècle, c'est dans ces lieux que se constitue, pour les deux confessions, l'essentiel d'une culture spécifiquement cléricale. Du côté catholique, la première forme des séminaires, d'inspiration italienne, se limite à l'accueil de quelques écoliers pauvres dans des maisons où ils ne reçoivent guère que le gîte et le couvert : faute de ressources et parce qu'elle vient trop tôt par rapport à la grande vague d'implantation des collèges, cette formule n'est tentée que dans quelques diocèses. C'est à partir d'initiatives parisiennes de l'époque de Louis XIII, d'institutions qui évoluent peu à peu – telles que la communauté de Saint-Nicolas-du-Chardonnet d'Adrien Bourdoise et les prêtres de la Mission, souvent appelés lazaristes, de Vincent de Paul (fondés en 1625) à partir de 1631, ou celle de Saint-Sulpice fondée par Olier en 1641 –, que s'étend, très progressivement, le modèle d'un lieu de formation spécifique, qui est le séminaire à la française.

Le développement des séminaires diocésains ne s'accélère qu'après 1650, et ne s'achève que vers 1690. À cette époque, les évêques peuvent faire appel à des congrégations, des ordres qui assurent la permanence et la cohérence d'une formation : la plupart des nouvelles maisons sont donc confiées à des compagnies issues de la Réforme catholique, telles que les lazaristes de Vincent de Paul, ou les sulpiciens qui dépendent de la maison centrale de Saint-Sulpice, qui verra elle-même passer jusqu'à la fin de l'Ancien Régime la plupart des futurs évêques – ou dans certains diocèses de l'Ouest les eudistes. À l'époque de Louis XIV, ils se bornent d'ailleurs le plus souvent à accueillir les « ordinands » pour de courts séjours de quelques semaines, avant chacun des trois ordres majeurs que sont le sous-diaconat, le diaconat et la prêtrise.

Le savoir théologique continue à être dispensé le plus souvent dans les collèges ; c'est seulement au siècle suivant que les évêques, soucieux, notamment en raison de la diffusion du jansénisme, de mieux contrôler la formation doctrinale de leurs futurs prêtres, créeront dans les séminaires des cours spécifiques de théologie. Le temps des études sera alors progressivement porté à deux ou trois ans. Mais, dans l'esprit des fondateurs, il ne s'agit pas de former des docteurs de l'Église : on a davantage besoin, disait Vincent de Paul, « d'une piété et d'une médiocre science, avec l'intelligence du sens des cérémonies, de la prédication et du catéchisme, que de beaucoup de doctrine ». Deux préoccupations dominent au XVIIe siècle : préparer concrètement, pratiquement, les ordinands à leurs fonctions, et donc leur apprendre les rites, la liturgie, la tenue des offices, la distribution des sacrements (et notamment l'exercice délicat du ministère de la confession), les entraîner aussi à la prédication ; achever de développer en eux un esprit de piété et de vertu qui en fasse des modèles aux yeux de leurs ouailles à venir.

Malgré le piège d'une généralisation trop facile, qui serait à coup sûr fort exagérée, la vision de la hiérarchie, des dévots soucieux de réforme, sur la culture et les comportements du clergé était certes fort noire, mais nullement dénuée de fondement pour nombre de desservants des paroisses rurales :

> les prêtres étaient pour la plupart si ignorants qu'ils n'entendaient pas le latin [...] Il n'y avait point de différence entre eux et les séculiers pour les habits et la conversation. Ils marchaient en habits courts de diverses couleurs ; la soutane était gardée dans l'église avec l'aube et les habits sacerdotaux, comme ne servant qu'à l'autel. Ils portaient les cheveux longs comme les séculiers ; leurs divertissements étaient la chasse et le jeu, leur demeure ordinaire le cabaret ; il s'en trouvait même qui passaient leur temps dans des assemblées de nuit à danser et à jouer avec les femmes...

Ce tableau dressé par le biographe d'un évêque réformateur de Cahors de la fin du règne de Louis XIII, qui poursuit par l'évocation d'autres actions « infâmes » et « scandaleuses », témoigne aussi, involontairement, de l'identité culturelle qui existait, avant l'arrivée dans les paroisses rurales de ce nouveau type de prêtre modelé par la Réforme catholique, entre le clergé et le monde paysan, que ces comportements, et même le concubinage de certains prêtres, ne semblaient pas scandaliser. Or la situation change, mais très progressivement, plus rapidement sans doute dans l'est et le nord de la France (dans ses frontières de la fin du XVIIe siècle, c'est-à-dire en y incluant la Flandre, la Franche-Comté et, malgré son statut plus complexe et plus changeant, la Lorraine), partie intégrante de cette dorsale qui, des Flandres à la Bavière et à l'Italie du Nord, a été fortement et précocement marquée par la Réforme catholique. Le Bassin parisien a été touché relativement vite à partir des institutions et réformes de la capitale. Parties de Paris et des villes, ces transformations s'étendent en fait, selon les régions, sur l'ensemble du XVIIe siècle, voire le début du suivant.

Le prêtre devient, beaucoup plus qu'auparavant, homme de l'écrit, même s'il importe peu dans les campagnes à la quasi-totalité de ses paroissiens qu'il sache bien ou mal le latin. Sous la double pression d'une nécessité désormais ressentie et du contrôle épiscopal, chaque curé va peu à peu acquérir quelques ouvrages de base : à la suite du missel, du bréviaire, du *Catéchisme du concile de Trente*, il se procure souvent un Nouveau Testament, voire un manuel ou dictionnaire de cas de conscience qui l'aide dans l'exercice difficile entre tous de la confession. Ces livres sont plus nombreux dans les presbytères urbains, au moins chez les responsables de paroisse. Ils le sont beaucoup plus chez cette minorité de prêtres qui a suivi, en dehors du cycle normal, un cursus universitaire qui les a menés à la licence ou au doctorat en droit ou en théologie. Mais si, chez le curé de campagne ordinaire, une bibliothèque de dix à vingt ouvrages, en général tous de dévotion, est au XVIIe siècle un bel ensemble, il suffit, dans un contexte d'analphabétisme en général très majoritaire, à faire désormais du curé de village le représentant d'une culture savante extérieure aux traditions rurales. Ensoutané – c'est l'époque où la soutane devient l'habit ordinaire du prêtre en public –, de plus en plus différent par son genre de vie, par une culture livresque qui fera encore des progrès notables au XVIIIe siècle, le prêtre est désormais le pasteur et le guide, à part, et selon l'Église supérieur au troupeau des fidèles.

IV. Les étapes d'un encadrement culturel

Sur le terrain, d'autres les ont précédés dans cette action de sanctification et d'enseignement des laïcs. « Vos Indes sont ici » : l'interpellation faite aux jésuites pour les convaincre de consacrer une partie de leurs forces aux vieilles régions de christianisme illustre la dimension missionnaire de l'Église de ce premier XVIIe siècle. Les villes et les bourgs ont été travaillés les premiers : connue par les travaux de Bernard Dompnier, l'action des capucins, qui s'établissent en France à partir de 1574 et apparaîtront assez vite comme un ordre populaire par excellence, a d'abord consisté à leur fournir, à la demande des autorités locales, de bons prédicateurs pour les temps d'avent et de carême ; assez vite, cependant, quelques pères choisissent de prêcher dans les campagnes et les villages. La pastorale des premiers jésuites vise de même, en un premier temps, les villes et leurs alentours, même si leur mode de vie « à l'apostolique » leur offre en chemin des modes de contact avec les populations rurales ; les premières régions touchées sont, aussi, des régions de concurrence confessionnelle, l'Alsace, la Lorraine ou le Poitou.

La perspective s'élargit progressivement avec la prise de conscience des besoins spirituels des vieux catholiques qu'il fallait « affermir dans la foi », et en particulier des ruraux. Lorsqu'en 1625 Vincent de Paul traite avec les Gondi, son contrat stipule que « les villes se trouvant, par la miséricorde de Dieu, pourvues de bons ministres et de zélés religieux », il ne restait « que les pauvres de la campagne qui paraissaient destitués de tout secours spirituel ». Le texte précise donc qu'il

> devra faire choix d'un certain nombre d'ecclésiastiques […] qui seront tenus de se donner tout entiers aux soins des pauvres de la campagne, et, en conséquence, s'obligeront de ne prêcher ni administrer aucun sacrement dans toutes les villes où il y aura archevêché, évêché ou présidial, mais bien d'aller de cinq ans en cinq ans faire la mission par toutes les terres des dits seigneur et dame.

Dans le même temps, les forces disponibles s'accroissent notablement : les résidences jésuites se multiplient entre 1603 et 1640, de même que les couvents de capucins, ou encore les oratoriens créés en 1611, ou les prêtres de la Mission ou lazaristes de Vincent de Paul à partir de 1625. Tous, et d'autres, vont consacrer une partie de leur effort à la mission rurale. Le terrain qu'ils explorent est à coup sûr effrayant aux yeux de prêtres ou de dévots. Sans doute serait-il là encore trop rapide de généraliser les descriptions terrifiantes de l'ignorance des campagnes faites à l'époque de Louis XIII et même au-delà pour les campagnes bretonnes, où, par exemple à Mûr-de-Bretagne, en 1646, même les notables sont incapables de citer les trois personnes divines. La Bretagne accumule à l'époque les handicaps : la faible diffusion de l'écrit y renforce le poids d'une instruction par l'oral qui suppose des contacts directs, tandis que la langue parlée dans sa partie occidentale limite le nombre des prédicateurs disponibles ; la très faible implantation du protestantisme empêche par ailleurs de considérer la province comme devant être instruite en priorité, et toute réaction de prosélytismes concurrents. En revanche, dès les années 1560, des jésuites distribuaient déjà dans les campagnes d'Alsace des milliers de catéchismes.

Le terrain n'est donc pas au départ uniforme. Les guerres de Religion, y compris la dernière, dans les années 1620, pour les provinces du Midi, y ont accumulé les ruines matérielles, comme le fera aussi pour une partie du Bassin parisien, dans la décennie suivante, la guerre contre l'Espagne. Les ruines sont aussi spirituelles. Mais c'est sur ce terrain que se fait, alors en avant-garde, le travail du missionnaire : pastorale d'urgence, puisque, comme l'écrit en 1628 Vincent de Paul dans une supplique au pape,

> les pauvres gens des champs [...] restent dans l'ignorance et la pauvreté, ignorant, jusque dans leur vieillesse, les mystères de la foi nécessaires au salut, et malheureusement meurent souvent dans les péchés de leur jeunesse, pour avoir eu honte de les découvrir à des curés ou à des vicaires qui leur sont connus et familiers.

Dispenser un savoir, établir des pratiques, telles sont donc les finalités de l'action des missionnaires, que développe en 1639 Vincent de Paul dans une lettre à Jeanne de Chantal :

> Quand nous sommes en mission à la campagne, on va à l'église à six heures du matin pour célébrer la sainte messe et confesser, en suite de la prédication qu'un de la compagnie vient de faire en suite de la sainte messe qu'il a dite auparavant ; l'on confesse jusqu'à onze heures ; puis l'on s'en va dîner et l'on retourne à l'église à deux heures pour y confesser jusqu'à cinq heures ; en suite de quoi l'un fait le catéchisme...

Enseigner par la prédication et le catéchisme, amender par une confession et une communion aussi générales que possible, assurer le maintien d'un acquis par la création dans la paroisse d'une confrérie susceptible de structurer une élite locale de la dévotion (Vincent de Paul essayait ainsi d'établir partout une confrérie de la Charité) : cette stratégie pastorale des missionnaires connaît cependant des variantes dans le nombre et la répartition des exercices. En basse Bretagne,

Michel Le Nobletz, mais aussi ses successeurs, tel Maunoir qui effectue en quarante-trois ans 439 missions, accordent un temps plus large à la prédication : ce choix, qui laisse une place à des sermons plus spécialement destinés à des publics particuliers – femmes, enfants, laboureurs, etc. – et aux « conférences » où s'engage un dialogue avec les fidèles, est lié chez Maunoir aux conceptions jésuites, et surtout au grand nombre des missionnaires engagés simultanément ; mais n'est-ce pas, là aussi, adaptation à des terrains différents ? Quelque démunis qu'ils fussent, les ruraux du Bassin parisien l'étaient à l'époque moins que ceux de basse Bretagne, pour lesquels une instruction magistrale était sans doute plus nécessaire encore, avant qu'ils n'aient de leurs manques une conscience suffisante pour les amener à une confession utile et valable.

L'action de défricheurs menée par les missionnaires a donc été particulièrement importante à cette époque où le clergé paroissial rural, jusqu'à des dates variables, est encore incapable d'un encadrement généralisé et efficace. Certes, une mission d'un mois assurée par vingt missionnaires représente en Bretagne sept à huit mille heures d'enseignement concentrées sur un petit groupe de paroisses, et pour chaque fidèle un contact personnel avec un prêtre. Cependant, l'acquisition durable d'un savoir religieux suppose, en premier lieu, la présence permanente au contact des fidèles d'un intermédiaire culturel capable de le transmettre et d'en vérifier l'assimilation.

Ce prêtre issu du collège, passé par le séminaire, n'est pas seulement un homme de la culture écrite : il doit être aussi modèle de vie, illustrer autant que possible par son propre exemple le discours qu'il tient aux laïcs. Le ministre protestant est aussi jugé sur sa vie familiale. Le prêtre catholique est d'autant plus sujet à l'obligation d'exemplarité que son état a été fortement valorisé par la Réforme catholique. Si la vie consacrée à Dieu est présentée aux femmes comme un état supérieur, le sacerdoce que confère le sacrement de l'ordre place plus encore le prêtre au-dessus du fidèle ; mais il lui revient aussi de présenter dans la vie quotidienne un mode de vie qui, s'il ne peut être suivi dans tous les domaines par les hommes ordinaires, doit apparaître comme une sorte d'idéal, fortement normatif. Là encore, l'évolution n'en est qu'à ses débuts, et ses implications ne trouveront toute leur force qu'au

XVIIIe siècle. Néanmoins s'amorce dès le milieu du précédent un processus qui, par les valeurs, les comportements qu'il propose, distend les vieilles solidarités culturelles.

Car, en faisant descendre dans le corps social un ensemble de représentations – de Dieu, du monde naturel et surnaturel, de l'histoire du salut –, de valeurs, de comportements avec leurs obligations et leurs interdits, c'est en définitive une culture qui est progressivement refaçonnée. Elle suppose que l'influence de l'Église s'exerce, au-delà du clergé, par des groupes, des individus qui innervent la société laïque, et contribuent à répandre ce modèle. Toutes les œuvres d'enseignement de l'Église sont, à leur niveau, inspirées par cette préoccupation pastorale. Le milieu dévot urbain, dont on a vu la constitution et les structures, ne sépare pas la sanctification personnelle de ses membres de la nécessité d'édifier, d'assister, d'enseigner, d'être le levain dans la pâte : ainsi en est-il dans les collèges jésuites des congrégations des élèves, mais également de celles des artisans, et de celles des messieurs pour les milieux bourgeois. Dans la province jésuite de Champagne, qui rassemble Champagne, Bourgogne, Lorraine, et après 1660 l'Alsace, les congrégations de bourgeois et d'artisans comptent en 1630, selon Louis Chatellier, mille sept cents personnes, en 1665 près de trois mille, en 1700 quatre mille cent… Bel exemple d'un mouvement, en marche, de renforcement des élites dévotes.

Bien que leur densité soit inégale, les confréries débordent le cadre urbain des congrégations pour créer des noyaux de dévotion dans de nombreuses paroisses rurales ; leurs membres s'astreignent à des pratiques particulières en matière d'assistance à la messe (au-delà, bien entendu, de l'obligation juridique), de participation aux sacrements ou de pénitence. Certaines, comme celles du Rosaire, semblent assez tôt attirer en majorité les femmes, et constituent à ce titre à l'échelle du village un des lieux de la sociabilité féminine locale. D'autres assurent des services d'Église, dont la portée est également sociale : ainsi les confréries du Saint-Sacrement qui entretiennent le luminaire, les confréries de Pénitents qui dans le Midi assistent les confrères souffrants ou nécessiteux, et portent les morts en terre, tout comme les vieilles confréries des Charitables de la région de Béthune, ou les Charitons de Normandie. La plupart, et surtout celles des Agonisants ou celles des

Âmes du purgatoire, assurent à leurs membres les prières de tous au moment de la mort, et des messes. Bref, la confrérie de Pénitents apparaît, selon l'heureuse expression de Marie-Hélène Froeschlé-Chopard, comme « le lieu privilégié de l'ardeur religieuse du laïcat chrétien » ; une société « à part » certes, mais dont chaque individu peut être autour de lui, dans sa famille notamment, une sorte d'aiguillon.

Ceux qui veulent progresser dans la piété disposent aussi en certaines provinces des maisons de la Retraite, telle celle que fondent à Vannes peu après 1660 le jésuite Vincent Huby et le vicaire général Eudes de Kerlivio, et qui peut accueillir jusqu'à trois cents hommes pour des retraites de huit jours ; une institution semblable s'ouvre pour les femmes une quinzaine d'années plus tard. Sans doute ces retraites rassemblent-elles à Vannes davantage de gens instruits, capables de suivre les exercices spirituels d'Ignace de Loyola. Pourtant, l'institution prévoit différents niveaux, jusqu'au monde paysan, et remplace pour les « bonnes gens » Ignace de Loyola par des instructions familières et des prières simples, utilisant également la pédagogie de l'image. La retraite des femmes, administrée par « d'honnestes et dévotes filles ou veuves », accueille 412 femmes à la Pentecôte de 1680.

Le succès initial, pour les confréries comme pour les retraites, ne se poursuivra que fort inégalement ; à Vannes les vingt retraites annuelles se réduiront plus tard à seize, ce qui, même avec des effectifs bien moindres, suppose une participation qui déborde largement les élites sociales. Toutes ces institutions qu'animent les fidèles montrent qu'au niveau de chaque village se forme ainsi, finalement, un milieu de familles dévotes, ou en tout cas intéressées au fonctionnement de la paroisse. Pour des raisons à la fois religieuses et sociales, les cadres du village, les familles les plus solidement installées ne peuvent pas ne pas faire partie de ces institutions qui structurent la société locale ; un rôle important dans une confrérie est d'ailleurs une des formes du prestige social local. Il en est également ainsi pour les trésoriers et les fabriciens, souvent eux-mêmes anciens trésoriers, qui assurent la gestion des revenus et des charges de la paroisse. Ces familles forment à leur modeste niveau l'ultime capillaire d'un réseau qui, avec le clergé, acculture le monde paysan à de nouvelles valeurs, à de nouveaux savoirs.

V. Les méthodes de l'encadrement culturel

Dans une population en forte majorité analphabète, l'oral joue un rôle essentiel dans l'inculcation de ce savoir religieux, nouveau dans la culture rurale. La prédication est la première arme du missionnaire, avant d'être celle du curé de paroisse. Elle est essentielle chez les réformés, qui écoutent lors des deux cultes hebdomadaires le sermon du pasteur, dont les commentaires contribuent pour beaucoup à l'intériorisation d'un savoir biblique qui dépasse de loin la simple connaissance du texte. Elle devient progressivement, d'abord par les missions, un outil pédagogique tout aussi important dans les paroisses catholiques.

Il faut, pour gagner l'esprit d'un auditoire, s'adapter à une culture orale où, de surcroît, l'effort physique est constamment apprécié et valorisé : aussi la forme est-elle essentielle. Dans des descriptions certes hagiographiques, mais qui ne sont pas pour autant totalement irréelles, les *Annales capitulaires* des capucins de la province de Lyon dessinent à travers une galerie de portraits les qualités du bon prédicateur, c'est-à-dire du prédicateur efficace : voici, par exemple, Esprit de Beaumes, qui avait « une voix sy puissante qu'il faisoit tout trembler de peur, quand il [...] invectivoit contre les vicieux ». D'autres usent d'une séduction rhétorique plus insinuante, comme Maunoir, selon son biographe presque contemporain, le père Boschet :

> Son action était ordinairement modérée, mais quelquefois extrêmement animée ; le son de sa voix, plein de force et d'onction, pénétrait jusqu'au fond de l'âme ; et ses discours attendrissaient tellement son auditoire, que je ne sais si jamais prédicateur a fait autant de larmes que lui.

Le visuel, l'auditif ont leur part dans les cérémonies. La prédication missionnaire s'insère dans un ensemble d'exercices et de cérémonies étalés sur plusieurs semaines, dont les ressorts pédagogiques sont à la fois la peur et la séduction. Pour impressionner son auditoire, Maunoir organise lors d'une mission une mise en scène où des damnés, cachés sous l'estrade, répondent d'une voix caverneuse aux questions des vivants. On organise des cérémonies spectaculaires par le décor, la lumière, la musique, dont le but est bien de frapper et de séduire les esprits, notamment en région de concurrence confessionnelle où elles s'opposent à l'austère dépouillement du culte réformé.

La prédication, surtout dans les premiers temps de l'action missionnaire, est fortement catéchétique. S'adressant exclusivement ou principalement aux adultes, les missionnaires s'efforcent de faire passer un enseignement systématique. Leurs sermons commencent ou se terminent souvent par des prières, qu'il font réciter en commun, et notamment le Credo qui résume les principaux articles de foi. Il s'agit bien au départ d'une pastorale d'urgence, pour inculquer à tous un bagage minimum.

Le clergé paroissial, à leur suite, reprendra pour une part cette pédagogie, lors du prône de chaque grand-messe ; la récitation du Notre Père, du Credo, du Décalogue, constituera désormais, à destination de la population adulte, une sorte de formation continuée. Ainsi chacun, maintenant, « sait » ses prières. On ne saurait trop insister sur le caractère à double titre très neuf, pour beaucoup de ruraux, de cet acquis : à la fois parce qu'il s'agit, par un effort intellectuel, d'assimiler des notions abstraites et parce que ce contenu est enseigné lui-même de façon largement abstraite par des prêtres qui ont acquis une autre culture, rompant ainsi, dans la plupart des familles et des villages, avec les modes traditionnels de transmission des savoirs.

La catéchèse est, elle aussi, majoritairement orale. Les premiers manuels ne sont que des résumés plus ou moins simplifiés de manuels de théologie, uniquement destinés aux prêtres ; le *Catéchisme du concile de Trente* se situe formellement dans cet héritage. La racine, du côté réformé, est le *Formulaire* publié par Calvin lui-même en 1541, trop difficile pour une véritable catéchèse d'enfants. Du côté catholique, la novation commence à se manifester avec le *Catéchisme* du père Auger, jésuite, dont la première édition de 1563 est complétée par des versions simplifiées destinées aux « rudes », à côté de celles qui étaient accessibles aux lettrés et au clergé. Cette catéchèse de masse conduit à adopter, à partir d'initiatives protestantes, une pédagogie par questions et réponses qui facilite au prêtre l'utilisation orale d'un manuel que la plus grande partie de son auditoire est dans les campagnes incapable de lire.

Il faut, là aussi, apprendre par cœur, en espérant que les commentaires du prêtre autour de chacune de ces réponses ne seront pas complètement oubliés. L'adaptation aux différentes strates culturelles du public illettré est progressivement améliorée : la *Summa doctrinae christianae* de Canisius, publiée pour la première fois en 1554 mais qui connaît encore au moins une vingtaine d'éditions en latin ou en français au XVIIe siècle, comprend trois niveaux, dont chacun diffère à la fois par le nombre des questions et par la longueur et la complexité des réponses : le manuel du prêtre (la *Summa*), le *Catechismus parvus* ou *minor*, destiné à un public de jeunes gens instruits, souvent employé dans les collèges jésuites ; enfin un *Catechismus minimus*, limité à 59 questions, destiné aux petits et aux simples. À cette version réduite, sinon à l'essentiel, du moins aux limites estimées de la compréhension, est joint dans certaines éditions un abécédaire, ce qui montre que la catéchèse s'insère dans un projet éducatif plus global. Directement tournée vers ce public, la *Doctrine chrétienne* de l'Italien Jacques Ledesma, publiée en 1573 et souvent rééditée, qui se borne à une trentaine de pages, ou la *Brève Doctrine chrétienne* de Bellarmin témoignent du progrès de cette réflexion catéchétique.

Ces ouvrages sont d'abord connus de publics urbains : la catéchèse en milieu urbain dispose dès la première moitié du XVIIe siècle de l'avantage de prêtres mieux formés, et doublés, essentiellement pour les filles, de l'action de congrégations et ordres tournés, telles les ursulines, vers l'éducation des filles les plus pauvres. Dans les campagnes, la diffusion de leur contenu est beaucoup plus lente : elle suppose le relais d'un clergé préparé à cette tâche. En même temps qu'ils recommandent à leurs prêtres de se procurer pour eux-mêmes le *Catéchisme du concile de Trente*, les évêques adoptent progressivement un manuel commun à toutes les paroisses de leur diocèse ; le catéchisme diocésain est né. Mais sa transmission régulière, c'est-à-dire la généralisation de la catéchèse pour tous les enfants des campagnes, est, à en juger par les procès-verbaux des visites épiscopales ou les relations de curés, une entreprise de longue haleine. Dans l'archidiaconé de Paris, l'enseignement du catéchisme est en 1679 jugé négligé dans la moitié des paroisses. Au début du XVIIIe siècle encore, le prieur de Sennely, en Sologne, se borne à faire le catéchisme du mercredi des Cendres à Pâques, qu'il renforce, durant le même temps liturgique, par des séances supplémentaires destinées aux enfants de quinze ou seize ans qui se préparent à la première communion.

Le progrès, pourtant, est important. Les villes, y compris leurs milieux populaires, gardent leur avance, grâce à une alphabétisation plus développée, grâce aussi à cet encadrement qui, par les congrégations, puise jusqu'au sein de l'artisanat. Mais les campagnes sont, parfois dès la fin du XVIe siècle – dans la France du Nord et de l'Est – et au plus tard dans la seconde moitié du XVIIe siècle, progressivement atteintes. Contrairement aux missions, la catéchèse régulière touche les générations successives d'enfants – on recommandait d'ailleurs dans les premiers temps aux parents de les accompagner – et imprègne donc peu à peu toute la population. Quatre-vingts jours environ, chaque année, l'assistance à la messe du dimanche ou des quelques dizaines de jours de fêtes où elle était aussi obligatoire permettait, on l'a vu, une révision rapide des notions les plus importantes.

En l'absence de livres, rarissimes jusqu'à la fin du XVIIe siècle chez les paysans, cette imprégnation catéchétique s'effectue par d'autres moyens, par d'autres démarches. L'apprentissage se fait oralement, par inculcation des réponses apprises par cœur aux questions posées. Les catéchistes utilisent également l'image, à partir de modèles et de recueils communément répandus, tel chez les capucins le *Miroir du pécheur*. Les *taolennou* de Michel Le Nobletz, peintes sur des peaux de mouton, en sont une forme particulièrement complexe ; elles présentent aussi cette spécificité d'être reproduites en plusieurs exemplaires, et d'être accompagnées de commentaires écrits confiés à des groupes de laïcs, pour une exploitation ultérieure. Massivement diffusée, l'image, à laquelle on accorde souvent une vertu de protection, est présente dans tous les intérieurs : image du Christ, de la Vierge ou d'un saint, image de confrérie, souvent accompagnée d'une courte invocation que l'on connaît par cœur, elle est, outre ses vertus religieuses, un des modes d'une très élémentaire acculturation à l'écrit.

La musique est, dans ce contexte de transmission orale des savoirs, un autre support important de la mémoire. Les protestants connaissent le « psautier huguenot », tel qu'il résulte vers 1560 des retouches apportées par Théodore de Bèze aux paraphrases de Clément Marot, dont les mélodies, en s'inspirant notamment du choral allemand, adaptent au chant collectif des airs profanes ou sacrés antérieurs. Du côté catholique, l'influence du cantique est sans doute considérable pour ancrer dans la culture collective des éléments de savoir religieux. La courbe que l'on peut établir à partir des recueils conservés dans les grandes bibliothèques parisiennes est partiellement trompeuse, puisqu'elle ignore ces petites brochures que des libraires distribuaient au cours des missions, et surtout la diffusion orale de thèmes dont l'utilisation fréquente de supports musicaux religieux ou profanes déjà connus favorise la mémorisation. Pourtant, l'apparition dans les années 1640, après quelques recueils pionniers, de livres de cantiques en langues régionales – gascon, breton – traduit la volonté de toucher un public populaire et rural ; on sait à quel point de vieux airs, qui pour certains remontent à l'époque de la Réforme catholique, se sont ancrés dans la culture rurale.

VI. Les résultats : un remodelage culturel

Affrontés au même problème de l'ignorance religieuse, protestants et catholiques, au-delà de leurs divergences dogmatiques et ecclésiologiques, se sont efforcés de répondre à la même question : que faut-il apprendre aux enfants, aux gens simples, aux ignorants, et comment le leur apprendre ? Pour la plupart des fidèles, quelques éléments semblent acquis, dès lors que les générations catéchisées arrivent elles-mêmes à l'âge adulte. En premier lieu les grandes prières du chrétien : avant même les récitations au cours de la messe ou du catéchisme, il est du devoir des parents, et surtout des mères, de les apprendre à l'enfant le plus tôt possible. Peu à peu chaque adolescent va connaître, au moins, le Pater, le Credo, les commandements de Dieu, et du côté catholique ceux de l'Église. Il en sait aussi davantage, de ce côté, sur les sacrements : déjà très attaché au baptême qui ouvre la porte du paradis, à l'extrême-onction qui met le mourant en règle avec Dieu, il ne peut plus ignorer l'obligation du devoir pascal. Fixé dès le XIIIe siècle, celui-ci est à l'issue de la Réforme catholique respecté partout, en dehors de quelques marginaux. La pastorale des missionnaires qui, les premiers, instruisent les peuples des campagnes, doit conduire comme on l'a vu plus haut chaque fidèle à se confesser et à communier : ils ne manquent d'ailleurs pas de rapporter dans leurs comptes rendus les conversions spectaculaires de ceux qu'ils ont convaincus, alors qu'ils ne s'étaient pas confessés depuis des dizaines d'années. Le bagage reste léger ; du moins est-il, sous des formes simples, intégré à la culture de chacun.

Le discours est le plus souvent rude, la menace de l'enfer facilement brandie. Cette prédication, dont les accents se font parfois terroristes, est difficile à entendre pour nos oreilles contemporaines ; mais elle doit être replacée dans le contexte d'une société beaucoup plus dure au mal que la nôtre, parce que le pire – la mort, l'épidémie, la maladie qui s'aggrave, les guerres ou les émeutes, la faim – est sans cesse menaçant ; dans le contexte, aussi, d'une culture qui conduit le prédicateur à grossir les effets par souci, à tort ou à raison, d'efficacité pédagogique. Il faut frapper, impressionner, pour graver dans les mémoires. Mais le caractère oral de l'enseignement ne permet pas de savoir si les thèmes et les effets les plus effrayants étaient plus particulièrement le fait d'une rhétorique exceptionnelle destinée à un public ignorant, ou s'il s'agissait là d'une pastorale ordinaire : quels que soient les effets de moralisation, sur lesquels nous reviendrons, de la pastorale ecclésiastique, on peut juger que la répétition de ces effets devait en émousser sérieusement la force de suggestion, et constater en tout cas que leur efficacité était loin d'être entière.

On a vu cependant en chemin que l'Église enseignante cherche aussi à séduire, par une liturgie restaurée jusque dans la moindre église de campagne. Si l'on écoute son discours sous toutes ses formes, elle se révèle, également, consolatrice, au moment décisif de l'agonie et de la mort. Habituellement sévère, avec l'espoir de mener ses brebis le plus loin possible dans les chemins de la vertu, l'Église catholique offre à l'instant du passage l'aide sacramentelle qui rétablit la paix avec Dieu, et pour plus d'assurance les prières pour les âmes du purgatoire et la recommandation aux saints intercesseurs. Les délibérations des consistoires et des synodes, à la fin du XVIe siècle, montrent combien la théologie de la prédestination, en rendant inutiles ces démarches de recours, s'impose difficilement, malgré l'espoir fortement ancré de compter parmi les élus, dans les milieux populaires protestants.

C'est aussi, semble-t-il, un répertoire de sensations visuelles et auditives qui se renouvelle progressivement. Contrastant avec le refus de toute représentation de Dieu ou des saints qui, chez les réformés, exclut jusqu'à l'image de la croix du Christ, les missionnaires, les confréries distribuent aux populations catholiques ces images présentes dans toutes les maisons, dont les motifs religieux rudimentaires influencent les mentalités populaires. Par ces modestes supports se diffusent des thèmes, des modes de représentation qui popularisent des critères religieux, mais aussi esthétiques, venus de l'extérieur des communautés rurales. En sens inverse, ces mêmes critères contribuent, dans un mouvement qui ne fait que commencer, à une « épuration iconographique » – par suppression ou tentative de suppression sur laquelle nous reviendrons – de certaines représentations. Cette procédure de substitution se manifeste également dans le domaine de la chanson, dont la musique est peu à peu mise autant qu'il se peut au service de la pastorale religieuse.

L'influence des Églises contribue à fixer les repères temporels et spatiaux. L'amélioration progressive de l'encadrement clérical et de l'enseignement des Églises entraîne une plus grande régularité de la pratique religieuse. Le commandement de l'Église discipline en quelque sorte le calendrier, rassemble à l'église très régulièrement la population valide, toutes catégories confondues ; elle discipline aussi, bien que l'application soit dans ce domaine moins directement mesurable, l'alternance des jours de travail et des loisirs.

La régularité de la pratique structure également l'espace. Soucieuse d'un meilleur contrôle des formes et des expressions de la dévotion, la Réforme tridentine a patiemment travaillé, par un effort qui culmine dans la seconde moitié du XVIIe siècle, à recentrer les cultes sur l'église paroissiale, et à l'intérieur de celle-ci sur les dévotions à ses yeux essentielles. Avec, d'ailleurs, de nécessaires accommodements, en particulier là où existe, comme dans une large partie de la Bretagne, un dense réseau de chapelles qui se substituent largement à l'église et sont un des supports de l'identité locale. La fréquentation des lieux de culte, ou de leurs annexes, se traduit concrètement par des rencontres fréquentes, des cheminements habituels. Sans doute ce facteur a-t-il plus d'importance dans les régions d'habitat dispersé, telle la Bretagne, où l'horizon quotidien se borne au village, c'est-à-dire au hameau de quelques maisons. L'assistance à la messe met en œuvre une sociabilité plus large, qui a aussi ses aspects profanes.

À l'échelle d'une existence humaine, la seconde enfance est davantage perçue comme le moment d'acquisitions essentielles, un temps qui se structure. De nombreux prélats adoptent dans leurs statuts synodaux les recommandations de saint Charles Borromée :

> C'est une sainte coutume de faire venir devant le confesseur les petits garçons et les petites filles l'un après l'autre, quoique leur âge n'excède pas cinq ou six ans, afin qu'ils commencent de bonne heure, qu'ils s'instruisent dans la connoissance, et s'introduisent ensuite dans l'usage de ce sacrement. Les confesseurs doivent néanmoins prendre garde à ne pas donner l'absolution sacramentelle à ceux dans lesquels ils n'en remarquent point de matière, ni un si grand usage de la raison qu'on les puisse juger capables de ce sacrement. Ils prendront aussi un soin particulier d'instruire les enfants qui auront atteint l'âge de sept ou huit ans, selon leur capacité, de la nécessité et de la vertu de ce sacrement.

La méthode prônée par Charles Borromée le confirme : la confession, qui suppose, même modestement, un retour sur sa propre vie, la catéchèse, même limitée, sont des efforts de discipline personnelle et sociale, à la fois concrète et mentale, tout à fait nouveaux pour la majorité des enfants, qui ne fréquentent pas l'école.

Cette seconde enfance, qui se structure d'abord autour de nouvelles exigences religieuses liées aux notions d'âge de raison et d'âge de discrétion, avant de l'être progressivement et de façon plus large par l'école, voit se constituer un terme, qui va devenir un rite de passage. Une convergence d'initiatives issues du monde ecclésiastique met en place au XVIIe siècle la solennisation de la première communion. Les premières sont urbaines : elles viennent notamment d'Adrien Bourdoise – créateur en 1612 de la communauté de Saint-Nicolas-du-Chardonnet qui, on l'a vu, deviendra un peu plus tard un lieu de formation des futurs prêtres –, d'Olier qui en 1643 institue cette fête à Saint-Sulpice, des jésuites, des ursulines. Les missionnaires, puis de façon plus large les prescriptions des évêques en généralisent la pratique.

La première communion aide, d'ailleurs, à exiger un niveau minimal, à la fois dans le discernement et les connaissances. Il est plus difficile de le définir : l'évêque d'Alet Nicolas Pavillon stipule en 1678 que les enfants doivent être « bien instruits, ce qu'on laisse à juger à la prudence des curés et vicaires ». D'autres sont beaucoup plus précis : un mandement de l'évêque de Bourges en 1660 ordonne aux curés « de bien et soigneusement examiner ceux qui n'ont pas encore communié, et de savoir leur nom et leur âge [...], de ne recevoir aucun [enfant] qui n'ait assisté au catéchisme durant tout le carême, et qui ne sache les principaux mystères de la foi ». L'évêque de Nantes, en 1689, précise lui aussi que la préparation se fera pendant le carême, et trois jours par semaine.

L'exigence d'un niveau suppose la possibilité d'un délai, d'un report de l'admission au sacrement. Les directives des évêques ne peuvent cependant être appliquées que si la catéchèse est réellement assurée : il existe pour le monde dévot bourgeois et aristocratique des lieux de retraite élitistes, telle la maison des ursulines de Paris où, dès l'époque de Louis XIII, des jeunes filles de la meilleure société sont envoyées pour quelques mois comme pensionnaires pour se préparer à la première communion. À Saint-Nicolas-du-Chardonnet, les trois séances hebdomadaires qui préparent à la cérémonie suivent quatre années préalables de catéchisme dominical. La réalité est beaucoup plus humble et tardive pour le commun des paroisses : il faudra, pour que ces innovations touchent les villages, l'arrivée progressive dans les paroisses, au cours de la seconde moitié du siècle, du clergé issu des séminaires. Aussi les exigences s'accroissent-elles, notamment chez les prêtres marqués par le jansénisme, ce qui explique la tendance au recul de l'âge auquel on admet les enfants à communier : dix à douze ans selon les *Instructions*... de Charles Borromée, publiées en 1575 et adoptées en 1657 par l'Assemblée du clergé de France comme la norme à respecter ; treize à quatorze ans pour nombre d'évêques à la fin du XVIIe siècle, sauf en cas de danger de mort.

Ces flottements trahissent aussi deux conceptions différentes de la première communion. Pour le clergé, cette cérémonie n'est qu'une étape de la formation chrétienne. Pour certaines familles, elle est, déjà, une conclusion. « Il y a des mères, peut-on lire dans les *Exercices de retraite* publiés en 1688, qui se mettent dans la tête qu'il faut que leur fils ou leur fille fasse sa première communion [...] C'est ordinairement parce qu'elles veulent les mettre en apprentissage ou les placer autrement. » À ce témoignage parisien fait écho en 1689 la recommandation du directeur du séminaire de Nantes conseillant aux curés la plus grande prudence le jour de l'examen de catéchisme « parce qu'il y a plusieurs [enfants] qui après la communion négligent le catéchisme, et qu'on n'a plus le moyen d'instruire ». On saisit ainsi, à la fois, la contradiction entre les nécessités économiques, impératives pour les couches populaires, et le temps qui peut être accordé à la formation intellectuelle et spirituelle, et, par ailleurs, la naissance d'un rite de passage, qui sépare l'enfance catéchisée, souvent encore très modestement au XVIIᵉ siècle, et, pour certains, scolarisée, de l'adolescence.

Cette contradiction entrevue permet de revenir *in fine* sur le thème de l'ambiguïté des motivations qui gouvernent cette transmission de savoirs. Les Églises consacrent à partir du début du XVIIᵉ siècle des efforts importants et persévérants à la fonction enseignante. Du côté catholique, des congrégations, des ordres religieux multiples s'efforcent, comme d'autres l'avaient fait pour les élites avec les collèges ou les pensionnats, de dispenser un enseignement dont la finalité est essentiellement religieuse. L'effort en milieu urbain a surtout concerné les filles, qui bénéficient beaucoup moins des écoles existantes ; il ôte tout prétexte à la mixité, que l'Église combat vigoureusement. Les ursulines – les plus connues par le nombre de leurs maisons et la rapidité de leur implantation – reçoivent ainsi gratuitement des filles indigentes de la ville ; en Lorraine, la congrégation de Notre-Dame vise aussi les enfants des villages. De façon générale, les écoles rurales sont elles-mêmes tenues par des maîtres approuvés par les curés.

De cet effort scolaire, nous aurons à reparler plus tard, lorsque les effets en seront un peu plus précisément mesurables. Ce sont, ici, les motivations et incitations des uns et des autres qui nous retiennent. Le règlement établi en 1598 pour la congrégation de Notre-Dame est sur ce point tout à fait explicite :

> Notre but [est] de dresser des écoles publiques et y enseigner gratuitement les filles à lire et écrire, à besogner de l'aiguille et l'instruction chrétienne, en tâchant selon leur portée et la nôtre leur faire entendre le catéchisme et les initiant à la piété et à l'oraison.

De même les ursulines incluent dans leur enseignement un apprentissage manuel adapté à l'artisanat féminin dans la région. Le travail de l'aiguille, précise le règlement lorrain, « sera pour servir comme d'amorce à inviter les petites à nos écoles et les amener à la doctrine chrétienne et piété ». Les considérations, qui se situaient pour les élites sur le plan intellectuel et spirituel, se déplacent ici sur le plan social : les écoles ont un but à la fois catéchétique et charitable… mais la hiérarchie des préoccupations est-elle la même pour les familles et pour les religieuses ?

Ce questionnement peut s'appliquer à l'ensemble de la scolarisation. Les maîtres d'écoles rurales, approuvés par le curé et ne se maintenant qu'avec son approbation, apparaissent jusqu'à la fin de l'Ancien Régime comme des auxiliaires du clergé paroissial : ils mènent les enfants aux offices, assurent la répétition du catéchisme, font réciter les prières et remplissent même souvent les fonctions de chantre ou de sacristain. Ils sont eux aussi des agents de transmission du savoir religieux désormais inculqué par l'Église. Mais ce savoir est aussi profane, et contribue à distendre l'unité culturelle de la société rurale. Dans un contexte de scolarisation facultative, où il faut entretenir partiellement ou entièrement le maître, les familles, en dehors de celles qui souhaitent et espèrent mener un des leurs à la cléricature, envoient leurs enfants à l'école pour d'autres besoins que la catéchèse, pour d'autres motifs que ceux de la religion.

Cette problématique de la scolarisation est encore, en ce milieu du XVIIe siècle, limitée dans son impact social. C'est à partir des élites urbaines dévotes que se dessine préalablement un vaste mouvement de christianisation de la culture, ou plus précisément d'introduction dans la culture du plus grand nombre de normes religieuses désormais enseignées d'en haut, qui tendent à se substituer ou en tout cas à encadrer un vieux patrimoine qui se transmettait au sein de la parenté ou du groupe social. Ce processus d'encadrement atteint plus facilement les groupes accessibles à l'écrit ; il les déborde pourtant rapidement, grâce aux moyens nouveaux qui ont été décrits en chemin. On ne peut pour autant dépeindre ce processus comme une sorte de marée qui, progressivement, atteindrait toute la société. Au sein même de l'élite, des réticences, voire de sourdes résistances, s'opposent à la généralisation du mode de vie, de pensée et d'action qui, sous Henri IV ou Louis XIII, caractérise la culture dévote. L'innervation du corps social, jusque dans les campagnes, est à la fois lente, inégale et pleine d'ambiguïtés dans ses effets. Ce mouvement comme les effets des résistances passives ou actives doivent être maintenant replacés dans le cadre d'évolutions culturelles plus vastes.

CHAPITRE 10

Civiliser

Que d'ambiguïtés, que de problèmes dans cette notion de « civilisation » reprise en hommage au travail fondateur de Norbert Elias, dont la première édition date de 1939, et la traduction française, La Civilisation des mœurs, *de 1973 ! Une fois bien compris qu'Elias traitait d'un* processus *–* Über den *Prozess* der Zivilisation, *disait plus clairement le titre allemand –, reste posée la question de la civilité ainsi inculquée, et de la chronologie. Au sens le plus commun, celui du comportement du bon sujet tel que le définissent les humanistes, l'apprentissage date du début du* XVI*e siècle, puisque l'illustre et souvent copiée* Civilité puérile *d'Érasme est publiée dès 1530.*

La véritable nouveauté qui s'impose dans la première moitié du XVII*e siècle ne réside donc pas dans la notion, ni même dans un succès sans doute jamais total et qui en tout cas ne touche alors qu'une part très réduite de la société. Elle tient dans la conjonction, nouvelle, de trois phénomènes. La différence culturelle, tout d'abord, et le mépris qui en résulte s'argumentent, se théorisent, deviennent une idéologie cohérente qui s'applique à tous les aspects de la vie, de la blancheur de la peau, preuve que le rang permet d'éviter l'exposition au soleil que subissent les rustres, aux manières de la table, et jusqu'aux domaines les plus sacrés, l'attitude à l'égard des pauvres comme la pratique religieuse. C'est une culture de la* distinction *d'autant plus forte qu'elle est conquérante.*

Cette idéologie n'est pas seulement en effet la volonté très forte – et bien sûr en partie illusoire – de rejeter la culture héritée et populaire. Elle se traduit aussi par une volonté de corriger les défauts et les insuffisances des rustres, de transformer *leur culture, de la policer, de la rendre en somme supportable pour l'essentiel. Personne ne rêve de modifier l'odeur des pauvres ou d'apprendre le maniement de la fourchette aux paysans, mais les réformes religieuses, calviniste comme catholique, s'efforcent bien de leur inculquer au minimum des pratiques convenables. L'exemple est essentiel, dans la mesure où il montre bien que le changement est voulu et imposé d'« en haut », dans la mesure aussi où les faits vont nous montrer à quel point les réalités sont plus nuancées. Embrassant logiquement tous les aspects de la vie dans un univers où le religieux continue à tout imprégner, la Réforme catholique, la seule qui compte réellement au* XVIIe *siècle, concerne évidemment aussi les classes aisées, même si les objectifs y sont différents et s'inscrivent beaucoup plus, on l'a vu, dans un courant dévot, voire mystique. La volonté de correction marque en effet toute la culture : ce n'est pas un hasard si c'est à cette époque que Malherbe prétend normaliser la langue et la versification et que naissent les « règles » de ce qui va devenir la littérature et l'art classiques.*

Idéologie cohérente et volonté forte, enfin, peuvent s'exprimer avec une efficacité jamais atteinte jusque-là, grâce à de nouveaux outils. C'est, dans le domaine essentiel de la religion, le corpus théorique qu'a laissé un concile de Trente dont le processus d'adoption des décisions s'achève en 1615 lors d'une assemblée du clergé. C'est, peu à peu, l'outil réformé et revivifié que constitue un clergé dynamisé par l'élan dévot, les premières missions intérieures et l'ouverture de pépinières de cadres comme Saint-Nicolas-du-Chardonnet. C'est un pouvoir royal plus fort, après les décennies de flottement des guerres civiles. Et ce sont, accessoirement ou presque, des institutions « spécialisées », des centaines de nouveaux couvents aux académies.

La difficulté est de n'en pas déduire que la France des années 1580-1660 connaît un bouleversement culturel. La difficulté est, aussi, de parvenir à une perception suffisamment nuancée des transformations en cours, qui excluent et épurent – s'y efforcent du moins –, mais qui, parallèlement, construisent, parfois remarquablement, une nouvelle culture.

I. Exclure, éliminer, épurer : les pratiques et comportements religieux

L'aspect le mieux connu de l'offensive, grâce au remarquable progrès des recherches depuis une génération, est aussi celui qui permet aujourd'hui d'apporter d'indispensables nuances : les pratiques et comportements religieux de nos ancêtres font l'objet, entre 1580 et 1660, d'efforts patients et persévérants des Églises, qui élargissent considérablement les bien timides premières velléités du XVIe siècle. Il n'est plus un diocèse, plus un aspect de la vie qui échappe à ce qui peut être perçu comme un « christianisme négatif », selon la formule de François Lebrun. Le glissement de l'étude des statuts synodaux et autres textes « réglementaires » aux procès-verbaux des visites pastorales puis aux archives judiciaires a permis, en outre, d'acquérir une certitude quant à la traduction concrète, sur le terrain, des volontés réformatrices. Nous pouvons donc aller plus loin : dégager des lignes de force dans ce qui est devenu infinie multitude d'exemples ponctuels, et mesurer aussi comment cheminent des conceptions dont beaucoup heurtent la culture héritée.

L'essentiel est ici de bien comprendre qu'il ne s'agit aucunement d'une mise ou remise en ordre dans un désordre ancien, de l'imposition du sacré aux dépens d'une culture qui l'ignorerait, mais bien de l'affrontement de deux cultures (de bien plus, en fait, si l'on se souvient de la diversité mise en évidence pour le XVIe siècle), de deux logiques, de deux conceptions de l'ordre, du sacré ou tout simplement du respect. Allons au plus banal, ces fidèles qui se réunissent sous le porche de l'église, se promènent dans un cimetière où ils envoient paître le bétail et installent à l'occasion un étal : ces habitudes sont désormais interdites. Allons à Sains, dans le diocèse de Beauvais, avec le doyen de Breteuil qui visite l'église :

> Nous avons remarqué qu'en la chapelle du cimetière dudit Sains il y a l'image de la Vierge, laquelle image a les bras rompus, et la représentation de Nostre Seigneur manque de teste et de bras et est difforme ; plus il y a une autre image que les habitans appellent dieu de pitié, laquelle n'a ny teste, bras, ny corps, néanmoins lesdits paroissiens adorent ladite image, luy baisant les pieds bien dévotement.

De telles statues sont désormais enlevées puis brûlées ou enterrées. Il ne s'agit pas, on le perçoit bien, d'impiété / piété, d'irrespect / respect, mais d'une nouvelle conception de la piété et du respect. Le mot clé est sans doute celui d'une *décence* sans cesse invoquée : « ce qui convient », une convenance désormais définie par la hiérarchie ecclésiastique, de mieux en mieux relayée dans les paroisses par un clergé dont elle s'efforce, aussi, de faire l'intermédiaire obligé entre les fidèles et Dieu.

Cette clé de lecture permet de comprendre la véritable *bataille du respect* que l'Église catholique, essentiellement, livre à ses ouailles. Il s'agit de faire clore le cimetière, de maintenir l'église propre ou, de manière plus révélatrice peut-être, d'en épurer les objets de piété. L'exemple beauvaisin de Sains n'est pas, on s'en doute, cas isolé, et certains détails indiquent bien la nature profonde du geste. Ainsi, en 1620, l'évêque de Saint-Malo Guillaume Le Gouverneur résume parfaitement l'attitude nouvelle de la hiérarchie : pas de statue nouvelle sans approbation épiscopale, et identification explicite des anciennes, qui

> doivent estre correspondantes, par la posture et ornement du corps, à la dignité et sainteté du patron, [sans] apposer aucunes profanes, indécentes et ineptes couëffures aux images [...]. Les effigies de chevaux, chiens ou autres bestes ne seront jamais mises, placées ni tolérées ès lieux saincts, sinon que parfois cela fut requis pour exprimer quelque histoire ecclésiastique et sacrée [...]. Mais si quelques images sont vermoulues, cariées, pourries et gastées par l'injure du temps, ou tellement difformes que l'on ne puisse les réparer proprement et promptement, ou mal faites, et répugnantes à la vérité de l'histoire, ou à la piété et à l'honnesteté : commandons aux mesmes recteurs et curéz de les oster hors des églises, et dépiécer *en secret* [souligné par nous] celles qui seront de matière combustible, pour les brûler quand il faudra faire du pain à célébrer, sauf à enfoncer les autres en quelque lieu dans les cemetières bien avant sous la terre.

L'évêque prend encore quelques précautions, mais, un peu plus tard, l'archevêque de Lyon Claude de Saint-Georges va jusqu'à faire détruire les reliques – mesurons bien leur caractère sacré ! – qui ne sont pas accompagnées d'attestations écrites d'authenticité : l'écrit, le savoir savant, plutôt que la tradition, même pieuse.

L'offensive est plus forte encore dans le domaine des gestes et des rites, mais relève bien du même esprit : il s'agit d'imposer la parole aux dépens du geste, la parole qui permet d'exprimer et d'enseigner une vérité intellectuellement contrôlable. Le plus élémentaire porte sur un respect nouveau de l'office. Dans l'interminable liste de prescriptions désormais répétées avec insistance, certaines sont particulièrement révélatrices de l'atmosphère dans l'église. Anne Bonzon énumère ainsi, pour Beauvais, la banale bataille contre la concurrence du cabaret, mais aussi l'interdiction de changer de l'argent pendant la messe, les promenades et bavardages, les violences aussi, pour une place par exemple dans les églises citadines pourvues de bancs, comme lorsque « un nommé Simon de la Mare indiscrèttement se vint asseoir sur les genoux dudit Hariel » : c'est cela aussi, une messe – dans une ville épiscopale ! – en 1631, et cela, le changement.

Ces prosaïques efforts font paraître bien ambitieux ceux que mène l'Église pour valoriser les sacrements, prolongeant ainsi l'approche théorique du catéchisme. Le domaine illustre bien, en même temps, la nature des changements : le sacrement n'est évidemment pas une nouveauté, sa perception ne peut évoluer rapidement, mais il n'empêche que des dispositions apparemment de détail contribuent à lui donner peu à peu un sens plus profond. Les sages-femmes, par exemple, se voient confier un rôle précis de contrôle de l'administration du baptême, et examiner quant à leur capacité à administrer l'ondoiement : c'est une décision du concile de Cambrai de 1586, entérinée par Philippe II, et la mesure est banale. C'est dans la première moitié du XVIIe siècle que se situe le tournant en matière de confirmation : le renouvellement des promesses du baptême en présence de l'évêque était jusque-là exceptionnel dans la plupart des diocèses. C'est, encore, un effort pour améliorer – voire introduire ! – la confession. C'est, surtout peut-être, une attention toute particulière accordée au mariage : de la diffusion de formules précises d'engagement à la surveillance du comportement des futurs mariés pour éviter notamment une cohabitation prématurée. On perçoit bien ainsi comment des mesures apparemment strictement religieuses peuvent modifier le comportement des fidèles, et les résultats semblent réels, si l'on en juge au net fléchissement du nombre des naissances illégitimes dans le cours du XVIIe siècle : le respect du sacrement gagne indiscutablement, et le mouvement touche toute la vie.

La cible la plus constante est en effet celle des « superstitions », une notion qui s'impose justement autour de 1600 pour désigner des pratiques jusque-là aussi banales que tolérées. C'est – exemples choisis presque au hasard – l'interdiction des violons et hautbois dans l'église le jour de la fête patronale, du lancement d'oublies du haut des voûtes de l'église le jour de la Pentecôte pour figurer les langues de feu du Saint-Esprit ; c'est l'interdiction des multiples pratiques magiques liées au culte des saints ; c'est l'interdiction de passer la nuit dans l'église le jour de la Toussaint et de l'épandage de paille pour la messe de Noël ; c'est le contrôle des sonneries de cloches ; c'est l'introduction des prières de quarante heures pour lutter contre les pratiques du carnaval, une des rares nouveautés qui rencontrent un réel succès.

Les efforts, on le constate, visent en effet surtout à expurger, ou à adapter. Les vraies nouveautés réussissent mal, ainsi le culte des saints liés à la Réforme catholique, comme Thérèse d'Avila, Ignace de Loyola ou même saint Joseph. L'Église compose, bien plutôt : invoquer saint Jacob contre les petits vers qui gâtent le chanvre ou saint Mandé contre la dysenterie – et on devine la foule d'exemples possibles – reste parfaitement orthodoxe, et la seule nouveauté est qu'on le fera plus volontiers en procession, derrière le clergé paroissial.

La valorisation du clergé, sa mise sur un piédestal parfois – le modèle du saint prêtre se diffuse beaucoup dans la première moitié du XVIIe siècle, surtout en ville – sont un élément central de cette offensive de correction culturelle. Cela se perçoit, discrètement mais de manière essentielle à long terme, dans l'évolution de la liturgie, qui vise à briser la familiarité des fidèles avec Dieu en solennisant la messe. Elle rejoint pleinement ainsi l'évolution du cadre architectural et surtout décoratif de la prière : les splendides retables contribuent à créer un cadre majestueux qui accroît le respect à l'égard de Dieu au moins autant que les efforts pour discipliner l'assemblée des fidèles. La solennisation du culte et la valorisation du clergé s'expriment également dans l'organisation de cérémonies spectaculaires et pédagogiques qui jouent sans doute très largement le même rôle que les entrées royales au siècle précédent. Robert Muchembled a ainsi valorisé à juste titre le magnifique exemple de la réception du corps de saint Prosper par les récollets de Douai en septembre 1662 : immense cortège, théâtralisation assurée par mise en scène et costumes, participation des jeunes gens, honneurs militaires, représentations théâtrales, véritable tour de ville en procession, multiples sermons et, couronnant le tout, indulgences pour les participants à la procession et pour les visiteurs pendant les huit jours de cérémonies. De telles manifestations, à échelle à peine plus modeste, sont organisées dans toutes les villes, à l'initiative le plus souvent des ordres religieux nouveaux ou réformés.

On mesure mieux ainsi l'ampleur d'une offensive véritablement très large, qui s'inspire des mêmes soucis que les missions intérieures dont elle rejoint les formes souvent spectaculaires. Alain Lottin montre bien dans le cas lillois comment la punition des blasphémateurs est mise en scène comme un spectacle ambulant, amplifiant donc la simple punition publique relevée comme une nouveauté en 1581 au Puy. L'analyse est d'autant moins subjective qu'ici aussi le greffier qui tient le registre des sentences criminelles dessine l'exécution d'une peine aux formes de laquelle il accorde donc beaucoup d'importance : nu-pieds, en chemise, le condamné porte en ville un grand cierge allumé avant de prononcer solennellement une formule de réparation. La volonté de discipliner les comportements publics s'applique aussi, bien entendu, aux plaisirs de tous ordres, de la dénonciation des « femelles mal nottées » des villages à la réprobation de plus en plus forte à l'égard de la danse, par le clergé catholique comme par les pasteurs calvinistes, bien sûr. Même François de Sales, modéré au moins relativement aux autres réformateurs, prend nettement position dans l'*Introduction à la vie dévote* :

> Les danses et bals sont choses indifférentes de leur nature ; mais selon l'ordinaire façon avec laquelle cet exercice se fait, il est fort penchant et incliné du côté du mal, et par conséquent plein de danger et de péril. On les fait de nuit, et parmi les ténèbres et obscurités il est aisé de faire glisser plusieurs accidents ténébreux et vicieux. [...] Pour jouer et danser loisiblement, il faut que ce soit par récréation et non par affection ; pour peu de temps, et non jusques à se lasser ou étourdir, et que ce soit rarement.

Beaucoup moins accessible aux nuances, le jésuite breton Julien Maunoir n'hésite pas à qualifier de « criminelles » les danses dominicales, et l'on comprend mieux dès lors la répétition insistante des attaques contre le théâtre qui avaient commencé, sans grand effet ni conviction, au XVIe siècle. Dans des Pays-Bas, il est vrai, précoce laboratoire de la Réforme catholique, c'est dès 1600 que l'évêque de Tournai passe de la traque du théâtre soupçonné de propager le calvinisme à celle du théâtre tout court, au point de s'en prendre même quelques années plus tard aux représentations de la Passion. C'est cette attitude qui engendre, un peu plus tard, le traitement des acteurs professionnels comme des réprouvés.

L'offensive de l'Église catholique et très accessoirement des calvinistes dépasse donc de beaucoup le strict champ des comportements religieux et, malgré ses prudences en quelques domaines, heurte profondément la culture et plus encore peut-être la sensibilité de nos ancêtres. Les relations familières avec le clergé ne peuvent, on s'en doute, disparaître d'un coup : en 1651, le curé de Songeons, en Beauvaisis, se plaint d'un paroissien qui, agenouillé, recule subrepticement la jambe pour lui faire un croc-en-jambe. La nouveauté tient dans la plainte et non dans le geste ! Huit ans plus tôt, les habitants de Cléden-Cap-Sizun, près de la pointe du Raz, s'étonnent de l'introduction de confessions générales et, tel que le rapporte un peu plus tard un jésuite, font observer aux missionnaires de passage :

> Vous êtes bien curieux, vous autres, vous en voulez trop savoir : que ne faites-vous comme nos prêtres ? Ils nous demandent si nous savons notre religion, et quand nous leur avons répondu qu'oui, ils nous enjoignent de dire cinq Pater et cinq Ave pour notre pénitence, et nous donnent l'absolution. En faut-il davantage ?

Ce refus de la nouveauté explique sans doute, au moins autant que le contenu de l'offensive, les résistances observées un peu partout, avivées parfois par des affrontements de pouvoirs. La municipalité lilloise défend ainsi vigoureusement ses compétences face à tous les empiétements du clergé et en particulier du juge épiscopal, l'official de Tournai, mais, quand on en arrive à écrire que la population est « dégousté des fachons de faire » de l'official et l'a en « haine », il y a sans doute plus qu'une simple question de compétence : le conflit rebondit d'ailleurs violemment en 1605 à propos d'une enquête jugée vexatoire sur la pratique pascale. Bien plus tard, pourtant, c'est une querelle de même nature qui oppose le curé beauvaisin de Lihus à ses paroissiens. Il leur reproche quantité d'abus, du cimetière sans clôture à l'absence du confessionnal désormais nécessaire à la confession valorisée, en passant par les sonneries de cloches sans son autorisation et les fiançailles prolongées. Eux, très clairement, refusent le changement : « on ne gaigne rien à changer », et de tenter d'étayer le propos en dénonçant un prêtre « grandement altier et vaindicatif », peut-être coureur et ivrogne, amateur de tabac, et qui surtout « n'est qu'un quairleur et babilart, et ne permette pas à personne de parler à leur tour, et esblouir le plus souvent de son babil, tant en chaire qu'ailleurs, les habitants ».

Les paroissiens ont donc la possibilité de résister au curé. En 1638, ceux de Plouasne, près de Dinan, contraignent le leur à prendre la fuite après un prône qui leur déplaît. Ceux de Rainvillers, en Beauvaisis, manifestent eux aussi bruyamment leur mécontentement, menés par un laboureur coq de village. Dans les deux cas, la nature du conflit est financière, mais les enjeux sont plus larges : ce dont se plaint le curé de Rainvillers est avant tout de « propos impertinentz » et d'avoir été comparé à un vacher, ce qui est confondre « la dignité de l'un avec la condition méchanique de l'autre ». Dignité, autorité sont indispensables à l'efficacité d'un discours réformateur, et elles sont loin d'être reconnues dès que l'enjeu est jugé important : en 1653 encore les marins de Port-Louis imposent par la force à leur recteur les enterrements dans l'église dont il ne veut plus, « jurant et blasfemmant le sainct non de dieu en ladite église », et des femmes de Pleine-Fougères, près de Dol, envoient paître en 1634 le recteur qui s'enquiert du père d'un enfant illégitime en lui répondant que l'homme « a des vaches en son estable et du blé noir en son selier »... Plus grave encore peut-être, le contournement des interdits ne tarde pas : le recteur de Mouy a pu mettre fin aux pratiques de la nuit de la Toussaint dans l'église, mais découvre par hasard en 1676 que les festivités ont simplement été transférées dans un cabaret proche de l'église, d'où on sort l'attaquer à coups de bâton.

Nous sommes encore en Beauvaisis, un exemple précieux parce que, outre la qualité de l'étude d'Anne Bonzon, nous avons affaire là à un cas très banal, nous oserions presque

« moyen » : plus tardive que dans le Midi ou dans l'extrême Nord encore partie prenante des Pays-Bas espagnols, la Réforme catholique y est en revanche très active à partir de 1620, si bien qu'au milieu du siècle le décalage est rattrapé. Or, ici pas plus qu'en Bretagne par exemple, ou que dans l'Anjou étudié par Marc Bouyssou, les populations rurales ne sont encore vraiment réceptives aux efforts de renouveau religieux. Comment pourraient-elles l'être quand on sait la lenteur très logique avec laquelle le clergé rural évolue ? L'individualisation de la pratique, exigeante et élitiste, ne peut donc s'imposer, et les seuls véritables succès tiennent dans la canalisation, l'inflexion, la correction, l'amélioration de pratiques collectives. Le véritable succès, c'est celui de ce prêtre des faubourgs de Nantes qui accompagne pendant une semaine, à la Pentecôte 1622, un groupe de paroissiens en pèlerinage au Mont-Saint-Michel : il obtient messe au départ et au retour, et même un Te Deum, mais a dû composer pour l'organisation avec le « roi » élu, les défilés en ville musique en tête et le banquet final. Un tel compromis ne répond déjà plus aux attentes de l'épiscopat, ni aux constats nouveaux d'un peuple « à demy barbare et presque payen » dans les campagnes vannetaises de 1645 – de l'avis des jésuites –, et moins encore aux dénonciations de la quasi-absence de pratique religieuse chez les miséreux des grandes villes, comme on en relève un peu partout pour justifier la création des hôpitaux généraux à leur intention au milieu du siècle. Dans le domaine religieux au moins, la civilisation des mœurs n'est alors certainement pas acquise.

II. Les nouvelles règles de comportement en société

L'évolution qui s'amorce dans le domaine religieux est en outre trompeuse, dans la mesure où elle pourrait s'assimiler largement à une tentative de mainmise de la « culture des élites » sur la « culture du peuple ». Or, jusque vers 1660 au moins, l'effort de civilisation des mœurs concerne au moins autant les classes aisées, les principales concernées par les nouvelles règles de comportement en société.

La *Civilité puérile* d'Érasme, complétée au fil du temps, est bien diffusée dans les petits livrets de la Bibliothèque bleue, puisqu'une édition encore isolée est attestée chez les Troyens

Girardon dès 1600, mais l'essentiel – édition comprise – se situe après 1660. Il est bien plus important d'observer comment s'effondre ce qu'on pourrait nommer une culture municipale, diffusée auprès de toute la population par le relais festif : l'échec de la Ligue, à la fin du XVIe siècle, signifie aussi un choix en faveur du pouvoir royal, d'une culture de l'État royal, et le succès des hommes du roi, les officiers, sur les bourgeoisies marchandes et les robins locaux. Les inquiétudes politiques et sociales du temps de la Ligue ont ainsi des conséquences culturelles d'autant plus nettes que le mouvement s'accorde parfaitement avec l'évolution de la sensibilité religieuse voulue par l'Église. Une transformation aussi importante ne se traduit certes pas concrètement sur-le-champ, mais la première moitié du XVIIe siècle en est le temps décisif : quand, en 1642, les échevins marseillais font compiler l'histoire de leur ville par Antoine de Ruffi, ils entrent dans le temps de la commémoration.

La manifestation la plus évidente de ce changement nous est fournie par l'évolution des fêtes. Michel Cassan a relevé à juste titre l'effacement des mentions et représentations de la ville lors des « entrées » de Louis XIII, au profit du monarque et de la monarchie, mais on observe, plus profondément encore, une véritable intériorisation des nouvelles règles culturelles, signe fort, et condition décisive de leur efficacité. L'évolution de la grande procession de Notre-Dame, organisée à Lille le dimanche de la Trinité, illustre d'autant mieux cette évolution que l'usage date de 1270 ! Le défilé spectaculaire des confréries de métiers, pèlerins, confréries de dévotion, échevins, clergé et reliques s'accompagne de représentations d'histoires organisées par les métiers et les compagnies de quartiers et, on s'en doute, de force libations et banquets, et personne ne manquerait la plus grande fête de la ville, d'autant que le circuit, autour des murs, place Lille sous la protection de la Vierge. Les premières atteintes au déroulement traditionnel, en 1560, sont directement liées à la lutte contre le calvinisme, et visent les représentations d'histoires. En 1588, c'est la municipalité elle-même qui prend des dispositions : ni insolences ni cris, de l'« honnesteté » et – ce n'est pas le moindre – défense aux laïcs de se mêler au clergé. Ordre et décence, les notions clés sont là, développées tout au long du XVIIe siècle, contre les excès de boisson et les banquets, y compris en organisant des messes pendant les temps d'attente. Dès 1603, il faut « se conduire modestement, sans mener bruit par crier, chanter, haulcher les imaiges », c'est-à-dire brandir et agiter les emblèmes des confréries. Ensuite, à quatre reprises au moins, est renouvelée l'interdiction de boire...

Ce pourrait être simple éducation du peuple, mais cette évolution de la fête est beaucoup plus : quand la municipalité de Châlons-sur-Marne interdit en 1626 l'assemblée de la Mère Folie pour des couplets trop satiriques, elle s'en prend essentiellement à des notables ; quand en 1630 le roi supprime le « diplôme de folie » décerné par l'« infanterie » de Dijon, ce sont des notables qui en sont privés, prince, gouverneur, évêque, bourgeois et officiers locaux. Et quand en 1661 disparaît la joute organisée sur la place de Béziers entre deux galères, s'opposent d'un côté « certains habitants » et le parlement de Toulouse, de l'autre de jeunes gentilshommes et la municipalité attachés à la fête. Il y a donc bien mouvement général, et division, voire résistance, au sein des classes privilégiées, et non pas simple imposition « d'en haut » de nouvelles normes culturelles. Quand, de même, le très janséniste évêque d'Alet Nicolas Pavillon s'acharne sur les danses, il est attaqué en justice tant par une société de jeunesse que par un groupe de seize gentilshommes, et il en est sensiblement de même à Pamiers où un autre évêque janséniste, François-Étienne de Caulet, est en butte à l'hostilité de consuls, de gentilshommes et même du gouverneur de Foix à propos de la répression de la danse lors des fêtes.

Les difficultés de Pavillon et Caulet culminent vers 1660, ce qui indique qu'à cette date encore la ligne d'affrontement passe entre des cultures bien plus qu'entre des catégories sociales. Il est significatif, à cet égard, d'observer les motifs invoqués par les évêques qui commencent à réduire systématiquement le nombre de jours de fêtes d'obligation, c'est-à-dire chômées : il s'agit, avant tout, de limiter les occasions de débauches en tout genre. Il faut donc aussi à la hiérarchie ecclésiastique un délai important pour qu'elle intègre pleinement les implications de la « révolution lente » du XVIe siècle, et de la place nouvelle du travail dans la culture : à partir de l'époque de Colbert, l'argument devient décisif dans la réduction du nombre de jours de fête, tout comme le travail s'impose aux pauvres accueillis dans les hôpitaux généraux. Au carrefour du religieux et du profane, l'évolution des fêtes exprime décidément bien les très profonds changements culturels des débuts de l'époque moderne.

On perçoit en même temps combien il est délicat de dater avec une relative précision des changements intervenus très lentement. Même au sein des classes privilégiées, la nouvelle civilité du corps se diffuse laborieusement. Comment dater le tournant dans l'éducation de la main que représente la génération de la maîtrise de l'écriture dans ces milieux, au moins chez les hommes ? Comment situer plus précisément qu'« au XVIIe siècle » le passage décisif du banc à la chaise, c'est-à-dire d'un siège collectif à un siège individuel et, surtout, d'une posture inclinée à une posture droite ? Il y a bien là pourtant plus qu'un détail matériel, si l'on rapproche le siège du col : la généralisation du port de la fraise dans les classes aisées à la fin du XVIe siècle – elle s'impose d'abord à la cour d'Henri III – oblige à un port de tête très droit, et c'est bien la fonction principale de ce col hypertrophié. En même temps, cet étalage de blancheur indique l'exigence nouvelle d'une visibilité de la propreté, propreté évidemment convenue et conforme à un code. Quand la fraise cède le pas à des cols plats, l'importance accordée à la visibilité du blanc se développe encore et gagne la bourgeoisie : les grands cols, où la finesse de la dentelle indique le rang, rejoignent presque les manchettes sur les gravures d'Abraham Bosse ou de Wenceslas Hollar, qui nous a laissé une belle galerie de portraits de dames françaises des années 1640.

Il faut donc ces indications matérielles pour que nous puissions situer dans les années 1580-1660 des changements qui affectent profondément le rapport au corps mais aussi le comportement en société. L'exemple de la table est d'autant plus parlant qu'aucun changement notable n'affecte alors les critères du goût. Or notre époque est sans doute décisive pour le succès des principes de civilité d'Érasme, définitivement acquis dans les milieux aisés avant la fin du siècle. Ce n'est évidemment pas le détail qui importe, puisqu'on voit, par exemple, préconiser de couper un pain que le XVIIIe siècle mondain ne concevra que rompu. L'esprit est clair en revanche : ménager le voisin, et suivre des règles qui individualisent le repas. Le couvert individuel est en passe de l'emporter, quand à l'assiette et à la fourchette apparues à la cour au XVIe siècle s'ajoutent cuiller et serviette. Le pas n'est pas modeste : en 1599 encore, un Allemand ami de Platter provoque un esclandre à Montpellier en réclamant une cuiller pour manger la soupe ; et, même pour le monde raffiné des lecteurs de traités de bienséance, il faut tout expliquer : ne pas prendre le sel avec son couteau gras, le nettoyer avec sa serviette ou du pain mais pas avec le pain entier, ne pas essuyer son assiette, sa sueur ou se nettoyer le nez avec la serviette ou les nappes (*Bienséance de la conversation entre les hommes*, imprimé en 1617 par Ch. Marchant)... Il nous semble douteux que la logique de ces prescriptions ait été réellement accessible même au public aisé, qui suit bien plus là une mode et des règles diffusées par le spectacle de la table royale, et il faut, dans tous les cas, souligner la complexité d'un apprentissage qui porte autant sur le maintien que sur les techniques de consommation des aliments.

Plus que choquants, certains au moins de ces préceptes ont dû paraître arbitraires. Se moucher dans une pièce de tissu puis « empaqueter et serrer sur nous [...] ce sale excrément » n'est certainement pas d'une évidente logique, et devrait « faire plus de horreur et de mal au cœur que de le voir verser ou que ce fust » : c'est Montaigne lui-même qui s'interroge sur l'« estrangeté » de ce nouveau comportement. L'enjeu est bien en fait de cacher des aspects jugés désormais malséants de la nature : Louis XIII ne recevrait plus sur sa chaise percée, à la différence du pourtant raffiné Henri III, et une adaptation parisienne de la *Civilité* d'Érasme, en 1613, va déjà jusqu'à prôner de cacher le lit, le bonnet de nuit, et même de garder les draps suffisamment souples pour qu'ils ne suggèrent pas la forme du corps.

À ce niveau, le changement peut sembler confiner au jeu, à tout le moins à une sophistication bien éloignée du souci du commun des mortels. C'est vrai en un sens, même si la direction est clairement indiquée qui mène à l'étiquette raffinée et aux règles de bienséance du règne de Louis XIV. Il n'en faut cependant exagérer ni le sens ni la portée, et ne pas oublier, en particulier, que la civilisation du corps reste très inégale : les décolletés des grandes dames de la cour, même sous Louis XIII « le Pieux », nous rappellent que le célèbre « cachez ce sein... » de Tartuffe (1664) est un acte militant, et qu'il fait sourire. Il ne faudrait pas non plus, à l'inverse, oublier que cette épuration savante des comportements n'est aussi que l'aspect le plus distingué d'un mouvement bien plus général et parfois très violent.

III. La sorcellerie

« Civiliser » signifie en effet aussi la mort pour plusieurs centaines de Basques que le magistrat bordelais Pierre de Lancre fait exécuter pour sorcellerie en 1609, pour plus d'un millier de Francs-Comtois avec Henri Boguet, pour le double peut-être en Lorraine avec Nicolas Rémy entre 1576 et 1612, et pour tant d'autres encore en Cambrésis, en Avignon ou ailleurs. Entre 1580 environ, et 1630 ou 1640, la culture de l'intolérance que nous avons vue émerger dans la seconde moitié du XVIe siècle se traduit par une répression parfois féroce de la sorcellerie, aux dépens surtout de femmes (au moins les trois quarts des victimes) rurales et marginales par quelque aspect de leur vie : veuves, pauvres, habitant à la marge du village, étrangères ou victimes de quelque infirmité.

L'important n'est évidemment pas la « sorcellerie » elle-même, qui existe avant, pendant et après cette vague de répression, mais bien l'évolution de la répression, le seul phénomène d'ailleurs que nous puissions mesurer et dont nous puissions donc évoquer les fluctuations. Les dénonciations, de voisinage presque toujours, vont désormais en justice, ou du moins y sont plus volontiers prises au sérieux : il est certain que les juges ne réagissent plus de la même manière qu'auparavant, et c'est à ce niveau sans doute qu'il faut situer, dans la piste ouverte par Robert Mandrou, la clé de l'interprétation d'un phénomène culturel qui a fait couler tant d'encre depuis Michelet.

Les magistrats qui traquent les sorciers ont bien choisi en effet, puisque la tolérance et la compréhension d'un Jean Wier leur étaient accessibles autant que les théories répressives de Jean Bodin ou du *Marteau des sorcières*. Ils ont choisi, mais en professionnels compétents et sérieux. Il faut voir comment la procédure est menée, le plus souvent, de manière scrupuleuse, avec une enquête sérieuse, de très nombreux interrogatoires, la recherche presque scientifique de preuves telles que la zone d'insensibilité laissée par le diable lors de la signature du pacte avec le sorcier, une recherche à laquelle se livrent à coups d'épingles les chirurgiens : nous percevons, tout à coup, comment l'idéologie pervertit une technique par ailleurs presque irréprochable. Et, faut-il ajouter, juges et accusés partagent la même logique : comment, dans un univers magique, nier tout lien avec le diable ? Comment ne pas accepter la traduction en termes de sorcellerie sabbatique de la magie quotidienne pratiquée par tous, quand on maîtrise une culture évidemment bien moins savante que celle du juge ? L'aveu, en outre, apporte un soulagement physique – la fin de la torture, souvent utilisée – et surtout moral, puisqu'il peut apporter le salut de l'âme. C'est la fin du plus terrible des crimes, la révolte contre Dieu, que vient sanctionner un châtiment à la mesure, le feu presque toujours.

Ce qui a pu amener tant de magistrats certainement scrupuleux à prononcer tant de sentences de mort est donc cette bonne conscience. C'est aussi la foi, dans la lancée de la Réforme, catholique ou protestante : la volonté de tracer une frontière nette entre Dieu et Satan, d'épurer les esprits de toute magie, voulue bien distincte de la religion. Ce sont encore, sans doute, l'état d'esprit et les habitudes nées de la lutte contre l'hérésie : à la grande vague de procès contre les protestants succède la grande vague de procès de sorcellerie, les deux crimes étant d'ailleurs considérés comme de même nature. Nous possédons ainsi, grâce à Robert Muchembled, une courbe très parlante de l'évolution des procès de sorcellerie à l'échelle de l'actuel département du Nord, très touché, et nous y voyons le nombre des procès s'envoler dans les années 1580 et surtout 1590, régresser sensiblement après 1630, avec un regain de poursuites au milieu du siècle. Et comment ne pas noter que *Le Marteau des sorcières*, complètement oublié par les éditeurs pendant l'essor du calvinisme, connaît de nouveau seize éditions en Europe entre 1574 et 1621 ? Et c'est alors aussi que fleurissent les ouvrages démonologiques où les magistrats racontent leurs exploits, Nicolas Rémy en 1595, Henri Boguet en 1602 et Pierre de Lancre en 1613. Culture de l'intolérance, habitude de la chasse à l'hérétique, généralisation de la volonté d'exclure, d'éliminer, épurer la culture : ce n'est pas la vague de procès qui est, culturellement, surprenante, mais bien ses inégalités et surtout son reflux.

L'indulgence accordée à une « sorcière », plus encore le refus de reconnaître le crime impliquent en effet une rupture importante avec la culture ambiante. Or, après la terrible génération des années 1580-1610, les procès se font partout plus rares, malgré de nouvelles vagues vers 1640 et 1670. Et, même à l'époque de la répression, des voix et plus encore des décisions vont à l'encontre de ce qu'on a peut-être trop présenté comme une évidence admise par tous. En 1590 encore, Jean Vendeville, l'évêque de Tournai, condamne les excès des dénonciateurs de sorciers. De telles voix s'estompent ensuite mais, même aux pires moments, les hauts magistrats du Parlement de Paris gardent une relative raison, puisque jamais – sauf pendant la Ligue – la proportion de condamnations à mort ne dépasse le huitième des cas qui leur sont soumis en appel. Les justiciables qui s'adressent à eux ne sont évidemment pas les plus pauvres, et peuvent produire des témoins à décharge, mais une telle modération – toute relative – n'est pas aussi isolée qu'on peut le penser. Quand la « possédée » Marthe Brossier arrive à Paris en mars 1599, après avoir été exhibée dans tout le Val de Loire, la foule se précipite pour la voir, les capucins qui l'ont exorcisée s'emparent de ses propos hostiles aux huguenots, mais Pierre de L'Estoile, proche des milieux parlementaires, évoque le cas dans son journal en termes de « pipperie » d'une « prétendue démoniaque ». L'affaire n'est pas banale. Les dévots soutiennent la thèse de la possession, par la plume d'un jeune prêtre dont l'avenir dira le talent, Pierre de Bérulle ; et le roi, soucieux d'apaisement religieux, veille à l'étouffer, mais par un canal qui ne manque pas d'intérêt : l'intéressée est renvoyée dans son Romorantin natal après interventions de médecins.

Ce transfert précoce de la sorcellerie du théologique au médical situe bien les responsabilités et la nature du changement d'attitude, même s'il est lent à s'imposer. L'approche « scientifique » – quelles qu'en soient les limites – étaye et justifie les doutes d'esprits éclairés ou simplement modérés, et les excès mêmes de la répression finissent par convaincre une partie au moins de l'opinion des classes aisées. Comment suivre longtemps le seigneur de Bouchain, près de Valenciennes, qui dénonce les nombreux sorciers de sept à neuf ans de sa châtellenie et veut faire exécuter ceux qui ont dépassé huit ans ? Comment, bien plus, ne pas méditer sur les grandes « affaires », celle des ursulines de Loudun, en 1632, venant après celles d'une autre ursuline à Aix en 1610, des brigittines de Lille en 1613-1614, d'une veuve proche des jésuites à Nancy en 1621, les sorciers-victimes étant à chaque fois des intellectuels, le curé Gaufridy à Aix, le chanoine Leduc à Lille, le médecin Poirot à Nancy, et bien sûr le prêtre Urbain Grandier à Loudun, victime de son opposition à Richelieu ? Grandier, brûlé en 1634, est pour beaucoup de magistrats et l'opinion intellectuelle la victime de trop, mais, comme bien souvent en pareil cas, l'écho du drame exprime avant tout un mouvement profond en passe de l'emporter.

Le chanoine lillois Leduc est finalement blanchi et, en 1619, un procureur, Ledoux, fait valoir dans la même ville, pour défendre sa cliente accusée de sorcellerie, que

> telle suspicion et la réputation ou bruit quy en pourroit estre ensuivy ne seroit esté fondé sur causes véritables et apparante, ains [mais] seullement sur vaines imaginations et persuasions de personnes légères et volaiges, et qui trop légèrement rapportent les effects des causes naturelles, dont la vertu leur est incognue, à samblable fait de sortilège, signamment quand tels effects sont en dehors du cours ordinaire.

Il souligne même que de telles accusations surgissent plus souvent « quand le port extérieur et phisiognomie est quelque peu extraordinaire et plus affreux et brusque que celui des aultres ». En 1644 – tard il est vrai –, c'est l'archevêque de Reims qui dénonce les « petits juges subalternes [qui] condamnent à mourir sur simple conjecture » : la chasse aux sorcières n'est plus qu'une affaire de médiocres. Le Parlement de Paris n'a d'ailleurs plus prononcé de sentence capitale depuis 1625. Mieux, et plus révélateur encore : l'idée d'un appel automatique en cas de sentence de mort est émise en 1588, mais le roi ne la retient qu'en 1624. La génération de la chasse aux sorcières a été aussi celle d'une très difficile mais réelle bataille des idées.

On mesure sans doute mieux ainsi l'extrême richesse d'une période qui est bien plus que la simple mise en œuvre d'une civilisation des mœurs. Elle l'est, certes, d'autant plus nettement que les échecs et les lenteurs sont largement compensés, dans les milieux aisés, par le succès de l'éducation scolaire.

L'apprentissage de la civilité par les classes aisées leur donne un brevet d'« honnêteté », et donc de distinction : dans la mesure où le lien social repose sur l'apprentissage d'un code commun de comportements, on peut estimer que ce lien est en passe d'être rompu au milieu du XVIIe siècle. C'est sans doute, sans abuser des grandes formules, un des signes du passage à une société capitaliste, en tout cas de l'affirmation d'une élite que ses activités – échanger, calculer, juger, administrer – forment à une nouvelle rationalité. En même temps, le recours à la contrainte, ou au moins ses excès, provoquent une réflexion dont la portée dépasse, de beaucoup, le sort des sorciers. Douter de la réalité de la sorcellerie est, quelque part, douter de l'explication traditionnelle du monde, et poursuivre la réflexion entamée par certains humanistes. L'horreur des bûchers construit aussi, dans une dialectique un peu facile mais pourtant réelle, le doute méthodique et peut-être beaucoup plus.

IV. Construire

Exclure, construire… La distinction, avouons-le d'entrée, est excessive et injuste : l'art du maniement de la fourchette est une construction culturelle autant que l'exclusion du manger à la main, la dialectique est trop évidente pour qu'on y insiste. Il faut, pourtant, mettre l'accent sur les réalisations positives d'une période victime de la comparaison avec l'« humanisme » et le « siècle de Louis XIV », et victime plus encore d'une tradition historiographique qui a longtemps aimé les époques ordonnées et faciles à cerner, et les vainqueurs : or, c'est vrai, l'essentiel de ce qui se construit, dans le domaine culturel, entre 1580 et 1660 peut paraître éphémère ou d'ampleur limitée.

On construit certes beaucoup, au sens premier du terme, comme nous le rappellent bien des hôtels du Marais à Paris ou les réalisations de François Mansart, le phare de Cordouan (1594) ou le Pont-Neuf à Paris, mais il est révélateur de devoir choisir des exemples somme toute modestes. Le concept de place royale est bien plus novateur – le chantier de la future place des Vosges commence en 1605 –, rapidement imité, dès 1611 à Charleville par le duc de Nevers par exemple, mais l'essentiel tient bien dans la construction d'une apparence, un peu comme si la société laïque jetait et épuisait toutes ses forces dans le champ du religieux. Quel meilleur symbole de ces limites que l'échec de la ville de Richelieu, « le plus beau village de l'univers » selon le mot cruel mais lucide de La Fontaine pensé en 1663 ? Voilà pourtant un projet bien soutenu, ambitieux puisqu'il s'agit d'édifier de toutes pièces une cité rationnelle, dont le carré rigoureusement divisé renverrait presque à l'urbanisme antique. Las : construire une ville exige aussi, désormais, une rationalité économique ou politique, comme un peu plus tard à Lorient, Brest ou Versailles.

L'idée progresse, de même, d'une ville ordonnée dans ses habitants : la réflexion sur l'ordre public et le crime s'approfondit sensiblement au début du XVIIe siècle, notamment avec *Le Procès civil et criminel* que Claude Le Brun publie en 1609 à Lyon, mais c'est en 1670 seulement qu'est adoptée la grande Ordonnance criminelle, en 1667 seulement que la nomination de La Reynie au poste de lieutenant général de *police* montre un décisif glissement sémantique du terme, du bon gouvernement au moderne maintien de l'ordre. Ce qui pourrait donc être le pendant laïc des avancées dévotes se révèle, au mieux, comme des promesses, et peut-être parfois simplement comme un rêve.

Le rêve est en effet sans doute le point commun entre des évolutions *a priori* très éloignées les unes des autres, mais dont la concordance chronologique est frappante à l'échelle du demi-siècle. L'exemple apparemment le plus difficile est ici celui des « peintres de la réalité », presque totalement oubliés jusqu'à leur spectaculaire redécouverte lors de l'exposition du même nom en 1934. Voilà en effet ce qui semble le contraire du rêve, puisque Georges de La Tour, les trois frères Antoine, Louis et Mathieu Le Nain et bien d'autres avec eux semblent bien nous proposer, à un niveau de qualité incontestable, un regard sensible sur les réalités quotidiennes de leur temps. Nous savons pourtant que leur lecture a provoqué de profonds débats entre spécialistes, presque un malaise, nourri par l'étendue de nos ignorances sur des artistes dont nous ne connaissons parfois même pas avec certitude les grandes étapes de la vie. Très normalement aussi, notre regard sur leur œuvre est perturbé par l'émotion esthétique, et c'est pourquoi il faut sans doute les associer dans l'étude à des exemples beaucoup plus froids, voire affectés, comme cette *Réunion de buveurs* de

Nicolas Tournier ou les proches *Musiciens et Soldats* de Valentin. Là où nous pourrions lire la compassion, chez tel *Vielleur* de La Tour, voire une complicité, dans tel *Intérieur paysan* des Le Nain, il faut sans doute plutôt voir la mise en image habile d'un discours attendu. Rien dans la vie de La Tour ne nous permet d'imaginer chez lui cette compassion, alors que le recours à de longues séries d'œuvres – à succès, peut-on imaginer –, la diversité des thèmes de ces séries – que de *Madeleine pénitente*, de *Vielleur*, de *Tricheur*, même si c'est avec des as différents… – permettent d'affirmer l'art et très probablement l'artifice. Et l'on sait mieux encore que, si certains arrière-plans paysagers des Le Nain reflètent fidèlement les campagnes de leur Laonnois natal, leurs paysans sont beaucoup trop propres, trop paisibles, trop proches en fait de l'image presque aseptisée du paysan qu'attendent les clients citadins, puisque les vrais sont décidément trop difficiles à civiliser.

Même Jacques Callot, ici incontournable, ne se prête pas à une lecture en termes de compassion d'un artiste pour les paysans lorrains victimes des horreurs de la guerre de Trente Ans : comme ses confrères, il dépend des réalités économiques, des soucis de propagande du commanditaire, de sa propre idéologie sans doute, et ses *Misères et Malheurs de la guerre* sont aussi, et peut-être surtout, une illustration des malheurs du soldat… Ces artistes ne nous laissent en fait – et comment pourrait-il en être autrement –, quel que soit leur talent, que la vision « acceptable » et parfois aseptisée d'une société désormais distincte, celle du peuple, et il est frappant de voir à quel point le « grand » art converge sur ce point avec des œuvres beaucoup moins ambitieuses.

S'il est difficile d'utiliser ici une littérature de colportage dont le grand succès est postérieur, nous pouvons, grâce à la belle étude de Vincent Milliot, suivre de près l'évolution d'une représentation bien précise, celle des *Cris de Paris*, qui se diffuse depuis le début du XVIe siècle sous la forme de livrets, d'images et de musiques que ne dédaignent pas de signer des artistes réputés. Cette représentation des métiers parisiens nous révèle un regard porté sur le peuple et la ville, et ce regard connaît une évolution décisive au milieu du XVIIe siècle. C'est alors en effet qu'achève de disparaître une représentation relativement naturelle, réaliste au moins dans l'esprit, suffisamment proche de la vie pour montrer des corps en mouvement, des bouches ouvertes pour lancer l'appel aux clients. Certaines œuvres remarquables, celles d'Abraham Bosse en particulier, insèrent même leurs personnages dans un décor citadin très précis qui concourt évidemment beaucoup à la représentation de la réalité. Or, en quelques décennies, ces représentations disparaissent – Lagniet, dans les années 1650, est sans doute le dernier à s'en inspirer – au profit d'une idéalisation de ce petit peuple urbain : il n'est qu'à voir comment le corps lourdement chargé, encore courbé chez Brébiette dans les années 1630, s'est artificiellement redressé quarante ans plus tard chez Jean-Baptiste Bonnart, le meilleur exemple sans doute de la production nouvelle, comment le vêtement s'est nettoyé, comment le corps pose désormais… C'est, caricaturé, le travestissement du peuple qui s'exprimait subtilement dans la génération des La Tour et des Le Nain, pour des curieux et des collectionneurs qui veulent un monde tel qu'ils le rêvent.

Même si, bien entendu, chaque domaine de la pensée et de la création a son évolution propre, on ne peut pas ne pas rapprocher de telles mutations de l'idée de mise à l'écart effective des pauvres qui se précise au cours de la première moitié du XVIIe siècle. L'idée de l'enfermement des pauvres aboutit à ces hôpitaux généraux qui s'ouvrent un peu partout dans les années cinquante : le refus de voir les pauvres réels, la volonté de les réformer dans des institutions fondées sur le travail, la piété contrôlée et la discipline, renvoient très directement à la transformation des *Cris de Paris*. L'impossibilité matérielle, financière en particulier, d'atteindre un tel objectif indique bien la part du rêve dans cette société, celle aussi des représentations, puisque les très prosaïques administrations municipales s'emparent partout de l'idée. C'est dans cette ambiance culturelle qu'il faut situer la civilisation de la cour, fondée très largement elle aussi sur la substitution à la réalité des représentations de celle-ci : ce sont, en un sens, tous les milieux aisés qui rêvent et s'inventent une représentation du monde, et pas seulement les courtisans.

La perfection de la cour de Louis XIV pourrait faire oublier la longue construction du modèle pendant plus d'un demi-siècle, autour de la simple règle de l'apparence, « le règne du regard », selon l'excellente formule de Jacques Revel. « Du haut vers le bas, l'ordre curial conforme les comportements à la place et au rang de chacun au sein d'une rigoureuse hiérarchie, et l'étiquette a pour fonction de régler dans le détail cette discipline inégalitaire mais également imposée à tous. Du bas vers le haut, c'est la société tout entière qui contemple le spectacle de la cour, modèle offert à l'admiration et à l'imitation.» L'analyse de Jacques Revel indique la direction de l'évolution, mais les réalités en sont encore assez éloignées sous Louis XIII. On commence à observer, c'est vrai, la dissimulation des émotions, l'élimination de la spontanéité qui conduisent à la maîtrise de soi d'un Richelieu. Mais la cour connaît encore les horreurs de l'assassinat de Concini puis l'exécution de sa veuve, comme un relent du siècle précédent. La noblesse y est toute-puissante, mais il est possible de s'y imposer par la *vertu*, le mérite, ce que souligne en 1630 encore *L'Art de plaire à la cour* de Nicolas Faret. On y pratique, dans la voie ouverte sous Henri III, cette très forte rhétorique des gestes du corps qu'est la danse, mais cette rhétorique n'est pas encore parfaitement maîtrisée.

Nous tenons là le meilleur exemple possible de la réalité de la civilisation de la cour, dans la mesure où le ballet passionne alors toute l'aristocratie, et le roi lui-même, qui compose, crée des rôles et bien entendu danse lui-même. Dès le début du siècle, une structure s'impose avec des entrées qui divisent les actes en scènes, un récit chanté par un soliste au début de chaque acte, un texte, bien proche d'un livret, distribué aux assistants, et bien sûr un grand ballet final auquel participe parfois le souverain. Il est vrai que la participation au ballet est un puissant moyen de faire sa cour, et que le thème continue, dans certains cas, à exprimer une idéologie directement politique, comme lorsque Richelieu donne en 1641 le *Ballet de la prospérité des armes de France*, un peu présomptueux deux ans avant Rocroi. Vrai, aussi, que le jeune Louis XIV se passionne plus encore que son père pour un art auquel il s'adonne en public dès 1651, vrai qu'il y trouve en 1653, dans le *Ballet de la nuit*, son personnage de Roi-Soleil.

La juste redécouverte de l'importance politique, sociale et culturelle de cette forme d'expression ne doit cependant pas abuser. Il est encore de bien lourdes initiatives qui soulignent les lenteurs de diffusion du modèle, comme lorsque les jésuites de Reims montent en 1628 un ballet consacré à la prise de La Rochelle, huguenots en géants d'une tour noire protégée par un dragon, roi en Théandre tueur de dragon et Richelieu en berger Caspis délivrant les captifs des mauvais géants… Il est, surtout, de bien révélateurs comportements. Lors de l'extraordinaire *Ballet royal du grand bal de la douairière de Billebahaut*, dont le roi impose en 1626 l'organisation par la ville de Paris, les « princes et seigneurs » invités se « jettent » sur le buffet préparé à leur intention, « la moitié [est] renversée à terre, à quoy le roy auroit pris un singulier plaisir ». S'en étonner serait oublier les brutalités et les bouffonneries, les « cacophonies de charivari » – la formule est d'André Chastel –, la grossièreté de ton et l'extravagance des costumes que nous connaissons grâce aux merveilleux dessins de Daniel Rabel. La pleine signification de tels spectacles n'est atteinte, une fois encore, qu'un peu plus tard, notamment en 1662 avec le grand carrousel donné à Paris : le plaisir des costumes et de la fête s'insère cette fois pleinement dans un spectacle ordonné, conçu d'abord comme une parade. En 1626, les nobles parisiennes invitées au ballet refusent de danser, de peur de perdre une place qui permet de voir le roi ; en 1662, elles peuvent regarder à loisir, derrière des barrières, mais ne participent plus. C'est l'époque où Lully se plaint de la lourdeur de la plupart des grands seigneurs incapables de danser des pas un peu vifs, l'époque où Molière crée pour Nicolas Fouquet *Les Fâcheux*, la première de ses comédies-ballets dans lesquelles il estime que la musique et la danse sont accessoires à l'intrigue principale. La danse-spectacle est en passe de devenir l'affaire de professionnels, peut-être tout simplement parce qu'elle n'est plus indispensable au processus de « civilisation » : la cérémonie du lever de Louis XIV n'est-elle pas un ballet intériorisé, devenu presque naturel ?

L'intervalle entre le bal des noces du duc de Joyeuse en 1581 et le carrousel de 1662 représente bien plus que ne le laisserait penser une approche superficielle qui percevrait simplement la futilité de ces loisirs. Le grand bal de 1626 intervient, c'est vrai, en plein complot de Gaston d'Orléans, le comte de Chalais est exécuté dans un spectacle d'horreur rarement dépassée, mais c'est aussi alors que Gaston épouse Marie de Bourbon-Montpensier et engendre la Grande Mademoiselle, figure emblématique s'il en est des folies de la Fronde. Le ballet voulu par Richelieu en 1641 met en scène des paysans qui dansent, la houe, la bêche ou la faux sur l'épaule, au moment même où les campagnes du Dauphiné, du Languedoc et du Poitou se soulèvent une fois de plus. Ces contrastes, réels, n'en sont pas moins parfaitement banals, et jettent simplement une lumière un peu crue sur les réalités sociales et politiques du temps. Ils renforcent même le sens des changements culturels en cours, l'affirmation de la distinction à travers une image de soi-même, de l'Autre et du roi, et ces changements culturels trouvent dans les milieux privilégiés d'importants relais. C'est par des rencontres comme celle du bal de 1626 que Paris apprend à imiter la cour et, si la province imite Paris, c'est aussi parce que les progrès de l'office n'ont pas que des effets politiques ou administratifs : les officiers du roi sont aussi, chacun à son niveau, les relais de la culture monarchique. Simplement, l'évident inachèvement et la relative fragilité de l'édifice – clairement révélés par la Fronde – laissent encore de vastes espaces de liberté, qui donnent au « siècle de Louis XIII » des couleurs que les historiens ont livrées moins bien que le roman ou le cinéma, celles d'un Cyrano de Bergerac.

CHAPITRE 11

Espaces de liberté

Ne rêvons pas. Les espaces de liberté ne sont pas immenses dans la France des années 1580-1660, même dans le champ de la culture. Simplement, nous estimons qu'ils ont été trop occultés, ou au moins sous-estimés par une historiographie qui, longtemps, a construit de manière trop linéaire la préparation du « grand » siècle de Louis XIV. L'Autre Monde, ou les Estats et Empires de la Lune, *publié en 1657 deux ans après la mort d'Hector-Savinien Cyrano de Bergerac, la culture de la Fronde, les Précieuses et une lecture du* Cid *dégagée de la référence au théâtre « classique », sont des réalités parfois essentielles de la culture de cette époque, tout comme l'extraordinaire manteau de retables baroques. C'est cette diversité que nous voulons souligner, qu'elle soit de goût, d'idées ou, plus fortement encore, de résistance voulue à l'émergence d'une référence unique de comportement et de culture.*

I. La France baroque : un goût, une sensibilité

« Baroque » ne renvoie pas, ici, à une norme esthétique d'ailleurs discutée, moins encore à un style, mais tout simplement à une liberté de culture souvent marquée par un sens des effets appuyés, le refus donc du dépouillement épuré que voudrait imposer la civilisation des mœurs. L'expression, avant tout commode, marque surtout fortement la différence avec la future France « classique », même si elle recouvre bien des différences, voire des contradictions.

Comte les ans, les mois, les heures et les jours
Et les poins de ta vie, et me dis, mal-habile,
Où ils s'en sont allèz ; comme l'ombre fragile
Ils se sont escoulèz sans espoir de retours.

Nous mourons et nos jours roulent d'un viste cours
L'un l'autre se poussans, comme l'onde labile
Qui ne retourne point, mais sa course mobile
D'une mesme roideur précipite tousjours ;

Tousjours le tems s'enfuit, et n'est point réparable
Quand il est despensé en euvre dommageable,
L'usant et consumant en travail superflus.

Nos jours ne sont sinon qu'une petite espace
Qui vole comme vent, un messager qui passe
Pour sa commission, et ne retourne plus.

L'ombre, l'onde, le vent insaisissable, comme ce pourrait être la vapeur, le songe, le flot : le Franc-Comtois Jean-Baptiste Chassignet manie parfaitement, en 1594, les images déjà habituelles de la sensibilité baroque à la fuite du temps, et il est en même temps un des premiers de ces poètes baroques qui nous ont laissé, entre 1590 et 1640 pour l'essentiel, une méditation parfois proche du morbide, profondément religieuse à la fin des guerres de Religion, sans doute beaucoup plus ludique ensuite. Dans ses *Délices satyriques* (Paris, 1620), Charles-Timoléon de Sigogne se livre ainsi aux plaisirs ambigus du « squelette vivant », genre littéraire alors à la mode :

Contre une dame

Seiche pièce de bois, triste ordonnance d'os,
Ventre maigre et fleury, vieil ratelier du dos,
Portrait vif de la mort, portraict mort de la vie,
Fantosme qui paroit sous un masque trompeur,
Qui fait craindre la crainte, et fait peur à la peur,
Et destourne l'envie, à la mesme une envie ;
[...]
Charongne sans couleurs, despouille du tombeau,
Carcasse déterrée, atteinte d'un corbeau,
Semblable aux visions que nous a fait le somme ;
Tu es quelque vieil corps dans la neige fondu,
Ou un corps de sorcier à un gibet pendu,
Qu'un desmon a vestu pour faire peur à l'homme !

Ajoutons, pour faire bonne mesure, le Normand Auvray (*Le Banquet des muses*, Rouen, 1623), qui ne reconnaît qu'*in extremis* la Mort dans la « Dame trop maigre » avec laquelle il passe ses nuits :

> [...] Dès la première nuict de nos embrassemens,
> J'imaginay sa chambre estre un grand cimetière,
> Son corps maigre sembloit un monceau d'ossemens,
> Son linceul un suaire et sa couche une bière.
>
> Ce seroit violer le droit des Trespasséz
> De toucher sacrilège à ses membres éthiques,
> Je les baiserois bien s'ils estoient enchasséz,
> Comme au travers d'un verre on baise les reliques.
>
> Belle, dis-je (tastant la peau de son téton),
> Pour ne me point blesser lors que je vous embrasse,
> Il faudroit vous garnir les membres de cotton,
> Ou que je fusse armé d'un bon corps de cuirasse. [...]

L'oubli presque total dans lequel sont tombés ces poèmes ne doit pas nous en dissimuler la vogue, et leur apparent artifice correspond bien à une sensibilité d'auteur ou au moins de public, comme le prouve le succès parallèle d'autres formes de méditation sur la mort, des innombrables *Madeleine pénitente* songeuses devant un crâne aux *Vanités*, un des genres artistiques sans doute le plus en vogue dans la première moitié du XVIIe siècle. Datée de 1641, celle du Strasbourgeois Sébastien Stoskopff en propose une version très savante, celle de la connaissance (le globe terrestre), du savoir (les livres), de la gloire militaire, du luxe de la table, de la musique, de l'art (on note au premier plan la gravure de Callot), auxquels s'ajoutent l'évocation générale de l'éphémère par la bouteille à demi vide et le classique sablier du temps qui fuit. L'organisation autour du crâne et surtout le texte sur l'ardoise précisent le sens : « Art, richesse, puissance et courage meurent, le monde et ses œuvres périssent, l'Éternité vient après ce temps. Oh fous ! fuyez la vanité. » Comme pour la poésie, il arrive un moment où l'on ne sait plus bien ce qui l'emporte, de la sensibilité, du genre, ou tout simplement du marché alimenté avec virtuosité par des peintres au métier sûr comme Simon Renard de Saint-André, brillant portraitiste d'Anne d'Autriche et peintre de *Vanités* si rhétoriques qu'Alain Tapié peut y voir sans doute à juste titre un jeu sans conviction ni peut-être même signification.

La mort devient ainsi un spectacle, ce qu'exprime très fidèlement la montée en puissance des grandes cérémonies funèbres jusqu'aux sommets des années 1670-1680, avec leur débauche de lumière, de bruits – brouhaha des assistants, oraison funèbre, musique et chants – et leur ostensible étalage de la mort, des têtes de morts peintes par centaines, qui s'imposent partout vers le milieu du siècle, aux squelettes et figurations de cadavres desséchés des pompes organisées pour les grands. Ces fêtes de la mort, en même temps, ne laissent pas tout le monde indifférent puisque certains fidèles commencent dès les années 1640 à refuser expressément les « pompes funèbres ». La mort, son image, sa perspective créent ainsi un espace de liberté au moins dans les milieux privilégiés, puisqu'elle permet d'exprimer son rang social, son espérance de chrétien qui justifie parfois le refus de pompes vaines, un détachement amusé, ou bien encore l'obsession quelque peu morbide devant l'indignité d'un corps qui n'est que « pourriture et pâture à vers » selon les termes au demeurant banals d'un officier du prince de Condé dans un testament de 1666.

La sensibilité religieuse joue certainement un rôle ici, mais sans doute bien moindre que nous ne pouvons l'imaginer : le janséniste Philippe de Champaigne et le peintre des jésuites Guy François réalisent tous deux des *Madeleine pénitente*, et les *Vanités* rencontrent le même succès chez les calvinistes hollandais que chez les catholiques français. Il faut voir là bien plutôt des sentiments dont l'expression n'est pas encore soumise à la règle, et en ce sens une certaine parenté de goût avec les ruraux qui commandent les milliers de retables recensés pour un « XVIIe siècle » que la fréquente absence de datation des œuvres ne permet pas de cerner plus précisément. Même si l'imprécision du terme facilite le rapprochement, le baroque est un des domaines où se manifeste fortement une culture encore commune à des milieux sociaux très différents.

Il n'existe encore aucune approche synthétique de ces œuvres totalement ignorées de la quasi-totalité des histoires de l'art, fussent-elles aussi remarquables que la synthèse qu'André

Chastel a consacrée à l'art français. Nous savons cependant, si nous suivons l'exemple de l'Ouest, le moins mal connu, que cette décoration sans fonction précise commence à se répandre largement à partir de 1620 environ, grâce à quelques ateliers déjà réputés installés à Laval, celui des Corbineau en particulier. Les quelques centaines de retables réalisés essentiellement dans le Maine et la haute Bretagne, souvent à partir de matériaux nobles comme le marbre, indiquent bien le succès de ce type de décoration qui dépasse nettement les seuls ateliers lavallois. La réputation de ces maîtres d'œuvre est confirmée par le choix de Jacques Corbineau, en 1624, pour la direction du chantier du palais du parlement de Bretagne à Rennes, et l'exemple montre en même temps la hiérarchie des créateurs et l'écart avec le « grand art » parisien : Corbineau, après le modeste Germain Gaultier, travaille sur des plans que Salomon de Brosse est venu signer en 1618, au cours d'un unique séjour de quatorze jours exactement, en plein chantier du palais du Luxembourg il est vrai.

L'exemple des Lavallois vaut plus encore parce qu'il fait école : on a pu recenser ainsi, rien qu'en Bretagne, près de huit cents retables, le plus souvent en bois, réalisés avant 1680 ! La conservation d'une bonne partie de ces œuvres nous permet de comprendre le véritable éblouissement qu'ont ressenti les fidèles. La débauche d'or et de couleurs, la luxuriance de la décoration, l'effort pour assurer la décoration de tous les autels sont littéralement extraordinaires, et n'ont pu être financés à ce niveau que grâce à la prospérité assurée par l'industrie toilière. L'ensemble des retables de Commana, au pied des monts d'Arrée, illustre à merveille la sensibilité des réalisateurs et des commanditaires. Les colonnes torses, pampres et bouquets, niches et ressauts, les mouvements fondus en courbes et arabesques, la vivacité des couleurs, la splendeur rejoignent en même temps pleinement le souci de l'Église de magnifier la messe, voire d'exprimer l'action fulgurante de la grâce sur des fidèles éblouis... Ce serait donc une erreur que d'imaginer un art simplement « populaire », voire un simple artisanat : si beaucoup de créateurs sont anonymes et locaux, des sculpteurs de la Marine venus de Brest et des artistes morlaisiens participent à des chantiers qui utilisent aussi des modèles qui circulent. Les retables de la seule église de Lampaul-Guimiliau empruntent ainsi à Rubens pour une *Chute des anges*, et, pour une *Sainte Famille avec saint Jean-Baptiste enfant*, à un Flamand moins illustre mais connu par les gravures de Goltzius, Barthélemy Spranger. De telles réalisations se retrouvent en Savoie et en Beauvaisis, dans le pays d'Aigues sur les bords de la Durance, en Auvergne et sans doute presque partout en France, et elles ont d'autant plus de sens que ce sont bien le plus souvent, on l'a vu, les fidèles, ou leurs fabriqueurs, qui choisissent en fonction de leur sensibilité en se référant à l'exemple d'une paroisse voisine, à l'œuvre vue dans une foire, ou d'après le dessin du maître d'œuvre : un art européen qui se fond avec une sensibilité locale.

Ce goût inspire en fait la décoration des églises rurales jusque loin parfois dans le XVIIIe siècle, et il justifie d'autant mieux la référence à une France baroque que les paroissiens de Lampaul-Guimiliau, sans le savoir très probablement, et Marie de Médicis ont sous les yeux l'œuvre du même artiste, Rubens en l'occurrence. Pour la décoration du palais du Luxembourg dont le chantier a commencé en 1615, la reine mère choisit un artiste de réputation déjà européenne, mais surtout une manière et un thème très révélateurs. L'idée est celle d'une galerie, comme à Fontainebleau, avec une série de vingt-quatre grands tableaux entre les fenêtres. Du résultat, il faut beaucoup moins retenir le sens politique, d'ailleurs ambigu et discuté, que le mélange de mythologie et d'actualité bien dans la manière des retables ruraux, et surtout « le bouillonnement d'or, de pourpre, de couleurs chaudes, avec un mouvement vivace et convaincant ». L'analyse d'André Chastel rejoint celle que nous pouvions proposer à propos des retables, et ce n'est pas un hasard. La galerie de Marie de Médicis n'a certes pas d'écho immédiat, mais nous n'en pouvons tirer argument, puisque l'exil de la reine après la journée des Dupes, en 1630, vide le palais de ses visiteurs, et que sa réouverture à la fin du siècle inspirera les plus grands, Watteau et Boucher en particulier. La décoration de Rubens, en outre, exalte le héros – l'héroïne Marie de Médicis, plus exactement, puisque la galerie consacrée à Henri IV reste inachevée : quand l'artiste la présente en 1625, il s'inscrit pleinement dans une idéologie qu'exprime de manière plus spectaculaire encore, car plus largement accessible au public, un théâtre en plein essor.

Pendant soixante-dix ans, de 1580 à 1650 au moins, le théâtre n'a rien à voir en effet avec ce que nous appelons le théâtre classique : Racine a onze ans en 1650, Molière n'a encore rien produit de durable et n'est que l'inconnu « sieur Morlierre » auquel la municipalité nantaise accorde le droit de jouer en 1648. Corneille fait bien tardive exception, et son œuvre, par certains aspects au moins, s'inscrit bien dans la spectaculaire émergence d'un nouveau théâtre à partir de 1580. C'est l'époque où apparaissent les premières troupes ambulantes, qui jouent dans des salles presque toujours improvisées, avec des spectateurs debout dont on imagine l'agitation et les manifestations : c'est l'ambiance que décrit encore au milieu du XVIIe siècle *Le Romant comique* de Scarron, situé dans la région du Mans.

Ces spectateurs prisent avant tout les tragi-comédies, nées en tant que genre savant vers 1580 également : le *Bradamante* de Robert Garnier date de 1582. L'histoire de l'amour longtemps contrarié de Bradamante et de Roger s'y inscrit dans une atmosphère épique de combats entre Charlemagne et les Maures, la belle et belliqueuse Bradamante ne voulant en outre céder qu'à celui qui la vaincra en combat singulier : émergence spectaculaire de l'héroïne et climat culturel dans lequel baigne la jeune Marie de Médicis puisque Robert Garnier s'est très largement inspiré de l'Arioste et de son *Roland furieux*... Déguisements, combats, rebondissements multiples et dénouement heureux constituent une trame dont nous avons oublié la fécondité : la *Sœur valeureuse* – encore une héroïne – de Mareschal (1634) met en scène cinq duels, cinq meurtres et deux tentatives de meurtre ! Le triomphe de cette génération, *Pyrame et Thisbé* de Théophile de Viau, joué en 1621, est aussi une sanglante histoire d'amour contrarié. Pyrame se donne la mort en croyant Thisbé morte, Thisbé se donne la mort en arrivant trop tard pour détromper Pyrame. Les vers célèbres qu'elle lance alors – ils ouvrent ce livre – ne relèvent peut-être pas d'un comique involontaire, tant sont imprévisibles les tournants émotionnels de ces œuvres dont *Le Cid* est le parfait aboutissement : amour et violence, un soufflet, deux duels, une bataille, un dénouement heureux, et une héroïne qui aime l'assassin de son père !

La « querelle du *Cid* », les violentes critiques, notamment de Georges de Scudéry, contre cette sensibilité montrent bien qu'une partie au moins du public savant se détourne alors de ce qui n'est pas loin d'un théâtre baroque. Le goût ne s'en maintient pas moins pendant une génération au moins, sous une forme plus savante, avec la vogue inégalée des machines qui permettent un autre type de rebondissements : le Vénitien Giacomo Torelli triomphe dans ce genre à partir de 1645, en parvenant à mettre en scène jusqu'à une rivière, et les *Fâcheux* que Molière donne pour Fouquet en 1661 proposent encore des rochers qui s'ouvrent et des statues qui s'animent. La tragi-comédie semble bien loin – encore que la Fronde ait été pour certains nobles occasion de la jouer dans la vie –, mais, avec l'aide de ces machines, de la danse et de la musique, le théâtre reste avant tout art de métamorphose, de mouvement, de contrastes : baroque.

Face à la règle demeure donc la liberté : « J'approuve qu'un chacun suive en tout sa nature », écrit Théophile de Viau. Face aux régulateurs comme Malherbe demeurent les critiques qui, comme Mathurin Régnier, dénoncent ceux dont le savoir « ne s'étend seulement / qu'à regratter un mot douteux ou jugement ». Rien ne semble encore joué : Louis XIII a dans sa chambre un La Tour, mais commande à Rubens une suite de tapisseries.

Les cultures provinciales connaissent même leur ultime éclat avant le renouveau, beaucoup plus tard, des académies du XVIIIe siècle, et s'expriment parfois encore dans les langues locales. La littérature occitane, qui semblait agoniser au milieu du XVIe siècle, connaît durant trois quarts de siècle un dernier éclat : en Gascogne se crée même vers 1576 une Pléiade qui utilise pour la défense de l'occitan les mêmes arguments que Du Bellay en faveur du français à la génération précédente, et le mouvement n'est pas isolé puisque le même phénomène se produit en Provence quelques années plus tard. Ces « renaissances » se fondent sur une mythologie des origines d'autant plus gratifiante qu'il n'y a pas encore de statut scientifique de l'histoire. Elles affirment plus ou moins nettement une identité, qui ne peut s'exprimer, dans le contexte politique du temps, qu'en termes de contestation du pouvoir royal : l'affirmation provençale coïncide avec l'adhésion à la Ligue, tout comme le particularisme huguenot permet au Béarn de garder le béarnais comme langue administrative jusque dans les années 1610. Essentiellement littéraire, cette renaissance bénéficie cependant, un temps au moins, des efforts pastoraux : dans les années 1560, Jeanne d'Albret avait fait entreprendre une traduction de la Bible en béarnais et en basque, et ce sont de même les catéchismes, cantiques, vies de saints et manuels pour confesseurs qui font renaître l'imprimé en breton dans les années 1620.

La province joue également un rôle encore important dans la commande artistique, parfois grâce à l'autonomie politique qui permet une cour à l'image de celle de Lorraine, mais plus largement parce que les références parisiennes ne s'imposent pas encore systématiquement : Rouen, Lyon, Aix comptent autant que Nancy et peut-être que Paris pour faire vivre des artistes. Comptent, ou comptaient : après 1625-1630, l'effet d'entraînement du commerce d'art parisien et des collections qu'encouragent Richelieu puis surtout Mazarin réduit la diversité. À terme, nous avons la galerie de Diane des Tuileries où le roi rassemble ses plus beaux tableaux : en 1668, plus un seul artiste français ou flamand ne s'y mêle aux grands Italiens.

La différence, la diversité deviennent donc peu à peu un choix qui doit s'affirmer, mais elles restent possibles. Des commanditaires provinciaux reprennent ainsi l'idée de la galerie « royale » à leur niveau : le modeste Étienne Godefroy commande pour son château de Boisdoublet à Saint-Célerin, dans le Maine, une série de tableaux qui illustrent les campagnes du maréchal de Lavardin auxquelles il a participé. Vers 1660 sans doute, la marquise de Goulaine fait réaliser, dans son château proche de Nantes, un de ces cabinets à la décoration surabondante comme il est encore de mode en province, et recourt pour cela à des techniques alors en vogue, à la portée d'une aisance très relative : carton bouilli et papier mâché. À l'extrême, on ne sait plus quelle sensibilité prévaut dans un sommet comme celui que Louis Le Vau réalise en cinq ans pour Nicolas Fouquet : un château au ventre baroque, avec cette spectaculaire excroissance ronde de la façade qui laisse plus de place encore à la fête, ou bien cet aménagement déjà maîtrisé des jardins où Le Nôtre dissimule simplement derrière la douceur régulière des pentes le subtil artifice de l'artiste. Cédons à la facilité, parce qu'elle coïncide avec la réalité : la chute de Fouquet, trois semaines après l'extraordinaire fête de l'inauguration de Vaux le 24 août 1661, marque sans doute la fin de cet espace de liberté architecturale, et Le Nôtre, Le Brun, décorateur du château, Lully et Molière, artisans de la fête, trouveront tous leur place dans les fastes ordonnés du règne de Louis XIV…

II. Les « libertins »

Nous pouvons, sans doute à juste titre, inscrire encore au compte de cette sensibilité baroque le refus de la civilité nouvelle qui se manifeste chez les créateurs : refus, et non pas simple retard ou négligence. Jean-Marie Goulemot a joliment évoqué « la présence épanouie de l'obscène, de l'organique et du scatologique » dans *Le Romant comique* de Paul Scarron, dont la première partie paraît en 1651, et il a raison aussi d'y souligner la joyeuse exaltation du lit et de la tripe, le libre et ostensible recours à un vocabulaire sans contrainte. L'œuvre n'est pourtant pas – pas encore – en marge des pratiques littéraires dominantes, bien au contraire : sa vogue, celle du roman en général – pensons notamment à l'*Histoire comique de Francion* (1623) et au succès des romans picaresques traduits de l'espagnol –, ne sont que le pendant du succès de la tragi-comédie, dont les déluges de coups chez Scarron viennent, plus bénignement, rappeler les violences. Et, même si le genre est bien différent, la sensibilité y est parfois parente de celle du roman d'aventure héroïque, ou de la poésie baroque. Simplement manque-t-il à la plupart de ces œuvres une véritable pensée ou au moins une profondeur qu'apportent ceux que l'on désigne sous le nom bien malheureux de libertins.

L'ambiguïté du terme – surtout quand on pense au sens purement moral du XVIIIe siècle – n'a pas peu contribué à l'oubli dont sont victimes ces *esprits libres*, tellement opposés en outre au dogmatisme et tellement contraints de s'exprimer à mots couverts qu'ils n'ont jamais pu élaborer de doctrine explicite et cohérente. Le terme recouvre aussi, et parfois indûment, une grande variété de comportements. Il nous semble en effet abusif de retenir ici le simple défi que représente le blasphème et même sa répétition dans des circonstances d'où l'ivresse n'est pas toujours absente : ce sont d'ailleurs les seuls exemples « populaires » d'un pseudo-libertinage qu'il faudrait alors faire remonter aux comportements de grande liberté d'expression en matière religieuse, voire à la tradition de farce, à l'exemple de ce boulanger nantais qui en 1570 appose pour marque sur le pain qu'il destine aux clarisses un membre viril…

Plus authentiquement et plus profondément, le courant de libre pensée est né en partie du terreau des guerres « de

Religion» et des doutes qu'elles ont engendrés. Le mot du huguenot Duplessis-Mornay est célèbre: «parmi les armes, nous devenions contempteurs de la religion». Il renvoie à des attitudes qui, sans aller jusqu'à ce mépris, dépassent en tout cas de beaucoup les simples superstitions. En 1603 ainsi, le curé de Montivilliers, près du Havre, dénonce les très nombreux habitants qui, le jour de la Fête-Dieu, bousculent la procession et entrent dans l'église en battant du tambour, masqués et armés, lui montrant leur derrière dans le cimetière quand il prétend les chasser, accrochant le cadavre d'un chien à sa porte, et cela malgré les interdictions de toutes les autorités. Plus prosaïquement, c'est le huguenot Thomas Platter et ses amis qui vont à la messe catholique, en 1598, simplement pour le plaisir d'«entendre de la musique excellente et toutes sortes de chants sacrés».

Ce contexte indiscutable n'a cependant joué qu'un rôle très secondaire, dans la mesure où l'aspiration à la liberté va beaucoup plus loin et touche essentiellement des intellectuels sensibles à un discours plus construit. Même le simple refus du principe d'autorité est acte très fort, puisqu'il peut conduire au refus du roi et même de Dieu. Un tel aboutissement est exceptionnel, mais Jean Rohou rapproche à juste titre le *Dom Juan* de Molière (1665) d'œuvres plus modestes qui l'ont précédé avec le même personnage principal: celle de Nicolas Dorimond, *Le Festin de pierre ou le Fils criminel* (1659), et celle de Claude Deschamps dit de Villiers, qui porte également ce titre (1660). «Pères, princes ni dieux ne me feront la loi», affirme hautement le héros de Dorimond. «Si le Ciel m'attaquait, je lui ferais la guerre.» «Je suis mon roi, mon maître, et mon sort, et mes dieux», dit celui de Villiers… Que Molière ne soit pas isolé, et que de telles pensées reçoivent la consécration d'un tel auteur, suffit sans doute à établir, contrairement à bien des idées reçues, l'influence de conceptions «libertines» qui ont pourtant fleuri un demi-siècle plus tôt.

Un premier courant «libertin» s'épanouit en effet dans les années 1610, inspiré par la philosophie naturaliste de l'école padouane: héritier de Pomponazzi, Giordano Bruno inspire à son tour Lucilio Vanini, le mentor de Théophile de Viau. La filiation, illustre, est importante, car elle explique que certains de ces «libertins» nient l'immortalité de l'âme. Tous tiennent à leur liberté de mœurs et de pensée, l'affichent parfois, mais ce courant relativement influent dans la haute noblesse et chez les écrivains se dissout rapidement après 1625, à la suite d'une très dure répression : Vanini est brûlé à Toulouse en 1619, Viau doit à la fuite d'échapper au même sort à Paris en 1623 – il est brûlé en effigie – et s'en tire avec un bannissement du royaume au bout de deux ans d'emprisonnement.

Le courage de ces hommes broyés par le corset de la Réforme catholique ne peut cependant effacer la relative étroitesse de l'espace de liberté qu'ils se sont créé, dans la mesure où leur pensée n'est pas liée aux découvertes scientifiques du temps, et relève plus du défi que de l'innovation. Les discrets cercles postérieurs à 1625 tranchent donc fortement avec la première génération et, au-delà de précautions formelles, s'en prennent directement à la religion et au dogme. La diversité d'individus soucieux de leur propre liberté et souvent très attachés à une culture individualiste, leurs désaccords parfois, leurs contradictions aussi ne permettent pas de caractériser simplement une pensée qui n'est commune que par le principe de liberté. Un Gabriel Naudé peut être à la fois adepte de Machiavel et de la raison d'État et prôner une connaissance critique par le recours à la bibliothèque, qu'il veut publique et universelle, en rupture totale avec les conceptions de son temps. Un Gui Patin peut, en tant que médecin, refuser d'admettre la circulation du sang et prôner au-delà du raisonnable la saignée, et condamner bigoterie et tyrannie au point de se réjouir de la mort de Richelieu. Un Marc-Antoine Girard de Saint-Amant peut se montrer très sensible à la nature qu'il évoque dans ses poèmes de manière sensuelle et même quasi charnelle et, après 1630 surtout, s'attacher aux joies de la gueule et du cabaret en se rapprochant ainsi de Scarron. L'épicurisme de François de La Mothe Le Vayer – précepteur de Louis XIV à partir de 1652 – est sage et très éloigné de la débauche, celui de Pierre Gassendi beaucoup plus soucieux d'assise scientifique au point que le chanoine provençal devient professeur de mathématiques au collège de France, plus audacieux aussi puisque, professeur de théologie, il reconnaît publiquement la fausseté de son enseignement.

Certains ont une analyse plus directement politique et sociale. Un Henri de Mesmes, prévôt des marchands de Paris, scandalise en affirmant en 1614 lors de la réunion des États généraux que « les trois ordres sont frères ». Charles Sorel se moque dans *Francion* de la justice corrompue, des grands ignorants et infatués d'eux-mêmes, des bourgeois intéressés et vils, et même du respect superstitieux à l'égard du roi, et surtout il le fait au nom de la raison, à laquelle il croit profondément.

Tous ou presque se retrouvent chez de grands magistrats comme de Thou et Dupuy, certains chez Scarron : c'est en ce sens qu'on peut réellement parler d'un courant de pensée, dont l'expression la plus remarquable est peut-être *Les Estats et Empires de la Lune* puis ceux *du Soleil* de Cyrano de Bergerac. Après une génération de prudences compréhensibles, Cyrano exprime avec la seule précaution d'un autre univers, et en les insérant de manière vivante dans une intrigue, ses critiques directes de la morale conformiste et de la religion, lui aussi au nom de la raison.

Écrasé par le personnage de fiction créé par Rostand, desservi – pour le lecteur d'aujourd'hui – par le titre apparemment fantaisiste de son œuvre, Cyrano connaît en somme le même sort que les « libertins » dans leur ensemble, écrasés par le « siècle de Louis XIV ». Et pourtant ils marquent, profondément, un relais entre les hommes de la Renaissance et les encyclopédistes du XVIIIe siècle, par la tolérance qu'implique la revendication de la libre pensée, par la démarche scientifique des plus novateurs… même si Descartes a sans doute plus qu'eux confiance dans la science. Malgré leur petit nombre, ils contribuent à créer le climat qui permet l'éclosion de *Tartuffe* en 1664 ou, nous l'avons vu, de *Dom Juan*, même si ces expressions impliquent un combat : on sait que *Tartuffe* est interdit pendant cinq ans, ce qui rappelle les prudences d'un Sorel rééditant en 1626, après le procès de Théophile de Viau, une version expurgée de *Francion*. En forçant un peu le trait – mais peut-être moins qu'il n'y paraît –, on pourrait affirmer que, grâce à eux, c'est le siècle de Louis XIV qui apparaît comme une parenthèse, puisque trente ans à peine séparent l'œuvre de Cyrano de l'*Histoire des oracles* de Fontenelle, et moins de quarante du *Dictionnaire historique et critique* de Bayle. En même temps, en exaltant la liberté, la générosité et, pour certains, le héros libre de ses pensées, ils rejoignent les aspirations d'une partie des élites traditionnelles du royaume, et apparaissent donc dans une certaine mesure comme les porteurs de valeurs menacées par la diffusion d'un nouveau modèle culturel : ce n'est pas un hasard si Gaston d'Orléans et Condé ont été proches de ces milieux « libertins ».

III. Les résistances au modèle : l'aristocratie et ses valeurs

> Sous moi donc cette troupe s'avance,
> Et porte sur le front une mâle assurance…

On connaît la suite de la tirade sans doute la plus illustre du théâtre du XVIIe siècle, et cette gloire n'est pas usurpée. Au début de 1637, *Le Cid* illustre bien le triomphe de la littérature « héroïque », dont la vogue a atteint l'ampleur d'un phénomène de (bonne) société. *Don Quichotte* avait été rapidement traduit au début du siècle, les années vingt voient paraître plusieurs dizaines de romans d'aventure héroïques, et les plus grands succès sont à venir : *Cassandre* et *Cléopâtre* de Gautier de Costes sieur de La Calprenède en 1642-1645, l'illustre *Grand Cyrus* de Madeleine de Scudéry en 1649-1653, *Clélie* en 1654-1660. Mieux encore, cette vogue exprime la réalité telle que la perçoit une partie au moins du public concerné : le héros existe, c'est Louis de Bourbon, duc d'Enghien puis prince de Condé, quinze ans quand Corneille fait jouer *Le Cid*, vingt et un quand il emporte l'inespéré triomphe de Rocroi. La vaillance, la générosité du jeune aristocrate illustrent parfaitement ce qui est alors un principe essentiel des sentiments : François de Sales aussi bien que Descartes et même un temps les jansénistes rejoignent Corneille dans son exaltation d'une générosité désintéressée qui doit « enflammer les courages de la noblesse du désir de la plus noble de toutes les vertus, qui est la guerrière ». Le propos nous vient du traité de Marc Vulson de La Colombière, dont le titre indique bien le souci : *Le Vrai Théâtre d'honneur et de chevalerie, ou le Miroir historique de la noblesse* (1648).

Il serait cruel de lui opposer ce qu'écrit Gui Patin trois ans plus tôt : « Un sac de pistoles […] emporte aujourd'hui la générosité des Français » ; plus cruel et facile de reprendre le vieux débat sur le théâtre classique : le monde tel qu'il est, ou qu'il devrait être… En s'inspirant largement de l'Espagne dans leurs goûts littéraires, leurs comportements et jusque leur manière de s'habiller, les jeunes nobles lui empruntent aussi sans doute le sentiment diffus d'un monde menacé, voire passé : c'est le déclin de l'Espagne que Condé, justement, consacre à Rocroi, et l'exaltation de l'honneur et de la bravoure des armes sont, dès les années quarante au plus tard, transposition littéraire plus que réalité d'une culture aristocratique dont la résistance est menacée.

Il faut bien mesurer l'ampleur d'une mutation culturelle qui concerne toute la noblesse, organisée en réseaux de fidélité qui diffusent une manière de penser largement commune. *Le Cid*, une fois de plus, exprime remarquablement l'enjeu, quand le roi – et il s'agit de l'ultime vers – conseille à Rodrigue de laisser faire sa vaillance et son roi, introduisant ainsi l'État monarchique comme médiateur des valeurs. Corneille exprime d'ailleurs très bien l'évolution spectaculaire de cette période : la magnanimité du héros est louée six fois dans *Le Cid* mais, six ans plus tard, la mort de *Pompée* est bien la défaite du héros généreux. Cinq ans encore – 1648 – et *Cosroès* constate, selon la formule de Jean Rohou, « l'insurmontable contradiction entre la valeur et le pouvoir, confirmant l'échec de la générosité, qui était en quelque sorte le pouvoir de la valeur ».

On ne saurait mieux dire, et la littérature reflète fidèlement la réalité de ce petit monde privilégié : bien mieux encore que la Fronde des princes menée par Condé en 1649, en témoigne la reconnaissance de la puissance nouvelle de l'argent. Le grand Condé lui-même ne doit-il pas épouser en 1641, pressé par les ambitions financières de son père, une nièce de Richelieu, en renonçant à Marguerite du Vigean, l'amour de sa vie ? Dans la réalité, Rodrigue renonce à Chimène, et l'enjeu dépasse évidemment l'amour : « un cœur généreux ne doit pas être mercenaire » car « la gloire [...] est directement opposée à l'intérêt ». Le cardinal de Retz a beau réaffirmer le principe traditionnel, presque plus personne ne s'y applique alors. Madeleine de Scudéry peint l'entourage de Condé dans son *Artamène*, mais celui d'un financier – même si c'est le fastueux Fouquet – dans *Clélie* ! La noblesse ne vient-elle pas, pendant la Fronde, d'étaler parfois cyniquement le souci de ses intérêts particuliers, derrière le transparent miroir des mots ? Une décennie au moins avant la prise du pouvoir par Louis XIV, réalisme, intérêt, pragmatisme, cynisme l'emportent et créent les conditions favorables à une domestication de la noblesse : même l'amitié est « un commerce » ou « un trafic », c'est Charles de Saint-Évremond, un temps proche de Condé, qui le dit, et, dans un madrigal un peu précieux de 1659, Corneille réclame les *intérêts* d'un baiser *prêté* par la cruelle Philis, « rude *créancière* ». Que Chimène est donc loin…

L'exemple très concret du duel exprime peut-être mieux encore la profondeur de l'évolution, car il n'est pas ici de contrainte d'intérêt. L'enjeu est bien de taille, car il concerne toute la noblesse, et il s'agit d'un signe fort : il n'est pas question ainsi de défendre son honneur contre un roturier, Marc de La Béraudière le rappelle avec force dans son traité sur le duel publié en 1605, et les formes comptent donc plus encore que le fond. Les formes, oui : c'est bien le sens de la provocation de François de Montmorency-Bouteville se battant à Paris, place Royale, en mai 1627, juste après la publication d'un édit proscrivant une nouvelle fois – le premier date de 1602 – le duel. L'exemple est d'autant plus parlant qu'il illustre deux mouvements profonds. D'un côté, de jeunes nobles farouchement attachés à leur culture, à leur conception de l'honneur en particulier : Montmorency-Bouteville a déjà vingt-deux duels à son actif, il a pu s'enfuir après un précédent combat en 1624 grâce au soutien de plus de deux cents compagnons, il faut le ramener à Paris gardé par cinq cents soldats, six compagnies occupent la place de Grève pour son exécution, et les plus grands princes ont intercédé en sa faveur. Il exprime donc très largement les idéaux de la noblesse et, sur le fond, ce duel est « un désaveu public de l'absolutisme par les cadres anciens du royaume », selon les termes de François Billacois. L'important n'est pas tant l'opposition, attendue, des magistrats au nom du droit, ni même l'attitude d'un Richelieu bien moins sévère ensuite à l'égard de cas analogues : en deux décennies au plus, l'attitude de la noblesse se transforme du tout au tout. En 1650, *La Pratique du cavalier* de René de Menou s'enrichit, pour sa cinquième édition, d'un *Traité des moyens pour empecher les duels* : l'idée n'est pas nouvelle, mais elle est reprise dans un ouvrage faisant autorité, et la publication coïncide avec une série de propos publics dans le même sens : déclaration solennelle de gentilshommes, de Condé, des maréchaux de France, de théologiens, de l'Assemblée du clergé même. Signe qui ne trompe pas quand on connaît le public de Corneille, le duel disparaît totalement de son œuvre dès la fin des années cinquante. Bien plus que les mœurs, c'est la culture de la noblesse qui se « civilise » ainsi, même si elle cherche d'autres moyens d'exprimer ses valeurs.

La création d'institutions d'éducation propres aux jeunes nobles de quinze ou seize ans illustre bien, en apparence au moins, un souci qui se manifeste dès les années 1570-1580 avec les premières propositions de Pierre d'Origny et de François de La Noue. Antoine de Pluvinel ouvre la première de ces « académies » en 1594 à Paris, et rencontre un succès tel que d'autres s'installent ensuite très vite en province, dès 1598 au moins à Toulouse. Il s'agit bien d'une éducation adaptée, et pas seulement par son public : le programme associe les arts du soldat – pratique des armes, mathématiques, art des fortifications et dessin –, ceux de la vie sociale – conversation et surtout danse –, et enfin l'équitation, si importante que ces académies sont parfois perçues comme des académies d'équitation. L'idée est bien de faire des nobles des « professionnels » qui ajoutent la compétence à la naissance. Le principe est, déjà, une concession à la culture nouvelle née de l'humanisme, et il sert parfaitement le développement de l'État monarchique : Richelieu, lui-même ancien élève de l'académie de Pluvinel, ne s'y trompe pas et crée des bourses pour les élèves d'une autre académie parisienne, celle de Benjamin, par laquelle passe notamment en 1637 le jeune Condé. Il s'agit, dans une forme adaptée, d'une « civilisation » des jeunes nobles, devenue moins nécessaire après 1650 en raison du succès même de cette civilisation et de la qualité accrue de collèges « ordinaires » au public désormais moins mélangé qu'au début.

La volonté de distinction, plus défensive encore, se manifeste dans la vague de recherches généalogiques, spectaculaire dans le deuxième tiers du XVIIe siècle. Il s'agit bien, au-delà d'un souci de racines qui exprime sans doute le sentiment diffus d'une menace, d'affirmer un identité collective, celle d'un groupe social qui doit se distinguer par l'ancienneté de ses origines. Il est frappant, là encore, d'observer comment le pouvoir royal reprend l'idée à son compte en pratiquant, au début du règne de Louis XIV, une « réformation », c'est-à-dire une épuration de la noblesse qui en écarte les membres aux titres douteux et les usurpateurs. La noblesse renforce cohésion et identité mais en s'insérant plus encore dans l'État monarchique.

La force de l'État, la puissance croissante de l'argent et des financiers contraignent donc la noblesse à renoncer en définitive très largement à ses valeurs culturelles pour mieux sauver son identité sociale. La période de la régence, entre 1643 et 1661, joue un rôle décisif dans cette évolution : avec Mazarin triomphent l'affairisme et une pratique très cynique des affaires de l'État ; et, surtout, la bien nommée « cabale des Importants » en 1643 puis la Fronde des princes étalent aux yeux de tous la fatuité, l'égoïsme, la perte du sens de l'honneur et la médiocrité de beaucoup d'aristocrates, ce qu'André d'Ormesson qualifie gentiment dans ses *Mémoires* d'« inconstance et légèreté ». La gloire s'obtient désormais par la faveur et dans la soumission. À ce jeu, la noblesse est d'autant moins seule partenaire qu'elle n'a pas toujours les mêmes compétences que les robins ou les parvenus issus de la bourgeoisie, et c'est cette menace qui explique la force du rejet de ceux qui prétendraient imiter sa civilité nouvelle. C'est la noblesse que Molière fait rire en montrant en 1668 le pauvre *Georges Dandin* qui a cru qu'il suffisait d'épouser la fille d'un nobliau désargenté pour changer de rang : ridiculisé, semoncé par sa belle-mère qui relève son « peu de civilité » – quel terme révélateur de l'achèvement d'un apprentissage culturel ! –, il se voit opposer que « tout notre gendre que vous soyez, il y a une grande différence de vous à nous ». Deux ans plus tard, *Le Bourgeois gentilhomme* oppose Dorante, parfait exemple du « nouveau gentilhomme » cultivé, et Monsieur Jourdain, qui s'escrime à apprendre musique, danse, armes, philosophie même, à s'habiller comme un noble, dans un ridicule tel qu'il provoque le fou rire de sa servante. C'est qu'il lui manque le goût et l'esprit, et que cela ne s'achète pas : franchir la frontière culturelle est plus difficile encore que franchir la frontière sociale, le message est clair. Qu'il flatte la réalité et la noblesse importe peu : en renonçant à l'« héroïsme », celle-ci a trouvé sa place dans le nouvel État monarchique et la civilité nouvelle. Madeleine de Scudéry exprime très bien le changement. *Clélie* commence en 1654 comme un roman héroïque et se transforme au fil des volumes et des années en Carte de Tendre : l'héroïsme a cédé le pas à la galanterie.

IV. Salons et précieuses

Le parallèle entre l'évolution de la culture aristocratique et celle des salons est beaucoup plus étroit qu'il n'y paraît au premier abord, à condition toutefois d'y mettre un terme vers le milieu du siècle. Les salons, on s'en doute bien, ne se limitent pas à la préciosité : les cercles humanistes du XVIe siècle ont pour héritiers les cercles savants, surtout provinciaux, animés par d'estimables érudits comme Marc-Antoine Dominicy à Cahors, Étienne Pascal à Clermont-Ferrand ou encore le juriste Lantin à Dijon, bon exemple d'une réelle vie culturelle puisque la ville voit naître deux savantes « académies » en 1620 puis 1640. La grande nouveauté de la première moitié du XVIIe siècle tient dans l'animation des plus renommés de ces cercles par des femmes, ce dont on ne trouve guère de précédent en dehors du cas de la maréchale de Retz sous Henri III puis de madame Acarie dans les dernières années du XVIe siècle.

L'ampleur du phénomène, à Paris au moins, est en tout cas inédite. Le plus célèbre de ces salons est celui que tient Catherine de Vivonne, l'épouse italienne de Charles d'Angennes, dans le magnifique hôtel de Rambouillet édifié dans le Marais à partir de 1604. La toute jeune femme – mariée à douze ans, elle en a seize quand commence le chantier de l'hôtel – accueille là tout ce qui compte dans l'aristocratie et les lettres : Richelieu et Malherbe dans les débuts, les Condé, proches amis, Scarron et Voiture, Bossuet jeune, les Scudéry, puis plus tard encore mesdames de La Fayette et de Sévigné, pour ne citer que ces quelques noms. La marquise de Rambouillet propose un cadre raffiné où bibelots, fleurs et parfums ont pour rôle très pensé d'installer une atmosphère raffinée conforme à la société *choisie* qui est accueillie : à quelques exceptions près justifiées par l'esprit, comme Voiture, le salon de Rambouillet est un salon réservé à l'aristocratie, et il est, aussi, une manière de fixer ses propres règles de civilité. À leur apogée, entre 1630 et 1648, les mercredis de l'hôtel de Rambouillet sont, socialement et culturellement, un essentiel lieu de rencontre, relayé à plus modeste échelle par les salons de madame du Plessis-Guénégaud – à l'hôtel de Nevers –, de sensibilité janséniste, de madame de Sablé et de mademoiselle de Montpensier.

Rappeler que les *Provinciales* sont lues en 1656 à l'hôtel de Nevers, ou que Corneille lit *Polyeucte* à l'hôtel de Rambouillet, ne suffit sans doute pas à corriger l'image très négative de futilité que nous ont laissée les satires de ce milieu, celles de Molière n'étant que les plus célèbres. Il est vrai que ces mondains brillants adorent les jeux d'esprit, les exercices de virtuosité poétique, s'affublent de surnoms empruntés souvent aux romans de chevalerie, cultivent aussi une sociabilité rêvée bien exprimée par *L'Astrée* dont Honoré d'Urfé commence la publication en 1607. Ces amours de bergers foréziens comptent surtout, peut-être, par le rêve d'un âge d'or perdu qu'elles expriment: l'histoire se passe au ve siècle, aux sources mythiques de la chevalerie et, plus encore que d'amour, l'on y parle d'« amitié ». Les hôtes des salons mettent parfois en pratique dans leur vie une conception de l'amour bien plus intellectualisée encore que chez Honoré d'Urfé: la fille de la marquise de Rambouillet, Julie d'Angennes, qui contribue largement au rayonnement du salon à partir de 1630, fait ainsi patienter pendant quatorze ans son soupirant Montausier…

Ce chemin mène aux subtilités de langue et de vocabulaire qui culminent dans les années cinquante, à un moment où le déclin du salon de Rambouillet coïncide avec l'ouverture de celui de Madeleine de Scudéry, chaque samedi. Il est facile – Molière ne s'en prive pas – de ridiculiser les « commodités de la conversation » et autres affectations de la langue, les neuf formes d'estime et les douze de soupir. Il est facile, aussi, de rire des roucoulades de Madeleine de Scudéry – elle a quarante-cinq ans, âge alors presque canonique, faut-il le rappeler, quand elle ouvre son salon en 1652 – avec son ami le poète Paul Pellisson, pour lequel elle conçoit la Carte de Tendre quand il lui demande, en termes choisis, comment, d'ami « particulier », devenir son ami « tendre ». Le chemin de cette « nouvelle amitié » ne mène qu'à la « tendresse », sur les bords de l'« estime » ou de la « reconnaissance », mais, à le bien relire, il relève bien plus d'une extrême délicatesse que du ridicule.

Et surtout, il y a beaucoup, infiniment plus derrière cette préciosité que ces formes effectivement surannées, en outre copiées au point de devenir une mode à la fin des années cinquante. Le terme même de précieux est une création étrangère à ces femmes: il apparaît en 1654, au moment où se précise la vague de critiques qui dénoncent affectation ridicule et mode. Les « précieuses » expriment en réalité une des sensibilités de leur temps : la « préciosité » de leur langage relève ainsi largement d'une simple sensibilité baroque. En situant l'amour dans les « territoires inconnus » au-delà de la « mer dangereuse », Madeleine de Scudéry exprime en termes laïcs ce qu'est la réelle vocation, dans la « génération de la charité » des années 1630-1650, de dizaines de milliers de jeunes femmes qui viennent peupler les nouveaux ordres religieux et situent l'amour hors de la vie personnelle, dans le registre du divin ou du prochain. Elle exprime, peut-être encore plus profondément, une attitude devant la vie que ressent bien Ninon de Lenclos en les qualifiant de « jansénistes de l'amour ». En recourant à la carte et à ses chemins, elle utilise un des outils de l'enseignement mystique d'un Le Nobletz en Bretagne. En fixant la tendresse comme but ultime, elle rejoint la spectaculaire émergence du terme au milieu du XVIIe siècle.

Ni Madeleine de Scudéry ni les Précieuses ne sont donc coupées de l'évolution culturelle de leur temps. Ce ne sont pas de purs et futiles esprits. Pellisson, le destinataire de la Carte de Tendre, est un ancien huguenot, proche de Fouquet, académicien – surnuméraire, il est vrai – depuis 1652, et c'est lui qui gérera un peu plus tard la peu glorieuse caisse chargée d'acheter la conversion des huguenots : personnalité complexe, discutable, mais certainement pas coupée des réalités. Ces grandes dames ne sont pas non plus simple reflet de l'évolution de leur milieu : alors que la considération nouvelle pour la tendresse mène dans les classes privilégiées à la valorisation du couple, leur tendresse est un moyen de refuser la vie de couple. La plupart des salons sont tenus par des femmes seules, célibataires ou précocement libérées d'un mari par veuvage ou séparation, à l'exemple de Marie-Madeleine de La Fayette en 1661, après six ans de mariage. Et, de manière souvent explicite, elles refusent ce qu'elles ressentent comme la tyrannie du mari, la contrainte des naissances rapprochées – réalité dans l'aristocratie –, l'existence au service d'un mari maître : l'Armande des *Femmes savantes* n'est pas, à cet égard, un personnage inventé. Ce sont ces femmes aussi qui font progresser de manière spectaculaire la connaissance psychologique de l'individu : les romans de madame de La Fayette sont, très directement, les fruits de la vie des salons. Et elles peuvent concilier la subtilité des chemins de Tendre et la passion : les amours tendres de Madeleine de Scudéry prennent sans doute un autre sens quand on les rapproche de la création d'un verbe comme « s'enthousiasmer ».

Les salons de la génération de la marquise de Rambouillet étaient avant tout l'expression d'une caste soucieuse de marquer sa différence culturelle, son opposition aussi à l'absolutisme, à un gouvernement qui l'écartait du pouvoir. Le féminisme de la génération suivante emprunte un chemin beaucoup plus neuf, dans des formes qui ne lui laissent guère de perspective. Et pourtant, ces « femmes savantes » sont bien l'avenir de l'Homme : quand, dans les années soixante, Roberval parle de mathématiques dans le salon de Marguerite de La Sablière, ou quand François Bernier vient, un peu plus tard, y raconter son voyage en Inde et en Chine, un autre univers s'ouvre, qui est bien celui des Lumières, au-delà une fois encore du « siècle » de Louis XIV. Antoine de Rambouillet, le mari de Marguerite, était le type même du précieux, auteur réputé de madrigaux ; le couple se sépare en 1668, mais le brillant salon reste très actif : la continuité. Leur fils sera l'ami de Bayle, leur fille dédicataire des *Dialogues sur la pluralité des mondes* de Fontenelle : l'avenir. Et le souvent lucide Saint-Simon ne s'y trompait pas, aidé par le recul de presque un demi-siècle, en parlant – à propos de l'hôtel de Rambouillet – d'un « accord de galanterie, de vertu et de science ».

Une telle analyse conduit à distinguer nettement la préciosité de la simple résistance d'une culture aristocratique, et souligne par là même le caractère hétéroclite de ces « résistances » à la mise en place d'un modèle culturel monarchique. L'expression politique de cette résistance, à l'occasion de la Fronde, en accentue la faiblesse : à de rares exceptions près, les frondeurs et, malgré leur masse, les mazarinades ne proposent que coutume et tradition, au nom d'un passé idéalisé, et en définitive le très banal refus du changement en cours, du « renversement des anciennes lois » – mythiques – avec l'instauration de l'absolutisme. Le constat, à vrai dire, est aussi banal que logique. Il manque à ces résistances une assise, une révolution scientifique et philosophique à peine esquissée. Il manque, bien sûr, une cohésion : libertins, frondeurs et précieuses ne mènent pas le même « combat », même s'ils peuvent se confondre en certaines circonstances ou en des lieux privilégiés comme l'hôtel de Rambouillet. Et l'hôtel de Rambouillet est bien peu face au dynamisme qu'apporte l'État en créant un véritable espace national : l'écrasement des révoltes princières, populaires et huguenotes de la première moitié du XVIIe siècle est à cet égard tout aussi décisif que la patiente mise en place d'une haute administration provinciale soumise – les intendants. C'est ainsi que, dans les années cinquante, se trouvent réunies les conditions nécessaires au développement d'une culture nationale qui prend un temps au moins une dimension de culture officielle : la culture « classique ».

On ne peut, pourtant, réduire les années 1580-1660 à la simple préparation d'une France classique. Les originalités et la force de la dévotion ou d'un courant comme le jansénisme dépassent évidemment un tel schéma. Plus encore, nous avons pu noter la brièveté des délais entre les espaces et les moments de « liberté » du « siècle de Louis XIII » et les premiers signes patents de la révolution philosophique à la fin du XVIIe siècle, les liens même parfois entre la pensée des libertins et de certains salons des années cinquante et celle d'hommes comme Bayle ou Fontenelle. Longtemps éblouie par l'éclat du Roi-Soleil, notre tradition historiographique n'a pas suffisamment relevé que la scolarisation « secondaire » de la France était, toutes proportions gardées, au même niveau en 1630 que vers 1890, pas suffisamment montré que la pénétration de l'écrit et, bien plus largement, la civilisation des mœurs impliquaient à terme la maîtrise de formes nouvelles de revendication, et de revendications nouvelles. Ce n'est pas nier la réalité de l'évolution culturelle du siècle, ni même le tournant sensible vers 1660 quand les « résistances » et les « espaces de liberté » en sont à leur plus bas. C'est, en revanche, affirmer que la transformation culturelle de cette période est dialectique, et non pas à sens unique, et moins encore achevée.

QUATRIÈME PARTIE

Un âge classique ?

(vers 1660-1720)

Introduction

En 1661, la mort de Mazarin inaugure le long règne personnel de Louis XIV qui ne s'achèvera qu'en 1715. Cette période, qui voit se mettre en place définitivement l'absolutisme monarchique, est aussi, dans les premières décennies, l'âge du classicisme littéraire et artistique, que symbolisent à la fois Versailles et les artistes qui y travaillent, et dans le même temps un ensemble d'écrivains sans égal dans l'histoire de notre littérature. C'est aussi le moment où, après une période de réformes fiévreuses, l'Église de France atteint une sorte d'équilibre sans précédent. Comme la gloire du Roi-Soleil, du moins jusqu'au début des années 1680, le rayonnement européen de la langue et de la littérature, celui, même, de certains artistes, l'envie qu'ont provoquée dans maint pays l'absolutisme monarchique et l'administration à la française, les imitations qui ont été faites du château de Versailles, tous ces traits – qui laissent de côté, bien entendu, les ombres du tableau – ont conduit à considérer la première partie de ces soixante années comme une sorte de moment de grâce, et à faire de Louis XIV jeune une figure prestigieuse de notre histoire nationale.

Pourtant, le point d'interrogation qui apparaît dans le titre n'est pas, on s'en doute, de pure forme. L'œuvre n'existe pas sans public ; une morale, un système politique ne peuvent s'imposer sans s'appuyer sur des forces sociales et culturelles. Le classicisme n'a pu exister sans cette base sociale dont nous aurons à préciser les contours et les limites, qui en adopte et en prône les valeurs, les représentations, les modes de pensée et les comportements. Après les années 1680, le règne glorieux du jeune roi s'achemine vers une longue vieillesse, marquée par l'autoritarisme, dont les protestants sont les plus massivement victimes, les crises du royaume et les deuils familiaux.

Sous le couvercle de l'uniformité et de l'académisme, le contexte intellectuel, très vite, change : d'autres forces s'impatientent, et trouvent le moyen de se manifester, avant d'exploser littéralement à l'époque de la Régence (1715-1723). C'est au sein même de l'ordre et de la raison classiques que se prépare aussi l'âge des Lumières.

CHAPITRE 12

La culture, d'une cohérence à l'autre

L'univers culturel d'un docteur en Sorbonne n'a jamais été celui du paysan : pourtant, nous avons souligné combien des types de représentations, des modes d'analyse non pas identiques, mais plutôt convergents, réduisaient encore au XVIe *siècle, entre les uns et les autres, les discontinuités culturelles. Nous avons décrit, au cours des chapitres immédiatement précédents, les puissants courants de différenciation qui traversaient la société, mais aussi les modes de reclassement qui s'y manifestaient, au cours du premier* XVIIe *siècle. Ces forces travaillent dans le sens d'un accroissement des écarts culturels. La continuité s'est rompue : la culture écrite et, pour quelques-uns, l'accès à la latinité, aux collèges, segmentent la société. Plus nombreux et donc plus visibles que naguère, des hommes de l'écrit se forgent dans leurs lectures mêmes à la fois un sentiment de supériorité et, chez certains, une éthique nouvelle de la responsabilité. Aux ignorants, ils veulent faire partager les certitudes venues d'un savoir normatif : ils veulent leur dire ce qu'ils doivent savoir et faire pour sauver leurs âmes, pour accéder, aussi, à la pleine humanité – les comportements acceptables et ceux qui ne le sont plus. Ce discours séduit ceux qui, par leurs relations, leurs possibilités matérielles, nourrissent un espoir raisonnable d'entrer dans ce monde du savoir, garant d'une nouvelle forme de pouvoir.*

La masse des autres, qui ne participent pas ou pas encore à ce modèle d'origine urbaine et élitaire, fondé sur l'écrit et l'école, continue à vivre très largement dans un monde de l'oral et de la tradition, et se défend plus ou moins consciemment par des attitudes de résistance culturelle. Mais les élites sont elles-mêmes traversées de courants culturels divers : par certains de leurs aspects – qu'il s'agisse du jansénisme, de la diversité de la littérature baroque, de réticences non encore totalement surmontées envers le mode d'éducation des collèges, de la vitalité et de l'originalité culturelles persistantes de certains cercles provinciaux –, ces remous traduisent le refus plus ou moins explicite d'une culture de référence progressivement davantage contrôlée d'en haut et du centre. On y résiste à l'uniformisation induite par des institutions qui, comme l'État ou l'Église, poussent au conformisme de l'obéissance à des principes, des règles, des lois. Ces instances agissent dans le sens d'une nouvelle cohérence, mais qui n'a plus rien à voir avec celle du siècle précédent : l'uniformité culturelle des époques précédentes était d'ordre anthropologique ; désormais il s'agit, très consciemment chez les élites, d'une culture de référence, la seule à leurs yeux, hors de laquelle il n'y a pas d'homme véritablement accompli.

I. De la démesure à la mesure

L'histoire a souvent associé les noms de Galilée – dont le célèbre procès se déroule en 1633 – et de Descartes – qui, quatre ans plus tard, publie le *Discours de la méthode* – pour symboliser cette « révolution mathématique » fréquemment présentée comme un tournant majeur de l'histoire intellectuelle de l'Occident. Remarquable mathématicien autant que philosophe, Descartes est homme de l'abstraction, peu soucieux, comme le remarquait Jean-François Revel dans son ouvrage au titre emprunté à Pascal, *Descartes inutile et incertain*, de mettre ses théories scientifiques à l'épreuve d'expériences qui risquaient de les contredire. Quelles que soient, pourtant, les carences personnelles du philosophe, le cartésianisme, dont les symptômes se manifestent avant lui et qui dépasse de beaucoup sa personne et son œuvre, synthétise bien, jusque dans ses limites, une nouvelle attitude intellectuelle : il symbolise une forme nouvelle de recherche, d'acquisition et de classification des connaissances qui, en France plus que partout ailleurs, va fortement marquer la culture des élites. Le caractère très progressif de cette évolution à laquelle Descartes contribue avec d'autres, à travers, aussi, des écrivains de la génération suivante qu'il a influencés, justifie qu'on évoque seulement ici un homme qui, mort en 1650 à l'âge de cinquante-quatre ans à Stockholm, appartient en fait à l'époque de Louis XIII.

Rappelons brièvement que Descartes se tient de fait en dehors du domaine de la métaphysique. La preuve qu'il juge apporter de l'existence de Dieu par la conscience qu'a l'homme d'un être parfait – conscience qui ne peut lui venir de lui-même puisqu'il est imparfait – le rattache aux philosophies idéalistes, mais pour mieux s'en échapper. Elle lui permet en effet de maintenir un espace de liberté où peuvent se déployer d'autres modes de raisonnement, fondés sur la nécessité de la preuve : « tout ce genre de causes qu'on a coutume de tirer de la fin, écrit en 1641 Descartes dans la quatrième de ses *Méditations métaphysiques*, n'est d'aucun usage dans les choses physiques ou naturelles ». En affirmant dans les mêmes pages que « la connaissance de l'entendement doit toujours précéder la détermination de la volonté », il soutient avec force une attitude intellectuelle dont l'affirmation progressive va entraîner d'immenses conséquences culturelles.

Reste que cet entendement est largement abstrait : il est extrêmement symbolique que Descartes assimile les animaux dépourvus d'âme à des machines incapables de souffrir (puisque la souffrance est une conséquence du péché, qui est spécifique à l'homme). S'il n'ignore pas l'expérience, par exemple dans le domaine de l'optique, Descartes n'en illustre pas moins très fortement le côté réflexif de l'évolution intellectuelle ; il est en ce sens à la fois nécessaire et insuffisant. Car, dans un univers intellectuel et culturel encombré à la fois de systèmes conceptuels anciens et de croyances magiques, c'est aussi à partir d'une réflexion sur l'expérience et l'observation que se créent, modestement, de nouvelles habitudes de pensée.

Pour les contemporains, l'autorité des auteurs antiques, legs de l'humanisme, et notamment celle de la physique aristotélicienne, constituait un autre frein. La conception aristotélicienne de l'homme, de la terre ou de l'espace était qualitative ; tout y était au sens propre du terme animé, mû par des forces, des énergies qui étaient, comme l'écrit Descartes à Mersenne dans une lettre d'avril 1643, « comme des petites âmes ». Au contraire, l'espace cartésien est une étendue homogène, et en quelque sorte neutre. La force mais aussi la limite de Descartes a été d'étendre aussi loin que possible la formule fameuse que Galilée appliquait à la cosmographie : « La nature est écrite en langage mathématique. » Limite, car l'idéalisation des mathématiques, auxquelles il souhaiterait ramener le fondement de toutes les connaissances, l'empêche d'accorder une attention suffisante à l'observation, à partir de laquelle se fonde par exemple à la même époque le travail décisif de Harvey sur la circulation du sang, paru en 1627. En revanche, ce courant de pensée affirme son originalité moins dans ses objets d'étude – les astrologues eux aussi observaient le ciel – que par une méthodologie et une problématique renouvelées.

Abandonnant l'idée qu'une connaissance sûre puisse jaillir de l'analogie, du symbolisme, des correspondances ou du finalisme, il cherche selon l'esprit du *Discours de la méthode* à suivre un enchaînement parfait des causes et des conséquences. Au savoir intuitif, poétique des correspondances, il substitue l'épure dans laquelle il pense pouvoir inscrire le monde, le savoir déductif qui va des causes aux effets, ce qui en fait un précurseur du déterminisme. Le schématisme est bien entendu voulu, et l'on est ici parfaitement conscient qu'il n'y a pas antinomie entre expérience et rigueur déductive : ce sont bien ces qualités qu'additionne la famille Pascal lorsqu'elle utilise en 1648 la différence d'altitude entre la base et le sommet du Puy-de-Dôme pour mesurer les variations de la pression atmosphérique. Mais Descartes exprime le rêve nouveau d'un mécanisme universel où quelques concepts permettraient d'expliquer le monde. Les mathématiques sont la science jugée la plus parfaite parce qu'elle est la plus abstraite, la plus dégagée des contingences de toutes sortes ; la mesure, le calcul fournissent les preuves les plus sûres. Ainsi commence ce qu'on a appelé, aux dépens des vieilles notions de substance ou de qualité, la « mathématisation » de la nature, au risque de réduire le monde, voire ensuite les êtres vivants ou même la société, à leurs aspects mécanistes.

Pourtant, une histoire culturelle doit s'attacher à suivre, au-delà des pionniers, l'imprégnation, la banalisation des concepts et des représentations. La question fondamentale est donc d'estimer à la fois dans ses formes, son intensité, sa chronologie et sa sociologie la diffusion, le rôle social, politique et culturel de cette évolution vers l'abstraction et la quantification. Contrairement à ce que l'on pense souvent, la conception galiléenne de l'univers a été assez vite connue dans les collèges, sous forme d'hypothèse et parallèlement aux théories anciennes. Si l'on se souvient, d'ailleurs, que des jésuites romains avaient en leur temps défendu Galilée, que le père Mersenne, sans doute aussi connu dans les années 1640-1650 que Descartes, en avait traduit les œuvres en français, force est de conclure que ces théories n'apparaissaient pas tellement menaçantes pour la foi, tant qu'on n'en tirait pas de conséquences anthropologiques et métaphysiques sur la place de l'homme dans l'univers, et sur les rapports de Dieu avec sa Création. Dans la conception ancienne du rapport entre les sciences, l'Église lui reprochait d'ailleurs surtout d'avoir écrit en physicien, comme si sa théorie était réelle, alors qu'il aurait dû se placer sur le terrain des mathématiques, c'est-à-dire se borner à exposer des hypothèses abstraites.

L'une des incompréhensions ou si l'on veut des ambiguïtés bénéfiques est bien là : pour les adeptes de l'argument d'autorité, la mathématique est hors du réel qu'elle prétend décrire, alors que, dans cette orientation nouvelle de la pensée, le calcul, le chiffre appliqués à ce réel ont au contraire force de preuve ; mais cette différence d'approche a permis d'enseigner dans les collèges les deux systèmes de Ptolémée et de Copernic revu par Galilée, tolérés sous forme d'hypothèses. C'est également d'ambiguïté bénéfique qu'il faut parler pour expliquer la diffusion, en quelques dizaines d'années et au plus tard à la fin du XVIIe siècle, du cartésianisme chez les enseignants des collèges.

Pascal en voit bien le danger lorsqu'il écrit dans ses *Pensées* : « Je ne puis pardonner à Descartes. Il aurait bien voulu, dans toute sa philosophie, pouvoir se passer de Dieu. Mais il n'a pu s'empêcher de lui faire donner une chiquenaude pour mettre le monde en mouvement ; après cela, il n'a plus que faire de Dieu. » La pensée de Descartes rejoint par bien des aspects l'attitude intellectuelle des adeptes de la double vérité, celle de la foi, à laquelle se soumettait en dernier ressort celle de la raison ; mais la « chiquenaude » que constituait la preuve alléguée de l'existence d'un Dieu créateur le mettait à l'abri des accusations d'impiété. Cette attitude explique, quelles qu'aient pu être ses convictions personnelles, la double postérité, idéaliste et matérialiste, du philosophe. Sa modernité réside dans la séparation des sciences et de la métaphysique, qui apparaît désormais aux savants comme un préalable épistémologique nécessaire à une véritable activité scientifique, et finalement plus commode que dangereux, tant que la foi, le dogme n'étaient pas remis en cause par d'autres voies. Il y a bien là, en l'espace de quelques dizaines d'années, une évolution culturelle majeure pour l'ensemble du monde savant.

Mais ces savants, ces curieux mêmes étaient peu nombreux, hors des cercles érudits et des milieux enseignants. Les éditions des œuvres de Descartes sont peu nombreuses : de façon significative, la plus diffusée n'est pas le *Discours*, mais, très nettement, les *Méditations métaphysiques*, qui ne sont pas en elles-mêmes un manuel de logique. L'enseignement scientifique fait à l'époque de Louis XIV quelques progrès : le roi, les autorités locales créent et financent une chaire de mathématiques dans un nombre limité de collèges. L'État lui-même favorise l'évolution : en 1666, Colbert organise l'Académie royale des sciences. Pourtant la culture scientifique réelle des Français reste limitée. Même en 1700, environ un tiers des collèges jésuites n'a qu'un seul maître de philosophie, et la physique n'y est sans doute enseignée qu'une année sur deux, ou très succinctement. Les bibliothèques privées, au début du XVIIIe siècle, ne recèlent que fort peu ou pas d'ouvrages scientifiques. La coupure entre sciences et techniques confine d'ailleurs ces ouvrages à une abstraction rébarbative pour la plupart des curieux.

C'est d'abord au sein de milieux de techniciens mêlant pratique et théorie que progressent néanmoins une culture et des modes de raisonnement scientifiques. Les jésuites, les oratoriens surtout, comptent de véritables savants, tels les pères Lamy ou Malebranche. Les enseignants de ces congrégations se déplacent au gré de leur carrière ecclésiastique ; ils contribuent à aiguiser chez quelques-uns de leurs élèves un appétit pour les mathématiques, la physique et l'astronomie ; plus encore, ils touchent par leurs écrits. Un peu partout, des praticiens en nombre limité – médecins (ils ne se confondent pas tous avec la caricature qu'en donne en février 1673 Molière dans *Le Malade imaginaire*), bâtisseurs, militaires experts en l'art des fortifications, hydrographes, etc. – ont une réelle culture scientifique, et font même dans leur domaine progresser la connaissance. Mais le statut culturel même de ces disciplines est mal reconnu ; c'est dans une société aux élites beaucoup plus complexes que, dans la seconde moitié du XVIIIe siècle, l'*Encyclopédie* constituera la première tentative pour intégrer les sciences et les arts (c'est-à-dire les arts et métiers) dans la culture de l'honnête homme. Si la génération classique est celle de la mesure, celle-ci n'a encore que peu de chose à voir avec la culture scientifique.

Pourtant, si la science a peu pénétré dans la culture des élites, les spéculations métaphysiques que permet la mathématisation de la nature jalonnent des courants de pensée dont les effets, hors de milieux restreints, ne se feront vraiment sentir, additionnés d'autres ingrédients, qu'une voire deux ou trois générations plus tard. En limitant prudemment ses réflexions épistémologiques aux « choses physiques et naturelles », Descartes a mis à l'abri, provisoirement, le domaine métaphysique, tout comme, d'ailleurs, celui du politique. Le libertinage philosophique se fait lui-même discret. Rien ne s'oppose encore à cette imprégnation sans précédent du catholicisme qui caractérise la culture des Français dans les premières décennies du règne de Louis XIV. C'est sans doute davantage du côté de ces formes de régulation dont la religion est un des aspects, plus que dans l'influence rapide d'une culture scientifique rationaliste, qu'il faut chercher la clé des évolutions culturelles qui font l'originalité du classicisme.

II. La génération triomphante du catholicisme

Après la mort, en 1655, de Gassendi et de Cyrano de Bergerac, le libertinage philosophique est privé de plumes de talent. En dépit de l'atmosphère assez libre qui règne à la cour du jeune Louis XIV où l'on cherchait autour de soi les modèles de *Tartuffe* et des faux dévots, toute représentation publique de la pièce créée en 1664 est interdite jusqu'en 1669. Seule la protection du prince ou de quelques grands chez qui elle est jouée maintient d'étroits espaces échappant aux impératifs de la morale. Mais le roi lui-même sait qu'il a une responsabilité personnelle devant Dieu, qu'il est comptable de la défense de la religion, et qu'il ne peut tolérer, hors de petits cercles d'initiés privilégiés, ce qui semble l'attaquer, à un point tel qu'un curé parisien identifiait Molière à un « démon vêtu de chair et habillé en homme ». L'année suivante, en 1665, celui-ci doit modifier quelques répliques de son *Dom Juan*, jugées blasphématoires. Voici venu le temps de la génération morale et de l'équilibre classique, qui ne se maintiendront artificiellement à la cour de France jusqu'en 1715 qu'en raison de la longue vieillesse dévote de Louis XIV.

Du côté dévot, le grand moment des fondations, le « grand

siècle des saints» est passé. L'effort d'encadrement des fidèles commence à porter des fruits dans de larges milieux. Les derniers séminaires se créent, assurant progressivement jusque dans les campagnes le remplacement du clergé pré-tridentin. C'est le moment où sont publiés à l'intention de ces nouveaux prêtres, et des laïcs, les ouvrages classiques de spiritualité. Les auteurs les plus connus sont souvent des jésuites, tel Jean Crasset (1618-1692), qui a pendant vingt-trois ans dirigé la congrégation des messieurs à la maison professe de Paris, auteur d'une *Méthode d'oraison* (1672), des *Considérations chrétiennes pour tous les jours de l'année* (1683) et d'une *Préparation à la mort* (1689). Dans la génération suivante, un des plus lus sera Jean Croiset, également jésuite (1656-1738), auteur, notamment, de la *Retraite spirituelle pour un jour de chaque mois*, et des *Exercices de piété pour tous les jours de l'année*: également appelé *L'Année chrétienne*, cet ouvrage contient des réflexions et méditations sur l'Épître et l'Évangile de la messe du jour, ainsi qu'une notice sur la vie du saint fêté au cours de cet office; il sera très utilisé comme livre des dévotions quotidiennes, y compris par de pieux laïcs.

Chez les curés, ces ouvrages s'accompagnent des classiques de la pastorale, qui forment jusqu'à la fin de l'Ancien Régime la base des bibliothèques cléricales les mieux fournies, celles des chanoines ou des curés de paroisses urbaines. On y trouve des manuels de théologie, surtout morale – celle qui était la plus nécessaire pour le ministère quotidien auprès des fidèles –, comme le *Cours de théologie de morale* de Bonal (1650), ou, beaucoup plus imposant, la *Theologia dogmatica et moralis* en 7 volumes de Louis Habert (1709-1712), par ailleurs attaqué pour jansénisme. Notons aussi la présence fréquente, surtout chez des curés de ville, de *Conférences ecclésiastiques* diverses: elles trouvent leur origine dans ces réunions régulières de prêtres consacrées à des points de doctrine, de morale ou de pastorale, qui avaient été au départ un des moyens de réformer le clergé en place; elles demeurent ensuite des manuels de référence.

Le délicat sujet du sacrement de pénitence incite les confesseurs à se munir de dictionnaires de cas de conscience, celui de Pontas étant le plus connu. De nombreux recueils de prônes et de sermons, tels ceux de Giroust publiés après sa mort dans les années 1700, inspirent les éloquences défaillantes. Les plus érudits y joignent des ouvrages de droit canon – ceux par exemple de l'oratorien Jean Cabassut – ou les ouvrages historiques de Claude Fleury, ami de Bossuet et de Fénelon, tels l'*Histoire universelle* (1676), le *Catéchisme historique* (1679), les *Mœurs des chrétiens* (1682), ou plus tard les volumes de son *Histoire ecclésiastique* dont les vingt tomes sont publiés entre 1691 et 1720 ; Fleury est également souvent présent dans les bibliothèques de magistrats cultivés.

Soulignons, cependant, le maintien au sein du clergé de fortes différences culturelles. Un niveau minimal de culture, de formation, est presque partout atteint ; mais on ne peut comparer les simples prêtres qui se sont limités à quelques mois de séminaire et à la formation théologique reçue dans un collège avec leurs confrères licenciés ou docteurs en théologie ou en droit qui ont suivi de longues études universitaires, et moins encore avec ceux qui sont passés par des établissements prestigieux comme le séminaire parisien de Saint-Sulpice, pépinière de futurs évêques. Les bibliothèques témoignent de ces inégalités : celle du prêtre ordinaire, même en ville, est le plus souvent limitée au début du XVIIIe siècle à quelques dizaines de volumes tout au plus, tandis que son confrère rural, encore plus mal loti, se borne souvent encore à ses cours du séminaire et aux ouvrages quasiment imposés par l'évêque ; au contraire, les rayons des curés de paroisses urbaines, et plus encore ceux des chanoines, sont beaucoup mieux remplis. Mais, dans les paroisses rurales, chaque progrès réalisé par ce nouveau clergé creuse l'écart culturel, déjà souligné, avec ses paroissiens. Il le rapproche des élites, mais l'empêche d'être, avec d'importantes nuances sur lesquelles nous reviendrons, de plain-pied avec ses ouailles. Ce ralliement traduit aussi la volonté d'un catholicisme de gouvernement, où l'encadrement des laïcs est devenu la mission essentielle du clergé.

C'est dans cette génération des années 1660-1690 que les milieux parisiens sont, dans leur ensemble, le plus marqués par le catholicisme. De ces « hautes eaux », pour reprendre une expression de Pierre Chaunu, font foi, par exemple, les testaments, avec leur grand nombre de dons et de demandes de messes pour l'âme des défunts. Le XVIIe siècle est le grand moment des fondations pieuses, des sommes ou biens laissés à une église ou un couvent moyennant prières, messes ou offices divers à des dates ou périodes précises, parfois à perpétuité à chaque anniversaire de la mort du défunt : aux dons initiaux des bienfaiteurs, lors de la création d'un couvent, s'ajoute maintenant l'abondante menue monnaie des fidèles ordinaires. Cette vague de ferveur atteint les milieux urbains, avec quelques décalages selon les régions, en fonction de la vigueur et de la chronologie initiale des créations dévotes : Michel Vovelle a montré qu'à Marseille la demande de messes pour le repos de leur âme faite par les auteurs des testaments atteint son palier haut, après une hausse continue au cours des décennies précédentes, entre 1700 et 1730.

En même temps, la place de la religion dans la culture des élites a déjà changé. Testaments, fondations sont, comme la régularité de la pratique, des signes non équivoques de la dévotion. Des sommes importantes sont consacrées à l'embellissement des églises, la construction de retables, etc. Mais, en investissant ainsi la société, les Églises, protestantes et catholique, ont perdu quelque peu la vigueur des prosélytes. La ferveur, plus que l'audace, les caractérise, avec peu à peu les menaces de routine qu'implique la pratique régulière et fort bien encadrée du plus grand nombre. Le changement de climat est d'autant plus perceptible qu'il est en accord avec un ensemble de forces qui, au sein du corps social, poussent à l'uniformisation des attitudes et des comportements. L'Église catholique n'a plus désormais l'élan purificateur, la capacité de combat qui lui permettrait d'imposer sa propre vision du monde à la société et à la politique, ou même de tenter de le faire. Dans la France gallicane et royale des années 1660, on ne trouve plus de catholiques pour prôner la soumission de la politique de la France aux intérêts de l'Église ; la raison d'État pour les uns, la conscience de l'intérêt public pour d'autres entraînent un conformisme idéologique dont le jansénisme a lui aussi fait les frais.

Le premier jansénisme, symbolisé par Saint-Cyran, emprisonné par Richelieu de 1638 à 1643, avait alors incarné, comme l'a souligné René Taveneaux, la « défense des droits de la conscience contre l'arbitraire du pouvoir », en particulier dans la haute et moyenne magistrature où il rencontrait le plus d'écho : la vigilance hostile de Richelieu, puis de Mazarin qui voyait une parenté entre le jansénisme et la Fronde, l'a contraint au silence. Le jansénisme théologique, antijésuite, illustré par les *Lettres à un provincial* de Pascal, est lui aussi réduit à se taire après les quinze années de combat qui séparent la condamnation par le pape de cinq propositions attribuées à Jansenius de la « paix » de l'Église et du silence imposés en 1668. Vaincu dans le domaine idéologique, surveillé de près en matière de théologie, le jansénisme marque cependant profondément le catholicisme français, et notamment son clergé, qui en adopte plus facilement les exigences morales.

La solution du « silence respectueux » sur les sujets controversés caractérise à merveille l'attitude d'un pouvoir qui identifie la soumission religieuse apparente à l'ordre public. Mais derrière le silence et l'obéissance le jansénisme demeure une composante importante de la spiritualité française. Bridé dans ses expressions publiques, il gagne en intériorité ; il y renforce sa méfiance envers l'ostentation, les liturgies triomphalistes et trop séduisantes, et s'accorde en ce sens avec le refus du baroque. André Chastel évoque très joliment la « palette inversée » de Philippe de Champaigne qui, après 1640, élimine la couleur et adopte ce style sévère, simplifié à l'extrême, qui s'accorde à la spiritualité janséniste (on doit à la guérison de sa fille, religieuse à Port-Royal, le tableau de 1662 représentant l'abbesse priant devant la malade, qui est un véritable ex-voto) : « une prédominance des gris et des blancs », « antidote de la peinture fougueuse de certains italianisants ».

Le janséniste se situe dans la vie civile comme dans son comportement religieux à l'opposé des valeurs aristocratiques du faste, de la superbe, de la gloire personnelle. Il est souvent terne, volontiers raisonneur et moralisateur, parce qu'il s'impose autant qu'il le peut une cohérence entre les paroles et les actes qu'il s'offusque de ne pas retrouver chez autrui. Parce qu'il est réticent devant une conception pyramidale de l'Église, il est volontiers gallican, mais pas à la manière du souverain. L'austérité, la rigueur qui le signalent sont aussi celles de la pensée et de la conscience individuelles.

L'Église, dans son enseignement, doit désormais parler, sinon d'une seule voix, du moins sans dissonances. Les recueils de sermons, les catéchismes diocésains présentent certes des nuances non négligeables. Mais l'uniformisation croissante de l'encadrement – compte tenu bien entendu de différences persistantes entre villes et campagnes – s'accompagne néanmoins d'une relative uniformisation de l'enseignement, plus ou moins démarqué de modèles éprouvés. Rançon du progrès général de la formation des évêques et des prêtres, ce catholicisme est davantage administratif. Chaque diocèse acquiert des structures hiérarchiques solides, qui rendent d'ailleurs progressivement secondaire le problème de la résidence des évêques. L'épiscopat, désormais solidement formé à l'école de Saint-Sulpice, entend de plus en plus contrôler la religion, la spiritualité des fidèles comme des prêtres. À leur instar, les prêtres issus des séminaires vont eux aussi surveiller attentivement non seulement les mœurs mais aussi la foi et les pratiques de leurs paroissiens.

Or ces prêtres sont imprégnés d'une théologie plus positive que spéculative, c'est-à-dire d'une formation dogmatique fortement ancrée dans la connaissance, factuelle plus que symbolique, de l'Écriture et des Pères de l'Église. Leur préparation a été très marquée par la théologie morale, surtout destinée à les préparer au ministère de la confession, où l'étude des cas de conscience joue un grand rôle. En ce sens, la casuistique – l'étude des cas – que Pascal a dans une mauvaise querelle tant raillée chez les jésuites, est en fait un affinement du discernement du prêtre et du pénitent. Mais il en résulte, dans la pratique, une « objectivation » des comportements, pour lesquels il s'agit surtout de savoir s'ils sont bons, plutôt mauvais ou gravement peccamineux. En France comme partout où la formation s'uniformise, le mysticisme est en très net recul dans la seconde moitié du XVIIe siècle.

En effet, la sensibilité mystique constitue aux yeux de l'Église et de l'État, en cette seconde moitié du siècle, un autre danger, en raison de son caractère imprévisible, et de sa propension à vouloir atteindre une sorte de fusion avec le divin, en court-circuitant les hiérarchies. La crise du quiétisme en offre un exemple tardif, mais particulièrement représentatif. Le quiétisme a des racines anciennes, mais son expression s'inspire au XVIIe siècle des écrits du prêtre espagnol Molinos : cette spiritualité se fonde sur un abandon de l'âme, complètement passive, à la volonté et à l'amour de Dieu, dans un état de complet désintéressement, y compris, à la limite extrême, vis-à-vis de son propre salut. La crise culmine entre 1695 et 1700 dans la querelle qui oppose Bossuet et Fénelon autour des écrits de madame Guyon, défendue longtemps par Fénelon. À madame

Guyon qui affirme que « le cœur seul peut juger des écrits auxquels le cœur seul a part », Bossuet répond que « l'Écriture et la Tradition sont [sa] seule règle ».

Le mysticisme il est vrai peu charpenté des quiétistes va à l'encontre de la prédication, désormais partout répandue en France, de l'Église hiérarchique, pour qui le salut ne peut être obtenu qu'au prix d'efforts constants, matérialisés par des actes objectivement appréciables. Ce que leur reproche Bossuet, c'est de minimiser l'importance des œuvres, qui seules garantissent l'authenticité de la foi et permettent une mesure objective des progrès et des reculs de chacun. Pourtant, si le pape a certes condamné madame Guyon, cette condamnation, prononcée sous la forme très bénigne du « bref » pontifical, n'a été obtenue que sur les instances de Bossuet et du roi. Aussi cet épisode est-il aussi représentatif de la spécificité de l'Église de France, de son clergé, de ses liens avec l'État, au sein du catholicisme universel.

Le cheminement vers la perfection est ainsi devenu affaire privée, mais sous le contrôle strict de l'institution ecclésiastique, elle-même soumise au regard de la monarchie. L'État impose sa marque, dans les esprits et dans les faits. Le roi promet lors de son sacre de défendre les intérêts de la religion, et même d'« exterminer » les hérétiques, et non d'être au service de l'Église ; en affirmant qu'il ne tenait son pouvoir que de Dieu et qu'il n'était responsable que devant lui, les théoriciens de l'absolutisme ont renforcé le caractère sacré du souverain. Les structures hiérarchiques du clergé séculier sont résolument gallicanes. En 1682, alors que s'amorce un conflit sérieux entre le pape et Louis XIV, l'Assemblée du clergé de France vote la déclaration des Quatre Articles, qui précise que « rois et princes, dans les affaires temporelles, par la volonté de Dieu ne peuvent être soumis à aucun pouvoir d'Église », et rappelle en matière spirituelle, à côté de celle du pape, « l'autorité des conciles généraux ». Cette attitude gallicane, qui soumet dans une large mesure l'Église de France à la volonté royale, était déjà largement partagée par les élites laïques, notamment les milieux de la robe. Officiellement rétractés en 1693, les Quatre Articles continueront cependant à être enseignés dans les facultés de théologie et les séminaires. Le gallicanisme imprègne dès lors fortement, et jusqu'au premier tiers du XIXe siècle, la culture cléricale. Il est, plus généralement, une composante durable du catholicisme français.

Cette perspective de l'uniformisation n'est pas étrangère à la révocation de l'édit de Nantes qui, en octobre 1685, frappe la minorité huguenote, forte alors d'environ un million de personnes, soit environ 5 % de la population française. En faisant de la qualité de Français, et non plus du conformisme religieux, le ciment qui unissait tous ses sujets, l'édit d'Henri IV, en 1598, marquait, on l'a souligné, un progrès de la conscience politique. Dans sa pénétrante étude, *Une foi, une loi, un roi? La révocation de l'édit de Nantes*, Élisabeth Labrousse montre bien comment les protestants apparaissent au début du règne de Louis XIV beaucoup moins étrangers à la majorité catholique que deux générations plus tôt. Les uns et les autres partagent un large socle culturel commun : ils ont la même conception de l'éducation humaniste des élites ; beaucoup moins austères que leurs homologues puritains en Angleterre ou leurs descendants du XIXe siècle, ils fréquentent les mêmes théâtres, les mêmes lieux de loisir. Sur le terrain, des familles, des villages ou villes partagés pratiquent le plus souvent une cohabitation paisible qui, même entrecoupée d'incidents provoqués par des minorités, accroît l'esprit de tolérance. D'ailleurs, beaucoup se sont habitués, de part et d'autre, à une diversité religieuse qui n'est plus qu'exceptionnellement l'expression d'un choix individuel, mais traduit simplement un héritage familial.

Sur ce plan proprement religieux, les controverses avaient perdu de leur vigueur polémique, en un premier temps parce que tous les arguments avaient été ressassés, mais aussi par constatation de l'impossibilité de conversions massives d'un camp à l'autre. D'une certaine façon, les protestants voyaient dans la Réforme catholique une justification de leur propre attitude ; la lutte des élites catholiques contre les superstitions ne pouvait que rencontrer leur approbation. Aux dévots ultramontains, ils préféraient évidemment l'aile gallicane, de plus en plus renforcée, du catholicisme français. Quant aux catholiques, ils voyaient bien plus dans les réformés des schismatiques qu'il fallait ramener dans le bercail commun que des hérétiques à exterminer.

Dans la mesure où il envisageait la possibilité de leur ralliement, ce glissement implicite de statut n'était pourtant pas sans danger pour les protestants. Comme le remarque Élisabeth Labrousse, seule une négligence d'une certaine façon coupable pouvait expliquer à l'époque un irénisme religieux qui ne s'efforcerait pas d'arracher l'autre à l'enfer. Il est, pour reprendre son propre terme, « cocasse » d'accuser le clergé catholique de travailler activement à la conversion des huguenots ; ce sont les moyens, et non la fin, que l'on doit mettre en question. Il faut donc comprendre comment, à partir de cet état d'esprit, les mentalités catholiques, au-delà de minorités actives, ont dans leur majorité approuvé une Révocation selon Élisabeth Labrousse « beaucoup plus subie » que « sciemment perpétrée ».

En fait, les comportements des protestants choquent. Il s'agit moins ici de l'agacement ou d'une certaine indignation que provoquent par exemple leur attitude lors des processions ou leur refus de décorer leur façade à l'occasion de la Fête-Dieu que d'une structure d'esprit, de références, de modes de représentations, bref d'une culture qui les différencie, malgré les traits communs relevés plus haut, de leurs compatriotes. Dans les milieux intellectuels et marchands, ils ont de nombreuses relations de famille, d'affaires ou d'affinité avec les Provinces-Unies ou les puritains anglais, alors que ces pays apparaissent, surtout à partir de la guerre de Hollande commencée en 1672, comme les puissances ennemies par excellence. Seraient-ils de mauvais Français ? Ils s'en défendent à la fois théologiquement – il faut obéir au pouvoir voulu par Dieu – et dans leur pratique politique : au plus fort de la persécution qui précède immédiatement et accompagne la Révocation, certains refusent l'idée même d'une révolte contre l'autorité. Mais, outre la méfiance persistante qu'ont engendrée les révoltes de leurs ancêtres, leur étrangeté culturelle a des racines plus profondes : leur ecclésiologie, en réalité plus aristocratique que démocratique, habitue au moins une minorité – mais elle est faite des plus influents – à la pratique de la délibération, et de la délégation de pouvoirs de l'assemblée vers les représentants qu'elle se donne elle-même.

Ces façons de faire, et l'état d'esprit qu'elles entretiennent, sont évidemment détestables, à la fois pour un catholicisme où l'autorité ne se délègue que du haut vers le bas et pour un État qui fonde son absolutisme sur le droit divin. Aux yeux de Louis XIV, d'ailleurs, la réforme morale du clergé enlevait à la Réforme la seule justification, désormais historique, qu'il pouvait lui concéder. Dans cette longue marche vers la Révocation qui, d'interprétation « à la rigueur » – c'est-à-dire rigoureuse et étroite – de l'édit de Nantes à l'épisode des dragonnades, a duré, en passant par des phases de relative rémission, une trentaine d'années, chacun a joué son rôle : incapable de convertir par la persuasion, l'Église a demandé à l'État davantage de rigueur, tandis que la monarchie souhaitait mettre au pas des sujets considérés comme douteux, mais dont on sous-estimait les capacités de résistance spirituelle. Car il y a dans la politique menée à leur encontre une grande part de dédain envers des croyants qu'on pensait ramener à la vraie religion par des contraintes matérielles, et une ignorance tout aussi marquée des drames de conscience qu'ils devaient affronter, notamment au moment des conversions massives – près de 400 000 pendant le seul mois d'octobre 1685 – qui ont précédé la Révocation.

Née, selon une expression de Bernard Dompnier, de la « rencontre entre le désarroi du clergé et la politique absolutiste de Louis XIV », la Révocation traduit un idéal commun d'uniformité dans l'obéissance, celui-là même qui expliquait la réduction au silence des jansénistes. Mais l'échec culturel et religieux est ici patent. On reparlera plus loin des conséquences, dans ce domaine, du départ contraint des pasteurs, et de l'exil, au péril de leur vie, de quelque 200 000 protestants ordinaires souvent riches de savoir. En France même, l'approbation et la satisfaction de larges milieux du catholicisme, convaincus souvent de la réalité de ces conversions jugées de loin miraculeuses, a fait place rapidement à un sentiment de malaise devant les problèmes nouveaux qu'elles posaient. Très vite, les évêques qui avaient applaudi la Révocation – du moins quelques-uns, comme Le Camus à Grenoble, condamnèrent-ils les dragonnades, et leur utilisation pour forcer les consciences – se posent des questions sur la sincérité de ces conversions, et surtout celle du sacrilège qu'on risque de commettre en leur distribuant les sacrements. Passé le moment de faiblesse collective, des nouveaux convertis trouvent dans la persécution même le courage d'une résistance au moins passive. Un siècle, soit trois à quatre générations plus tard, le protestantisme aura fini par disparaître là où il était très minoritaire ; il se révélera presque inentamé dans ses bastions essentiels. Plus que celle du catholicisme, cette apparente victoire a été, en fait, celle d'un État fortement renforcé dans ses structures, et de l'idéologie dont il est l'expression.

Un nom symbolise ce qu'on a pu appeler le « catholicisme classique » : c'est en 1659 que commence la carrière parisienne de Bossuet, qui dès lors participe, jusqu'à sa mort en 1704, à tous les combats : par son gallicanisme, son hostilité au protestantisme et au quiétisme, Bossuet a mis tout son talent et toute sa conviction au service de cette uniformisation religieuse d'un catholicisme fortement ancré à la monarchie, et hostile à toute originalité et à toute subjectivité. Dans le *Discours sur l'histoire universelle* (1670) ou la *Politique tirée de l'Écriture sainte* (publiée après sa mort en 1709), la réflexion de cet homme de vaste culture unit étroitement l'histoire, la politique et la religion. Par ses sermons, souvent prononcés devant la cour à partir de 1660, par ses oraisons funèbres – pour Henriette de France en 1669, Henriette d'Angleterre l'année suivante, la reine Marie-Thérèse en 1683, le prince de Condé en 1687 –, il magnifie une rhétorique classique marquée par l'abondance des références, le sens de la période et la rigueur du plan. Parfait modèle de cette éducation classique, il y ajoute, bien sûr, le génie qui, lui, ne s'apprend pas.

III. Culture politique, politique de la culture

Comme celles de l'Église, l'idéologie, les structures, les pratiques de l'absolutisme contribuent à la cohérence culturelle du second XVIIe siècle. Les étapes du processus absolutiste sont bien connues. En 1661, avec le règne personnel de Louis XIV, l'absolutisme achève rapidement de s'installer. Avec lui se structure un système de pensée, d'expression et d'action qui est à la fois le produit d'un rapport de forces et d'une culture politique au sens où nous l'entendons, c'est-à-dire, répétons-le, d'un ensemble de représentations, de valeurs et de comportements qui s'appliquent ici au domaine propre du pouvoir et du gouvernement de la cité. Il suppose l'effacement d'autres conceptions, telle la soumission du politique aux intérêts de grands féodaux ou de la religion ; le silence imposé aux jansénistes, la suprématie de l'idéologie gallicane et d'une spiritualité ennemie des outrances ont achevé, on l'a vu, la ruine d'un courant d'opinion et d'une hiérarchie des valeurs sur laquelle, de la Ligue au parti dévot, s'était construite la culture d'une partie des élites françaises. L'absolutisme de « droit divin » est, précisément, un régime où le souverain ne tient son autorité que de Dieu, et n'est responsable que devant lui, sur son propre salut.

« Réduire tout sous le même être », considérer que l'autorité du roi est « non plus divisible que le point en géométrie »... les formules de Cardin Le Bret dans son traité de 1632, *De la souveraineté des rois*, traduisaient cette concentration voulue du pouvoir, accélérée par une longue période de guerre. Cette évolution est scandée par des actes à forte charge symbolique, qui reflètent aussi, chez les détenteurs de l'autorité publique, des évolutions culturelles. Deux épisodes méritent dans cette perspective d'être brièvement rappelés. C'est en 1635 que le roi de France, pour la dernière fois, commença une guerre selon les anciennes formes féodales et chevaleresques : par l'envoi d'un héraut qui apportait au gouverneur des Pays-Bas espagnols à Bruxelles le défi personnel de son maître, distribué aux habitants et affiché sur un arbre à la frontière ; en convoquant aussi le ban et l'arrière-ban de sa noblesse, dont les pitoyables rassemblements sonnèrent le glas de cette procédure. C'est la Fronde des princes qui, entre 1648 et 1652, est la dernière manifestation de ces révoltes de grands vassaux mécontents de n'être pas reconnus selon ce qu'ils estimaient être leurs mérites et les services rendus, dans cet échange du don et du contre-don qui caractérisait les relations féodales entre suzerain et vassal.

En 1660, la page achève de se tourner. C'est, très vite, la fin de la puissance militaire des grands, encore entourés vers 1650 de compagnies de gardes et capables, à cette date, de mobiliser des milliers de fidèles. Les nobles attachés au métier des armes vont maintenant s'engager dans les troupes ordinaires, dans une structure qui n'est plus féodale, mais royale. Même si Colbert s'est efforcé d'en limiter le nombre pour ce qui dépendait de l'État, le XVIIe siècle est globalement une époque importante de création d'offices et d'emplois de judicature, de finances, de procureurs, receveurs, avocats ou notaires, huissiers et greffiers qui ne sont pas tous royaux, mais témoignent aussi des progrès de l'administration. Tout ce monde banalise l'emploi des procédures écrites, dont la maîtrise est plus largement qu'auparavant un facteur de l'ascension sociale. Le vocabulaire ancien de la « fidèle » noblesse est remplacé par celui, beaucoup plus abstrait, de la loi, des ordonnances, des procédures. Par l'instauration définitive de « commissaires » nommés et révoqués par le roi, et notamment des intendants de province, dont les pouvoirs sont étendus de fait à toutes les branches de l'administration provinciale, la monarchie joue dans cette évolution, fin d'un long processus, un rôle important et spécifique.

Ces institutions ne suppriment nullement les coutumes et juridictions provinciales, qui régissent toujours de fait le droit des personnes et des biens, et emploient de fort loin le personnel le plus nombreux. Mais elles leur superposent un cadre national et une pyramide administrative que traduit le nombre croissant d'affaires tranchées au niveau gouvernemental. En 1664, Colbert confie aux commissaires une première enquête systématique sur l'administration, l'encadrement et les ressources des provinces ; sous son influence – il meurt en 1683 –, les premières années du règne sont aussi le moment des grandes ordonnances civile (1667) et criminelle (1670), d'une réglementation économique pointilleuse, celui, aussi, de grands travaux en matière de routes et de canaux. Tout un personnel bureaucratique, mais aussi ceux qui ont une défense ou une requête à présenter s'accoutument à de nouveaux circuits, où, même si la protection d'un grand demeure fort utile, la solution d'un problème se trouve dans un ministère ou un bureau lointains.

On voit ainsi naître une nouvelle représentation du royaume, de ses circuits d'influence, de pouvoir et de décision. Ainsi, entre les années 1630 et 1660, le volume annuel de la correspondance de l'administration militaire est, à en juger par ce qui est conservé, multiplié par trois : ces robins qui, selon une expression reprise par André Corvisier, « écrivaient là où nul jusqu'alors n'écrivait », surprennent « prodigieusement les hommes d'épée » ; ils illustrent l'apparition d'une culture administrative nouvelle, structurée par la centralisation. Cette évolution ne peut être séparée de celle de toute une fraction de la société. C'est également, rappelons-le, au cours des premières décennies du règne de Louis XIV que s'installe dans les campagnes un clergé plus rompu, lui aussi, aux habitudes administratives et intellectuelles.

La concomitance chronologique conduit souvent à lier ce changement à la pensée cartésienne, déductive, scientifique et pour tout dire raisonnable. L'assimilation nous semble rapide, et l'explication en tout état de cause insuffisante. S'agissant de Descartes lui-même, le faible nombre des éditions conservées est plutôt un indice du désintérêt dans lequel tombe dès avant la fin du XVIIe et jusqu'au XIXe siècle le philosophe. L'esprit logique de Colbert, son efficacité budgétaire, l'effort de mesure qu'il accomplit ne suffisent pas à caractériser une époque, tout autant marquée par l'appétit de puissance, le souci de sa gloire qui animent l'action de Louis XIV, et qui s'accommodent assez peu, même s'il en perçoit les résultats positifs, d'une estimation mathématique et quantitative des ressources de ses peuples et d'une conception raisonnable de la gestion du royaume.

Malgré les contrôles tatillons et précis de Colbert, l'évolution de la culture politique des élites reste inachevée. Le véritable mode de développement, auquel se rallie tout le personnel administratif et politique, et qui en fonde la solidité, est moins celui de la mesure que celui des procédures discursives, de l'art d'exposer et d'argumenter. C'est aussi, bien sûr, l'art de raisonner : mais point n'est besoin pour cela d'évoquer une quelconque révolution, qui marquerait l'avènement de la mathématique comme modèle de toute activité rationnelle. Les progrès de l'art du raisonnement s'appliquent beaucoup moins dans l'administration quotidienne à des chiffres qu'à des textes ; que le soleil tourne autour de la terre ou que ce soit l'inverse est pendant un demi-siècle sans influence, hormis chez quelques dizaines de milliers d'individus, sur l'évolution culturelle. C'est de textes, de lettres, de pamphlets, de requêtes à rédiger, à étudier ou à contester que se nourrit la culture administrative, qui modèle également la masse des curés de campagne à travers leurs rapports avec leur évêque ou en raison de leurs fonctions. Si racine et filiation il y a, elles seraient sans doute à chercher davantage du côté de l'héritage humaniste, revu, discipliné et diffusé par la formation des collèges.

De ces institutions sortent désormais, chaque année, quelques milliers de jeunes gens rompus au raisonnement déductif et analytique de la version et du thème latins, à l'art rhétorique de la composition et de l'argumentation : quantitativement, le nombre des individus qui atteignent ce niveau d'éducation est maintenant durablement stabilisé, comme, d'ailleurs, le nombre des établissements. Peu importe la diversité des parcours ultérieurs, où certains se destinent à l'Église, d'autres à différents emplois administratifs ou privés. Les uns et les autres ont acquis des modes de raisonnement qu'ils appliquent aussi hors de leur vie professionnelle, des représentations des pouvoirs, des relations entre administrateurs et administrés largement fondées sur leur formation initiale. C'est sur le latin, la rhétorique, le droit, tout aussi abstraits et rigoureux que les mathématiques, et enfin sur l'expérience que repose, et pour longtemps encore, la culture administrative des élites françaises, et l'essentiel, au-delà de leur métier, de leurs références culturelles.

Au centre de cette machine, le roi, et l'image progressivement construite d'une représentation de sa personne et du pouvoir, telle que l'a édifiée et soutenue avec une attention de tous les instants le Roi-Soleil. Le titre anglais de l'ouvrage de Peter Burke, *The Fabrication of Louis XIV*, symbolise combien, avec Louis XIV, c'est une image du roi et du pouvoir qui est systématiquement « fabriquée », et donnée à voir. Car, comme il l'a souligné, l'étiquette, qui codifie les rapports à la cour et fait partie de tous les systèmes de cour, est sur ce point très différente de l'étiquette espagnole, dont la force symbolique tient entre autres à la rareté des apparitions royales ; Louis XIV, signe de son attention au sujet, oppose lui-même dans ses *Mémoires* son attitude à celle des nations où « la majesté des rois consiste, pour une grande partie, à ne se point laisser voir ». Versailles, où la cour ne s'installe qu'en 1682, est le cadre tardif mais essentiel de la liturgie de l'étiquette qui régit tous les instants en fonction de la personne royale. Le roi lui-même ne peut échapper à cette représentation du pouvoir, à ces « cérémonies de l'information », selon le titre du livre de Michèle Fogel, qui donnent à quasiment tous les moments de sa vie une apparence publique : Louis XIV accomplira sans faille sur ce point ce qu'il considérait comme un devoir, alors que ses successeurs tenteront souvent d'y échapper.

La personne publique, avec bien plus d'apparence, de force et de volonté politique que chez ses prédécesseurs, relègue à l'arrière-plan la personne privée. En ce sens, nul mieux que le Roi-Soleil n'a en France illustré et même outrepassé la thèse développée pour le Moyen Âge par Ernst Kantorowicz dans *Les Deux Corps du roi*. Se séparant au décès de son enveloppe charnelle périssable, « le roi ne meurt jamais » – formule courante dès le début du XVIe siècle – en tant qu'incarnation de l'État. Mais, plus que ses prédécesseurs, Louis XIV développe – selon un phénomène qui appelle un vocabulaire d'origine religieuse – une mystique de l'État, concrétisée dans un culte et un rituel qui concernent, du lever au coucher, quasiment tous les instants. Liturgie, sans doute, mais ambiguë, et à double effet. Car la « société de cour » est également réglée par un code subtil des préséances et des normes de comportement destinées à canaliser les tensions, à maintenir une sorte de consensus.

Aussi la fabrication de l'image royale provoque-t-elle des effets, à plusieurs niveaux. La noblesse de cour intériorise à la fois ces règles et une hiérarchie des valeurs, dont le premier critère est de participer du plus près possible à des rites dont le centre est la personne royale, comme la chambre de cérémonie du roi est au centre de Versailles ; mais cette focalisation, et l'art consommé avec lequel Louis XIV savait jouer de toute la gamme des marques individuelles de faveur ou de défaveur, placent chaque individu en situation de rivalité. Le système – c'est la « domestication » souvent évoquée – maintient entre le souverain et la noblesse de cour, contrainte même de bâtir à Versailles, et d'attendre de la faveur du roi grâces et emplois, pensions et gratifications, des liens personnels extrêmement forts, dont la caricature apparaît dans le récit que fait Saint-Simon du flux et du reflux des courtisans, dans les derniers jours d'août 1715, entre l'appartement d'un Louis XIV à l'agonie et celui du futur Régent.

Mais, dans le même temps, le souverain est lui-même volontairement soumis à un système qui le dépasse : il est devenu, comme le souligne Jean-Marie Apostolidès, le « roi-machine », dont Saint-Simon disait qu'« avec un almanach et une montre, on pouvait à trois cents lieues d'ici dire ce qu'il faisait ». C'est aussi cette image de premier serviteur de l'État qu'il veut imposer par cette représentation de tous les instants. Elle est, tout autant que celle du suzerain, au-dessus de tous et dont tout dépend, proposée en modèle. Certes, il faut éviter l'illusion anachronique de fonctionnaires rouages d'une administration qui serait une vaste horlogerie impersonnelle. Pourtant, c'est entre autres cette image de serviteur acharné de la chose publique qui vaudra à Colbert, dans les manuels scolaires évidemment simplificateurs de la IIIe République, une place de choix. On a vu le développement de ces milieux dont la culture et l'exactitude à remplir leurs devoirs tiennent à une conception du temps et de la morale inspirée par le collège, ou par un modèle d'existence clérical attaché à un règlement de vie où l'emploi de chaque instant doit être prévu. La régularité est devenue vertu.

Cette double représentation de la monarchie, à la fois concrète et abstraite, explique le paradoxe d'un roi à la fois accessible à la noblesse présentée, qui se donne à voir à qui vient à lui, et en même temps désincarné pour le reste de ses sujets. Passé les premières années du règne, où se maintient la tradition antérieure d'un certain nomadisme – c'est à Nantes qu'il fait arrêter Fouquet en 1661, dans sa résidence de Chambord qu'il assiste en 1670 à la première représentation du *Bourgeois gentilhomme* –, le roi ne quittera plus guère ses résidences du Louvre, des Tuileries, de Saint-Germain et de Fontainebleau, et bien sûr de Versailles, que pour prendre la tête de ses armées, où on le verra pour la dernière fois en 1693. Très vite, ses séjours à Paris se raréfient : la résidence principale de la cour est parisienne de 1662 à 1666, puis se transporte à Saint-Germain jusqu'en 1673. L'installation définitive à Versailles, neuf ans plus tard, officialise et structure cette mise à distance d'un souverain et tout autant d'un État dont l'almanach, la montre et cet incessant courrier de plus en plus nourri au fur et à mesure que se développe la monarchie administrative – celle qui passe par le pouvoir des bureaux et des commis – sont devenus les moyens de gouvernement.

Dessein royal et lieu de mémoire par excellence, Versailles est l'évident symbole de ces représentations superposées de la monarchie, comme, sous ses aspects successifs, du déroulement du règne et de la vie même du roi. Dès le début du règne personnel, le petit château de Louis XIII construit entre 1624 et 1632, dont les deux ailes dessinent la cour de Marbre, est aménagé intérieurement ; dans une première phase de travaux, terminée en 1668, Le Vau – premier architecte du roi depuis la mort en 1654 de Lemercier, bâtisseur de Vaux-le-Vicomte et, simultanément à Versailles, du collège des Quatre-Nations – construit quatre pavillons d'angle et agrandit la cour par deux nouvelles ailes qui donnent forme à la cour Royale. Dans ce premier Versailles, le roi vient peut-être surtout pour la chasse, et pour les jardins, dont, dès 1663, Le Nôtre a conçu le premier plan d'ensemble.

C'est le château des fêtes de la jeunesse – les huit jours du 6 au 13 mai 1664 où le roi offre à quelque six cents personnes, dont certaines, faute de place au château ou dans les auberges du village, passeront la nuit dans leurs carrosses, *Les Plaisirs de l'Isle enchantée*, sur un thème général tiré de l'Arioste, où l'on admira beaucoup les jeux de l'eau et de la lumière. Avec Lully, la troupe de Molière est inséparable de cette première époque du château : dès 1663, elle y avait joué, avec le *Sertorius* de Corneille, *Les Fâcheux*, *L'École des maris* et *Le Dépit amoureux*. En mai 1664, elle représente dans ces fêtes *La Princesse d'Élide*, et surtout les trois premiers actes de *Tartuffe*, cette comédie que, comme le rapporte la *Gazette* du 12 mai, « le sieur Molière avait faite contre les hypocrites ». Lully et Molière, avec *Le Triomphe de Bacchus* et *Georges Dandin*, sont aussi présents, dans les décors de Vigarani, lors de cette merveilleuse nuit du 18 juillet 1668 qui célèbre à la fois le roi de gloire, dont les campagnes victorieuses viennent de se conclure en mai par le traité d'Aix-la-Chapelle, et le conquérant de madame de Montespan. Illustrée dix ans plus tard par les gravures de Le Pautre, elle laissera à ses participants, à en juger par le récit de Madeleine de Scudéry, un souvenir éblouissant.

À cette date, la fonction de Versailles commence, déjà, à changer. Louis XIV souhaite l'agrandir « pour y pouvoir loger commodément son conseil pour quelques jours ». Certains y ont vu le dessein, dès cette date, d'y installer durablement la cour, décision qui n'apparaît avec certitude qu'en 1677. Quoi qu'il en soit, une seconde phase de travaux commence, sur les plans de Le Vau et de son gendre François d'Orbay, dont le rôle a été fortement revalorisé par certains critiques, et qui en tout cas dirige le chantier après la mort de Le Vau en 1670. Gardant côté cour les constructions précédentes, cette nouvelle étape enveloppe les ailes de bâtiments nouveaux qui, en saillie sur la façade donnant sur le parc, y dessinent entre eux l'espace d'une vaste terrasse. Simultanément, Le Nôtre – qui, anobli en 1675, choisit pour armes avec humour et modestie ces trois limaçons couronnés d'un chou qui lui semblaient correspondre à ses fonctions – élargit considérablement l'aménagement des jardins. Le banal arrangement précédent de parterres en carrés ou rectangles est remplacé par cette extraordinaire perspective qui, en utilisant le site naturel (cependant remodelé), organise l'ensemble autour d'un axe central qui part du château, et d'une série de terrasses et de pentes qui assujettissent le relief à la mise en valeur théâtrale d'un cadre.

Il reviendra à Jules-Hardouin Mansart, qui n'intervient à Versailles qu'à partir de 1678, de donner ce cadre à une résidence de cour et de gouvernement dont la stabilité, la taille et le pouvoir politique et administratif sont sans précédent dans l'histoire de la monarchie. La galerie des Glaces, achevée en 1684, qui réunit sur la façade du parc les deux pavillons de François d'Orbay, est peut-être en ce sens moins significative que l'énorme agrandissement de l'ensemble, avec les deux ailes du Midi et du Nord, les deux ailes des Ministres et le Grand Commun, construits entre 1678 et 1689. Cette chronologie peut être rapprochée, comme l'a fait Jean-Christian Petitfils, des modifications du système du gouvernement décidées en 1691 par Louis XIV, qui lui permettent de travailler directement avec tel ou tel commis en court-circuitant ses ministres, et d'achever le système absolutiste. Le cadre en est ce monument à la fois représentatif et symbolique, par son ampleur, par le développement de ses services tout autant que par les appartements de la partie centrale, de cette monarchie à la fois solaire et administrative ; tout converge vers le centre du pouvoir, y compris les avenues de la ville qui se construit, soumise à de très stricts impératifs d'urbanisme.

Faut-il y voir un autre symbole ? Dans cet ensemble où, il est vrai, les attributions ont souvent changé, la chapelle sera la dernière à trouver sa place définitive, puisqu'elle ne sera achevée qu'en 1710. On a remarqué aussi que la décoration du château n'inscrivait nullement Louis XIV dans la continuité dynastique. Les références qu'il y multiplie ne sont pas à ses prédécesseurs, mais à la mythologie antique ou à ses propres exploits. Le grand maître de ce décor versaillais est, avec le sculpteur Coysevox, Charles Le Brun. Passé comme tant d'autres par l'atelier de Simon Vouet, formé aussi par trois années à Rome d'où il était revenu marqué par l'influence d'Annibal Carrache, il a déjà une longue carrière derrière lui, y compris à Vaux, lorsqu'il est nommé en 1661 premier peintre du roi. Quoique sa position ait été fragilisée par la mort de

Colbert, il est jusqu'à sa mort en 1690, date à laquelle il sera remplacé par Mignard, non seulement le peintre mais le coordinateur de toute la décoration versaillaise. C'est Le Brun qui assure le lien avec les manufactures, fixe les thèmes, les modèles et les proportions, et contribue, en relation avec l'Académie de France fondée à Rome en 1666 et d'autres réseaux, à cette chasse aux chefs-d'œuvre, ou à défaut à l'acheminement de répliques, qui répondent au goût d'un souverain avide de se constituer les plus belles collections d'Europe. Il est plus que tout autre l'artisan de cette unité de style qui a fait du château un symbole de l'art classique.

Quelle est, cependant, la véritable influence d'une telle réalisation ? Qui connaît la cour ? Dans son fonctionnement quotidien, quelques milliers de personnes – sept à huit mille à Versailles ; superficiellement, un public bien plus vaste, aux contours incertains, attiré à la fois par le faste et le symbole ; une foule de Parisiens, qui peuvent, chose aujourd'hui difficilement imaginable, pénétrer aisément dans le château – il suffit d'être correctement vêtu – et contempler la personne royale ; des étrangers et provinciaux de passage ; et les milliers d'ouvriers – jusqu'à 36 000 à la fois – qui ont participé aux travaux. À la fois beaucoup et peu, à l'échelle de la France. Mais l'influence versaillaise est, pourtant, plus large qu'il n'y paraît. Les commandes royales donnent un élan à la fois matériel et créatif à des entreprises ou des manufactures qui ne travaillent pas seulement pour Versailles : Beauvais créé en 1664, les Gobelins remaniés en 1667 et placés sous la direction de Le Brun pour la tapisserie, Lyon ou Tours pour les velours, soies ou brocarts. Par ailleurs, les liens, les déplacements se sont, on le verra, multipliés entre Versailles, Paris et le reste de la France. Bon nombre des acteurs de ce théâtre passent une partie de l'année dans leur province. Quel que soit leur rang, ils contribuent selon leurs possibilités et leur rayonnement à diffuser les modes et les canons de l'art versaillais ; ils sont pleinement, chez eux, des intermédiaires culturels.

La monarchie louis-quatorzienne utilise bien d'autres supports pour le soin de sa gloire, contribuant ainsi à la diffusion de thèmes architecturaux ou artistiques qui modèlent le goût d'une époque. La conscience civique que la monarchie veut développer dans les esprits part de l'idée que le roi a été choisi par Dieu pour être une sorte de père de tous les Français. De la famille royale, ils partagent les joies et les peines : les naissances, les mariages, la moindre victoire au cours d'un conflit sont l'occasion de Te Deum qui, grâce aux intendants de province et au réseau des curés de paroisse, peuvent être chantés – signe de l'amélioration de l'efficacité administrative – dans la France entière ; les deuils royaux sont, eux aussi, ceux de toute la nation.

Monarque père, mais aussi roi de gloire, incarnation en majesté de l'élu de Dieu, ces images se superposent dans la symbolique, dans ce théâtre des représentations voulu par le roi lui-même autour de sa présence physique. Mais la marque royale s'affirme aussi, un peu partout, dans le paysage des villes. Des monuments immortalisent les hauts faits du monarque. Les premières guerres, victorieuses, de « Dévolution » (1667-1668) et de Hollande (1672-1678) ont fourni l'occasion d'une multitude de réalisations. Des portes triomphales s'élèvent, en province – ainsi à Lille pour célébrer l'entrée du roi et le rattachement de la province à la France – ou à Paris : dédiées à Louis XIV, les portes Saint-Denis et Saint-Martin commémorent les victoires de la guerre de Hollande (deux autres ont été détruites). Le modèle urbanistique de la place royale, ornée en son centre de la statue du souverain, est illustré à Paris par la place des Victoires (prévue en 1685) et la place Louis-le-Grand, aujourd'hui place Vendôme (1687-1700). Il inspire de nombreuses réalisations provinciales : en 1685-1686, un plan d'ensemble prévoit l'érection de statues royales dans une vingtaine de villes. Même si la construction de bâtiments religieux se poursuit, c'est maintenant l'État, plus que l'Église, qui transforme les paysages urbains et stimule les initiatives : songeons au Louvre, où, après maints projets abandonnés, dont celui du Bernin, la colonnade de Claude Perrault est entreprise en 1667, mais aussi aux Invalides, pour l'essentiel construits entre 1671 et 1676, ou à la Salpêtrière.

Le premier projet de la place Louis-le-Grand était de loger là toutes les grandes institutions savantes autour de la statue équestre du roi. À l'intention des élites, la monarchie, poursuivant le mouvement amorcé depuis les années 1630, avait en effet inventé d'autre moyens pour construire son image. Fondée en 1663, la Petite Académie, qui deviendra l'Académie des inscriptions et belles-lettres, a pour mission de composer les inscriptions des monuments élevés par le roi, ainsi que les devises des quelque trois cents médailles – dont la moitié célèbrent des événements des décennies 1660 et 1670 – frappées en son honneur. Il subsiste par ailleurs trois à quatre cents représentations différentes du roi lui-même, chacune d'elles ayant été, lorsqu'il s'agissait de gravures, diffusée en nombre.

Les manufactures royales, les ateliers de tapisseries célèbrent les hauts faits du règne. Peintres, musiciens, auteurs sont mis à contribution, et suscitent le renouveau d'une culture allégorique et mythologique, au symbolisme hérité de la Renaissance, que la grande époque de la Réforme catholique et mystique avait quelque peu reléguée à l'arrière-plan. La charge d'historiographe du roi est confiée à des écrivains très connus, tels, en 1677, Boileau ou Racine. L'image du roi qui se modèle n'est d'ailleurs pas destinée au seul usage interne : les symboles apolliniens de Versailles, les *Batailles d'Alexandre* peintes par Le Brun en 1673, les multiples références des devises et inscriptions aux empereurs antiques ne sont que des moyens transparents d'exalter un monarque qui se veut au-dessus des autres, et dont la gloire rejaillit sur chacun de ses sujets.

Il y va, aussi, de la gloire du roi d'être le protecteur et l'aiguillon des arts et des lettres ; aucun souverain n'aura déployé, avant comme après lui, une telle force et une telle persévérance en la matière. La politique du souverain répond dans ce domaine à un double souci. Elle affirme avec éclat, après le dépit qu'avait peut-être causé au jeune Louis XIV la fastueuse réalisation de Fouquet à Vaux-le-Vicomte (dont la construction et l'aménagement avaient déjà réuni, rappelons-le, Le Vau, Le Nôtre et Le Brun), la suprématie du mécénat royal, son éclatante supériorité sur ce que les grands pouvaient offrir en commandes ou en gratifications. Elle contrôle, et si possible oriente dans le sens de sa politique, la production intellectuelle, et plus généralement toutes les formes de l'écrit, en s'efforçant de rallier les talents. Mécènes, le roi et surtout Colbert, qui est en ce domaine beaucoup plus qu'un exécutant attentif, ont leurs conseillers : Chapelain pour la littérature, Le Brun pour la peinture et la sculpture, Perrault pour l'architecture. La création de l'Académie de France à Rome facilite le séjour de peintres venus s'initier aux leçons de l'Italie, prolongeant en quelque sorte l'influence de Poussin, mort en 1665. On accorde des pensions à un certain nombre d'écrivains, tel ce « jeune homme nommé Racine », dont parle en 1663 Chapelain ; mais, précise celui-ci dans une lettre au Hollandais Heinsius que cite Peter Burke, « le Roy est généreux, mais il sait ce qu'il fait et ne veut point passer pour dupe ».

Ne point passer pour dupe, c'est encourager et récompenser ceux qui soutiennent la politique royale ou abreuvent le souverain de flatteuses ou hyperboliques dédicaces, mais aussi surveiller et empêcher de nuire les opposants. Comme dans les milieux ecclésiastiques, et simultanément, l'accès d'un plus grand nombre à l'écrit suscite les initiatives de l'État. Il y a longtemps que des images, des textes à vocation politique, des chansons également circulent dans un vaste public, au moins dans les villes. Des signes tels que la multiplication des colporteurs et les tentatives des autorités pour en limiter le nombre indiquaient déjà à la fois une consommation grandissante d'écrits dans la population parisienne et la volonté croissante du pouvoir d'en surveiller la production et la distribution. Après un relatif relâchement sous le règne d'Henri IV, la politique de contrôle de l'imprimé avait repris. L'effort systématique avait commencé avec Richelieu, qui avait mis en place des officines de propagande contrôlées par le pouvoir. C'est dans ce cadre que s'insérait en 1631 la création de la *Gazette* par Renaudot, protégé de Richelieu.

Cette politique se durcit notablement à l'époque de Colbert. L'enjeu, d'ailleurs, s'accroît avec le nombre des bibliothèques, qui suscite des initiatives : en 1665 est créé le *Journal des savants* qui informe les lettrés des dernières publications, dont il donne des comptes rendus critiques ; semi-privée à l'origine, l'entreprise est reprise par l'État au début du XVIIIe siècle. La censure des écrits est renforcée en 1667. La répression, à en juger par le nombre des embastillés pour faits de « librairie », se relâche cependant après 1670, et ne retrouve qu'après 1710, à l'occasion d'une nouvelle crise janséniste, les niveaux atteints au cours des années 1660-1670. Sans doute, d'ailleurs, parce que d'autres méthodes, préventives, ont régulé l'essentiel d'une production où les souhaits de la censure doivent toujours être équilibrés par le souci de ne pas ruiner une industrie alors même qu'on ne peut empêcher l'entrée des livres étrangers.

On met effectivement en application une politique de réduction du nombre des maîtres imprimeurs parisiens. L'administration de la Librairie établit pour toutes les nouveautés éditoriales la notion de « privilège » qui est à la fois une permission officielle de paraître et l'octroi d'un monopole pour un certain nombre d'années. L'effort de contrôle porte aussi sur deux autres fronts : limiter les impressions clandestines ; surveiller dans la mesure du possible les envois de livres étrangers. Les intérêts de l'État rejoignent ainsi ceux de grands imprimeurs-libraires qui trouvent dans cette concentration et cette surveillance le moyen commode de réduire la concurrence. La même politique conduit au développement de la pratique des libraires attitrés, monopoles que l'État, les évêques, les maisons religieuses confèrent pour leurs productions propres : Sébastien Cramoisy, le plus grand éditeur parisien sous Louis XIII et la minorité de Louis XIV, est ainsi l'imprimeur des jésuites, du roi, de l'archevêque de Paris et de plusieurs maisons religieuses, et l'éditeur, grâce à cette concentration, de plus de 2 500 ouvrages.

Les académies répondent à cette volonté de peser sur la création, d'organiser à partir de cercles privés préalables une entité dotée dans son secteur de compétence d'une reconnaissance officielle : ce dirigisme, par son ampleur, par la diversité des domaines qu'il englobe, constitue une véritable politique culturelle, sans précédent. Le but de l'Académie française, fondée officiellement en 1634 à partir d'un petit groupe d'amis qui se réunissaient régulièrement depuis 1626, mais sur laquelle le contrôle royal est renforcé en 1672, est bien de fixer le bon usage de la langue. Elle n'est que l'aînée d'une série d'institutions qui, dans leurs sphères respectives, œuvrent dans la même voie. Trois ans après celle des inscriptions et belles-lettres est fondée en 1666 l'Académie des sciences, inspirée de la Royal Society créée quatre ans plus tôt à Londres. Composée d'une vingtaine de savants pensionnés par le roi – dont Mariotte et Roberval –, bientôt renforcés par des membres étrangers, elle reçoit des directives de Colbert, qui l'oriente vers des travaux utiles à l'État et à l'économie ; il ne s'agit donc pas, à la différence de son homologue londonienne, d'une institution de libre recherche, d'un lieu ouvert de discussion, mais d'une institution étatique dont les contraintes ont d'ailleurs à l'époque éloigné nombre d'érudits.

La même politique est appliquée aux arts. La peinture et la sculpture ont elles aussi, par octroi de lettres patentes à l'Académie de Saint-Luc fondée en 1648, leur Académie royale, instituée en 1655, dont le personnage principal n'est autre que Le Brun, et dont seuls les membres peuvent être peintres du roi et de la reine. Louis XIV lui-même s'est occupé des statuts de l'Académie royale de danse, fondée en 1661. L'Académie royale de musique créée en 1669 pour promouvoir l'opéra en langue française est, de 1671 à sa mort en 1687, étroitement régentée par Jean-Baptiste Lully. Par un système d'institutions, de contrôle, de monopoles et de pensions, les années 1660-1680 voient ainsi se mettre en place un encadrement étatique sans précédent de la vie intellectuelle et artistique.

IV. Du baroque au classique

« À toutes les gloires de la France... » : la célèbre dédicace du musée de Versailles illustre la permanence d'un mythe, d'un lieu. La génération classique qui voit pour l'essentiel se construire le château reste, dans une tradition rigidifiée par l'école, l'incarnation d'un sommet de la culture française, glorifié par une densité extraordinairement élevée d'écrivains et d'artistes passés à la postérité. Cette représentation elle-même « classique » d'une sorte d'apogée est aujourd'hui nuancée. L'évolution sociologique des populations scolarisées, et le renoncement à cette conception unique d'une culture élitaire que nous voyons précisément se mettre en place au XVIIe siècle, font des écrivains de cette époque des références moins obligatoires qu'ils ne l'étaient dans tout cursus scolaire. Les goûts de notre époque, le travail de toute une génération de critiques, d'historiens d'art, de musicologues nous portent par ailleurs beaucoup moins à considérer l'époque classique comme un absolu : on perçoit aujourd'hui bien mieux la richesse et la diversité de l'héritage baroque, trop considéré naguère comme un brouillon confus où le pire côtoyait le meilleur.

Le classicisme repose – nous le savons depuis l'école – sur des règles, ou en tout cas sur des critères esthétiques qui imposent épuration des genres et exclusion des individus rebelles. Il est largement lié aux pensions et aux commandes royales, qui amplifient au point d'en changer la signification, devenue nationale, une fonction de mécénat jusqu'alors collectivement assurée par la haute aristocratie, souverain compris. Il traduit une volonté susceptible d'autoriser au sommet toutes les fantaisies « si le roi le veut », mais qui s'accompagne rapidement du contrôle d'institutions qui tendent à ériger leurs opinions en principes artistiques ou en règles du bon usage. La monarchie a pesé dans ce sens. Dans les années 1665-1670, marquées par la réorganisation ou la création de la plupart des académies, le roi a définitivement choisi de présenter, hors de la cour, une autre image de son règne et de sa personne que celle du jeune Apollon des ballets de son adolescence. En 1665, le rejet du projet du Bernin pour l'achèvement du Louvre symbolise traditionnellement le refus nouveau du baroque d'inspiration italienne. La culture entre bien plus nettement qu'auparavant dans le champ du politique, à la fois comme moyen de gouvernement et comme source de prestige, à la fois en France et en Europe : de façon très significative, c'est sous Louis XIV que la langue française commence à supplanter de façon décisive le latin dans les négociations diplomatiques, dans cette Europe française dont nous verrons cependant les limites et les contrastes.

La règle s'applique d'abord à la langue et aux œuvres littéraires. Les premiers membres de l'Académie française, dont l'effectif est fixé dès 1639 à quarante personnes, ne sont pas tous écrivains, mais aussi bien avocats ou médecins : chargés de juger des œuvres littéraires, ils font paraître dès 1638 les *Sentiments de l'Académie sur Le Cid*. Pour établir les règles du « beau langage », ils entament la rédaction du *Dictionnaire*, dont la première édition ne sera, il est vrai, achevée qu'en 1694 (quatre ans après celui de Furetière), mais aussi, on l'oublie souvent, une *Grammaire* et une *Rhétorique*. C'est l'un d'entre eux, Vaugelas, qui publie en 1647 les *Remarques sur la langue française*.

Ces jalons méritent d'être repérés avec attention, comme des signes de l'évolution culturelle en cours, dont ils contribuent à fixer les règles. Le « bon usage » que recommande Vaugelas se différencie de deux pratiques antérieures, le mélange des classes et le mélange des genres. Il rejette en premier lieu les usages populaires, et se greffe ainsi sur les pratiques d'exclusion des salons précieux, soucieux d'épurer la langue comme les mœurs en éliminant tout ce qui leur paraît bas – entre autres le « bas » corporel – et vulgaire. Conrart, Chapelain, Vaugelas, ont fréquenté dans les années 1620 le salon de madame de Rambouillet, « l'incomparable Arthénice ». Ces deux milieux –

salons précieux et cercles littéraires en voie de confiscation par le pouvoir – ne sont donc nullement imperméables. En 1637, c'est à la demande de Julie de Rambouillet, la fille de la marquise, que Voiture publie sa défense du « car », dont l'Académie examinait gravement l'usage :

> Mademoiselle, car étant d'une si grande considération dans notre langue, j'approuve extrêmement le ressentiment que vous avez du tort qu'on veut lui faire [...] Cependant, il se trouve qu'après avoir vécu onze cents ans, plein de force et de crédit, après avoir été employé dans les plus importants traités, et assisté toujours honorablement dans le conseil de nos rois, il tombe tout d'un coup en disgrâce et est menacé d'une fin violente. Je n'attends plus que l'heure d'entendre en l'air des voix lamentables, qui diront : le grand Car est mort...

Si nous avons cité ce texte, c'est parce qu'il caractérise un ton de liberté qui devient assez vite incompatible avec celui des instances officielles. Préciosité et académisme contribuent tous deux à couper la langue et la culture classiques des racines populaires, provinciales et archaïques du langage. À la folle végétation d'une richesse verbale prolongée jusqu'à l'époque baroque, ils substituent l'ordonnance parfaite et rigoureuse du jardin à la française.

En même temps, pourtant, le bon usage que définit Vaugelas est, selon une formule célèbre, « la façon de parler de la plus saine partie de la cour ». Cela signifie donc que l'opposition entre le bon et le mauvais usage ne se réduit pas à un clivage élites-peuple. Qui sont ces mauvais élèves de la cour ? Des aristocrates qui ont gardé, encore, des mœurs de soudards ? On sait qu'il n'en manquait pas, même à la cour. Mais les propos de Vaugelas s'adressent aussi à ces admirateurs forcenés du mot d'esprit, de la « pointe », tellement en vogue à la cour de Louis XIII, à cette tendance héritée entre autres du pétrarquisme. C'est à l'Académie, à ses débats graves et sans humour, à ses décisions qui entérinent un usage précis sans se soucier de la diversité vivante de la langue que s'adresse Voiture. Dans ce combat inégal, la préciosité, qui avait participé à ce mouvement d'épuration, est elle-même condamnée.

Pourtant, la culture, les goûts des élites françaises ne se

confondent jamais complètement avec le classicisme, lui-même d'ailleurs aussi divers que les génies qui l'incarnent. Baroques, les grandes fêtes de la cour le sont à coup sûr, notamment, en 1664, *Les Plaisirs de l'Isle enchantée*, où tout n'était que jeux d'eau, machines et feux d'artifice... Notre approche, trop abstraite, ne tient pas suffisamment compte de la persistance d'un goût de l'éclat préféré au solide, du magnifique préféré au beau, de l'enchantement préféré à la raison. Entre ces conceptions, la discontinuité n'est d'ailleurs pas telle que les ponts soient infranchissables : en 1671, *Psyché* réunit les compétences de Corneille et de Molière pour le livret, de Lully pour la musique, en même temps qu'il fait une place énorme aux machines et à la chorégraphie, au mouvement, à l'admiration que devait provoquer au dernier acte la présence de plus de trois cents personnes suspendues dans les airs.

Des traits baroques se perpétuent dans cette exaltation du décor éphémère, dans ce détournement de sens que traduit le déploiement de pompe auquel donnent lieu les cérémonies familiales des grands : mariages et enterrements sont transformés en cérémonies publiques théâtralisées par le décor, la musique, les lumières et l'art des prédicateurs. L'éloquence classique est elle-même pervertie par le goût de l'assistance : « on court aux solennités pour le spectacle plus que pour la religion », écrira plus tard Fléchier ; et l'on attribue à la longueur et à l'attrait des sermons du célèbre prédicateur l'usage de ce vase de nuit de forme allongée auquel on donnera le nom de « bourdaloue ». Le même détournement de sens, l'attachement du spectateur à l'éclat de la forme plus qu'à la profondeur du fond, la prééminence d'un art de l'instant aux dépens de la durée se maintiennent comme le goût du théâtre, ou de l'opéra qui, plus que toute autre manifestation, se situe dans le prolongement des grandes fêtes d'antan.

En réalité, notre vision de la culture de cette brève génération a été longtemps perturbée par un double filtre, celui d'une critique universitaire ancienne, dont Lanson est à la fin du XIXe siècle l'archétype, et celui de moralistes hostiles à la frivolité, voire aux dangers que constituent à leurs yeux le théâtre et bien plus encore l'opéra, la danse, si légers, artificiels et dispendieux, où l'éphémère plaisir l'emporte dans les esprits sur l'éternité des règles du goût et de la morale. Celui qui, adolescent, participait comme spectateur ou comme acteur aux représentations théâtrales de son collège peut trouver des raisons ou quelque excuse, voire quelque justification morale, au théâtre de Molière. Il n'en a pas pour ce pur spectacle, cet étalage du luxe qu'est l'opéra, tentation que l'éloignement pour le non-Parisien et le coût pour presque tous lui épargnent heureusement. La « culture classique » est à la fois l'expression d'un milieu social culturellement devenu le plus important par sa masse et sa formation humaniste, et le résultat de l'influence ultérieure d'un milieu de lecteurs et de critiques, qui se sont retrouvés dans cet héritage transmis à la fois par les traditions familiales et par la formation scolaire.

En ce sens, l'écrivain classique, s'il existe vraiment, est partiellement le produit d'une construction intellectuelle que la critique plus récente a souvent remise en cause. Voir en Molière un écrivain classique, fondamentalement respectueux des règles et des normes, c'est oublier la diversité de son œuvre, écrite et représentée pour l'essentiel entre *Les Précieuses ridicules* de 1659 et *Le Malade imaginaire* ; c'est oublier ses collaborations avec Lully, ses démêlés avec les précieuses effarouchées par leur caricature comme par *L'École des femmes* de 1662, avec les dévots « hypocrites » qui obtiennent durant cinq années l'interdiction de *Tartuffe*, la « turquerie » du *Bourgeois gentilhomme* pour n'en retenir qu'une version à usage scolaire. La force et la pérennité de Molière viennent de son aptitude à satisfaire aussi bien les amateurs de simples divertissements, les scrutateurs attentifs d'une palette particulièrement large de caractères, dont certains peuvent passer pour exemplaires, et les nostalgiques d'une liberté baroque.

Classique, La Fontaine, dont les *Fables* – à l'exception du dernier livre au ton profondément différent, qu'il fait paraître à soixante-treize ans, en 1694, un an avant sa mort – sont publiées en 1668 et 1678 ? Vision là encore partielle, et partiellement *a posteriori*. Elle sous-estime trop la vie irrégulière, jusqu'à sa tardive conversion deux ans avant sa mort, de ce libertin à l'humeur suffisamment indépendante pour avoir préféré la protection de la duchesse d'Orléans, puis après 1672 de madame de La Sablière, cette passionnée d'observations scientifiques, aux pensions royales. S'agissant de l'œuvre, elle oublie aussi la diversité réelle d'un auteur qui a touché des genres divers, y compris le livret d'opéra de *Daphné* écrit pour

Lully en 1674, et surtout la galanterie et l'érotisme des *Contes*, ceux de 1665 imités de Boccace et de l'Arioste, augmentés dix ans plus tard. Or le nombre des éditions concernées, important pour les uns et les autres, montre cependant que, du vivant même de l'auteur comme dans la génération suivante, le succès des *Contes* l'a emporté sur celui des *Fables*.

Une telle constatation doit nous amener à réfléchir à l'usage réel que leurs contemporains faisaient des écrivains classiques. À quoi sert le théâtre de Molière, ou celui de Racine dont on rappelle seulement ici que la production, à l'exception d'*Esther* (1689) et d'*Athalie* (1691) composées, après un abandon durant douze années de la tragédie, pour les demoiselles de Saint-Cyr, se situe entre le succès d'*Andromaque* (1667) et l'échec de *Phèdre* (1677), victime de la cabale ? À entendre, bien plutôt qu'à lire, la musique du vers racinien, on perçoit combien ce peintre des passions extrêmes, dont le théâtre est marqué par une vive conscience du mal qu'il traduit dans un langage dépouillé, restait influencé par la formation de son enfance auprès des messieurs de Port-Royal, dont l'avaient séparé ses premiers essais au théâtre.

Mais ce théâtre de la cruauté, de la jalousie mortelle, de l'amour fou, impossible et tragique qu'on trouve aussi dans *Britannicus* (1669) ou *Mithridate* (1674), ne joue-t-il pas entre autres un rôle d'exutoire ? En quoi ce tragédien, dont un de ses plus talentueux metteurs en scène actuels, Daniel Mesguich, affirme qu'il « a lu Freud avant tout le monde », est-il compatible avec la clarté et la raison « cartésienne » ou classique ? N'est-il pas aussi le moyen de vivre par procuration des situations extrêmes, qui contrastent avec le quotidien de la vie ordinaire ? Bref, une distraction, mais aussi un divertissement, au sens quasiment pascalien du terme.

Oui, la vingtaine d'années où viennent s'ajouter aux dernières pièces du vieux Corneille presque toute l'œuvre de Molière, l'essentiel de celle de Racine, de Boileau et de La Fontaine, les *Pensées* de Pascal, éditées après sa mort en 1670, la plupart des sermons et des oraisons funèbres de Bossuet, a été d'une exceptionnelle richesse. La constante réédition de la plupart de leurs œuvres, leur présence dans les bibliothèques, y compris en province, prouvent qu'ils sont devenus effectivement des auteurs de référence, qu'ils constituent des fondements de cette culture. Mais cette notoriété joue à deux niveaux. Leur caractère longtemps jugé universel – autre indice de cette notion symbolique de référence culturelle –, leur aspect prétendument exemplaire ont conduit à utiliser ces écrivains comme on utilisait de leur temps les écrivains antiques dans les collèges : Molière, La Fontaine, La Bruyère, voire Pascal ou Corneille ont été les victimes d'une utilisation *ad usum scholarum*, comme les jésuites publiaient *ad usum delphini* des éditions expurgées des œuvres latines. Cette mutilation à finalité moralisante, qui ne donnait de leurs œuvres qu'une vision très partielle, a pourtant garanti, grâce à l'école de la IIIe République, la pérennité de leur succès, et en a fait, définitivement, des classiques.

Reste que le triomphe des classiques a reposé d'abord sur la reconnaissance de leur époque : celle du roi par les pensions, les charges ou les commandes ; celle de l'Académie qui, après Corneille en 1647 (à son troisième essai), Quinault et Charles Perrault en 1671, Racine en 1673, élit au grand déplaisir du roi Jean de La Fontaine contre Boileau, élection que Louis XIV n'entérinera qu'après celle du second à la fin de la même année. En Boileau, la tradition a sans doute trop retenu, plus que la griffe de l'auteur des *Satires*, le théoricien de l'*Art poétique* (1674) : sa critique du goût italien – « laissons à l'Italie / De tous ces faux brillants l'éclatante folie » –, son fameux éloge de la clarté – « Ce que l'on conçoit bien s'énonce clairement » –, la subordination de la forme à la pensée en ont fait pour les générations suivantes une sorte de référence du classicisme.

La plupart de ces auteurs sont issus du milieu des administrateurs et des hommes de justice ou de finances : c'est le cas, après Corneille, de Pascal, La Fontaine, Bossuet ; Molière vient lui aussi d'une famille de bourgeoisie aisée, et a reçu comme eux, au collège jésuite parisien de Clermont, qui deviendra Louis-le-Grand, la même éducation. C'est dans ces mêmes milieux que se trouve la base sociologique de leur public, que la cour seule ne peut constituer. On retrouve ici, essentiel, le facteur déjà invoqué pour expliquer la formation d'une culture politique et administrative propre à tout un groupe social. Là encore, la constitution en quelques décennies, grâce aux collèges, d'un public constant de plusieurs dizaines de milliers de personnes formées sur des principes identiques a joué un rôle capital : elle garantit la pérennité d'une sorte de noyau permanent ayant les mêmes références mythologiques et antiques, le même goût, formé par les mêmes auteurs et le même enseignement rhétorique aux mêmes principes d'exposition, d'argumentation, aux mêmes conventions et aux même règles. À la volonté politique répond l'acculturation du public à cet univers normalisé... même si, bien entendu, la création transcende les règles académiques. C'est de ce public et des autres que nous allons maintenant tenter de cerner les pratiques culturelles.

CHAPITRE 13

Les pratiques culturelles dans la France de Louis XIV

Au-delà des systèmes et des institutions, il s'agit donc maintenant de descendre sur le terrain, inégalement reconnu, des pratiques. Il est évidemment plus facile, du moins en théorie – car la réalité des traces archivistiques est la plupart du temps fort décevante –, de retrouver trace d'un spectacle qui a réuni plusieurs centaines de personnes que de mesurer l'ampleur des pratiques privées. Il est plus facile de recueillir des témoignages sur les pratiques des grands, et en particulier sur celles de la cour, que sur celles des humbles. Il est plus facile enfin de savoir ce qui se passe à Paris que dans les villes de province, et dans ces villes plus que dans les campagnes. Ces considérations imposent nécessairement de partir du plus connu – c'est-à-dire des endroits et des milieux où la documentation permet de repérer la gamme la plus large des pratiques culturelles –, et donc de s'intéresser en premier lieu à la population parisienne, et plus spécialement à ses élites.

I. Le for privé des élites parisiennes

Les progrès de la centralisation culturelle, dont on a vu précédemment les premières étapes, les formes et les institutions qui la mettaient en œuvre, font de Paris, à partir du règne de Louis XIV, un cas à la fois singulier et exemplaire. Singulier parce que la taille de la ville, ses fonctions, ses équipements culturels sont, et de loin, sans égal en France. Exemplaire, pourtant, parce que les sources, leur localisation et leur exploitation permettent d'y observer mieux qu'ailleurs des pratiques dont certaines relèvent davantage d'un milieu social ou d'un niveau culturel que d'une implantation géographique précise. L'étude de la société parisienne offre ainsi des éléments de repère dont certains sont, sinon identiques, du moins transposables à l'ensemble des élites provinciales.

La population parisienne est sans doute passée, au XVIIe siècle, de 200 000 à 500 000 habitants. À l'époque de Louis XIV, la majeure partie d'entre eux sont déjà des locataires, dont l'espace privé est restreint : ils habitent dans les paroisses du centre, les plus densément peuplées, un petit appartement ou une chambre dans des maisons à trois ou quatre étages, assez fréquemment disposées en profondeur (le rez-de-chaussée étant partiellement occupé par une boutique). Les logis de trois à cinq pièces sont déjà l'apanage de maîtres de métiers, de marchands ou de bourgeois relativement aisés ; à partir de six ou sept pièces on ne trouve plus que des négociants, des gens du monde des offices, qui constituent la fraction supérieure de la bourgeoisie. La majorité des pièces donnent sur une cour ; l'étroitesse des rues – sans trottoirs, sales, malodorantes et encombrées –, dont une trentaine seulement ont à la fin du siècle plus de cinq mètres de large, ne donne guère plus de clarté en façade. Dans ce domaine aussi, toute une série de décisions – prohibition du pan de bois (dès 1607), puis du pignon sur rue et limitation de la hauteur des maisons (1667) – préparent l'édification, dès la première moitié du XVIIIe siècle, de quartiers plus aérés, d'immeubles mieux conçus où l'on passe d'une conception verticale à la distribution horizontale des pièces par niveau et, dans les immeubles locatifs, par appartement.

Tout autres sont bien entendu les demeures nobles, dont le modèle de base est en général l'hôtel particulier entre cour et jardin. La construction et la décoration de Versailles – château, parc, mais aussi ville – risquent de laisser dans l'ombre le mode de vie de l'aristocratie, qui ne se limite pas à la vie de cour. Les demeures parisiennes de la haute aristocratie décrites par Jean-Pierre Labatut sont particulièrement vastes : 55 pièces chez le duc de Vendôme, rue Neuve-Saint-Honoré, en 1665 ; 51 à l'hôtel de Guise, rue de Chaulme, en 1688 ; 53 chez le duc de Luynes et de Chevreuse en 1712. C'est là, bien plus que dans leurs châteaux de campagne où le mobilier se limite en général aux meubles et aux vêtements, que les inventaires détaillent leur vaisselle d'argent, leurs bijoux, leurs équipages, etc.

Outre les résidences, les équipages, les « gens » comptent parmi les principaux signes ostentatoires de la puissance et de la richesse. Parmi les inventaires systématiquement repris par Annik Pardailhé-Galabrun, celui de messire Barentin, président au Grand Conseil, signale en 1665 deux carrosses, treize chevaux et plus de 3 000 livres de bijoux ; sa demeure comprend quatorze pièces, plus cinq annexes et sept dépendances, et abrite treize personnes, dont huit domestiques. C'est là un ensemble assez exceptionnel : dans le milieu parlementaire, élément supérieur du monde administratif et judiciaire, la norme est plutôt le carrosse unique, et deux à quatre chevaux. Les plus riches tapisseries décorent ces résidences : celles de Louis Girard de La Cour des Bois, conseiller du roi et maître des requêtes, sont estimées en 1660 à plus de 10 000 livres, ce qui équivaut au prix d'une maison moyenne de deux ou trois étages. Cas extrême ici aussi, car un autre inventaire quasi contemporain, dans le même monde, estime une tapisserie des Gobelins de huit pièces, représentant l'histoire des dieux, à 850 livres.

La spécialisation croissante des espaces est aussi le privilège d'élites sociales encore limitées. L'aspiration à plus d'intimité fait passer de mode l'utilisation de la chambre à coucher – la ruelle des précieuses – comme pièce de réception. Une gravure d'Abraham Bosse, qui dépeint les milieux de la petite noblesse et d'une bourgeoisie assez aisée, montrait vers 1630 la table – elle est souvent pliante – dressée près du lit ; la salle à manger, imitée des usages de la cour, apparaît à l'époque de Louis XIV – décor nouveau pour les nouveaux usages et comportements qu'impose la « civilisation des mœurs » –, de même que la salle de compagnie, utilisée comme pièce de réception chez les plus fortunés, que commencent à garnir les fauteuils à haut dossier. Protection contre le froid en même temps qu'élément de décor, la tapisserie se généralise. La plus ordinaire, dite de Bergame, fabriquée depuis les années 1620 dans plusieurs villes de France, est omniprésente à la fin du siècle : ses grandes pièces présentent en général des décors simples et répétitifs. Très différentes sont les pièces beaucoup plus coûteuses d'Aubusson ou de Felletin, manufactures fondées en 1665 et 1669, qui produisent des tapisseries de paysages, agrémentées d'animaux ou de scènes de chasse. Les tapisseries historiées des Flandres, réputées depuis la Renaissance, ou des manufactures royales de Beauvais ou des Gobelins, ne sont accessibles qu'aux plus fortunés : *Les Sept Merveilles du monde* et l'*Histoire de*

François Ier en sept pièces, respectivement estimées en 1725 à 2 000 et 400 livres, appartiennent à la veuve d'un président au Parlement ; en 1709, la tapisserie de Beauvais de vingt-cinq mètres de long sur trois mètres de haut qui, sur le thème de l'*Histoire du péché*, recouvre et décore les murs de la grande salle du marquis de Barbezières, lieutenant général des armées, montre qu'on projette de plus sur les murs les lieux communs d'une culture fondée sur cette double Antiquité de la mythologie antique et de l'histoire sainte.

La tapisserie, dès lors qu'elle n'est pas simple décor répétitif, exprime déjà un goût, un choix culturel. Il s'affirme plus précisément encore avec ces autres éléments du décor mural que sont les images, estampes et tableaux. Le goût, les besoins des élites évoluent. Constatant l'épuisement des commandes des églises ou des maisons religieuses créées au cours de la génération précédente, Jacques Thuillier remarque qu'avec le règne de Louis XIV, « la peinture française [...] revient au tableau ». Certes, le prestigieux chantier de Versailles a sans doute quelque peu aveuglé le jugement sur une époque où, selon lui, l'inflexion essentielle réside dans une certaine raréfaction de la grande peinture, et le développement d'un marché pour des tableaux plus maniables et de genres plus divers. Pourtant cette chronologie sous-estime fortement l'ampleur et la persistance du marché de l'art religieux, et notamment des retables, à l'échelle de la France entière. On la tiendra donc, selon la suggestion de Jacques Thuillier lui-même, comme essentiellement parisienne.

Les tableaux ne sont pas rares dans les décors des gens aisés ou des simples bourgeois. Le marché existe : les inventaires de deux peintres du roi, en 1663 et au début du XVIIIe siècle, recensent respectivement 80 et 119 tableaux. Différents indices semblent cependant montrer qu'il s'élargira nettement au siècle suivant. Ainsi l'Académie royale de peinture et de sculpture n'organise, de 1673 à 1737, que cinq expositions (en 1673, 1699, 1704, 1725 et 1737), alors que ces salons deviendront à partir de cette dernière date annuels ou bisannuels. Les ventes publiques de tableaux restent rares jusqu'en 1730 ; impossible, malheureusement, d'évaluer l'importance des ventes privées, réalisées notamment lors de la liquidation de successions. On estime aux alentours de 150 personnes le nombre des collectionneurs parisiens dans les années 1700-1720 ; ils seront 500 dans la seconde moitié du siècle.

Catégorie particulière, bien sûr : le nombre de ceux – nobles, magistrats, bourgeois et marchands – qui possèdent quelques toiles est beaucoup plus large. Il y a de vrais amateurs – tel l'avocat Antoine Coulier chez qui l'on trouve, en 1721, 107 tableaux et estampes – pour qui les arts visuels sont une forme majeure d'« investissement culturel ». Les thèmes en sont malheureusement rarement connus avec précision, suffisamment cependant pour y reconnaître, au-delà des portraits de famille, les mêmes sources d'inspiration antiques qui sont celles des tapisseries historiées : on trouve ainsi chez Madeleine Séguier, veuve vers 1640 d'un intendant des bâtiments du roi, un tableau sur cuivre représentant les *Noces de Thétis et de Pélée* ; en 1715, le tableau de Sébastien Bourdon intitulé *La Fuite en Égypte* est prisé 160 livres chez un marchand drapier, qui possède une centaine de tableaux et d'estampes.

Seule la prise en considération des estampes donne une idée globale de l'importance de l'image, présente dans les deux tiers des inventaires parisiens. Certes, la source privilégie ceux qui ont du bien : elle montre pourtant que, vers 1700, plus du tiers des domestiques, plus d'un salarié des couches populaires sur quatre en décore ses murs. Un maître menuisier laisse par exemple à son décès, en 1684, quinze images : un portrait, une noce de village, trois images de fleurs et dix sujets pieux. Tableaux ou images, les sujets sont majoritairement religieux : cette prédominance est beaucoup plus marquée chez les gens de condition modeste, alors que les intérieurs les plus riches présentent les ensembles à la fois les plus copieux et les plus diversifiés. Le Christ, surtout sous la forme de la Crucifixion, la Vierge et les autres saints se partagent à peu près également les représentations imagées, où les hiérarchies s'établissent en fonction des dévotions traditionnelles – place de Geneviève, patronne de Paris, de Pierre, de Jean, de Marie-Madeleine, etc. – et de l'existence préalable ou non, pour les estampes, d'un modèle pictural que la gravure permet de reproduire.

Instruments de la propagande politique, les images diffusent aussi les représentations du roi et plus généralement de la famille royale ; en revanche, le portrait de famille, dont la vogue se développera au XVIIIe siècle, les paysages et scènes de genre semblent en nombre beaucoup plus restreint. Ces images traduisent une culture, en même temps qu'ils l'informent. Les thèmes choisis par les acheteurs correspondent à leurs goûts, à leur sensibilité, jusque dans leurs exclusions : ainsi les sujets mythologiques, qui n'appartiennent pas à la culture du plus grand nombre, sont très peu présents. Mais, on l'a vu précédemment, l'estampe est aussi devenue, de plus en plus, moyen de propagande, de pastorale, d'épuration, par où passent les volontés acculturatrices de la Réforme catholique, de l'absolutisme royal et de la civilisation des mœurs ; elle met désormais en scène des représentations qui sont celles du bon goût, de la « décence » ; bref, elle impose d'en haut des normes conventionnelles, qui embourgeoisent si peu que ce soit les intérieurs qu'elles décorent.

Plus sûrement que l'image, le livre, parce qu'il ne se trouve que dans une minorité d'inventaires, continue, lui aussi, à différencier les pratiques culturelles. Le livre à Paris n'est plus un objet rare, et sa présence est probablement sous-estimée par la non-prise en compte par les rédacteurs des inventaires de brochures en mauvais état et sans valeur vénale. Il est présent à l'époque de Louis XIV jusque dans des intérieurs de maîtres de métiers, de domestiques, voire chez quelques gagne-deniers, sous la forme la plus simple du livre ou de quelques ouvrages de piété, vies de saints ou livres d'heures. Il s'y ajoute parfois, dans le monde du métier, quelques ouvrages en relation avec la profession. Mais il y a un très grand écart entre cette utilisation du livre comme support et aliment quotidien ou fréquent de la dévotion pratique, et le loisir cultivé ou l'intérêt à la fois professionnel et culturel dont témoignent les ensembles plus importants, dans les milieux traditionnellement caractérisés par leur forte activité intellectuelle ou leur besoin de savoir.

C'est aux divers niveaux de la bourgeoisie que les bibliothèques affirment un éventail plus large d'intérêts, qui implique des modes d'usage différents du livre : ainsi François Artisan, bourgeois de Paris, possède à sa mort, en 1704, 91 volumes, où des dictionnaires et les œuvres de Molière s'ajoutent au fonds d'ouvrages religieux. La religion garde une place importante dans les bibliothèques beaucoup plus riches des professions intellectuelles – médecins, hommes de loi… –, du monde des offices et des ecclésiastiques, mais sous des formes plus variées et plus ambitieuses. Les médecins les plus modestes ont au moins quelques livres ; mais la bibliothèque de Pierre Homez, médecin ordinaire du roi, qui meurt en 1666, comprend une centaine d'ouvrages de médecine et, à côté d'une douzaine d'ouvrages de dévotion, deux Bibles, trente-six volumes de théologie et un certain nombre d'écrits des Pères de l'Église, des ouvrages des philosophes grecs et d'écrivains latins, et, au rayon des belles-lettres, Du Bellay, Montaigne et quelques volumes de comédies. Nombre d'avocats, de juristes, des professeurs aussi possèdent plusieurs centaines de volumes. Enfin, c'est dans le monde des parlementaires que se trouvent, à l'époque de Louis XIV comme un siècle plus tôt, les ensembles les plus impressionnants, qui résultent aussi désormais, dans les familles de vieille culture humaniste, d'un effet d'accumulation.

Les bibliothèques ecclésiastiques ont en revanche beaucoup changé. Signe de l'avance parisienne de la Réforme catholique, la plupart des simples prêtres, même fort peu aisés, qui meurent au début du règne de Louis XIV – et tous à la fin du XVIIe siècle – possèdent déjà quelques ouvrages de piété. La bibliothèque peut représenter une part considérable de leurs biens, et tient parfois dans leur vie une place qu'on mesure physiquement, comme chez Nicolas Lequel de La Marre qui loge avec ses 1 362 volumes dans deux simples pièces. La plèbe cléricale est illustrée par ce prêtre de Saint-Jacques-du-Haut-Pas, mort en 1707 en ne laissant qu'une succession misérable, mais qui inclut quand même, pour quarante sols, « un paquet de plusieurs vieux livres » ; à l'autre extrémité de l'échelle, les curés de paroisse, docteurs en théologie, dignitaires de l'Église ont des livres par centaines : Bibles, ouvrages des Pères de l'Église – déjà, semble-t-il, moins présents en dehors de saint Augustin –, manuels de théologie, d'histoire ecclésiastique, ouvrages de dévotion où l'influence espagnole reste sensible, recueils de sermons, catéchismes, guides des confesseurs sont autant d'outils pour leur réflexion personnelle et leur mission pastorale. Chaque ensemble, à ce niveau, exprime aussi bien entendu les goûts, la culture particulière d'un individu : on relève chez certains une curiosité ou une attraction pour le jansénisme ; l'histoire et la littérature de l'Antiquité, quoique très secondaires à côté du domaine religieux, traduisent souvent la persistance d'une imprégnation classique, enrichie par quelques écrivains français.

Les inventaires témoignent aussi, chez les gens aisés, d'autres formes de loisir et de culture. C'est aussi chez eux, sauf exception liée à une appartenance professionnelle précise, qu'on relève la plupart des objets directement consacrés aux divertissements, tels que les jeux – signalés au XVIIe siècle dans 8 % seulement des inventaires répertoriés par Annik Pardailhé-Galabrun, alors que la mode en gagnera au siècle suivant de larges milieux : jeux de dames, de trictrac, de cartes, de boules, deux billards aussi, qui demandent une place considérable. Plus difficile est l'appréciation de la place que tient la musique dans cette culture parisienne. Des instruments ne sont inventoriés que dans un très petit nombre d'inventaires : 1 sur 15 dans l'étude de Catherine Massip sur *La Vie des musiciens de Paris au temps de Mazarin*, 70 (professionnels exclus) sur 2 800 dans l'ouvrage d'Annik Pardailhé-Galabrun, qui recouvre les XVIIe et XVIIIe siècles. On n'oubliera pas, en outre, que cette source donne de la société une représentation statistique qui privilégie les couches aisées de la population. En se fondant sur deux hypothèses vraisemblables – une estimation plutôt généreuse de la présence d'un instrument dans 1 foyer sur 25, et son utilisation possible par plusieurs membres d'une même famille –, on peut penser qu'à l'époque de Louis XIV 10 000 à 20 000 personnes pratiquent à Paris la musique instrumentale en amateurs.

La pratique musicale est une des formes de la sociabilité, et bientôt de la civilité, au milieu du siècle, aussi bien pratiquée, si l'on en juge par l'iconographie, par les hommes que par les femmes : Louis XIII jouait, composait ; Louis XIV lui-même joue passablement du luth et de la guitare. Le luth, instrument préféré des amateurs distingués entre 1550 et 1650, a favorisé cette appropriation d'une musique savante par des non-professionnels. En substituant aux voix et mélodies entrelacées de la chanson polyphonique, qui ne pouvaient être exécutées qu'en groupe, et par des interprètes avertis, les accords verticaux de l'écriture harmonique, sa pratique a notablement fait évoluer le goût et l'oreille des amateurs, et préparé l'avènement de l'air accompagné, fondé sur le soutien d'une mélodie par une série d'accords. La pratique du luth ouvre ainsi de larges champs du répertoire de l'époque : elle permet, par transcription, de reprendre une polyphonie, ou de se remémorer dans l'intimité du foyer tel ou tel air à danser. Vogue momentanée toutefois : dans la seconde moitié du XVIIe siècle, l'air de cour accompagné, dont le langage maniéré s'accordait si bien à la préciosité, décline avec elle ; le luth est progressivement remplacé par la guitare, plus puissante et techniquement plus facile.

Les inventaires recensent d'autres instruments à cordes – les vieux théorbes et les mandores qui accompagnent aussi le chant au XVIIe siècle, des instruments à archet de la gamme des violes et violons, moins nombreux, semble-t-il, chez les amateurs. À l'époque de Mazarin, Paris compte une cinquantaine de « maîtres faiseurs d'instruments de musique », qui ont en stock lors des inventaires entre 150 et 300 instruments à cordes achevés ou en cours, soit une réserve globalement assez proche de 10 000 instruments en magasin : compte tenu de la clientèle des musiciens professionnels dont on estimera ci-dessous les effectifs, des familles d'amateurs éclairés où l'on joue de plusieurs instruments et du taux de renouvellement ou de restauration d'instruments moins protégés qu'aujourd'hui (songeons, par exemple, aux méfaits possibles du feu), cette évaluation, qui ne concerne que les instruments à cordes, n'est nullement incompatible avec l'hypothèse avancée plus haut quant à l'étendue de la pratique musicale globale des amateurs parisiens.

Restent les instruments à clavier – 30 % de l'ensemble à l'époque de Mazarin –, nettement plus coûteux, et la large gamme des instruments à vent – musette, fifre, hautbois, cor, trompette. L'épinette se trouve, mais très rarement, dans des milieux de moyenne bourgeoisie – en 1646, un docteur de la Faculté de médecine, professeur du roi – ou chez quelques marchands et gens de robe. Elle est estimée selon les cas entre 5 et 50 livres. C'est beaucoup moins que le clavecin, dont les perfectionnements techniques émancipent au milieu du siècle le répertoire de celui du luth ou de la guitare : prisé à l'époque de Louis XIV entre 150 et 300 livres, il est réservé à une élite fortunée incluant de riches bourgeois et marchands, telle Anne Delaleu, épouse d'un marchand mercier, qui possède en 1708 un beau clavecin de facture anversoise.

Une femme… Est-ce un hasard ? Beaucoup plus tard, il est vrai, les clavecins (et, à cette date, les pianoforte) sont les instruments que les inventaires du début de la Révolution découvrent le plus souvent dans les couvents. On apprend la musique et la danse aux pensionnaires de la maison royale de Saint-Cyr, véritable centre d'enseignement musical. Les écrits théoriques s'infléchissent : la musique et la peinture, considérées par le *Traité du choix et de la méthode des études* de l'abbé Fleury, publié en 1685, comme de simples pis-aller contre l'oisiveté, sont vues de façon plus positive par le *Traité de l'éducation des filles* de Fénelon, paru en 1687. Passé la grande époque des fondations où les quelques pensionnaires d'un couvent étaient considérées comme de futures novices, on conçoit mieux dans les années 1680 la nécessité de préparer leur retour dans le monde. La musique, plus encore que les autres arts d'agrément, fait partie de ce bagage que doivent désormais posséder les filles de la bonne société.

Les collèges, en revanche – il est vrai qu'il s'agit d'externats –, ne prévoient rien de tel ; l'éducation mondaine des garçons va se réduire souvent à la danse. Plus encore que dans la bourgeoisie, la danse, comme l'équitation ou l'escrime, fait partie de ces arts corporels si importants dans l'éducation aristocratique ; mais la musique, les pratiques artistiques se féminisent. Après le jeune Louis XIV, on ne verra plus de souverain se produire en public dans des activités artistiques. L'époque classique, malgré La Fontaine, qui aimait jouer du clavecin, accentue la répartition des rôles : aux hommes les connaissances abstraites ; aux femmes, bien davantage qu'auparavant, le rôle d'égayer le foyer et de briller en société.

Les musiciens professionnels élargissent la gamme des pratiques artistiques privées repérables, et leur hiérarchie. Quelques-uns, dans les années 1680-1700, organisent chez eux des concerts réguliers. Paris compte aussi au milieu du XVIIe siècle plus de cinq cents maîtres à danser, munis de ces minuscules violons surnommés « poches », qui opèrent chez eux, au domicile de leurs clients et dans les établissements recevant des pensionnaires ; ce chiffre même traduit la très grande diffusion d'une pratique qui fait partie de toute éducation mondaine, mais qui est plus largement une école d'apprentissage du maintien. Le monde de la musique se retrouvait dans la vieille confrérie de Saint-Julien-des-Ménétriers, dont l'âge d'or se place au début du XVIIe siècle : ses membres assuraient également les aubades, mascarades et autres cérémonies familiales. La politique de Louis XIV, dans ce domaine comme dans beaucoup d'autres secteurs de la culture, fait éclater par de nouvelles institutions étroitement contrôlées les vieux corporatismes.

II. Pratiques publiques

Le roi est aussi mécène, et le premier organisateur des spectacles qu'il offre à son peuple. Dès 1663, il écrivait dans les *Instructions destinées au Dauphin*, alors âgé de deux ans :

> Un prince ou un roi de France doit voir dans ces divertissements autre chose que de simples spectacles. Les peuples se plaisent au spectacle [...] Par là nous tenons leurs esprits et leurs cœurs quelquefois plus fortement peut-être que par la récompense et les bienfaits ; et, à l'égard des étrangers, ce qui se consume en ces dépenses qui peuvent passer pour superflues fait sur eux une impression très avantageuse de magnificence, de puissance, de richesse et de grandeur.

De loin en loin, il donne donc à voir et à entendre aux Parisiens des manifestations éclatantes, telles qu'en 1662 les quadrilles donnés dans la cour du Carrousel, accompagnés de tournois, de feux d'artifice, de feux de joie, comme ceux qui, également, suivent les victoires royales, associant la liesse populaire à la joie du monarque.

À la cour comme en public, Louis XIV, comme le souligne James R. Anthony, s'est plus que tout autre souverain de son temps préoccupé de la musique de sa cour ; il a trouvé dans Lully un instrument tout aussi dirigiste de cette politique. Trois grands groupes, dont l'origine remonte en fait à l'époque de François Ier, assurent le service de la cour : la musique de la Chambre, surtout faite de chanteurs et d'instrumentistes à cordes ; celle de la Grande Écurie, dont les vents contribuent à l'éclat des parades et autres cérémonies de plein air ; enfin la Chapelle, dont les effectifs sont passés d'une trentaine de chanteurs à la fin du XVIe siècle à 80 en 1708, à l'époque de Michel Richard de Lalande. S'y ajoutent les vingt-quatre violons de la Grande Bande, et les Petits Violons créés en

1648. Au total, dans la seconde moitié du XVIIe siècle, quelque 120 à 150 personnes.

La cour, qui comprend plusieurs milliers de personnes, est à elle seule un public. Mais le roi prête aussi ses musiciens à tel ou tel grand seigneur ou prince du sang, animant les grandes résidences aristocratiques de la région parisienne : ainsi, *Acis et Galatée* est représenté en 1686 chez le duc de Vendôme, au château d'Anet. Les cérémonies en plein air attirent un plus vaste public ; chaque année, à la veille de la Saint-Louis, les musiciens du roi offrent aux Parisiens des concerts publics gratuits. À l'inverse, il est des publics restreints : le roi lui-même qui en vieillissant aimera après souper écouter dans l'appartement de madame de Maintenon, avec une assistance réduite, la musique de ses cordes ; ses musiciens assurent aussi en ville des prestations privées que, dit-on, Lully taxait soigneusement.

Le succès du ballet de cour se poursuit au début du règne de Louis XIV, bien que Mazarin ne soit jamais parvenu, malgré ses vœux, à stabiliser à Paris une troupe permanente de chanteurs italiens, mal vus de l'Église et du Parlement de Paris qui dénonçait le coût exorbitant de ces spectacles. Dans ce contexte, les changements institutionnels des années 1660, les choix de quelques hommes et la volonté royale ont eu sur le public restreint de ces spectacles un effet décisif. Le classicisme, ses règles, celles de la vie de cour dévaluent les formes irrégulières du ballet de cour, qui non seulement passe de mode, mais est considéré au début du XVIIIe siècle comme un spectacle archaïque et d'un goût douteux. L'application au domaine musical de la politique culturelle dirigiste et nationaliste, dont on a vu dans le chapitre précédent les caractères généraux, se traduit par l'octroi du privilège pour tout le royaume de France accordé en 1669 à Pierre Perrin, racheté en 1672 par Lully et transmis à sa mort, en 1687, à ses héritiers. Il confie à ses détenteurs l'exclusivité de la création d'« académies d'opéra », pour des représentations en musique et « en vers français ». Ce privilège, progressivement étendu à toute musique de théâtre de quelque importance, réduit très fortement durant le temps d'une génération la place de la musique italienne dans la vie musicale publique. L'Italie n'est plus guère présente à ce niveau que par les quelques musiciens qui accompagnent jusqu'en 1697 le Théâtre-Italien, et par un petit groupe constitué autour du curé de Saint-André-des-Arts, qui laisse à sa mort environ deux cents partitions, aux deux tiers italiennes.

Plusieurs caractéristiques ancrent fortement l'opéra lullyste dans l'art classique : la collaboration avec des écrivains, tel Molière, qui pousse au développement logique de l'action ; l'invention du récitatif en langue française inspiré, disait-on, de la déclamation des comédiens-français ; cette « éclatante et grave symphonie » qu'est selon Perrault l'« ouverture à la française » dont il est également le créateur. À partir de 1674, ce goût français s'exprime en un lieu, dans ce foyer de l'Opéra qu'est jusqu'en 1763 la grande salle du Palais-Royal, abandonnée à sa mort par la troupe de Molière. On y joue, quatre fois par semaine en hiver et trois en été, à dix-sept heures, tragédies lyriques et opéras-ballets. Il en coûte au début du XVIIIe siècle entre 1 livre 16 sols – plusieurs jours de salaire ouvrier – aux troisièmes loges ou au parterre et 11 livres 10 sols au balcon ou sur la scène, soit le double d'une séance à la Comédie-Française. Lully triomphe – « une chose qui passe tout ce qu'on a jamais ouï », écrit madame de Sévigné en 1674 à propos d'*Alceste* – et cette influence se prolonge bien après sa mort. Les opéras de Lully sont pour toute une génération une référence pour l'oreille et le goût ; elle est d'autant plus incontournable que les règlements de l'Opéra ont continué à prescrire la représentation en alternance d'« une nouvelle tragédie » avec « un ancien opéra du sieur Lully », bien qu'une relative désaffection commence à se manifester après 1710. Le monopole élimine la concurrence, mais les représentations de Lully à l'étranger – *Cadmus* est par exemple joué à Londres en 1686, à Amsterdam en 1687 – prouvent qu'il n'explique pas à lui seul ce succès persistant.

Pôle antithétique de la vie musicale – le clergé n'a cessé au XVIIe siècle de condamner vigoureusement à la fois l'opéra et le théâtre parlé, en raison des passions profanes qu'ils étaient censés exacerber –, les lieux de culte s'ouvrent à des publics bien plus larges. Antithèse d'ailleurs relative, si l'on en juge par les propos de Saint-Simon sur la musique de la chapelle du roi :

> Sans comparaison des lieux ni des choses, la musique de la chapelle était fort au-dessus de celle de l'opéra et de toutes les musiques de l'Europe [...] Il n'y avait rien de si magni-

> fique que l'ornement de la chapelle et que la manière dont elle était éclairée. Tout y était plein : les travées de la tribune remplies de toutes les dames de la Cour en déshabillé, mais sous les armes. Il n'y avait donc rien de si surprenant que la beauté du spectacle et les oreilles y étaient charmées.

Trois motets sont exécutés au cours de la messe, à laquelle assiste quotidiennement le roi, dans une des quatre chapelles successives, de plus en plus grandes – ce qui imposa l'emploi d'effectifs de plus en plus importants –, qu'a connues Versailles. Les personnages principaux sont ici les maîtres de chapelle : Henri Du Mont occupe cette charge pendant vingt ans, de 1663 à 1683, en même temps que Pierre Robert, qui lui survit jusqu'en 1699. Le nombre et la qualité des candidats aux postes de la cour traduisent sa capacité d'attraction et son importance dans la vie musicale : parmi les quinze compositeurs qui, en 1683, participent aux épreuves finales du concours pour une place de « sous-maître », on trouve – Charpentier, malade, n'ayant pu se présenter – Collasse et Michel Richard de Lalande. Après avoir éliminé ses concurrents, celui-ci gouverne à la fin du règne ; c'est la période où, entre 1695 et 1710, il écrit ses principaux motets. De plus, le rachat, après sa mort, des privilèges de Lully lui a permis de faire jouer à la cour des pièces profanes, telles les *Symphonies pour les soupers du Roi*.

Certains couvents et institutions de femmes deviennent, à l'intention du public choisi des familiers, des rendez-vous musicaux qui, sous le couvert de la dévotion, engendrent les mêmes ambiguïtés mondaines. La semaine sainte, pendant laquelle les spectacles sont fermés, déplace vers les couvents des auditeurs autant attirés par la beauté des voix que par la dévotion. L'abbaye de Longchamp, le couvent de l'Assomption, mais aussi plus tard la maison de Saint-Cyr, où le roi aimait à aller écouter le salut avant de rentrer à Versailles, sont renommés pour la beauté des motets qu'exécutent les religieuses et les pensionnaires. madame de Maintenon, après avoir laissé faire, s'en prendra « à cet écueil du chant, dont aucune religieuse presque ne se sauve ». Le comble du détournement de sens est atteint avec ces pratiques plus tardives évoquées en 1704 par Lecerf de La Viéville dans sa *Comparaison de la musique italienne et de la musique française* :

> Depuis quelques années, on loue des actrices qui, derrière un rideau qu'elles tirent de temps en temps pour sourire à des auditeurs de leurs amis, chantent une leçon [il s'agit des Leçons des Ténèbres de la semaine sainte] le Vendredi Saint, ou un motet à une seule voix le jour de Pâques. On va les entendre à un couvent marqué : en leur honneur, le prix qu'on donne à la porte de l'Opéra, on le donne pour sa chaise à l'église.

Si l'on tient compte des églises, des collèges où se joue aussi de la musique, mais pour un public plus mêlé, force est de constater que celle-ci reste longtemps mieux servie que le théâtre. À Paris même, l'équipement théâtral reste limité. Depuis les années 1630, deux troupes, deux lieux essentiels : l'hôtel de Bourgogne – une salle rectangulaire, deux rangs de loges, un parterre dallé, selon la description de Lanson – qui accueille les « comédiens du Roi » ; le théâtre du Marais, qui n'est qu'un jeu de paume aménagé. À côté de ces troupes françaises, les comédiens-italiens, qui jouent dans leur langue des farces dans le style de la *commedia dell'arte*, en improvisant sur un canevas ; ils s'installent en 1653 dans la salle du Petit-Bourbon, proche du Louvre. C'est cette salle que la compagnie de Molière partagera avec eux lors de son arrivée à Paris, en 1658, avant d'occuper en 1661 celle que Richelieu avait fait construire au Palais-Cardinal, devenu Palais-Royal. Après la mort de Molière, sa compagnie, contrainte d'abandonner le Palais-Royal pour le jeu de paume de la rue Mazarine, fusionnera avec le théâtre du Marais pour former le théâtre Guénégaud ; l'ensemble se fondra en 1680 avec la troupe de l'hôtel de Bourgogne pour constituer la Comédie-Française. Cet équipement somme toute limité a cependant creusé avec la province un écart décisif.

La génération des années 1630-1660 a connu une épuration radicale du langage théâtral, qui est un des aspects de l'épuration des mœurs décrite dans un chapitre précédent. Cette décence nouvelle est le résultat des phénomènes de normalisation morale, linguistique et esthétique à la fois dont l'âge classique voit l'achèvement, à l'issue d'un processus qui a duré pour l'essentiel l'espace d'une génération. Si elle a sans doute changé la nature du public, cette évolution doit donc être replacée dans celle, plus générale, des élites sociales de la capitale. Le théâtre du début du siècle était accessible par son prix à un public socialement très diversifié ; mais à partir des années 1630 s'était produit un clivage, une segmentation du public dont les effets ne se feront sentir que progressivement. Le goût, ou plutôt la diversité nouvelle des goûts, offre un public à plusieurs compagnies, à plusieurs types de pièces et de représentations. L'évolution des mœurs et celle du langage des gens comme il faut ne leur permettent plus, ou en tout cas moins, de se commettre avec le tout-venant des amateurs de distractions, désormais jugées vulgaires ou indécentes. Le théâtre classique, qui a la faveur des visites de membres de la famille royale, se construit en un premier temps sur cette divergence culturelle ; il y a des distractions où la bienséance interdit de se rendre. Louis XIV lui-même a favorisé cette évolution, en appuyant ouvertement des écrivains qu'il pensionnait, en choisissant aussi le répertoire qu'il admettait à comparaître devant sa personne.

À partir du seul registre conservé de la compagnie de Molière, qui correspond du 29 avril 1672 au 21 mars 1673 à sa dernière année d'existence, et par ailleurs des archives de la Comédie-Française, John Lough a cerné de plus près le public de ces pièces classiques. Entre 1680 et 1720, le nombre annuel des spectateurs payants à la Comédie-Française oscille entre 100 000 et 200 000 personnes. Mais ce chiffre global comprend de nombreux habitués, qui viennent régulièrement à la Comédie, et qu'on cerne un peu mieux en prenant en compte le nombre de représentations de chaque pièce : à Paris, vers 1680, une pièce jouée une quinzaine de fois est déjà un succès honorable ; entre vingt et trente représentations, c'est un vrai succès ; et au-delà, un triomphe. En 1673, la première représentation du *Malade imaginaire* attire 682 spectateurs, et la seconde 482 seulement. Une salle pleine, chez Molière, équivaut à un public de six à sept cents personnes : 644 personnes assistent le 28 octobre 1672 à la reprise du *Misanthrope*, créé six ans plus tôt. Mais la Comédie-Française joue aussi certains soirs pour des publics beaucoup plus clairsemés : 130 personnes pour *Cinna* le 4 septembre 1685, 48 seulement pour *L'École des Maris* et *Georges Dandin* le 22 septembre 1699.

L'ensemble de ces indications chiffrées – audience moyenne et nombre moyen de représentations de la même pièce – permet d'estimer à l'intérieur d'une fourchette comprise entre

10 000 et 17 000 personnes le public de la Comédie-Française vers 1680, c'est-à-dire, à un moment où les troupes classiques ont fusionné, l'ensemble du public parisien du théâtre classique. L'installation en 1687 dans la nouvelle salle construite sur les plans de François d'Orbay, sise rue des Fossés-Saint-Germain, offre aux spectateurs un confort sans précédent, notamment à ceux de l'amphithéâtre. Mais, en l'espace de deux générations, le prix des places a fortement augmenté : il a triplé chez Molière au parterre, où il en coûte quinze sous pour suivre une représentation. Les loges de troisième rang sont à vingt sous. Mais le prix a triplé aussi aux loges hautes, passant de dix à trente sous, et la distinction s'est accrue entre différents types de places : il en coûte désormais trois livres pour être à l'amphithéâtre, cinq livres et demie au premier rang de loges ou sur la scène, où la coutume d'accueillir quelques personnes, apparue dans la première moitié du siècle, durera jusqu'en 1759.

Cette échelle de prix – de un à plus de sept, avec des prix plus élevés chez Molière lors des premières – implique elle aussi une pluralité des publics. L'augmentation des prix les plus bas, l'évolution du répertoire ont réduit progressivement les éléments les plus populaires. Mais cet éventail des tarifs permet de maintenir une certaine diversité sociale. Molière lui-même en témoigne dans *La Critique de l'École des femmes*, en mettant ces propos dans la bouche d'un certain Argimont :

> La plupart des marchands de la rue Saint-Denis aiment fort la comédie, et nous sommes quarante ou cinquante qui allons ordinairement aux premières représentations de toutes les pièces nouvelles, et quand [...] elles font grand bruit, nous nous mettons quatre ou cinq ensemble et louons une loge pour nos femmes, car, pour nous, nous nous contentons d'aller au parterre.

Marchands, hommes de loi..., toute une partie cultivée de la classe moyenne continue à fréquenter la Comédie-Française ; mais on atteint là, socialement, la limite inférieure d'un public qui a beaucoup perdu de sa diversité.

La cour, le roi ont contribué à en susciter le répertoire : bien des pièces de Molière ou de Racine, seuls ou en collaboration avec Lully, ont été d'abord représentées à la cour. Mais après la mort de Marie-Thérèse, en 1683, Louis XIV cesse progressivement de s'intéresser au théâtre, qui entre dans une spirale de relative désaffection d'où il ne ressortira qu'avec la Régence : « l'opéra et la comédie sont devenus des divertissements bourgeois, et on ne les voit presque plus à la Cour », écrit en 1692 un certain Callières. Les institutions mises en place, l'Académie d'opéra et la Comédie-Française, achèvent dans les années 1670-1680 d'unifier le théâtre dramatique officiel. Celui-ci est de plus en plus mal protégé par le roi des tracasseries de l'Église ; son académisme le fait passer de mode, alors que l'installation à Versailles d'une partie de son public, celui des places les plus chères, en réduit la fréquentation quotidienne.

Les comédiens-italiens jouissent dans les années 1680 d'une certaine prospérité : ils s'installent alors à l'hôtel de Bourgogne, outrepassent leurs canevas habituels fondés sur l'improvisation pour introduire dans leurs représentations des scènes complètement écrites. Ils compensent par leur style, leurs intrigues, leurs plaisanteries le caractère convenu du répertoire de la Comédie-Française, mais ne résistent pas au désaveu royal : en 1697, leur représentation de *La Fausse Prude*, où madame de Maintenon croit se reconnaître, entraîne leur expulsion ; ils ne reviendront qu'en 1717, dans un tout autre contexte politique et culturel. Le départ des Italiens ouvre des perspectives inespérées à la dernière forme d'expression théâtrale publique de la capitale. Les deux grandes foires parisiennes connues depuis le Moyen Âge, celle de Saint-Germain en février-mars et celle de Saint-Laurent en août et septembre, attirent depuis longtemps leur lot d'illusionnistes, de funambules, de montreurs d'animaux et de marionnettes « que le peuple croit enchanteurs », comme l'écrivait Scarron dans un poème de 1643 précisément intitulé *La Foire de Saint-Germain*.

« Les femmes et les jeunes gens savent les opéras par cœur, et il n'y a presque pas une maison où l'on n'en chante des scènes entières. » Cette remarque de Saint-Évremond, dans sa pièce *Les Opéras*, écrite vers 1676, ne le trompe évidemment pas lui-même. La plupart des pratiques culturelles parisiennes que nous avons décrites ne concernent probablement guère plus de 5 % de la population adulte de la capitale, auxquels viendront de plus en plus s'adjoindre les étrangers ou riches provinciaux de passage dans la capitale. La plus grande partie des Parisiens ne connaît le théâtre que par le monde des forains, et la musique, hors des églises, que par la pratique personnelle ou l'audition de musiciens des rues. Les formes savantes les plus complexes, les plus riches et les plus novatrices de la culture visuelle et auditive – tableaux, musique, théâtre – s'élaborent et se transmettent de plus en plus dans des lieux privés ou même publics (comme la cour ou les salons des grands), mais qui sont inaccessibles au tout-venant. C'est, d'une certaine façon, et surtout lorsqu'au tournant du siècle l'éclat culturel de Versailles se ternit, la naissance du Tout-Paris.

En l'espace de quelques décennies, des facteurs matériels, institutionnels et sociaux distendent jusqu'à la rupture les écarts culturels entre cette minorité et le reste du peuple parisien. Celui-ci devient d'ailleurs un sujet d'observation et d'inspiration, un lieu commun exotique. À l'idéalisation déjà soulignée de l'estampe appartenant au genre des *Cris de Paris*, au pittoresque arrangé des paysans des frères Le Nain, viennent s'ajouter les stéréotypes au demeurant plutôt positifs – mais il s'agit de domestiques qui servent dans des maisons bourgeoises – du théâtre de Molière, ou l'étrangeté des contes de fées, fort à la mode à l'extrême fin du siècle avec la publication en 1697 des *Contes de ma mère l'Oye* de Charles Perrault ou, l'année suivante, des *Contes de fées* de la comtesse d'Aulnoy.

On ne peut, pourtant, s'en tenir à cette coupure trop simpliste. Certes, si le livre est plus largement répandu, c'est parce que son achat est guidé chez beaucoup par des exigences religieuses croissantes, au demeurant parfaitement intégrées dans les esprits, plus que par une curiosité intellectuelle désintéressée. S'il représente par rapport à l'image pieuse un saut qualitatif essentiel, il se situe pour une large clientèle – celle qui ne possède que quelques livres d'heures, missels ou vies de saints – dans le prolongement des mêmes préoccupations. Malgré ces réserves – auxquelles il faudra ajouter, on le verra, la destination de plus en plus populaire de certains ouvrages –, le livre est bien, cependant, le pont le plus large entre les diverses formes de culture. Ne serait-ce que pour des raisons matérielles : pour le prix d'une place à l'Opéra, qui suscite des réserves ou des oppositions qui certes iront s'amoindrissant avec la dévotion mais n'ont pas disparu, n'importe quel petit-bourgeois se procure d'occasion quelques in-8° ou in-12 reliés, ou tout un lot de brochures.

Bien des bourgeois, à défaut des catégories populaires, vont plus facilement au Théâtre-Italien, ou à la Comédie-Française dont ils connaissent aussi le répertoire par le livre, qu'à l'Opéra. Nombre de leurs enfants fréquentent les collèges, où se donnent des représentations théâtrales fort morales, mais où s'acquiert aussi, sinon une pratique, du moins une culture auditive commune. Certains collèges parisiens ont de grands maîtres de musique, tel, à Louis-le-Grand, à partir de 1684, Marc-Antoine Charpentier, que Campra remplace à la maison professe des jésuites. Le XVIIe siècle se caractérise par le développement considérable de la musique d'orgue, résultat conjoint de la Réforme catholique et du progrès technique important que connaît alors l'instrument : le jeu des Couperin, leurs compositions – sept membres de la famille ont tenu l'orgue de Saint-Gervais entre 1653 et 1826 – touchent toute l'assistance dans sa diversité sociale. L'édition musicale parisienne diffuse des pièces de musique religieuse, dont le public est, avec le nombre des interprètes, considérablement élargi : composées en 1669, les *Cinq Messes en plain-chant*, dites *Messes royales*, d'Henri Du Mont seront au XIXe siècle chantées dans toutes les paroisses de campagne. C'est aussi par les couvents, les prêtres que se diffusent les cantiques, si souvent plaqués sur des airs profanes connus de tous. Ces lieux, ces expressions qui échappent à cette partition à la fois géographique et sociale ne doivent cependant pas dissimuler la notion désormais centrale de référence : même offerts à un large public, ces « objets » culturels sont proposés d'abord en fonction du goût des élites ; ils sont l'expression d'une culture, la seule, et une invite au ralliement – songeons aux maîtres dont s'entoure le *Bourgeois gentilhomme* de Molière – pour qui songe à y entrer.

III. La réduction des autonomies provinciales

Même si la diversité des situations, l'état des sources et des recherches compliquent à l'évidence tout effort de synthèse à l'échelle nationale, une étude de cas permet néanmoins de dégager des tendances générales. Partons donc d'Angoulême, choisie, précisément, parce qu'elle est une ville moyenne – environ 12 000 habitants au milieu du XVIIIe siècle, époque des premières estimations relativement précises –, dépourvue de toute fonction économique ou administrative de premier plan, en dehors de la présence d'un gouverneur militaire. Meurtrie par les guerres de Religion, touchée par la Réforme catholique, elle reconstruit comme tant d'autres ses édifices religieux dans la première moitié du siècle, en construit plusieurs autres. Le vieux collège connaît un tournant décisif avec l'arrivée en 1622 des jésuites, mais les classes de philosophie n'y sont créées, grâce à des fondations particulières, qu'en 1658 et 1720. Les membres du corps de ville, qui lui assure le tiers de ses revenus, soutiennent largement un établissement qui donne aux enfants des élites locales – 377 élèves en 1668 – une formation devenue nécessaire pour se maintenir ou entrer dans le monde des hommes de savoir et de pouvoir. On peut estimer qu'il produit chaque année, depuis 1637, quelques dizaines de sujets ayant reçu une éducation humaniste assez complète.

Cette couche sociale, qui fait boule-de-neige, participe à ce que Pierre Bouhours appelle les « derniers feux des belles-lettres ». On trouve à Angoulême, en ce milieu du siècle, quelques salons, tel celui de l'épouse du maire. Mais les éléments les plus notables de cette vie et de cette sociabilité intellectuelle et mondaine tirent déjà leur légitimité de références extérieures : Guez de Balzac est certes né à Angoulême en 1597, mais c'est à Leyde qu'il a fait ses études, et, s'il se retire à la fin de sa vie sur ses terres, c'est à Paris qu'il a acquis sa renommée, qui en a fait un des premiers académiciens. L'autre grand nom est celui du marquis de Montausier et surtout de sa femme Julie d'Angennes, fille de la marquise de Rambouillet, pour qui poètes et écrivains avaient composé *La Guirlande de Julie* ; elle accompagne son mari, nommé en 1648 gouverneur de l'Angoumois, et pendant près de sept ans reconstitue un reflet de grand salon parisien ; mais son départ en 1655, la mort de Guez de Balzac l'année précédente marquent la fin d'une époque où la vie culturelle angoumoise avait encore un peu d'éclat.

Si l'exemple angoumois permet de dégager un cadre commun aux villes moyennes, c'est parce que de nombreux traits de la vie culturelle, de son évolution, nous paraissent plus qu'auparavant leur être communs ; la différence est davantage liée au milieu social des individus et à l'importance relative des villes qu'à la localisation géographique. Le cercle étroit des humanistes à la fois grands lecteurs et écrivains provinciaux, participant directement aux débats d'idées du temps, qu'incarnait encore par exemple Nicolas Peiresc, n'avait bien entendu jamais constitué à lui seul le milieu des « consommateurs » de biens culturels : mais l'une des nouveautés de l'époque est ce sensible élargissement d'une couche pour l'essentiel issue des collèges, partout constituée, par ce phénomène d'accumulation, entre 1630 et 1670. Ces pépinières d'avocats, de prêtres, de commis, etc., n'apportent apparemment rien de notable à la production culturelle ; mais cette couche intellectuellement beaucoup plus homogène est en fait le terreau d'où sortent désormais la plupart des talents.

Par son importance numérique accrue, qui y réduit le poids des individualités, par une formation largement semblable, cette génération est, plus que la précédente, apte à constituer un marché que l'on peut schématiquement qualifier de national. D'ailleurs ce marché, à en juger par une ville moyenne, ne s'alimente plus guère qu'à des valeurs reconnues nationalement. Les échanges s'y font dans une langue des élites désormais unifiée ; l'inspiration vient d'exemples parisiens et bientôt versaillais. Peut-on, pourtant, généraliser, et conclure à une uniformisation culturelle rapide du pays ? Cette question en suppose deux autres : quelles sont les possibilités d'accès des villes et des élites provinciales à des équipements ou à des biens culturels ? Dans quelle mesure les provinces gardent-elles une puissance créatrice suffisante, ou des liens suffisants avec d'autres aires culturelles, pour résister à l'influence exclusive de Paris ?

L'intellectuel provincial, au temps de Louis XIII, gardait encore bien des traits de l'humaniste de la Renaissance : c'était l'époque du petit nombre des érudits, dont la sociabilité se limitait aux murs de leurs bibliothèques, à de petits cercles restreints et au nombre de leurs correspondants. Leur curiosité était large, mais leur ancrage régional, et sans rapport immédiat à la capitale. On y saisissait toutes les occasions qu'offraient passages, relations personnelles ou de proximité. Les correspondances, aussi, élargissaient l'horizon ; mais Paris n'y jouait encore un rôle particulier que par la masse de ses ressources intellectuelles. À Aix, les exemples italiens gardaient encore autant de force que ceux de la capitale ; et les impressions lyonnaises tinrent longtemps dans le Midi une place importante.

La convivialité intellectuelle s'insérait alors dans le cadre plus large d'une sociabilité régionale et locale. Elle s'enracinait dans une histoire : celle d'anciennes cours ou capitales – songeons à Pau, à Nérac, à Dijon, à Lille, voire même à l'influence qu'a pu avoir jusqu'au début du règne personnel le nomadisme de la cour entre régions parisienne et ligérienne – ou d'anciennes institutions conscientes d'incarner les traditions, voire les « libertés » de la province. Le souvenir du passé, pour des raisons et à des degrés divers, reste d'ailleurs vivace dans des villes et des régions récemment rattachées, qu'il s'agisse de Perpignan, de Lille, de Besançon ou de Strasbourg, où architectes et artistes ont laissé dans les bâtiments publics, dans la peinture, de multiples témoignages d'un art qui ne devait rien à Paris.

La problématique de l'originalité de la culture provinciale, ou au contraire de sa dépendance par rapport à Paris et à Versailles, est d'abord liée aux individus, aux institutions, aux groupes, aux équipements qui la structurent et lui confèrent un dynamisme susceptible de dépasser le cadre domestique. Sur ce plan, l'arrivée d'administrateurs et de militaires venus de l'intérieur du royaume contribue dans les régions récemment annexées à rendre plus complexe le milieu des élites. Mais il ne s'agit là que d'une variante plus visible d'un phénomène général, qui marque la France à partir des années 1660. En quelques décennies, le cloisonnement provincial s'estompe. La ruine du « parti huguenot » à l'époque de Richelieu, la Fronde ont marqué la fin des grands nobles locaux pour qui une province était d'abord leur fief.

Les institutions gardent çà et là, il est vrai, une certaine originalité, résultant souvent comme en Bretagne ou en Alsace des conditions de leur rattachement à la France. L'ancrage foncier de la noblesse, de la bourgeoisie maintient ce sentiment d'identité provinciale. Mais les liens entre la capitale et les provinces se sont fortement structurés. Le service de l'Église ou de l'État oblige davantage à résider des familles qui, comme les Montausier à Angoulême, y apportent les manières et les nouvelles de la capitale. Les nobles, les administrateurs au service du roi, les bureaux, l'armée, les évêques alimentent un flux croissant de déplacements, de courriers entre un centre politique définitivement identifié après 1670 aux résidences royales de la région parisienne et le reste du royaume. La plupart des gens de la maison du roi servent eux-mêmes par quartier, ce qui permet à ceux qui le souhaitent de s'échapper quelques mois vers leurs demeures provinciales. Du gouverneur de province au plus modeste, tous contribuent à répandre en province les styles, les modes, les idées de la capitale et de la cour, alors que l'évolution des mœurs discrédite progressivement à Paris, comme archaïque, grossier ou maladroit, tout ce qui vient du reste du royaume.

Au-delà de cette évolution générale, deux facteurs accélèrent ces transformations dans le domaine culturel. La politique dirigiste de Louis XIV renforce notablement ces influences que l'évolution des forces et des institutions politiques, le poids de la démographie tendent d'eux-mêmes à imposer. La règle du monopole, qui ne peut être contournée qu'illégalement, s'impose dans certains secteurs au bénéfice ou à l'avantage des producteurs et des créateurs parisiens. Pourtant, l'acceptation de la sujétion culturelle à la capitale ne se fait pas partout avec la même facilité. Analysant la naissance du mouvement académique, Daniel Roche a montré qu'il était issu de salons, de sociétés aux traditions diverses, qui contribuent à marquer, entre Paris et la province, un décalage chronologique. Au moment où les formes du classicisme artistique et littéraire sont établies à Paris, l'académie d'Arles, fondée en 1667 mais qui se greffe sur une aristocratique « académie du bel esprit et de la belle galanterie... », ordonne « que six académiciens se porteront dans toutes les veillées de cette ville [...] pour y voir et connaître en dernier ressort de l'infidélité des amants, du peu de sincérité des amis »..., se situant ainsi dans la tradition d'une préciosité passée de mode dans la capitale.

L'origine des sociétés provinciales est aussi souvent mondaine que véritablement savante ou érudite. D'anciennes institutions littéraires ou plus nettement conviviales subsistent, tels les Jeux Floraux à Toulouse ou le Puy des Palinods à Rouen. Daniel Roche distingue dans cette évolution deux courants : l'un menant d'une rencontre inorganique à la structuration de rencontres régulières, consacrées à des discussions savantes et érudites ; l'autre plus simplement tourné vers le divertissement, autour de repas en commun et de pratiques ludiques, telles que celle de la musique. Les sociétés oscillent entre ces deux pôles, au gré des personnalités qui les animent. C'est le souhait de franchir une étape supplémentaire qui pose, explicitement, le problème de leurs rapports avec les hommes de culture et les institutions de la capitale. Sous la monarchie absolue, une association ne peut jouer un rôle public sans approbation de l'autorité. La création d'une académie est liée à l'obtention de lettres patentes royales, qui suppose un réseau de relations et de protections à la cour ou à Paris. Les liens personnels, les échanges intellectuels déjà établis avec les cercles savants parisiens sont alors un atout de poids, la caution d'une académie parisienne une carte maîtresse : sept académies, officialisées avant 1700, se réclament ainsi de l'Académie française, celles de Montpellier (1706) et de Bordeaux (1713) de l'Académie des sciences.

La caution est-elle compatible avec l'égalité ? Certains l'ont espéré, comme les « émulateurs » d'Avignon qui, après le refus courtois mais ferme de l'Académie française d'une association égalitaire – « ce serait faire un androgyne, et de deux corps parfaits un imparfait », répond habilement Chapelain –, en sont revenus à une sociabilité purement privée. Seules les sociétés de Caen, qui est au début du règne de Louis XIV un lieu de sociabilité intellectuelle où se rencontrent catholiques et protestants, et de Lyon, fort de son passé culturel, parviennent à un stade d'organisation – régularité des réunions, organisation des débats – quasi académique, sans se soumettre à une protection parisienne. Mais l'époque d'une reconnaissance mutuelle, sur un pied d'égalité, de toutes les réunions et sociétés savantes est désormais dépassée. La création des académies parisiennes inaugure un nouveau modèle : investies d'une mission à l'échelle du pays tout entier, elles jouissent de privilèges qu'elles n'entendent pas partager avec les « académiciens de campaigne », comme disaient les Parisiens des gens d'Arles.

Au-delà des susceptibilités et des ambitions, le mouvement académique témoigne d'ailleurs d'une adhésion de fait à une culture commune, que suppose la demande même de reconnaissance par le pouvoir central et par les intellectuels de la capitale. Il est, selon les termes de Daniel Roche,

> proclamation d'un ralliement aux usages de la capitale, engagement de participer à la diffusion du français, langue des élites, langue du pouvoir [...] Au monde provincial baroque d'une littérature d'oc, très souvent antiparisienne et protestataire, succède l'universalité centralisatrice du purisme parisien.

Le mouvement académique souligne l'abandon rapide, au cours du règne de Louis XIV, du régionalisme culturel et linguistique des élites, notamment en pays d'oc, et leur ralliement à la culture et la langue françaises. « Déchiré entre l'indépendance et la tutelle », il devient aussi, de fait, dans le contexte de l'absolutisme politique, l'un des vecteurs du dirigisme culturel. Le pouvoir, d'ailleurs, le favorise, comme on peut en juger par cette lettre de Colbert aux intendants de province, le 18 juin 1683 :

> Le Roi faisant des gratifications aux gens de lettres et Sa Majesté étant protecteur de l'Académie française et ayant établi diverses académies des sciences et arts, il serait fort à souhaiter que, dans toutes les provinces du royaume, il se trouvât quelques hommes de littérature qui s'appliquassent à quelques sciences particulières, même, à l'histoire de chacune province...

Réciproquement, les jeunes académies, en province comme à Paris, saisissent toutes les occasions de montrer leur attachement au roi. À la fois signe et facteur de centralisation culturelle, l'académie se présente aussi comme cette alliance du savoir et du pouvoir, pour l'utilité commune des deux parties.

Le dirigisme culturel suppose donc le contrôle d'institutions, de producteurs de biens culturels ; il induit une politique de sélection et de centralisation, également perceptible dans le domaine de l'écrit. Proche du pouvoir et des auteurs, l'édition parisienne accapare dès cette époque, par le système des privilèges déjà évoqué, la plupart des nouveautés importantes : dès le début du XVIIIe siècle, Lyon et Rouen, qui viennent immédiatement derrière Paris, n'obtiennent à eux deux qu'environ 10 % des privilèges. En 1701, les rééditions de livres anciens sont elles-mêmes soumises, sauf pour les plus petits d'entre eux, à l'autorisation de l'administration centrale, ce qui constitue de fait un nouvel et considérable avantage donné à l'édition parisienne. Ainsi s'accentue de façon décisive un mouvement de concentration de l'édition qui continue à marquer aujourd'hui encore la vie intellectuelle française.

Les migrations d'auteurs expriment également à la fois ce décloisonnement progressif et l'évolution d'un rapport de forces. Comparant deux échantillons de 200 auteurs appartenant respectivement au XVIe et au XVIIe siècle, D. Maland constate qu'au XVIe siècle 70 % de ces auteurs meurent en province, et 48 % seulement au XVIIe siècle ; d'un siècle à l'autre, le nombre de ceux qui ont quitté leur province pour Paris est passé de 47 à 72 auteurs : Corneille de Rouen, Bossuet de Dijon, La Fontaine de Château-Thierry, Racine de La Ferté-Milon meurent à Paris tout comme Boileau ou Molière. Comme au siècle suivant, où 60 % des membres des trois grandes académies parisiennes seront d'origine provinciale, la capitale l'emporte déjà, mais en se nourrissant largement des talents venus d'ailleurs.

IV. Pratiques provinciales

Dans ces conditions, le peu qui restait à la province s'étiole : l'édition lyonnaise, encore si active dans la première moitié du XVIIe siècle, décline. Mais cette décadence doit aussi s'interpréter comme une reconversion sur des bases dénuées de grandes ambitions intellectuelles, plutôt que comme le début d'une longue agonie. Car le nombre des lecteurs, de ceux qui achètent des livres, et surtout ce premier livre religieux si modeste qu'est le livre d'heures et qui constitue une avancée notable de la culture écrite dans un foyer, s'accroît peu à peu ; or ces ouvrages sont le plus souvent édités dans les centres provinciaux. Des clientèles se développent, pour des livres courants qui échappent souvent aux contraintes du privilège : ouvrages religieux de grande diffusion, abécédaires, petits classiques latins entre autres destinés aux collèges, sans compter chez les éditeurs spécialisés le répertoire de la Bibliothèque bleue, sortent massivement de presses provinciales. Chaque province possède elle aussi, pour ce type d'ouvrage, des imprimeurs privilégiés : imprimeur de l'évêque (pour les catéchismes, les ouvrages liturgiques, etc.), imprimeur du roi, imprimeur des jésuites. Par ailleurs, l'édition provinciale, moins surveillée, est l'une des provenances essentielles des éditions contrefaites, que la mention avouée en page de titre attribue plus souvent qu'il n'est vrai à Londres, Amsterdam ou Genève.

Faute, notamment, d'institutions centralisées qui impulsent ou contrôlent, les autres aspects de la vie intellectuelle ou artistique sont beaucoup moins connus. S'agissant du théâtre, les possibilités sont limitées. La sédentarisation de la cour, l'attrait croissant de Paris et Versailles sur la haute noblesse, les fortunes et les talents réduisent les possibilités de réalisations éclatantes en province. Sous Louis XIII encore, les grands pouvaient avoir leur propre troupe, ou en tout cas des comédiens qu'ils plaçaient sous leur protection, comme celle du prince d'Orange évoquée par Scarron, ou celle du duc d'Épernon qui, en 1645, avait accueilli Molière et les Béjart après la faillite de l'Illustre Théâtre, et qui, en 1650, était passée sous la protection du prince de Conti. La réduction de la maison des grands, leurs dépenses de représentation à la cour et à Paris touchent fortement cette forme de mécénat, au moment où, dans le même temps, les structures qui se mettent en place sous Louis XIV, pour aboutir en 1680 au monopole de deux compagnies, suppriment pour ces troupes la possibilité de tout répertoire consistant.

Les grands seigneurs accueillent néanmoins dans leurs châteaux des troupes de passage ; le public ordinaire de la ville doit continuer à se contenter au mieux de jeux de paume tout à fait inadaptés, des tréteaux de la foire ou de baraques de fortune où se produisent montreurs, escamoteurs, jongleurs et acrobates. On ne connaît hors de Paris que des troupes sans périodicité régulière, même si l'exemple de Molière, qui en a fait l'expérience pendant quinze ans, montre qu'une même compagnie pouvait rester assez longuement dans la même province. Malgré un côté volontairement burlesque qui est plus dans les effets de style que dans le récit lui-même, les comédiens du *Roman comique* de Scarron sont sans doute assez proches d'une réalité caractérisée par le manque de moyens et de salle fixe, qui ne s'améliore pas à l'époque de Louis XIV. De nombreuses villes, cependant, bénéficiaient, une ou deux fois par an, de représentations, parfois avec ballet et musique, données par les collégiens, pour qui s'était constitué tout un répertoire original, qui tirait son inspiration de l'histoire sainte ou de celle de l'Antiquité. Ces pièces, auxquelles assistaient les autorités de la ville, étaient, surtout dans les plus petites, de vrais événements à la fois mondains, culturels et pédagogiques. Par ses cérémonies, ses processions, l'Église était d'ailleurs sans doute, plus largement, une des grandes sources des spectacles visuels d'une ville de province.

L'un des problèmes majeurs de la comparaison entre les arts et les pratiques artistiques est leur très inégale capacité de reproduction et donc de large diffusion culturelle. Depuis l'invention de l'imprimerie, rares sont les éditions, au moins pour les livres reliés – ce qui exclut quand même une part de l'écrit le plus quotidien –, dont il ne subsiste aucun exemplaire. La musique, plus mal lotie et par essence éphémère dans son exécution, s'imprime cependant, qu'il s'agisse de recueils de cantiques, d'airs à danser ou à chanter ou d'opéras. Mais la mémorisation se fait surtout par l'oreille : c'est le cas pour le cantique, dont le nombre des éditions conservées montre le très fort accroissement après 1650. On y trouve à la fois des recueils destinés aux couvents ou aux missionnaires, et en même temps de minuscules plaquettes susceptibles d'une appropriation individuelle par les fidèles alphabétisés ; c'est l'un des genres où l'écrit, pour des raisons pastorales, utilise les langues et dialectes régionaux, bressan, breton, etc. Certains évêques, tel Fénelon, lui-même auteur d'un célèbre cantique sur la Passion du Christ – *Au sang qu'un Dieu va répandre* –, en recommandent la pratique avant ou après la grand-messe, ainsi qu'aux vêpres. C'est à l'époque de Louis XIV que le cantique s'inscrit durablement dans la culture rurale, avec sa double fonction : se substituer à un répertoire de chansons légères dont il empruntait éventuellement la musique ; servir d'appoint à la catéchèse.

La pratique musicale privée ou festive, si souvent illustrée par l'iconographie, est aussi certaine que non mesurable. Les occasions, de la moindre fête paysanne aux réunions familiales ou amicales, sont nombreuses. Les progrès déjà mentionnés de l'orgue, le développement des maîtrises créent dans les paroisses urbaines autant de foyers musicaux : il suffit de se souvenir que la carrière de Rameau, jusqu'à quarante ans, a été celle d'un organiste provincial, passé par Avignon et Clermont en 1702, puis, après trois années parisiennes entre 1706 et 1709, par Dijon, Lyon en 1713, et de nouveau Clermont deux ans plus tard, pour souligner la qualité de certains de ces musiciens et maîtres de psallettes. L'activité musicale comme forme de sociabilité collective organisée précède çà et là, on l'a vu, le mouvement académique qui la structure ; l'organisation des premiers concerts commence à la fin du siècle.

À la différence de la musique, l'art pictural souffre aux yeux de l'historien de la difficulté de le reproduire, sinon par l'estampe qui a effectivement très largement popularisé au XVIIe siècle nombre de thèmes et d'œuvres. Le tableau ne peut donc être vu que par un public restreint : beaucoup, qu'il s'agisse de décors fixes ou de tableaux mobiles, sont du domaine privé. Même dans des lieux ouverts, le public est essentiellement local ; seuls échappent partiellement à cette règle ceux dont la fréquentation est de fait très large, comme c'est le cas pour Versailles. L'inconvénient, pour toute une peinture courante – Jacques Thuillier estime vraisemblable une production pour l'ensemble du siècle de quatre à cinq millions de tableaux –, est cependant limité par la multiplication des œuvres qui reprennent à l'infini des thèmes identiques.

Les conditions générales de la commande publique, religieuse ou civile, ne présentent par rapport à la conjoncture parisienne d'autre originalité que celle qui peut être liée aux particularismes de l'histoire locale : les destructions liées à la dernière guerre de Religion des années 1620 dans le Midi, à la guerre de Trente Ans dans l'est de la France par exemple ont retardé çà et là les reconstructions et restaurations d'édifices, ou le remplacement d'objets mobiliers disparus. L'onde progressive de la Réforme catholique, les inégales possibilités de financement ont joué aussi dans le sens de décalages chronologiques. Néanmoins, le mouvement d'ensemble reste identique : la réforme religieuse donne un coup de fouet au remplacement des édifices et des images victimes de l'iconoclasme, et à la construction et à la décoration de nouveaux bâtiments.

La phase la plus spectaculaire est désormais passée ; mais elle est suivie, plus modestement, de décennies où l'art religieux de la Réforme catholique arrive, avec une intensité jusqu'alors sans égale, jusque dans les églises de campagne. L'exemple du diocèse du Mans, étudié par Michèle Ménard, montre que la construction de retables, active très tôt, on l'a vu, s'accélère encore dans la seconde moitié du siècle ; entre 1660 et 1710, en s'en tenant aux seuls retables datés, ce sont près de 150 retables qui, dans environ 130 paroisses sur 750, sont ainsi édifiés. Les fabriques, les confréries ou les donateurs privés commandent retables et tableaux, renouvelant ainsi le décor des églises selon les prescriptions du concile de Trente et le goût des élites rurales.

Il s'agit là, bien entendu, d'œuvres aux programmes prédéterminés, ce qui est aussi bien souvent le cas de commandes privées, où jouent à la fois des directives générales, telles que les conceptions post-tridentines, celles des différentes écoles de spiritualité, mais aussi, plus banalement, des effets de mode ou de milieu. Peut-on dans ces conditions parler d'écoles régionales ? de goûts régionaux ? Évoquant des peintres de Toulouse, Langres, Rouen, Jacques Thuillier voit dans la fin des grandes commandes des maisons religieuses le moment où, à quelques exceptions près, s'étiole l'originalité des foyers provinciaux, dont certains disparaissent, tandis que les autres se modèlent sur les exemples prestigieux de Paris. Dans ce domaine comme dans les autres, les normes du goût parisien s'imposent donc de plus en plus aux provinces ; l'évolution est plus nette encore dans le domaine de l'urbanisme, soumis à l'influence d'une monarchie qui, par ses représentants locaux, contrôle d'ailleurs les finances de villes qui souhaitent aussi plaire au roi.

Le statut d'académie royale octroyé en 1654 à l'Académie de peinture et de sculpture indique, on l'a vu, une volonté politique dont les implications concernent l'ensemble des élites et des provinces : la réduction des influences étrangères, l'affirmation d'un art français est en réalité le triomphe d'un art essentiellement parisien, celui des résidences royales et princières ou des élites parisiennes. Les artistes parisiens collaborent cependant plus que jamais aux transformations de ces résidences, contribuant ainsi à la diffusion de nouveaux canons architecturaux. L'appel à des artistes et architectes connus de la capitale devient le critère de la renommée que l'on ambitionne pour un monument ou une œuvre d'art. Ce tropisme n'est pas nouveau : on a vu comment, en 1617 déjà, le parlement de Bretagne avait tenu pour son palais à l'intervention de Salomon de Brosse. La référence parisienne, de plus en plus fréquente, s'étend, Académie aidant, à tous les arts décoratifs : en 1656, les parlementaires rennais signent avec Charles Errard, membre fondateur de cette académie qui vient de travailler au Louvre et aux Tuileries, le marché de la décoration de la Grand-Chambre ; c'est dans les ateliers du Louvre que son collaborateur le peintre Noël Coypel peint le décor du plafond ; pendant quinze ans, les sculpteurs ornemanistes formés à l'école d'Errard vont réaliser les plafonds à compartiments pour lesquels le peintre Jouvenet travaillera après 1694.

La cause semble entendue, et fortement argumentée par toutes les recherches des historiens d'art. On se méfiera cependant avec certains d'entre eux d'une vision sans nuances, fondée sur un petit nombre d'œuvres dont la renommée de leur auteur a été un des facteurs de conservation, et de la mise en perspective de l'art français à partir de la capitale. Ajoutons que Le Brun, comme Lully dans le domaine de l'opéra, ont par leurs prérogatives et leur tempérament exclusif contribué eux-mêmes à ce recentrage, en écartant autant qu'ils le pouvaient leurs rivaux parisiens ou provinciaux. Souvenons-nous, surtout, que le regard de l'historien de la culture diffère quelque peu de celui de l'historien d'art, même si les points de vue se sont largement rapprochés : Jacques Thuillier, d'ailleurs, souligne comme l'historien de la culture l'obligation, pour comprendre une œuvre d'art, de « prendre conscience de milieux différents, avec leur structure sociale particulière, leur vie intellectuelle propre, leur vie religieuse qui elle-même n'est pas identique à Rouen et à Nancy ».

Vu sous l'angle de la réception, le triomphe de l'art français apparaît comme le résultat du ralliement culturel des seules élites, pour lesquelles s'édifient hôtels et maisons, pour lesquelles aussi se réalisent les œuvres les plus importantes. Encore la sensibilité de ces élites, leurs goûts ne sont-ils pas aussi uniformes qu'il y paraît. Il subsiste plus généralement dans le domaine culturel une France périphérique plus complexe, tiraillée entre le prestige de la nouveauté et la richesse des traditions, une France des carrefours et des passages. À Lille, l'annexion de 1668 a été suivie de la construction d'un nouveau quartier de style français ; mais la vieille ville restera encore fidèle durant plusieurs décennies à la « manière d'Anvers », qui illustre une tout autre tradition décorative. De tels exemples pourraient être multipliés ; ils diversifient, aujourd'hui encore, les physionomies urbaines.

V. De l'écrit à l'oral

Du un au multiple, de Versailles à Paris, de Paris aux villes de province, des sociétés urbaines à ces élites rurales qui commandent les retables, notre démarche nous amène *in fine* à ceux, dans les villes ou surtout les campagnes, qui laissent le moins de traces, à ceux dont la culture n'est que faiblement ou indirectement influencée par l'écrit. De ceux-là, l'enquête réalisée vers 1880 par Maggiolo permet, malgré les problèmes de méthode et d'interprétation qu'elle pose, une approche statistique. À partir du décompte des signatures des époux, ou de leur absence, au bas des actes de mariage, elle livre pour la première fois une estimation globale du niveau de l'alphabétisation en France vers 1690. Si elle fait apparaître deux critères, sexuel et régional, de différenciation, les taux d'ensemble – 29 % de signatures chez les hommes, 14 % seulement chez les femmes – montrent que la grande majorité de la population des villages et des bourgs reste analphabète.

Mais la cartographie fait déjà apparaître, surtout chez les hommes, de nettes différences régionales. Elle suggère l'existence dès cette époque de deux France culturelles, entre lesquelles les écarts grandiront encore au siècle suivant... Déjà se dessine une France du Nord plus acculturée à l'écrit, notamment dans les campagnes de l'est, du nord et du centre du Bassin parisien, et de Normandie. Dans toute une vaste zone englobant Lorraine, Champagne, plaine de France, Artois, basse Normandie, le nombre des signatures féminines dépasse 20 % ; celui des signatures masculines, au nord d'une ligne Saint-Malo-Genève, est compris entre 30 et plus de 50 %. Au contraire, les pourcentages, au sud de cette ligne, sont, sauf en quelques régions, en dessous des moyennes générales : signatures féminines inférieures à 20 % dans le sud du Bassin parisien et dans nombre de régions du Sud-Est, à 10 % ailleurs ; signatures masculines elles aussi souvent inférieures à 20 %, et dépassant rarement 30 %.

Au Nord, les grandes plaines d'habitat groupé où la fréquentation scolaire, dans les villages, est plus assurée que dans les provinces où l'habitat s'émiette en hameaux plus ou moins éloignés du centre de la paroisse, où les distances, surtout en hiver, découragent les élèves éventuels. Au Nord aussi, la proximité de Paris et de la Lorraine qui ont été historiquement des foyers de départ de la Réforme catholique et des congrégations enseignantes. Au Nord enfin, la France des riches fermiers qui se consacrent à une agriculture très largement commerciale, et sont donc pris dans des réseaux d'échange où l'intérêt commande de savoir lire un contrat. C'est aussi cette catégorie qui peut trouver dans l'instruction le tremplin d'une ascension sociale.

L'écart entre les régions se double de celui qui sépare villes et campagnes, en moyenne compris entre dix et vingt points, voire davantage. À Rouen, à Caen, près de la moitié des nouveaux mariés savent lire et écrire à la fin du XVIIe siècle, contre 30 à 40 % dans la plupart des villes bretonnes, de telles différences étant dues à la fois à celles des régions et aux spécificités fonctionnelles des villes, à l'avantage des cités de judicature et d'administration sur les villes de négoce. Dans les régions les plus favorisées, une partie de la petite bourgeoisie artisanale et commerçante, surtout au niveau des maîtres de boutiques, sait lire et écrire.

Une attention plus précise aux facteurs plus proprement religieux et culturels de l'alphabétisation pose, inévitablement, le problème des langues minoritaires, telles que les différents rameaux de la langue d'oc, le basque ou le breton. L'annexion de l'Alsace, des Flandres et du Roussillon a multiplié ces particularismes idiomatiques, en des termes différents puisque plusieurs de ces provinces appartiennent à des aires linguistiques qui dépassent le cadre régional. À Strasbourg, la pénétration du français a, comme le souligne Bernard Vogler, précédé l'annexion politique : plusieurs écoles françaises y encadrent au XVIIe siècle quelques dizaines de jeunes gens ; des livres sont publiés dans cette langue, tel dès 1611 un catéchisme français pour les « ministres, maîtres d'école, pères de famille, jeunes et enfants de Strasbourg ». Mais il s'agit là des élites : malgré le prestige croissant du français à la fin du XVIIe siècle, son usage est encore limité dans une province dont le roi a d'ailleurs promis de maintenir les usages ; à défaut de l'allemand que ne parlent pratiquement jamais les représentants du pouvoir central étrangers à la province, c'est en latin que l'on communique avec certaines communautés locales !

En Alsace comme ailleurs, le progrès du français est impulsé par l'État, le développement de l'administration, mais aussi par les étrangers à la province, soldats, rouliers et autres transporteurs ou commerçants au long cours. Des facteurs de normalisation linguistique incitent les élites au bilinguisme, voire à l'abandon de la langue locale dans l'écrit, surtout lorsque son intérêt culturel est limité par l'éventail restreint des textes imprimés qu'il peut offrir au lecteur ; en revanche, la langue du royaume n'est aucunement nécessaire à celui qui vit dans le cadre d'une culture orale, où l'information, le savoir s'échangent par contact direct. Au XVIIe siècle, la pastorale religieuse a cependant modifié quelque peu les données : suivis de libraires qui distribuent de petites brochures de piété, des missionnaires assurent par exemple la renaissance de l'imprimerie en basse Bretagne, dont la production se limite aux livres d'heures, aux catéchismes et aux vies de saints. Cette pastorale inspire une alphabétisation pratiquement limitée à la lecture, qui s'affirmera davantage au XVIIIe siècle, lorsque les effets de la Réforme catholique se seront fait complètement sentir.

Cet impact du livre religieux existe aussi pour le protestantisme, à l'influence duquel on attribue souvent, dans les zones qu'il a fortement marquées – ainsi de part et d'autre du Rhône, en Vivarais, Cévennes, Dauphiné, bas Languedoc, en Béarn, en Aunis et Saintonge –, des taux de signatures plus élevés que dans les régions voisines. Religion du Livre par excellence, le calvinisme recommande certes à qui le peut la lecture de la Bible ; dans les conditions de l'époque, nul doute qu'il s'agisse le plus souvent d'écoute, au mieux dans le cadre familial, ou entre voisins, voire au temple au cours des deux offices hebdomadaires. Cette pratique assure, par la familiarité acquise, une forte mémorisation, comme l'atteste à la fin du XVIIe siècle le verbe spectaculaire des « prophétesses », ces femmes illettrées capables en un temps d'adversité de réincarner à leur époque le récit des épreuves du peuple élu. On insiste davantage aujourd'hui soit sur des différences sociales entre les uns et les autres – à Montpellier, à la fin du XVIIe siècle, l'avance des protestants semble beaucoup plus due à leur position sociale qu'à leur appartenance religieuse, héritage lointain de ce milieu du XVIe siècle où un certain niveau de culture a, semble-t-il, favorisé le passage à la Réforme –, soit sur l'effet positif qu'a provoqué localement la concurrence entre les deux confessions.

Quoi qu'il en soit, la limitation progressive puis, à partir de 1679, l'interdiction des écoles protestantes, et dans les années suivantes la lutte contre les écoles clandestines, l'émigration, aussi, d'une fraction des élites vont réduire sans la supprimer l'originalité huguenote. En revanche, la présence de protestants a provoqué localement un effet de concurrence bénéfique qui a également joué en basse Normandie ; de même en Brie, où le taux de signatures masculines se situe entre 35 et 40 %, le canton de Meaux, caractérisé par une présence ancienne et importante de la Réforme, atteint 69 %, pourcentage à l'époque extraordinaire. Suscité par un effort particulier des artisans de la Réforme catholique, ce travail d'encadrement marqué par la création de nombreuses écoles est aussi soutenu après la révocation de l'édit de Nantes, en 1685, par la politique d'un État acharné à rétablir l'unité religieuse du royaume.

VI. Un effort poursuivi d'acculturation

À l'échelle de la France entière, l'effort d'acculturation se poursuit. Une religion de mieux en mieux apprise, de mieux en mieux encadrée, s'enracine dans le paysage culturel français. Certes, les tendances lourdes précédemment dessinées ne doivent pas gommer la persistance de décalages. Outre leur retard chronologique, les campagnes, même si la pratique y est générale, au point de devenir une obligation sociale autant que religieuse, appréhendent ce modèle culturel différemment des villes, où un clergé nombreux, le plus souvent lui-même d'origine urbaine, se trouve mentalement de plain-pied avec le milieu dont il est issu, majoritairement bourgeois. Dans ces milieux urbains, la politique des œuvres lancée au temps de l'enthousiasme des débuts de la Réforme catholique se poursuit. À un rythme ralenti, de nouvelles maisons, voire de nouvelles familles religieuses, apparaissent encore : indice du déclin des contemplatifs et des mystiques, les fondations concernent désormais, sauf exception, des maisons d'assistance ou d'enseignement.

À l'humble niveau des rudiments, des congrégations plus

nombreuses – c'est par exemple en 1703 que Grignion de Montfort crée les Filles de la Sagesse – touchent maintenant, de façon très inégale, les campagnes, comme c'était déjà le cas en Lorraine, assurant à quelques filles cet enseignement qui associe catéchisme, travaux d'aiguille et lecture. Peut-on même parler de scolarisation avec une institution comme celle des Demoiselles de l'Instruction, fondées au Puy en 1667, où l'on forme de futures maîtresses qui à leur arrivée ne savent parfois elles-mêmes ni lire ni écrire ? La formation qu'elles donnent ensuite se limite en fait au catéchisme – l'origine de la congrégation a été la préparation de filles pauvres d'un faubourg du Puy à leur première communion – et l'apprentissage de la dentelle. Mais de tels instituts de filles séculières à vœux simples, non cloîtrées, sont de ce fait mieux à même que d'autres de s'implanter jusque dans les villages, d'autant que l'origine de nombre d'entre elles les place de plain-pied avec les milieux populaires.

La finalité reste explicitement religieuse et charitable : en 1739 encore, la *Méthode familière pour les petites écoles* précise que « la lecture et l'écriture [...] ne doivent être regardées que comme accessoires et comme des moyens qui conduisent à cette fin ». Ces congrégations féminines jouent donc jusque dans les campagnes, selon les termes d'Odile Robert, un rôle certain dans une « catéchèse éminemment pratique » centrée sur les principales prières, la manière d'assister au sacrifice de la messe, la confession et la communion. L'inculcation d'habitudes pratiques de la religion reste ainsi, là où le clergé est encore loin d'être unanimement qualifié et suffisamment nombreux, partiellement confiée à des femmes laïques ayant d'ailleurs aussi pour elles la connaissance du patois, qui traduit une proximité culturelle.

Les édiles de la ville sont plus sensibles à l'encadrement des garçons, pour des raisons qui vont de la tranquillité de la rue à la formation, dans les collèges, de leurs propres enfants. De nouveaux collèges se créent, avec, dès le début du XVIIIe siècle, une tendance à l'ouverture de régences latines ou de petits collèges de quelques classes, plus décentralisés, qui permettent aux parents de garder plus longtemps leur fils dans la famille. Quelques villes – Paris, Lyon – ébauchent sous Louis XIV une véritable politique scolaire. La grande nouveauté, dont les effets ne se feront largement sentir qu'après 1720, est la fondation par Jean-Baptiste de La Salle des Frères des Écoles chrétiennes, dont les réformes pédagogiques vont contribuer à donner à l'enseignement élémentaire une tout autre efficacité dans le domaine du savoir profane. Dans les campagnes, l'école rurale éventuelle est sous le contrôle du curé dont le maître est en quelque sorte l'auxiliaire ; mais, dans un contexte de scolarisation facultative et payante, sauf, en ville, pour les indigents, la création et la survie de cette école, c'est-à-dire le salaire du maître, dépendent en fait d'un besoin ressenti ou non par les familles, et donc d'une demande sociale.

Mieux quadrillée, la ville demeure aussi la principale source de vocations sacerdotales. Devenir prêtre, lorsqu'on est d'origine rurale, c'est, au début du XVIIIe siècle encore, entrer le plus souvent dans un mouvement d'ascension sociale modeste, et être la fierté de sa famille. Cela suppose désormais des études auprès d'un curé ou d'un maître local, ou dans une régence latine, puis de passer quelques années dans un collège, avant même le séminaire. Dans les régions les plus alphabétisées, le prêtre est sans doute lui-même issu de ces paysans aisés ayant déjà un petit accès à l'écrit. Dans d'autres, faiblement alphabétisées, il est une exception, souvent remarquée au départ par un prêtre local : une *gwerz* bretonne fait du futur prêtre l'homme du livre, de ce livre rival heureux de celle qui espérait épouser le jeune homme. Il est socialement l'expression de cette minorité rurale plus ou moins fournie qui s'est ralliée à une culture d'origine écrite et urbaine, expression d'un clivage progressif qui traverse le corps social.

Dans les villages des régions les plus alphabétisées, le livre est aussi un peu plus présent. L'élargissement de la clientèle potentielle facilite le développement des petits livres de la Bibliothèque bleue, apparus dans les années 1630 ; les premiers centres, tels Troyes et Rouen, se situent sans surprise dans cette France du Nord plus alphabétisée que la moyenne, dans des villes proches du marché que constitue la capitale, tout en échappant plus facilement à une réglementation tatillonne. Il s'agit d'impressions brochées de médiocre qualité, dont le nom générique est dû à leur couverture de ce papier de couleur bleue avec lequel on emballe à l'époque les pains de sucre, illustrées le cas échéant de gravures aux bois fatigués. On y trouve la menue monnaie d'ouvrages de spiritualité et de dévotion de grande diffusion, des almanachs, des fictions romanesques ou historiques, ou des livres d'apprentissage.

La première accoutumance au texte s'est faite sans doute pour beaucoup grâce aux images accompagnées d'un titre, d'une courte prière, telles les images de confréries ; le livre bleu marque une nouvelle étape de cette acculturation. Les Églises, qui consacrent beaucoup de leurs forces à l'enseignement, en ont sans doute tiré parti les premières : la petite littérature de piété, avec des livres comme la *Préparation à la mort* du père Crasset ou les *Sept Trompettes spirituelles pour réveiller les pécheurs*, n'est plus seulement un moyen d'élargir leur influence, mais davantage, en milieu urbain, de la consolider, d'entretenir hors des offices ou de la présence d'un prêtre des pratiques quotidiennes au sein d'un monde laïc progressivement élargi.

D'autres demandes, pourtant, se font jour : ce public veut aussi se divertir, s'informer grâce au livre. Le répertoire de la Bibliothèque bleue comprend des *A.B.C.*, c'est-à-dire des abécédaires, des *Arithmétiques*, des secrétaires ou des manuels de civilité qui, par leurs conseils sur les bonnes manières ou la rédaction de lettres, favorisent la diffusion de nouveaux comportements, contribuent à l'adaptation à des modèles élitaires. Les œuvres de fiction sont des romans inspirés d'œuvres anciennes comme l'*Histoire des quatre fils Aymon*, des contes de fées, des récits mettant en scène des héros légendaires puisés dans un répertoire européen, tels Gargantua ou Fortunatus.

Roger Chartier a analysé très précisément les transformations – réduction et simplification ne retenant que les épisodes les plus concrets, découpage en multiples et courts chapitres qui permettent de scinder l'effort de lecture – que les éditeurs font subir à des textes, pour certains fort anciens, en fonction de l'idée qu'ils se font des compétences culturelles de leur public. Il s'agit de donner envie de lire à des lecteurs peu habitués à la pratique ou qui disposent de peu de temps, sans rebuter ceux qui échappent à ces contraintes. Le livre bleu, la littérature à public populaire, comme d'ailleurs les petits ouvrages de dévotion, s'adaptent ainsi à des modes divers d'utilisation, à des pratiques culturelles différenciées qui vont de la lecture silencieuse, individuelle et prolongée, qui suppose du temps et du calme, à la lecture à haute voix qui en accroît l'audience.

Les transformations portent aussi, plus subtilement, sur le fond : dans les histoires romanesques pour une part empruntées à un vieux répertoire volontiers gaillard, il s'agit à la fois, selon les termes de Roger Chartier, « d'ôter du texte toutes les traces de la culture du bas matériel et corporel [...], les allusions aux fonctions corporelles, les évocations des activités sexuelles »... et aussi « de censurer rigoureusement toutes les références, parodiques ou non, à la religion ». La petite littérature bleue est ainsi un puissant instrument d'inculcation de normes sociales, religieuses, morales et linguistiques inspirées par le monde minoritaire de l'écrit : elle véhicule à la fois les valeurs et les interdits de la Réforme catholique, et ceux d'une élite urbaine attachée à l'épuration de la langue et des mœurs. Elle est un des leviers de cette transformation dont on a vu les débuts dans les chapitres précédents. Elle contribue aussi à déplacer et à élargir une fissure qui affaiblit plus encore l'unité culturelle qui caractérisait naguère de larges couches de la société.

Le public du livre en est progressivement élargi : au XVIIe siècle, il touche une clientèle urbaine, sans doute jusqu'au monde de la toute petite bourgeoisie. Dès la fin du XVIIe siècle, on a une chance sur cinq à Rennes, une sur huit à Nantes de trouver un volume chez les cadres de la petite bourgeoisie des métiers et des petits commerces ; aux mêmes dates dans ce même milieu social la moitié des inventaires de Rouen ou de Caen possèdent au moins un ouvrage, et le livre est présent, plus rarement, à des niveaux sociaux inférieurs. Ajoutons cependant qu'il s'agit sauf exception rarissime d'un petit livre relié, et non des éditions brochées d'ouvrages de la Bibliothèque bleue, que leur très faible valeur vénale et souvent leur état laissent en dehors de l'estimation du priseur. Les incertitudes sur la représentativité des inventaires interdisent certes d'identifier ces proportions à des répartitions réelles au sein des sociétés urbaines, mais elles autorisent au moins des comparaisons, qui confirment les disparités mises en évidence par les niveaux d'alphabétisation dans la place que tient selon les villes la culture écrite.

Au début du XVIIIe siècle, les campagnes les plus alphabétisées commencent à être elle-mêmes touchées, grâce au colportage. Exceptionnel par la personnalité de leur auteur, berger illettré en Lorraine né en 1695 et qui deviendra bibliothécaire, les *Mémoires* de Valentin Jamerey-Duval racontent un apprentissage rustique dans un langage qui l'est évidemment beaucoup moins :

> J'engageai mes confrères dans la vie bucolique à m'apprendre à lire, ce qu'ils firent volontiers au moyen de quelques repas champêtres que je leur promis. Le hasard m'occasionna cette entreprise par l'inspection d'un livre de fables, où les animaux, qu'Ésope introduit pour instruire ceux qui croient avoir la raison en partage, étaient représentés en fort belles tailles douces. Le dépit de ne pouvoir comprendre leurs dialogues sans le secours d'un interprète m'irrita contre l'ignorance où je croupissais, de sorte que je résolus de mettre tout en usage pour en dissiper les ténèbres. Mes progrès dans la lecture furent si rapides qu'en peu de mois les acteurs de l'apologue n'eurent plus rien de nouveau pour moi. Je parcourus avec une extrême avidité toutes les bibliothèques du hameau. J'en feuilletai tous les auteurs [...]. Lorsque par un exercice assidu, j'eus orné ma mémoire de toutes les fictions gauloises qui infectent l'esprit du peuple, je me crus pour le moins aussi savant que le curé du village.

Appât de l'image, apprentissage sur le tas qui peut dispenser de la fréquentation de l'école, utilisation d'un matériel de hasard caractérisent cette éducation empirique qui n'est certainement pas isolée, et qui suffit à donner à son bénéficiaire un sentiment de supériorité culturelle. Des témoignages dispersés montrent qu'on peut apprendre ainsi plus ou moins à lire et à écrire en famille, ou près d'un voisin. Si la densité des écoles, très variable selon les provinces, semble être proportionnelle au niveau d'alphabétisation, leur efficacité n'est pas toujours supérieure à ces apprentissages de fortune, en raison de l'irrégularité de la fréquentation scolaire – l'école rurale, en raison des travaux agricoles qui accaparent les enfants dès le printemps, fonctionne surtout l'hiver – et du caractère très hétérogène du matériel employé. Chaque élève amène, qui des papiers de famille, qui un A. B. C., qui un petit ouvrage religieux, à l'aide duquel le maître s'efforce d'apprendre individuellement à lire à chacun. Là aussi, c'est dans des congrégations lorraines que naîtra l'idée de la méthode simultanée, qui consiste, à l'aide de « cartes », de tableaux, à faire travailler ensemble les élèves d'un même niveau sur les mêmes mots.

Comme le livre, l'école participe à la transformation des comportements autant que des savoirs. Lorsqu'il présente vers 1670 aux « principaux habitants » de la ville de Lyon ses projets d'écoles charitables, Charles Demia insiste sur les fonctions à la fois religieuses, mais aussi moralisatrices de l'institution : « Les jeunes gens mal élevés, écrit-il, [...] deviennent indociles, libertins, joueurs, blasphémateurs, querelleurs, s'adonnent à l'ivrognerie, à l'impureté, au larcin et au brigandage », alors que l'apprentissage des rudiments les mettra « déjà en état de travailler en la plupart des arts et professions, n'y en ayant aucune où ces premières connaissances ne soient d'un grand secours ». La culture scolaire est bien au carrefour de trois préoccupations : catéchétiques pour l'Église, moralisatrices pour les élites, utilitaires pour ceux qui les fréquentent.

VII. Retards, résistances et adaptations

Livre, alphabétisation, réseau des écoles, tous les paramètres montrent à la fin du XVIIe siècle un écart culturel croissant entre villes et campagnes. L'écart est aussi dans les esprits : comme s'accroît le dédain du Parisien pour le provincial, dont *Monsieur de Pourceaugnac* est chez Molière une des victimes, de même est apparu ou s'est renforcé peu à peu le sentiment de la supériorité urbaine, qui double celui de la noblesse pour le paysan. Madame de Sévigné affirme encore que « faner est la chose la plus agréable du monde »... mais on peut douter qu'elle ait eu de la chose une pratique assidue.

Progressivement, la civilisation des mœurs comme celle de l'esprit conduit les gens des villes à penser qu'ils n'ont rien à apprendre du monde paysan. Beaucoup, au sein des classes populaires urbaines, ne savent pas davantage lire. Mais plus souvent que les paysans, ils perçoivent l'utilité de l'instruction, dont ils voient mieux les effets. L'écrit est à leurs yeux à la fois banalisé, valorisé et démythifié. Même analphabètes, ils ont mieux et plus tôt que les ruraux bénéficié de l'encadrement de la Réforme catholique, de la catéchèse et des sermons ; les nouvelles de l'extérieur leur parviennent plus vite ; le placard, le pamphlet qui circule sont lus à haute voix, amplifiés par la rumeur et la transmission orales, accélérées par la densité des relations de contact propres au milieu urbain. La rue est un spectacle permanent, où se côtoient les couches variées de la société, théâtre où s'affirment les symboliques de la représentation, de l'image que chacun, que chaque groupe entend donner à autrui par son vêtement, son équipage ou ses propos. Le cadre urbain voit aussi se dérouler ces multiples processions ou défilés divers où les corps constitués, ordres et métiers divers déroulent aux yeux du public une sorte de panorama civique, qui a vertu de pédagogie. Alors qu'au village, en dehors des images qui circulent en abondance, les seules références picturales sont les tableaux de l'église et quelques pièces éventuelles chez un notable, le citadin dispose plus facilement d'une palette iconographique et monumentale beaucoup plus variée, qui constitue une sorte d'acculturation à l'art et à l'architecture des élites, là où l'homme des champs sera toujours un intrus.

Le livre est lui-même encore rare dans la plupart des campagnes, hors du domicile de quelques notables, qui en ont eux-mêmes souvent fort peu. L'utilité d'apprendre les rudiments n'apparaît dans la plupart des régions qu'à une minorité. Malgré les progrès, tellement inégaux cependant, de l'alphabétisation, malgré, aussi, la présence d'intermédiaires culturels comme les prêtres, les nouvelles s'échangent encore surtout par des canaux moins continus, la foire, le marché, le cabaret et autres lieux de sociabilité, et par les gens de passage. Hors le clergé, le seigneur et quelques notables, bien des paysans ne rencontrent guère, sauf dans la ville ou le bourg les plus proches, que d'autres paysans, qui partagent une commune culture, dont seule une minorité a les moyens économiques et la volonté de s'échapper. Mêmes vêtements, qui se différencient peu avant la seconde moitié du XVIIIe siècle ; même nourriture, ou en tout cas, à l'échelle d'une région, même culture gustative, que chacun satisfait plus ou moins bien en fonction de ses ressources. Même vocabulaire et même accent locaux, qui fait que l'on comprend mal celui qui vient d'un peu loin. Mêmes préoccupations enfin, où le temps, la terre et les récoltes, et la mémoire orale des généalogies et des alliances familiales, sont au centre des conversations sans cesse répétées. Au bout du compte, une culture commune, riche d'un vocabulaire concret, proche de cette nature que le monde paysan doit maîtriser. Mais seule une conception sociologique, voire ethnologique, d'hommes du XXe siècle, habitués à d'autres civilisations, nous permet cette qualification, qu'auraient à coup sûr rejetée les élites de l'âge classique, pour lesquelles il ne pouvait y avoir qu'un seul modèle culturel, celui qu'ils incarnaient par leur hérédité, leur formation et leurs goûts.

Pourtant, de façon plus implicite qu'explicite, ne serait-ce que parce que ce monde n'est pas familier de l'écrit, des attitudes naguère répandues dans toute la société se cantonnent de plus en plus au monde rural où, face aux agents de l'acculturation venus du monde savant, la religion enseignée, celle des prêtres et des élites de la dévotion, ne s'impose pas sans déformations, clivages et résistances. Le choc des missions ne suffit pas à changer durablement les comportements, et surtout les mentalités : à la fin du XVIIe siècle, des processions scandaleuses aux yeux du clergé se déroulent encore le lundi de Pentecôte dans plusieurs paroisses de la région de Fougères, où le père Maunoir avait missionné à quatre reprises, avec un grand succès apparent. Malgré les efforts d'adaptation au public – à la fin du XVIIe siècle l'évêque de La Rochelle recommandait des séances matinales pour les jeunes domestiques, et à Rochefort des cours spéciaux destinés aux mousses –, la catéchèse se heurte aux mêmes problèmes que l'école rurale, c'est-à-dire à l'urgence des travaux des champs, à la difficulté de trouver un horaire convenant à tous, et dans certaines régions à la dispersion de l'habitat. Aussi, comme l'école, le catéchisme est au mieux une activité d'hiver, entre la Toussaint et la Fête-Dieu ; même à la fin de l'Ancien Régime, elle est loin d'atteindre toujours cette durée.

Les principaux obstacles résultent cependant de heurts psychologiques, qui tiennent aux difficultés de trouver une synthèse entre deux mondes culturels. La transposition d'objectifs pastoraux du monde urbain de dévots accoutumés à l'introspection au tout-venant du monde des campagnes pose des problèmes d'adaptation mal résolus. Ainsi la confession reste pour la majorité des ruraux un exercice rare, un sacrement dont les hommes, notamment, ne s'approchent guère en dehors du temps pascal ou d'une sérieuse maladie. Il y a loin entre la direction de conscience des dévots et les confessions pascales bâclées le plus rapidement possible, telles que les décrit à la fin du XVIIe siècle le curé de Sennely en Sologne :

> On s'en approche sans avoir fait aucun examen de conscience [...], et lorsqu'on est aux pieds du prêtre [...] on n'a rien fait, on ne s'accuse de rien, on rit, on conte sa misère et sa pauvreté, on s'excuse, on plaide sa cause lorsque le prêtre leur reproche quelque péché qu'il a vu faire [...], on accuse tout le monde en se justifiant soi-même, en un mot on fait tout au confessionnal excepté ce qu'on y doit faire qui est de déclarer ses péchés avec douleur et sincérité [...], on conte tout bas entre ses dents ses gros péchés de peur que le prêtre ne les entende.

Cette pratique roublarde de la confession témoigne plus d'un sens de la négociation où l'on s'efforce de cacher à l'interlocuteur ses points faibles que d'une volonté réelle de conversion : l'essentiel est d'être formellement en règle. Ce type de comportement n'empêche pas une foi sincère : le curé de Sennely qui déclare « certain qu'il y a peu de bonnes confessions » exprime un point de vue normatif venu des hommes de l'écrit que sont les gens d'Église. Mais il souligne en même temps qu'à l'époque du carême les hommes de la paroisse sont capables de s'imposer de lourdes pénitences physiques. Il y a là un indice précieux d'un écart culturel, qui s'élargit au fur et à mesure qu'une élite dévote, urbaine, instruite s'est attachée à suivre à la lettre et dans l'esprit les recommandations de l'Église. Par leur vie quotidienne, les gens de la campagne sont plus sensibles aux prescriptions concrètes qu'à l'introspection. Pour ceux qui ne lisent ni n'écrivent, la vie religieuse, la dévotion sont largement l'application d'une série de règles et de comportements, plus qu'une réflexion réelle... ce qui n'exclut ni la sincérité ni la réalité de la croyance. On dit ses prières, on apprend autant qu'on le peut, par cœur, son catéchisme. On sait qu'il faut appliquer les commandements, que le péché peut conduire pour l'éternité en enfer, et qu'il faut assister à la messe. C'est désormais de la qualité de la participation que se plaignent éventuellement les curés ; autre signe de la difficulté de ces hommes à fixer leur attention sur des rites dont le sens abstrait leur échappe.

On ne peut, pour autant, parler de passivité. Les ruraux adaptent, voire détournent les pratiques officielles en fonction de leur propre culture, c'est-à-dire des concepts et des pratiques de leur vie de chaque jour, et de leurs propres besoins religieux. Ces hommes et ces femmes continuent à rechercher la guérison de l'âme et du corps plus par des moyens miraculeux, qui traduisent à leurs yeux la toute-puissance divine, que par l'ascèse intellectuelle et spirituelle, qui suppose une introspection dont ils ne sont pas coutumiers. Ils continuent à recourir à des intercesseurs plus humains, aux saints, à la Vierge, voire, plus concrètement encore, à adresser leurs demandes à une représentation précise du saint, en un lieu clairement identifié. La dévotion à une statue, l'effort physique de la démarche pèlerine sont des pratiques très représentatives de cette religion progressivement plus caractéristique des couches populaires.

Les recommandations des évêques imposent là aussi des normes qui complètent l'action éducative du clergé, mais heurtent ainsi les routines, les sensibilités et même les croyances des paroissiens. On interdit par exemple, pour des raisons de décence, les rassemblements nocturnes traditionnellement liés à tel ou tel pèlerinage. Pour encadrer le plus étroitement possible les fidèles, l'Église recentre les dévotions sur la paroisse, sur l'église plutôt que sur les chapelles rurales, sur les cultes jugés primordiaux – Dieu, la Vierge – plutôt que sur les saint locaux auxquels la population locale avait coutume de s'adresser. Cette opposition est particulièrement visible dans le domaine de l'iconographie, au sujet de laquelle on a pu parler d'une véritable épuration : les évêques et à leur suite, avec plus ou moins de zèle, le clergé refusent désormais la présence dans l'église de statues, de tableaux qui sont contraires à la décence du culte et à ce qu'ils considèrent comme la majesté nécessaire du lieu. Ils luttent contre les représentations trop dénudées, mais aussi contre celles qu'ils jugent trop prosaïques : ainsi le tableau de saint Joseph en charpentier est maintenant jugé indigne du saint, dont la seule représentation acceptée est celle d'un personnage figé dans une gloire éternelle.

Derrière le choix de la décence se dessinent en fait des critères moins religieux qu'esthétiques, qui traduisent une conception majestueuse du respect, une conception désincarnée du sacré. Ces règles nouvelles sont celles des élites, dont la culture, les goûts sont désormais différents ; elles sont un aspect de la normalisation du goût et de la construction de cette culture de référence qui caractérisent le XVIIe siècle. Mais se débarrasser d'une statue, d'un tableau sous prétexte qu'il est vieux, ridicule ou insuffisamment respectueux heurte les paroissiens du village, qui y révèrent une parcelle du sacré ; ceux de Sennely, comme bien d'autres, déterrent pour la remettre en place la statue que l'évêque a ordonné d'enlever, sans hésiter, comme le rapporte le curé de Sennely, à qualifier le prélat de « huguenot » !

La décence s'applique aussi aux mœurs : le clergé se heurte à des habitudes, des coutumes, un mode de vie d'autant plus difficiles à extirper que chacun se souvient dans le village qu'ils étaient partagés par bien des prêtres de l'époque précédente. Les heurts sont particulièrement nombreux et violents au cours de cette génération, qui voit à la fois les évêques lutter contre des prêtres rétifs à la réforme et le nouveau clergé qui s'établit dans les paroisses rurales susciter de très vives plaintes : dans le diocèse de Lyon, sur 93 prêtres déférés devant l'official entre 1660 et 1789, 70 % le sont dans le dernier tiers du XVIIe siècle, et près du quart sont victimes de fausses dépositions. La moralisation des comportements, la sanctification des dimanches et jours de fête sont souvent au cœur du débat.

Ce n'est plus le prêtre qui, comme naguère, partage la même culture que les paysans ; l'éminente dignité réaffirmée du sacerdoce, la généralisation des prêtres qui en sont dignes font que c'est désormais, au contraire, le laïc qui est invité à se rapprocher du mode de vie clérical, dans des domaines qui outrepassent de beaucoup le champ du religieux. Là où le sentiment ou l'espérance de compter parmi les élus, choisis par Dieu, prédestinés, et la volonté de s'en montrer dignes intériorisent chez les réformés, au moins dans l'idéal, un contrôle personnel, c'est un modèle extérieur, appuyé sur les commandements non seulement de Dieu mais de l'Église et les multiples décisions et incitations de la hiérarchie, qui est proposé aux catholiques, au moindre paysan comme, à un autre niveau, aux élèves des collèges.

Il exclut autant que possible l'oisiveté, et tient la chair en grande suspicion. Aussi le temps des loisirs devient-il un enjeu culturel, entre profane et sacré. Le clergé entame jusque dans les campagnes une lutte durable contre les jeux, les divertissements susceptibles à ses yeux de corrompre les âmes. Le clergé est prompt à condamner ce qui rapproche filles et garçons, et plus particulièrement la danse. C'est, au contraire, une véritable sanctification des loisirs qu'il souhaite établir, un recentrage des fêtes collectives et familiales sur le religieux. Il déplore les excès ou les scandales qui se manifestent lors des baptêmes ou plus encore des mariages. L'affrontement se produit aussi à l'occasion des célébrations de saints patrons locaux, qui marquent le patriotisme paroissial et constituent, face aux communautés voisines, une part de son identité. La fête, aux yeux du clergé, c'est assister à la messe, aux vêpres, à la procession, lire ou écouter si on le peut un ouvrage édifiant, éviter le cabaret et la dissipation.

Au-delà de critères esthétiques et moraux, c'est aussi une conception plus orthodoxe, selon la définition des autorités ecclésiastiques, et plus spiritualisée de la religion que s'efforce de promouvoir le clergé. L'Église déplore les « superstitions », dont traite en 1683 l'abbé Thiers dans son *Traité des superstitions*. Dans le couple fameux de la chapelle et de la fontaine bretonnes, elle s'efforce de réduire la part de la fontaine, d'interdire même des rites hétérodoxes autour et dans le lieu sacré et d'intérioriser une dévotion au saint qu'elle juge plus spiritualisée et moins liée à une demande de protection. La seconde étape est l'insistance mise, au cours de ces démarches votives ou pèlerines, de ces efforts pour obtenir des indulgences ou pour être exaucé, sur les dispositions spirituelles nécessaires, et notamment sur la pratique sacramentelle, la confession et la communion.

Cette action menée par le clergé et par une minorité dévote n'est pas nouvelle. Comme on l'a vu précédemment, elle se situe au contraire dans la continuité d'attitudes, de comportements, de normes morales déjà mises en œuvre ; mais c'est à l'époque classique qu'elle se généralise jusque dans la moindre des paroisses rurales. La lutte est évidemment sans fin ; mais son acuité varie selon les moments et les lieux. Sa plus grande intensité se situera dans la première moitié du XVIIIe siècle dans les diocèses et les paroisses tenus par un clergé à la fois jansénisant et d'origine majoritairement urbaine. Ces prêtres sont attachés à une cohérence non seulement religieuse ou morale, mais intellectuelle; ils sont à la fois austères et rationnels, et pensent donc en termes de causes plutôt que de fins. Toutes les attitudes, les croyances, les pratiques des fidèles doivent à leurs yeux dépendre de l'enseignement de l'Église, qu'ils incarnent localement. Ils luttent donc avec énergie et sévérité contre des comportements traditionnels, qui lui sont à leurs yeux étrangers. Au risque d'incompréhensions qui, en Champagne, en haute Bourgogne, ont peut-être contribué à des détachements précoces. La Bretagne présente la situation inverse. Le prêtre, d'origine plus souvent rurale, de formation rarement poursuivie, pour celui de la campagne, jusqu'aux études universitaires, y est moins un intellectuel qu'un homme du pays, d'un pays qu'il connaît bien. La lutte contre les « superstitions » consiste ici plus à faire preuve d'une patiente pédagogie qu'à tenter d'empêcher de se rendre à la fontaine. Le choc culturel champenois est évité, au profit de phénomènes d'osmose et de complémentarité beaucoup plus progressifs, qui assurent un ancrage plus fort à un catholicisme à la fois rénové et conscient des limites de ce qu'il peut imposer.

Ce problème des rapports entre le catholicisme tridentin tel qu'il est enseigné et des pratiques qu'il tente de refouler s'intègre ainsi à celui, plus vaste, d'une inégale implantation, qui lui aussi concerne mais dépasse largement l'époque de Louis XIV. Les travaux d'histoire régionale ont montré, en juxtaposant toute une batterie de critères – nombre des nouveaux prêtres, des confréries, des retables –, de grandes différences dans cette osmose entre religion et culture locale. Il y a bien presque partout des formes d'acculturation, de ralliements d'individus, de familles aux normes de ce catholicisme fortement cléricalisé : il s'agit d'abord d'élites rurales, plus promptes à se rapprocher d'un modèle urbain et savant, et qui trouvent aussi dans l'état clérical un débouché non négligeable. Mais l'inculturation, l'intégration de ce modèle à la culture populaire rurale, a été sensiblement différente.

Le succès a sans doute varié en fonction de critères économiques et des formes d'organisation sociale – la dévotion tridentine s'accorde mal avec les sociétés de vignerons –, mais aussi selon l'histoire propre de chaque région. Il reste plus ou moins superficiel dans des régions de tradition protestante comme l'Aunis, la Saintonge, le Poitou. L'enracinement est faible, également, en Champagne ou en haute Bourgogne, fortement marquées par la longue présence d'un clergé janséniste et par un haut niveau d'alphabétisation. Il est très fort, au contraire, dans la Lorraine voisine, où la scolarisation intensive a été assurée par des congrégations religieuses précocement ramifiées jusque dans les villages, où s'est développé très tôt un réseau dense d'associations pieuses innervant une province par ailleurs confrontée à la proche présence du protestantisme alsacien. Les régions qui ont longuement vécu cette situation de conflit, tel le Rouergue, ont connu une implantation profonde du catholicisme, à la fois parce que leur appartenance religieuse devenait un élément de leur identité et parce qu'elles ont été souvent l'objet d'une pastorale particulièrement intensive. En Bretagne, on l'a vu, c'est sans doute une connivence culturelle plus grande entre le clergé et les fidèles qui, en adaptant le message au terrain, en a permis l'enracinement. La carte religieuse de la France dessinée aux lendemains de la Seconde Guerre mondiale présente des caractéristiques anciennes ; certaines se sont probablement installées lors de cette implantation tridentine, et ne révéleront tous leurs effets que lorsque s'affaiblira le consensus social établi autour de la pratique.

CHAPITRE 14

Au tournant du siècle : clivages et remises en cause

Le livre de Paul Hazard, La Crise de la conscience européenne, *publié en 1935, est la référence classique de cette analyse du changement intellectuel et culturel qui se produit à partir des années 1680-1690, sans lequel l'époque des Lumières serait incompréhensible. L'expression a été contestée, au cours de ces vingt dernières années, au nom de la continuité d'attitudes, de pensées qui peuplaient au cours du premier* XVIIe *siècle ces espaces de liberté précédemment évoqués. Des jalons, effectivement, sont autant d'indices de la permanence d'attitudes non conformistes.* Le Dom Juan *de Molière, qui donne au mendiant par amour de l'humanité plutôt que par charité chrétienne, fait certes le lien entre les libertins de l'époque de Louis XIII et les sceptiques du siècle suivant. Il est vrai que les* Contes *que La Fontaine publie en 1665 se rattachent facilement à ce courant. On a souligné ici même que le Molière parangon de la sagesse bourgeoise qui se manifeste dans certaines de ses pièces ne rend pas compte de la sensibilité de toutes les élites de son époque. On a montré chez Racine l'ambiguïté du jeu des passions, celle aussi des spectateurs – nous reprenons ce terme à dessein – qui admiraient la rhétorique des orateurs sacrés, tout comme ils se retrouvaient, du moins pour les plus fortunés, le soir à l'Opéra, ou dans un de ces couvents où la sensibilité, pour ne pas dire la sensualité, des voix troublait les cœurs autant qu'elle convertissait les esprits. Pourtant, le climat intellectuel et moral, la conjoncture culturelle de la Régence qui, de 1715 à 1723, succède à la longue vieillesse du Roi-Soleil apparaissent bien différents de ceux des années 1690. C'est donc la réalité d'une crise, par où se fait le passage du classicisme aux Lumières, qu'il faut tenter de mesurer.*

I. Académisme et dévotion

Dans les années 1680, tous les éléments de la politique culturelle menée par Louis XIV sont en place. Quelles que soient les continuités, la centralisation croissante des lieux de production et de contrôle, des institutions de référence, le poids, aussi, de l'Église gallicane ont marginalisé, le temps d'une courte génération, non point les sensibilités originales, mais leur expression cohérente à l'écart des pouvoirs. Il y a bien une culture officielle de référence, au prix d'un clivage désormais flagrant entre les élites concernées et le reste de la société. Cette faille ne s'estompe pas, bien au contraire, au sein de la génération « fin de siècle »... mais la notion de « crise » implique bien la réapparition, au niveau de l'expression publique et cohérente des idées, de débats qui, eux aussi, ne concernent alors que les élites, et qui fissurent l'apparent et sans doute superficiel unanimisme de la culture classique. Car il est vrai que l'équilibre classique dure peu, et que cette brièveté est artificiellement accentuée par l'inégalité du temps de maturation des productions. Lorsque la cour s'installe à Versailles – incarnation, quoi qu'on en ait dit, de la culture classique architecturale et politique –, les premiers écarts, que l'éloignement du pouvoir de Paris va encourager, se manifestent déjà : mais le grand projet versaillais est une idée de la fin des années 1660. L'écart va devenir de plus en plus flagrant entre ce décor et ce rituel immobiles de la cour et l'évolution réelle des esprits et des productions.

Non point d'ailleurs que la cour soit, avant les cinq ou six dernières années si fortement marquées à la fois par la vieillesse, les défaites militaires et les deuils personnels du roi, le lieu d'un rituel simplement mécanique. Versailles est un lieu important de production et de consommation musicales – qu'on songe à de Lalande ou Charpentier – ou picturales, malgré la mort en 1690 de Le Brun, grâce à Mignard, qui le remplace alors dans toutes ses charges. C'est en 1686 qu'est achevé Marly, en 1687-1688 qu'est reconstruit Trianon (qui ne sera appelé « grand » qu'après la construction du « petit »), où Mansart et Le Nôtre ont merveilleusement réussi l'accord de la symphonie des couleurs, entre la grâce du bâtiment et l'agrément des jardins. En 1699 commencent les travaux de la chapelle, dont les plans avaient été dressés deux ans plus tôt par Mansart, qui projetait en même temps de couvrir de combles les terrasses du château, et d'uniformiser ainsi les lignes de faîte de l'ensemble du bâtiment ; après sa mort en 1708, elle sera achevée, deux ans plus tard, par son beau-frère Robert de Cotte.

Mais la vie artistique, la création littéraire autorisée sont devenues prisonnières d'un système de monopoles et de privilèges. L'art, la littérature inspirés par le pouvoir sont guettés par l'académisme, et par la fermeture que tend à imposer le raidissement dévot de la cour. Lully ennuie désormais, mais ses successeurs, ses héritiers défendent jalousement son privilège et continuent à le jouer régulièrement. Molière est mort en 1673, Corneille en 1684 : s'il connaît à la fin de sa vie un certain regain de faveur, sa dernière tragédie, *Suréna*, date de 1674. Racine a renoncé à la tragédie en 1677, et n'y reviendra que pour ses deux pièces tardives, qui s'insèrent officiellement – même si le génie de l'auteur en transcende le genre – dans le répertoire du théâtre édifiant destiné aux maisons d'éducation (en l'occurrence, la maison de Saint-Cyr). L'oraison funèbre du prince de Condé, en 1687, est une des dernières grandes œuvres oratoires de Bossuet. À l'exception du douzième livre de ses *Fables*, au ton très différent, marqué par son retour à la religion, qui date de 1694, La Fontaine a publié dès 1678 l'ensemble de ses œuvres les plus importantes. Les derniers hérauts de cette génération, devenus plus conformistes, témoignent eux aussi d'une évolution conservatrice.

Très caractéristique est à cet égard la reprise des menaces sur l'activité des comédiens. Le 28 juin 1687, c'est « la proximité du Collège » [des Quatre-Nations] qui motive officiellement la décision de Louvois d'expulser les comédiens-français de la salle Guénégaud ; plusieurs curés trouvent alors des arguments pour qu'ils ne s'installent pas sur le territoire de leur paroisse. Les lettres de la Princesse Palatine, seconde femme de Monsieur, frère du roi, rendent compte de cette évolution qui la désole : « Le meilleur comédien quitte le théâtre. Les dévots lui ont fait peur en lui disant qu'on chasserait tous les comédiens » (1er novembre 1691) ; « depuis que les prêtres prêchent avec tant d'acharnement contre les comédiens, on trouve moins de bons acteurs » (13 décembre 1694). Le 2 novembre 1702, elle résume à sa manière les transformations dont elle a été le témoin : « Le malheur avec les pauvres comédiens, c'est que le roi ne veut plus voir de comédies. Tant qu'il y allait, ce n'était pas un péché ; c'en était un si peu que tous les évêques y allaient journellement ; ils y avaient une banquette pour eux, et elle était toujours bien garnie. Monsieur de Meaux [Bossuet] y était toujours. Depuis que le roi n'y va plus, c'est devenu un péché... » Par ailleurs, une taxe augmente en 1699 le prix des places, et à partir de 1701 toute pièce est soumise à l'autorisation préalable du lieutenant général de police.

La tragédie est par ailleurs l'objet d'une certaine désaffection. Le nombre des créations s'est effondré. Sur 25 tragédies nouvelles jouées entre 1689 et 1700, 12 seulement ont été publiées, et peuvent de ce fait alimenter le répertoire d'autres troupes. Peu de pièces parviennent effectivement à s'imposer : en 1711, les 33 représentations de la *Rhadamiste et Zénobie* de Crébillon, jouée encore à 49 reprises entre 1711 et 1718 sans compter un certain nombre de représentations privées, sont considérées comme un très grand succès ; mais trois ans plus tard, son *Xerxès* n'est joué que deux fois. Les élites, le roi, l'aristocratie préfèrent désormais le théâtre chanté. Quant aux comédiens-italiens, ils sont, on le sait, chassés en 1697.

Cette tendance au rétrécissement, cette surveillance tatillonne s'exerce dans tous les domaines de la vie culturelle. Le contrôle de la Librairie, c'est-à-dire de la production et de la vente des livres, se renforce encore au tournant du siècle, comme le montre l'enquête de 1701 déjà évoquée. Il s'agit, en un moment où le déclin de la gloire royale aiguise les critiques, d'en empêcher l'expression ; les décisions prises en 1704 visent tout particulièrement les centres d'impression provinciaux qui, jusqu'alors moins surveillés, étaient devenus, en particulier à Rouen, des lieux actifs de contrefaçons commerciales et d'impressions interdites.

La réduction drastique du nombre des ateliers n'est qu'incomplètement appliquée, et touche d'abord de petits imprimeurs, sans grande conséquence culturelle ; mais elle permet un renforcement de la surveillance, sans d'ailleurs empêcher les impressions illicites. Pour déjouer les poursuites, l'une des ruses les plus fréquentes consiste, dès le XVIIe siècle, à inscrire sur le livre un faux lieu d'impression, tel qu'Amsterdam, Avignon ou Genève. Envers les livres étrangers, la censure n'a cessé également de s'alourdir, pour aboutir au règlement de 1723 qui, afin de faciliter le contrôle, réduira à dix le nombre des villes d'entrée en France des éditions étrangères. De telles mentions montrent la place nouvelle qu'occupe désormais l'étranger dans la vie culturelle française.

II. L'ouverture sur l'étranger

Le fait n'est pas nouveau : on a largement marqué tout ce que la vie artistique et intellectuelle de la France, tant au XVIe qu'au XVIIe siècle, devait principalement à l'Italie et à l'Espagne, et secondairement aux Flamands. Mais la novation, cependant, est triple : les influences culturelles essentielles passent en quelques décennies des pays du Sud, catholiques, aux États du Nord, protestants ; elles concernent désormais plus nettement l'écrit que l'art ; la langue française joue dans ces échanges un rôle prépondérant.

De multiples témoignages attestent à partir du milieu du XVIIe siècle le progrès du rôle international de la langue française. Les raisons en sont triples. La première est le recul des autres langues de communication : le toscan s'est éliminé, faute d'auteurs qui en soutiennent l'usage ; l'écriture en latin de textes nouveaux se cantonne pratiquement aux ouvrages philosophiques et érudits, où il n'a même plus l'exclusivité. Au contraire, l'œuvre des grammairiens, de l'Académie française, la publication des premiers dictionnaires (Furetière en 1690, celui de l'Académie en 1694) ont structuré les usages de la langue française, en facilitant ainsi l'assimilation par ceux qui n'en ont pas à l'origine la pratique orale. Enfin l'expansion du français est soutenue à la fois par la gloire des armes et de la diplomatie royale et par l'éclat de la littérature classique.

Dès la fin du siècle, la suprématie n'est pas douteuse. « La langue française, écrit Bayle en novembre 1685 dans la *République des lettres*, est désormais le point de communication de tous les peuples de l'Europe. » En 1710, trois quarts de siècle avant le concours de l'académie de Berlin sur l'universalité de la langue française qui verra le triomphe de Rivarol, celle de Soissons, déjà, demandait à ses concurrents de traiter des « progrès de la langue française ». Celle-ci, peu à peu, remplace le latin comme langue de communication internationale : dès les négociations du traité de Nimègue, en 1678, on l'utilise comme langue de discussion pour pallier le latin insuffisant de certains diplomates. L'enjeu est aussi politique : conclusion d'avancées progressives, le traité de Rastadt, signé en 1714 avec l'empire, est le premier qui soit rédigé uniquement en français ; l'usage exclusif s'en généralisera ensuite. Ses progrès sont également évidents, quoique moins exclusifs, dans d'autres domaines, où son influence réduit la place du latin : Leibniz, par exemple, écrit dans l'une et l'autre langue. Bien que l'historiographie de cette période ait montré avec raison l'importance, à l'époque, des entrées en France de livres venus du Nord, l'édition française, appuyée sur le succès de la langue, rencontre elle aussi, à l'inverse, de réels succès, notamment en Espagne, malgré l'Inquisition, ainsi qu'en Europe centrale et orientale où les pivots sont les foires de Francfort ou de Leipzig.

À cette influence linguistique s'ajoute celle, plus tardive, d'artistes français, illustrés souvent par les chantiers versaillais ou parisiens. Philippe V, petit-fils de Louis XIV, les attire en Espagne. Robert de Cotte dresse sans se déplacer les plans de sa maison de campagne, le Buen Retiro, tout comme il travaille pour le roi de Sardaigne ou pour l'électeur de Cologne. C'est en 1715 qu'est posée la première pierre du château de Karlsruhe, dont le plan d'urbanisme sera un des premiers à s'inspirer de Versailles. François Blondel réalise à la même époque des travaux pour l'Arsenal de Berlin. Mais le nord de l'Allemagne est plus directement influencé par des artistes protestants en exil, tel Cayart qui, entre 1701 et 1705, construit à Berlin l'église française sur le modèle du temple de Charenton, ou Paul du Ry, qui travaille à Kassel. Petit-neveu de Salomon de Brosse, fils d'architecte, premier représentant de trois générations d'architectes qui vont travailler en Allemagne jusqu'à la fin du XVIIIe siècle, ce dernier illustre bien l'importance, qu'on observe aussi sur les chantiers versaillais, des liens familiaux, des parentèles au sein des métiers d'art.

Les exilés sont en effet, en cette fin du XVIIe siècle, un vecteur important de l'influence française. Les plus forts contingents sont constitués par ces quelque 200 000 protestants que les persécutions et en 1685 la révocation de l'édit de Nantes ont contraints à l'exil, et dont de gros bataillons s'établissent en

Angleterre et aux Provinces-Unies, c'est-à-dire dans les actuels Pays-Bas. Mais, plus largement, les pays du Nord accueillent tous ceux qui par force, raison ou nécessité préfèrent quitter la France, tels les chefs du mouvement janséniste, Arnauld et Nicole, réfugiés à Bruxelles, alors espagnole, en 1680, ou Saint-Évremond qui, pour avoir déplu à Mazarin, a vécu à Londres, hormis un séjour en Hollande, de 1661 jusqu'à sa mort en 1703. Leur composition sociologique privilégie très fortement les couches aisées et cultivées. Cette diaspora contribue d'autant plus au succès à l'étranger de la langue et de la culture françaises que leurs écrits critiques trouvent un accueil favorable dans des milieux ou des pays peu favorables à la politique de Louis XIV.

À l'inverse, ces écrits favorisent aussi la diffusion de caractéristiques culturelles jusqu'alors assez étrangères à la formation des élites françaises. Angleterre et Pays-Bas n'ont évidemment pas connu le modèle pédagogique des grandes congrégations catholiques ou des gymnases luthériens. Leur diversité religieuse est réelle ; toutes les formes du protestantisme y sont, de fait ou de droit, tolérées à la fin du XVIIe siècle. Leur tradition politique est hostile à l'absolutisme, générateur d'incitations, de directives et d'interdits culturels, et à un système administratif qui, à l'échelle de la province ou de l'État, fait de l'Église et des services publics les voies principales de l'ascension sociale ; l'administration et les pouvoirs locaux y sont pour l'essentiel aux mains des villes ou de la noblesse locale. À la différence des sociétés qui ont hérité de la distinction latine entre l'*otium* et le *negotium*, ils ne connaissent pas de coupure tranchée entre la philosophie et la technique, la culture et le métier. Le noble anglais ignore la sanction de la dérogeance, qui s'applique au noble français se livrant à une activité mercantile. Les traditions éducatives de ces pays se traduisent par des parcours plus variés, beaucoup moins coupés de la vie réelle, du métier à venir que la formation humaniste, envers laquelle on avait précisément souligné, en France, les réticences du monde du négoce. Les sciences, les techniques y sont des disciplines à part entière. Théorie et pratique, raisonnement et expérience s'y fécondent mutuellement : la Royal Society fondée à Londres en 1662, fortement agrandie par la suite, accueille des marchands, des navigateurs, des spécialistes de divers arts et métiers, dans un large esprit de libre discussion. Cet état d'esprit, cette culture vont avoir en France un écho grandissant.

L'une des conséquences de la tolérance, traditionnelle aux Pays-Bas pour ce qui concerne les écrits destinés à l'étranger, assurée en Angleterre depuis 1689, est une liberté d'expression sans équivalent, où ceux qui se dressent contre la politique de Louis XIV, en guerre contre ces deux pays presque sans interruption de 1689 à 1713, sont particulièrement bien vus du pouvoir. La production et la diffusion des textes s'appuient, particulièrement aux Provinces-Unies, mais aussi aux Pays-Bas espagnols (l'actuelle Belgique) ou à Genève, sur une importante industrie de l'édition, dont la censure française a pour une part assuré la prospérité, en obligeant tout écrit un peu libre à s'imprimer hors des frontières ou dans la clandestinité. Amsterdam, mais aussi Leyde, Utrecht, Rotterdam ou La Haye abritent des colonies de réfugiés et sont des centres dont l'activité paraît d'autant plus importante que des éditeurs français, comme on l'a vu, leur attribuent des ouvrages réalisés subrepticement en France.

Plusieurs éditeurs français, tels Charles Levier, Pierre Gosse ou la famille Desbordes, s'établissent aux Pays-Bas ; mais l'activité éditoriale est largement assurée par des Hollandais, tels les Leers, qui utilisent des correcteurs de langue française. Ils s'entourent de conseillers compétents : Pierre Bayle, Jean Leclerc ont joué ce rôle. Les livres destinés à la France ne sont le plus souvent reliés qu'à l'arrivée, et voyagent en « feuilles », dans des tonneaux lorsque le transport se fait par mer, en ayant soin, le cas échéant, de cacher par des feuilles d'apparence anodine l'ouvrage compromettant auquel on s'efforce de faire passer la frontière. La publicité trouve un support essentiel dans les comptes rendus ou les échos qu'en donnent les journaux littéraires et autres gazettes, qui jouent en Hollande un rôle beaucoup plus actif que les quelques journaux étroitement contrôlés par le pouvoir publiés en France, et qui sont par ailleurs très lus dans l'Europe entière.

C'est d'ailleurs un périodique qui constitue l'une des productions les plus importantes du « refuge » : en 1686, l'éditeur français Henry Desbordes, réfugié à Amsterdam depuis 1682, lance avec Pierre Bayle les *Nouvelles de la République des lettres*. Henry Desbordes participe à tous les débats du temps :

il publie ainsi les *Sentiments de quelques théologiens de Hollande concernant l'Histoire critique du Vieux testament composée par le Père Richard Simon* – que nous allons évoquer – ou les *Préjugés légitimes contre le papisme* de Pierre Jurieu. C'est un autre éditeur de Rotterdam, Reinier Leers, qui publie la plupart des œuvres de Bayle, notamment le *Dictionnaire historique et critique*, édité pour la première fois en 1697, réédité en 1702, et nombre d'autres ouvrages de réfugiés français.

III. La génération critique

« Critique » : ce n'est pas un hasard si le mot apparaît si souvent dans les titres mêmes des ouvrages. Les crispations dont le contrôle et les interdictions sont l'indice sont plus mal supportées dans le contexte d'un climat intellectuel en évolution, où l'on souhaite de plus en plus une politique et des décisions fondées en raison. Le cartésianisme, opinion avancée d'un petit nombre dans les années 1660, a progressé, par une lente imprégnation plutôt que par des adhésions spectaculaires. Au-delà des cercles érudits qui eux-mêmes commencent à s'élargir à l'échelle académique, la philosophie cartésienne touche ainsi les milieux enseignants, et à travers eux, d'année en année, un plus grand nombre de leurs élèves ; plus d'ailleurs, semble-t-il, par la réflexion philosophique des *Méditations* que par le *Discours de la méthode*, bien moins souvent réédité.

Les oratoriens jouent dans l'expansion et l'adaptation des idées de Descartes un rôle de premier plan. Il y suscite des émules : le plus illustre est Malebranche, dont les œuvres s'échelonnent, à partir du *Traité de l'homme* (1674), sur une quarantaine d'années. Bien mieux que Descartes lui-même, Malebranche rend compatibles le Dieu chrétien et l'exercice de la raison cartésienne : il affirme non seulement que la raison de l'homme participe de la raison éternelle de Dieu, mais que celui-ci ne peut changer les lois rationnelles qu'il a lui-même créées. Minimisant implicitement la conception d'un Dieu personnel offrant sa grâce à chaque homme, la place du surnaturel et du mystère, il présente essentiellement un Dieu créateur, intelligence suprême qui préside au mécanisme du monde. Il apparaît ainsi comme un maillon essentiel du rapprochement, ou de la contamination – jugera l'Église qui met son œuvre à l'Index en 1719 –, entre la raison et la foi.

Les menaces jugées à l'époque les plus sérieuses ne viennent pas d'un travail scientifique sur l'univers, mais, dans une tradition renouvelée de l'humanisme critique, d'un regard nouveau porté, avec toutes les ressources de l'érudition, de l'histoire, de la philologie, sur les textes sacrés. C'est le sens de la tentative, beaucoup plus risquée, car elle concerne le texte même de la Révélation et non plus des spéculations abstraites et partielles sur la nature de Dieu, que fait un autre membre de l'Oratoire, Richard Simon, en publiant en 1678 son *Histoire critique de l'Ancien Testament*, suivie en 1689 d'une *Histoire critique du texte du Nouveau Testament*.

Armé d'une vaste érudition, Richard Simon veut appliquer à ces textes des méthodes critiques rationnelles, et résoudre ainsi, grâce à la raison, les problèmes d'interprétation qui semblent depuis Galilée opposer plus fortement encore la science et la foi. Il y souligne la vanité d'une interprétation littérale d'écrits à ses yeux complexes, accumulation de récits et de passages disparates, rédigés par des scribes anonymes, qui rendent impossible toute attribution à un personnage précis ; il pressent même que certains livres ont été composés à des dates très postérieures aux faits rapportés, et par plusieurs auteurs. Il relève aussi la diversité des genres littéraires au sein du texte, et le danger de confondre une parabole à vertu pédagogique ou mnémotechnique avec un récit historique. Mais l'inspiration divine globale de la Révélation n'est à ses yeux nullement remise en cause par ce travail de critique externe et interne du texte, dont le seul but est d'en assurer une meilleure compréhension, et donc de réduire l'écart entre raison et foi.

Cette tentative se heurte à l'époque à la condamnation des autorités ecclésiastiques ; malgré ses protestations d'orthodoxie, Richard Simon est d'ailleurs chassé de l'Oratoire. Un de ses principaux adversaires n'est autre que Bossuet, qui lui reproche de renverser le fondement de la foi, et l'accuse même de sympathie pour le protestantisme. La sévérité eût peut-être été moins grande si l'auteur n'avait pas choisi d'exposer de telles thèses en français, ce qui les rendait plus accessibles à ceux qui n'avaient aucune autorité pour en juger, au grand dam de Bossuet, qui lui reprocha de mettre « tant d'impiétés, tant de blasphèmes entre les mains du vulgaire, et des femmes qu'il rend curieuses, disputeuses et promptes à émouvoir des questions dont la résolution est au-dessus de leur portée», et de tourner «en raisonnement et en art la simplicité de la croyance».

Cette remarque acerbe de Bossuet n'est pas non plus étrangère aux inflexions que marque, par rapport aux décennies précédentes, le second jansénisme, encore appelé quesnellisme, du nom de l'oratorien – encore un – Pasquier Quesnel, auteur du *Nouveau Testament en français avec des réflexions morales sur chaque verset*, plus souvent nommé en abrégé *Réflexions morales*, publié en 1692. La «paix de l'Église» permettait depuis 1668 de signer avec restrictions mentales (le silence respectueux) le formulaire qui condamnait cinq propositions dont les jansénistes niaient qu'elles fussent dans l'*Augustinus*. Cet écran juridique encourageait de fait les droits de la conscience individuelle et l'autonomie de la pensée par rapport aux pouvoirs du pape et du roi. Le quesnellisme va plus loin, en mêlant aux thèses habituelles de ce courant celles déjà évoquées du richérisme, ainsi baptisé du nom d'Edmond Richer: en remettant en cause l'origine divine, dans la tradition catholique, des rapports entre les évêques et les prêtres, on en vient ainsi à affirmer que le dépôt de la foi et de l'autorité doit appartenir à l'ensemble du clergé, voire aux fidèles.

Il s'agit bien, ici, de culture. Les prêtres les plus marqués par ces thèses comptent en général parmi les plus instruits. Ils sont, souvent, munis de grades universitaires ; beaucoup vivent en ville, ou ont gardé des attaches avec la ville ; leurs bibliothèques sont largement fournies. Ils ont été, plus que leurs prédécesseurs, formés à la théologie positive, qui se fonde d'abord sur une analyse des textes sacrés et de leurs différents niveaux d'autorité, plutôt que d'asseoir de prime abord leur conviction sur des spéculations ou des traditions sans fondement scripturaire ou patristique. Parce qu'ils ne reconnaissent à leurs évêques aucune supériorité culturelle ou spirituelle, ils réduisent le ministère de ceux-ci – qui ont seuls en droit canon la plénitude du sacerdoce, les curés n'étant que leurs représentants – à une spécificité fonctionnelle, et non hiérarchique ou sacramentelle.

Le premier jansénisme était celui de dévots en quête d'absolu ;

le second est, avant la nouvelle inflexion que constituera vers 1730 la dérive des convulsions et des miracles accomplis sur la tombe du diacre Pâris, celui de chrétiens et surtout de clercs instruits en quête de reconnaissance. Leur intransigeance morale conduit les prêtres jansénistes à pratiquer plus que d'autres le délai d'absolution, c'est-à-dire le refus, lors de la confession, d'accorder le pardon sacramentel au pécheur dont ils jugent la contrition insuffisante, par souci de cohérence rationnelle autant que de perfection. Mais cette même cohérence les conduit à faire appel au sens de la responsabilité des laïcs, à en faire des éléments actifs dans cette Église tridentine où l'emporte au cours des offices la passivité des fidèles. Les quelques avancées réalisées, momentanément et localement, dans le domaine de la liturgie, sont fort modestes ; elles sont à tout le moins symboliques de la réflexion pastorale d'une partie du clergé, face à des couches nettement élargies, par rapport à la génération de leurs grands-parents, de fidèles fortement instruits dans leur foi.

Dans cette longue et profonde crise, les liens entre l'Église et l'État sont tels que la puissance politique est inévitablement conduite à intervenir. Louis XIV, dont la raideur dans les principes est allée croissant, voit dans les jansénistes, comme précédemment chez les protestants, des rebelles en puissance, dont la revendication de la liberté de conscience lui est insupportable. Comble pour un souverain gallican, c'est Louis XIV lui-même qui en 1705 sollicite du pape la condamnation du silence respectueux ; après avoir, en 1709 dispersé les religieuses de Port-Royal-des-Champs, qui vont devenir un symbole de la conscience opprimée, puis rasé leur monastère, il obtient en 1713 par la bulle *Unigenitus* la condamnation de 101 propositions extraites du livre de Quesnel, où se mêlent toutes les thèses jansénistes mais aussi richéristes. L'union des opinions gallicane et janséniste entraîne alors au sein du clergé et du catholicisme français une épreuve de force comme ils n'en avaient pas connu depuis la Réforme : entre 1717 et 1728, une quinzaine d'évêques et 6 500 à 7 000 prêtres réclament la réunion d'un concile, pour faire appel devant lui de la décision papale. Ces chiffres ne représentent que 5 %, tout au plus, des effectifs du clergé français ; mais il s'agit, pour une part beaucoup plus importante, de son élite intellectuelle. Plus durement frappée que jamais, la « secte » janséniste continuera à développer cet esprit de rigueur et d'indépendance de la conscience qui s'accordera avec quelques thèmes majeurs des Lumières.

Les débats évoqués ci-dessus ne témoignent d'aucune hostilité ou réserve de principe envers l'Église ou la religion chrétienne, dont ils cherchent surtout à améliorer l'authenticité et la crédibilité face aux progrès des sciences et de la culture. On y retrouve, *mutatis mutandis*, l'écho d'autres époques où certains, en fonction de leur savoir, refusaient la foi du charbonnier et la confiance aveugle en l'institution ecclésiastique. D'autres écrits se situent au contraire dans une perspective critique incompatible avec l'enseignement traditionnel, voire avec la foi.

Entre théories scientifiques et thèses religieuses, la balance s'infléchit au profit des premières : l'*Entretien sur la pluralité des mondes* de Fontenelle (1686) – Rouennais et neveu des frères Corneille – développe sur le mode d'un badinage plus accessible et donc plus rapidement et plus largement efficace qu'un lourd traité tout le système de fonctionnement de l'univers. Utilisant la comparaison des machineries de l'Opéra, spectacle familier à certains de ses lecteurs, il montre parfaitement, en évoquant plaisamment les philosophes antiques assistant à une représentation de *Phaéton* – opéra de Quinault et Lully créé en 1683 –, ce qui oppose fondamentalement la philosophie ancienne spéculative, ésotérique et qualitative et la science mécaniste moderne :

> Représentez-vous tous les sages à l'Opéra, ces Pythagore, ces Platon, ces Aristote, et tous ces gens dont le nom fait aujourd'hui tant de bruit à nos oreilles ; supposons qu'ils voyaient le vol de Phaéton que les vents enlèvent, qu'ils ne pouvaient découvrir les cordes [...]. L'un d'eux disait : « C'est une certaine vertu secrète qui enlève Phaéton. » L'autre : « Phaéton est composé de certains nombres qui le font monter. » L'autre : « Phaéton a une certaine amitié pour le haut du théâtre. » L'autre : « Phaéton n'est pas fait pour voler, mais il aime mieux voler que de laisser le théâtre vide » ; et cent autres rêveries [...]. À la fin, Descartes et quelques autres modernes sont venus, qui ont dit : « Phaéton monte parce qu'il est tiré par des cordes, et qu'un poids plus pesant que lui descend. » Ainsi on ne croit plus

qu'un corps se remue s'il n'est tiré, ou plutôt poussé par un autre corps.

Déjà, dans ses *Pensées sur la comète*, écrites en 1682-1683 à la suite du passage de celle de 1680, Pierre Bayle démontrait que les comètes résultaient de phénomènes naturels, et qu'elles n'annonçaient ni miracles ni catastrophes; un siècle plus tôt, rappelons-le, rares étaient les esprits qui n'interprétaient pas les signes du ciel en termes astrologiques ou miraculeux. Devenu en 1699 secrétaire de l'Académie des sciences, Fontenelle soutient, avec un enthousiasme que sa fonction ne suffit pas à expliquer, que l'univers entier est soumis aux lois de la science. Il est alors, dans ses *Éloges de savants*, ses *Mémoires de l'Académie* ou ses préfaces, un des vulgarisateurs, dans un public que rebutait la lecture *in extenso*, des travaux de Descartes, Malebranche, Leibniz ou Newton.

Cette démystification en appelle d'autres. L'exaltation de la science conduit à mettre en doute le merveilleux surnaturel. On attaque bien sûr en premier lieu les croyances païennes: l'*Histoire des oracles* de Fontenelle, en 1686, dénonce l'imposture des prêtres païens de l'Antiquité, metteurs en scène d'oracles dont ils étaient eux-mêmes les auteurs. Mais sa démonstration vise aussi les chrétiens qui, jusqu'au ve siècle, ont vu dans ces oracles l'œuvre de démons, ce qui non seulement les ridiculise, mais jette le doute sur la tradition des premiers siècles, et donc, implicitement, sur certaines de leurs croyances. Déjà, Fontenelle utilise les artifices redoutables qui seront ceux de Voltaire. La fausse révérence – «on ne prétend point par là affaiblir l'autorité, ni attaquer le mérite de ces grands hommes [...]. Si avec les vrais titres de notre religion ils nous en ont laissé d'autres qui peuvent être suspects, c'est à nous à ne recevoir d'eux que ce qui est légitime» – rend les poursuites plus difficiles. Le ridicule, la légèreté divertissante de la forme – ainsi dans le conte de la dent d'or qui montre la supériorité de l'expérience sur le commentaire scolastique d'un faux prodige – attirent et convainquent les rieurs, bien au-delà du monde de l'érudition. C'est, déjà, le ton et les thèmes des Lumières qui se diffusent: «l'ignorant l'entendit, le savant l'admira»; l'appréciation est de Voltaire, un maître en ce domaine.

Le même scepticisme s'exprime, de façon plus dogmatique,

dans le *Dictionnaire historique et critique* publié par Bayle entre 1695 et 1697. Le but de l'ouvrage, qui ne concerne que des noms propres historiques ou géographiques, est de relever toutes les erreurs ou les incertitudes des dictionnaires antérieurs, avec la volonté de ne reconnaître « que l'empire de la vérité et de la raison ». Ce qui conduit, pour qui le suit dans un méandre de notes et de renvois qui semblent disposés tout exprès pour dissimuler les audaces de la pensée, à un scepticisme quasi général, seulement tempéré par l'idée que « les raisons de douter sont elles-mêmes douteuses ». À travers ces ouvrages, la volonté apparente de dépouiller les religions des superstitions qui les encombrent, au nom de l'expérience et de la raison, pose de nouveau le problème de ce qui, précisément, n'est généralement accessible ni à l'une ni à l'autre. Avec le Dieu rationnel, c'est déjà le grand architecte de l'univers qui se profile, au détriment du surnaturel. Certes, l'Anglais Locke, dans *Le Christianisme raisonnable* (1695), dont la langue retardera l'influence en France, soutient que l'enseignement chrétien est compatible avec la raison, mais c'est en refusant tout ce qui n'entre pas dans ce cadre.

Peuvent ainsi réapparaître au grand jour, appuyés désormais sur les certitudes de la science et sur la méthode « pour bien conduire sa raison », les différents avatars du libertinage. Sa version morale, ou plaisamment amorale, avait-elle jamais disparu ? Illustrée par les récits galants des *Contes* de La Fontaine ou par Saint-Évremond, elle prend cependant une autre dimension lorsqu'elle examine les rapports entre la vertu et la religion. Bayle affirme, dans ses *Pensées sur la comète*, qu'« une société d'athées pratiquerait les actions civiles et morales aussi bien que les pratiquent les autres sociétés », et donc que la morale est indépendante du christianisme. N'exagérons pas, pourtant, l'influence immédiate de Bayle ou de Fontenelle. Si celui-ci est protégé par une affectation fréquente de badinage, le théoricien qu'est Pierre Bayle est contesté pour l'audace de ses thèses, jusque dans les milieux de réfugiés protestants : accusé d'impiété et d'athéisme, il est en 1693 privé de sa chaire de Rotterdam.

En réalité, l'influence de ces auteurs reste au départ limitée. À Rennes, Rouen ou Nantes, aucune mention de Fontenelle ou de Bayle, ni même de Descartes, n'apparaît encore dans les bibliothèques de la fin du XVIIe siècle, telles que les décrivent les inventaires après décès, alors qu'on y trouve, parfois, Saint-Évremond. Une génération plus tard, peu avant 1730, Descartes, Malebranche, l'*Entretien sur la pluralité des mondes* se trouvent chez un oratorien nantais, le *Dictionnaire historique et critique* chez un trésorier général de Saint-Malo, un bourgeois rouennais, un négociant angevin originaire de Hollande, et chez quelques parlementaires rennais, Fontenelle chez la veuve d'un commissaire de la marine à Brest et un drapier rouennais. La distance, pourtant, reste encore grande entre les élites de la capitale et celles, plus traditionnelles, de la province.

L'inflexion critique atteint également les réflexions sur le gouvernement des hommes. Il ne s'agit pas de faire ici une histoire politique, mais de montrer comment s'effectue un glissement ou une révision des valeurs censées déterminer ou infléchir l'action des princes. Médailles, monuments, tableaux, sans oublier le fastueux projet de Versailles, tout est fait, dans la première partie du règne, pour illustrer et accroître la gloire du roi, qui s'identifie à celle de la France. Les vieilles oppositions nobiliaire ou parlementaire se sont tues, subjuguées. Écrivains, artistes rivalisent pour célébrer la gloire des princes et des grands, dont l'éclat frappe jusque dans les extraordinaires pompes funèbres qu'occasionne leur mort. Seuls de petits groupes, jansénistes réduits au silence, libertins contraints à la prudence ou à l'exil, échappent, dans les cercles plus ou moins proches du pouvoir ou en position d'influence, à la fascination du succès.

L'évolution se manifeste à partir des années 1680-1690. Elle s'explique à coup sûr par les deux dernières guerres du règne, au cours desquelles la gloire du roi et de ses armes est davantage ternie qu'exaltée, par le fort accroissement des impôts qu'elles provoquent, par les crises particulièrement graves que connaît la France, notamment autour des années 1693-1694 et 1709-1710. D'autres raisons pourtant sont plus spécifiquement culturelles. La persécution des protestants, puis des jansénistes, pose directement à un grand nombre de sujets – certains évêques l'ont bien vu... aux lendemains de la Révocation – la question de la liberté de conscience. Elle soumet notamment les protestants à un conflit de devoirs qui n'a rien d'abstrait entre cette liberté et l'obéissance due au souverain voulu par

Dieu. Il ne semble pas anachronique d'évoquer, ici, un élargissement de la conscience politique. Entre les années 1650 et le début du XVIIIe siècle, l'activité intellectuelle s'est par ailleurs développée en France. Le nombre de ceux qui lisent et achètent des livres, plus de livres, s'est fortement accru. Rien, là, d'immédiatement révolutionnaire ; mais, à terme, l'horizon de multiples prêtres, nobles et bourgeois s'est élargi par l'écrit au-delà des intérêts locaux et des simples rapports de proximité.

L'un des signes des valeurs qui l'emportent alors au sein du public lettré est le grand et durable succès du *Télémaque* de Fénelon : succès rapide, non seulement à Paris mais en province – on le trouve l'année même de sa publication, en 1699, chez un magistrat de Brest, ce qui est tout à fait exceptionnel à une époque où les ouvrages littéraires sont peu nombreux dans l'immense majorité des fonds provinciaux ; succès grandissant et durable, si l'on en juge par le nombre d'exemplaires retrouvés au siècle suivant, où il fait jeu égal avec les plus grands noms du classicisme. Fénelon, qui avait publié en 1687 un *Traité de l'éducation des filles*, écrit ce nouvel ouvrage pour l'éducation du duc de Bourgogne, petit-fils de Louis XIV. Sous le couvert d'une fable – la recherche de son père par Télémaque sous la conduite de Mentor –, il dessine à l'intention de son royal élève le portrait du prince idéal. À Télémaque qui lui demande en quoi consiste l'autorité du roi, Mentor répond :

> Il peut tout sur les peuples ; mais les lois peuvent tout sur lui [...]. Le roi doit être plus sobre, plus ennemi de la mollesse, plus exempt de faste et de hauteur qu'aucun autre. Il ne doit pas avoir plus de richesses et de plaisirs, mais plus de sagesse, de vertu et de gloire que le reste des hommes [...] il n'est digne du royaume qu'autant qu'il s'oublie lui-même.

S'agit-il de décrire, dans ce livre écrit vers 1695, alors que la crise frappait encore la France, le pays idéal ? Là encore, Mentor propose et suggère une hiérarchie des valeurs politiques et morales dont le succès du livre montre qu'elles rencontraient un écho certain dans l'opinion :

> Lequel vaut mieux, ou une ville superbe en marbre, en or ou en argent, avec une campagne négligée et stérile, ou

> une campagne cultivée et fertile, avec une ville médiocre, et modeste dans ses mœurs ? [...] C'est le nombre des peuples et l'abondance des aliments qui font la vraie force et la vraie richesse d'un royaume.

Malgré le rituel inchangé de Versailles, malgré les dépenses des grands, la sagesse tend ainsi à se substituer à la gloire comme valeur reconnue par la couche sociale et intellectuelle élargie qui s'intéresse au politique. C'est dans cette perspective que se situent les projets que suggère en 1699 Boisguilbert dans le *Détail de la France*, ou en 1707 Vauban dans son *Projet d'une dîme royale* (ouvrage saisi dès sa publication), qui tous deux proposent une réforme de la fiscalité dans un sens plus juste et plus efficace. Ces ouvrages montrent aussi, dans le domaine culturel, l'importance qui peu à peu s'attache au chiffre. L'« arithmétique politique », la statistique apparaissent par exemple dans les Mémoires, série d'enquêtes sur les provinces, à la fois qualitatives et quantitatives, composées en 1697 par les intendants pour l'instruction du duc de Bourgogne. C'est en quelque sorte la notion de gestion qui, par ce biais, entre timidement dans l'éducation des rois.

IV. L'émancipation du goût

N'exagérons rien : alors qu'en 1700, comme on l'a dit, une petite moitié encore des collèges jésuites n'assure au mieux le cours de physique, en alternance avec la logique, qu'une année sur deux, la science ne submerge pas la France. Il faut plus généralement souligner les limites géographiques et sociales de ces changements qui affectent la culture au début du XVIIIe siècle. Alors que l'encadrement spirituel et moral des paroisses atteint une qualité sans précédent, le Régent, dont l'éclatante amoralité a trop longtemps fait oublier les qualités, représente un milieu débauché, fort éloigné de la religion, voire athée, mais qui reste très restreint. Les évolutions les plus profondes ne sont pas toujours les plus visibles. Au cours de cette dernière génération, le rapport à l'écrit, notamment, s'est approfondi : dans un ensemble de villes d'un grand ouest de la France, de taille et de population très diverses, le pourcentage des inventaires après décès qui relèvent des livres augmente d'un tiers (d'environ 25 à 34 %) entre les années 1695-1700 et les années 1725-1730, alors qu'il ne s'accroîtra plus que de 10 % jusqu'à la fin de l'Ancien Régime, soit le temps des deux générations suivantes.

Si, comme précédemment, le premier livre qui entre dans un foyer est toujours religieux, c'est aussi la taille des bibliothèques qui augmente fortement au sein du clergé, de la noblesse ou de la magistrature de province. Cet élargissement favorise une extension tout à fait visible des centres d'intérêt vers l'histoire – celle en particulier d'Angleterre et des Provinces-Unies, deux pays où l'absolutisme politique n'a jamais pu s'imposer durablement – et secondairement vers la littérature. Les goûts, la curiosité suscitent l'achat ; l'achat approfondit les savoirs, mais peut aussi faciliter une prise de distance critique dont on a vu, déjà, les timides manifestations. Il s'agit, bien sûr, d'audaces limitées, qui traduisent d'abord une soif d'élargir les connaissances au-delà de la culture classique.

L'impulsion, la nouveauté viennent bien entendu de la capitale ; c'est d'abord à Paris que l'évolution culturelle, l'évolution sociale elle-même commencent à remettre en cause le vieil humanisme latin, mais pour mieux exalter la langue et les productions françaises. Entre ceux qui comme Boileau ou La Bruyère jugent insurpassables les écrivains antiques et ceux qui tels Fontenelle ou Perrault en relativisent le mérite, le débat n'est pas neuf lorsque éclate la « querelle des Anciens et des Modernes ». Cette querelle fort académique, dont les épisodes les plus marquants se situent entre 1688 et 1694, a été quelque peu grossie par les histoires classiques de la littérature : dès le début du règne de Louis XIV, Desmarets de Saint-Sorlin dénigrait le merveilleux païen au nom du merveilleux chrétien, qu'il illustrait dans ses pièces ; Descartes se faisait gloire d'avoir, selon ses dires, oublié le grec. Le modernisme n'était pas toujours pur sentiment littéraire ou philosophique : le poème que Charles Perrault lit en 1687 à l'Académie française, *Le siècle de Louis le Grand*, est aussi un moyen, sous prétexte de comparaison entre le siècle d'Auguste et celui de Louis XIV, de flatter le souverain.

C'est cependant parce qu'elle concerne les milieux officiels du monde littéraire – l'élection de Fontenelle à l'Académie française en 1691 est alors considérée comme une grande victoire des Modernes – et donc les gardiens du classicisme et de la norme que cette querelle est un indice significatif. On ose, désormais ; on ose dire qu'il y a des écrivains antiques ennuyeux sans passer pour un homme sans culture et sans goût, un Huron ou un Topinambou, selon les termes dont Boileau qualifiait ses adversaires. De même que Copernic et Galilée ont détrôné les conceptions grecques prédominantes du cosmos, de même les écrivains doivent-ils refuser le principe d'autorité. Certes, nous savons que la médecine antique, le droit romain constituent jusqu'à la fin de l'Ancien Régime l'essentiel de l'enseignement universitaire, ce qui réduit la diffusion du modernisme scientifique ; mais c'est à travers l'écriture que s'affirme la notion de progrès, et de progrès fondé sur la raison, de l'esprit humain… c'est-à-dire, déjà, des idées fondamentales qui sous-tendent toute l'époque des Lumières.

Derrière ce monde littéraire qui théorise les conflits se perçoit progressivement une opinion désireuse de faire craquer le corset du classicisme. Peut-être d'ailleurs le départ de la cour à Versailles y a-t-il contribué, en éloignant le pouvoir politique du quotidien des représentations : le roi a son théâtre, assez incommode, au château, et un autre à Trianon, qui disparaît lorsque, après 1703, Louis XIV renonce définitivement aux spectacles. La cour ne peut plus être l'inspiratrice des modes artistiques. Cette fonction incitative se disperse à la fin du règne de Louis XIV en centres d'influences et de goûts plus variés.

En 1699, la duchesse du Maine, épouse d'un des enfants légitimés de madame de Montespan, commence à faire de Sceaux un lieu de réunions littéraires qui rassemble surtout les partisans des Modernes, des académiciens tels que Fontenelle et des membres de la haute noblesse ; dix ans plus tard, madame de Lambert ouvre à Paris un des premiers grands salons littéraires du XVIIIe siècle. Sceaux est aussi dès 1700 le théâtre de fêtes dont le musicien Jean-Joseph Mouret est un des principaux organisateurs ; les plus brillantes – les seize « Grandes Nuits » de Sceaux – se déroulent entre avril et octobre 1714. Le contraste est évidemment saisissant entre Versailles endeuillé et vieilli et l'éclat des divertissements de Sceaux qui réveillaient les souvenirs des grandes fêtes royales d'antan.

À travers le début du mouvement académique, ou parfois

la création de sociétés de concert, s'affirme aussi dans de grandes villes de province un besoin de divertissements susceptibles de réunir les élites. En 1685, un théâtre d'opéra est créé à Marseille ; son échec matériel montre cependant la difficulté d'équilibrer la gestion de représentations coûteuses en ne s'appuyant que sur des élites provinciales trop peu nombreuses pour soutenir une telle entreprise ; mais un concert y est institué en 1717 ; il aura en 1728 350 abonnés, pour deux concerts hebdomadaires durant la saison. À Lyon, l'Opéra s'ouvre en 1688, et donne surtout des opéras de Lully, tels que *Phaéton*, joué le 9 avril 1701 à l'occasion du passage des ducs de Bourgogne et de Berry, petits-fils de Louis XIV ; un concert régulier s'y fonde en 1713. À Bordeaux, les premières troupes d'opéra apparaissent à la fin du XVIIe siècle, et un concert régulier est aussi créé en 1707. Ces fondations ont d'ailleurs une inégale solidité : certains de ces « concerts » ne résisteront pas à l'évolution ultérieure du mouvement académique ; leur renaissance, ou les créations ultérieures, passeront souvent au XVIIIe siècle par une professionnalisation accrue, où les amateurs se réduiront peu à peu à n'être que des spectateurs.

L'exemple lillois montre les possibilités et les limites d'une grande ville de province – 45 000 habitants en 1677, 63 000 en 1740 – en matière de représentations et de spectacles musicaux. Lille est sans doute en ce domaine favorisée par l'ancienneté d'une culture échevinale caractéristique des villes de Flandre : la ville a ses cinq musiciens et conserve dans ses archives un fonds de partitions musicales dans lequel puiseront les premières sociétés de concert. Après un premier essai sans suite, en 1689, et un second, en 1697, dû à Pascal Collasse – qui, ancien secrétaire de Lully, multipliait les efforts pour obtenir de ses héritiers, dans différentes villes de province, des fractions du monopole général dont ils bénéficiaient –, une troupe s'établit en 1699 dans une nouvelle salle construite dans l'hôtel de ville. C'est après une représentation de *Médée*, de Marc-Antoine Charpentier, qu'un incendie détruit ce théâtre en novembre 1700. Une nouvelle salle, dont la rue de la Vieille-Comédie rappelle aujourd'hui encore le souvenir, est inaugurée en 1702, et servira au XVIIIe siècle à la fois au théâtre et à l'opéra ; équipement à l'époque encore exceptionnel, même dans une grande cité de province.

Ces villes comptent parmi les plus importantes : mais elles sont moins que d'autres – songeons à Rennes ou Dijon – marquées par une couche de juristes et de magistrats cultivés susceptibles de donner sa tonalité culturelle à la ville. Lyon est un vieux centre d'humanisme marqué par l'Italie, et l'importance, jusqu'au milieu du XVIIe siècle, de ses éditions ; mais cette plaque tournante du commerce n'a aucune grande juridiction susceptible de constituer un noyau permanent de familles attachées à cette culture traditionnelle avant tout fondée sur le livre et la formation classique. À Bordeaux, ce noyau qu'illustra Montaigne, qu'illustrera Montesquieu, est en concurrence avec d'autres éléments que le négoce a suffisamment enrichis pour les intégrer à cette élite. Marseille est, d'abord, ville de négoce. C'est donc toute une sociabilité du loisir qui se dote alors dans les grandes villes d'institutions propres à satisfaire le goût d'élites plus composites, et leur souhait d'imiter Paris.

Dans la capitale, un public à la fois moins formaliste, moins contraint par un goût officiel et plus composite contourne les entraves administratives. L'interdiction en 1697 des comédiens-italiens, en privant un public plus mêlé que celui de l'Opéra ou même de la Comédie-Française de ses spectacles favoris, assure ainsi la mode du théâtre de la foire. Les *Mémoires* de Parfait, acteur forain lui-même, publiés en 1743, permettent de reconstituer les étapes de l'appropriation d'un genre et d'un public abandonnés par les Italiens ; ceux-ci, d'ailleurs, n'avaient cessé de développer le côté physique, gestuel et acrobatique de leur jeu, qui convenait mieux à des spectateurs ne comprenant pas grand-chose à leur charabia. Les restrictions successives que leur valait la défense de son monopole par la Comédie-Française jalonnent l'évolution de leur répertoire : interdiction en 1703 de jouer de véritables pièces, et obligation de se limiter à des scènes isolées ; interdiction en 1707 du dialogue. C'est à la suite de cette censure qu'apparaissent sur les théâtres de la Foire ces pièces en monologue, habiles à contourner la censure par quantité de subterfuges : monologues juxtaposés – un seul auteur parlant à la fois en scène tandis que son interlocuteur s'est retiré en coulisse –, ou mieux, utilisation de cartons portant l'indication des dialogues ou, lors des passages chantés, les paroles qui sont reprises en chœur... par le public.

Les entraves légales ne ralentissent pas leur succès : en 1706, il y a sept théâtres à la foire Saint-Germain. Lesage lui-même écrit pour ce théâtre libéré des règles de la comédie classique ; chaque saison nouvelle voit éclore des productions théâtrales adaptées aux interdictions du moment : pièces à écriteaux, pièces mixtes ou entièrement en vers ou en prose, avec ou sans airs chantés. Le développement du théâtre de la foire redonne ainsi vie et succès à un genre théâtral guetté par l'académisme. Il renoue avec une veine, un public populaires qui l'avaient depuis longtemps déserté, mais qui en suivent l'évolution, appuyée sur un répertoire dont la qualité s'accroît. On y adapte même le répertoire classique, en contournant interdictions et monopoles : en septembre 1716, un théâtre ambulant de la foire Saint-Laurent est condamné pour avoir représenté *Le Cid* et *Le Médecin malgré lui*. C'est dans ce milieu qu'apparaît le mélange spécifique d'airs, de couplets et de textes parlés qui constitue l'opéra-comique, particulièrement en vogue dans la suite du siècle, où il va bénéficier d'un succès très largement étendu dans l'éventail social. Dans des conditions de diffusion il est vrai modifiées par le développement des troupes et des lieux de représentation, les airs à succès des vaudevilles, dont les élites sociales lanceront la mode, se répandront alors jusque dans les campagnes.

Ces évolutions résultent non seulement de l'élargissement du public, mais d'un lent glissement des élites, et des valeurs et représentations qui les structurent culturellement. Le scepticisme qui pointe à travers certains écrits est un signe, qui en même temps influence ses lecteurs. Scepticisme envers un roi à la fin de sa vie plus redouté qu'admiré : Louis XIV ne parvient plus à imposer ni la figure du père bienfaisant pour ses sujets, ni celle du roi de gloire dont le rôle d'entraînement, d'initiative paraissait attaché à son statut de monarque absolu. « Notre Père qui êtes à Versailles, votre nom n'est plus glorifié, votre règne s'achève... » : ce pamphlet anonyme circule, parmi bien d'autres. Scepticisme religieux, aussi : la répression contre les protestants, les conversions manifestement forcées, la lutte contre les jansénistes qui apparaît comme une mise au pas politique, appuyée sur un soutien du pape à Louis XIV qui trouble l'opinion gallicane, tous ces éléments y contribuent. L'image du Dieu grand horloger en fait pour certains un être lointain, dont on ne se soucie guère plus qu'il n'intervient dans la vie personnelle de chaque homme.

Les valeurs anciennes se démodent, parce qu'elles ne sont plus portées par la foi, l'enthousiasme d'une élite ; parce qu'elles ne conquièrent plus, elles reculent. Le scepticisme modifie le seuil de tolérance dans le domaine des mœurs : la nouveauté réside moins dans les comportements d'une fraction, d'ailleurs restreinte, de la haute société parisienne que dans leur caractère désormais public. Ils s'affichent particulièrement sous la Régence qui, de 1715 à 1723, voit la France gouvernée par le neveu de Louis XIV, Philippe d'Orléans, ce « fanfaron du vice », selon les termes mêmes de son royal parent, sceptique autant que travailleur, et sans doute plus tenté par le modèle de son aïeul Henri IV que par celui du Roi-Soleil. Avec le progrès du chiffre, de l'économie, c'est aussi la place de l'argent qui est plus apparente dans la société. C'est avec une rare violence que La Bruyère attaque dans les *Caractères*, qui paraissent en 1688 et constituent eux aussi un jalon dans le développement d'une littérature critique, ces « âmes sales, pétries de boue et d'ordure, éprises du gain et de l'intérêt, comme les belles âmes le sont de la gloire et de la vertu ».

L'angle d'observation de La Bruyère reste moral et individuel. Mais l'évolution des types littéraires est un signe plus révélateur de l'air du temps. C'est parce qu'il voulait se faire « gentilhomme » que le bourgeois enrichi de Molière était en 1670 la proie d'escrocs, dans une comédie-ballet qui était d'abord un divertissement. En 1709, *Turcaret* présente une peinture beaucoup plus grinçante : le héros de Lesage n'est plus un bourgeois, mais un ancien laquais enrichi à force de spéculations et d'escroqueries, cruel et méprisé, qui vit au milieu d'un monde d'escrocs qui le ridiculise et le dépouille jusqu'à la ruine ; mais la morale n'en est pas sauve pour autant, car le vainqueur est le valet même de Turcaret, à qui ses friponneries ont donné la fortune et le pouvoir. Or Lesage n'est pas le seul à mettre en scène le monde de l'argent. Regnard représente *Le Joueur* en 1696. Le théâtre de Dancourt – environ quatre-vingt-dix pièces composées entre 1683 et 1724 – est plein de gens sans scrupules et d'ingénues qui ne sont guère innocentes : des titres tels que *La Désolation des joueuses* (1687), *La Loterie* (1697), *Les Agioteurs* (1710) ou *La Déroute du pharaon* (1718), un jeu de hasard très prisé à l'époque, parlent par eux-mêmes.

Certes, l'homme d'argent reste généralement un héros négatif ; mais, alors qu'à la fin de *Tartuffe* un *deus ex machina* envoyé par le roi, « prince ennemi de la fraude », sauvait Orgon de la ruine où le précipitait l'imposteur, le dénouement de *Turcaret* est la victoire d'un fripon sur un autre. On n'est plus très loin de l'amoralisme du monde interlope de Manon Lescaut – le roman de Prévost paraît en 1731 – ou du *Paysan parvenu* de Marivaux, publié en 1735, où la bonne mine du héros assure au tout jeune homme sa fortune auprès des dames.

Plus qu'auparavant, les hommes d'argent ont pignon sur rue. Les archaïsmes du système fiscal français, la pénurie monétaire et, par ailleurs, la priorité absolue donnée par Louis XIV, durant les vingt-cinq dernières années de son règne, au financement de l'armée en ont fortement accru le rôle et la fortune. Des groupes, des compagnies largement interdépendants ont fait d'énormes profits grâce à la mer, au ravitaillement des troupes ou aux avances faites au roi. Le banquier du roi Samuel Bernard, la grande famille des Crozat sont avec les Condé les trois premières fortunes du royaume, les figures de proue d'un milieu d'affaires – quelques dizaines de milliers de personnes à l'échelle nationale – dont l'influence politique et sociale est de plus en plus patente. À Nantes, à Saint-Malo, à Marseille s'édifient des fortunes spectaculaires qui ne se fondent plus d'abord sur les modes traditionnels de l'ascension sociale que constituaient jusqu'alors l'achat de charges de l'État et la richesse foncière. Le négoce maritime est, bien plus que la terre, le monde des grandes pertes et des grands profits, que les plus avisés équilibrent. La fièvre de spéculation qui accompagne entre 1716 et 1720 l'ascension puis l'effondrement du système de Law – plus de 500 000 déclarations, qui concernent plus de 10 % des familles françaises, furent faites lors de la liquidation –, les bouleversements qu'elle provoque dans les fortunes grandes et moyennes témoignent de cette instabilité, où l'appât d'un gain rapide l'emporte sur d'autres valeurs.

Ce monde joue désormais un rôle culturel et artistique non négligeable. À Paris, les financiers font construire leurs hôtels place des Victoires et dans les rues voisines du quartier Montmartre qui devient, aux dépens du Marais et du quartier Saint-

Antoine, le nouveau lieu de résidence de la haute société. Pierre Crozat abrite dans son hôtel de la rue de Richelieu plusieurs peintres, dont Watteau, qui y fait plusieurs séjours et peint pour sa salle à manger une série de tableaux sur le thème des saisons. Mort en 1721, à l'âge de trente-sept ans, ce dernier est à juste titre le symbole de cette société de la Régence :

> On peut dire que jamais peintre n'a eu plus de réputation que lui, aussi bien pendant sa vie qu'après sa mort. Ses tableaux, qui sont montés à un très haut prix, sont encore aujourd'hui recherchés avec beaucoup d'empressement. On en voit en Espagne, en Angleterre, en Allemagne, en Prusse, en Italie, et dans beaucoup d'endroits de la France, surtout à Paris.

Ce témoignage de son biographe Jullienne est écrit cinq ans après la mort du peintre. Il permet de souligner au passage la commercialisation croissante de l'œuvre d'art, objet de spéculation – même si Watteau lui-même ne semble y avoir été sensible que dans les dernières années de sa vie –, qu'illustre l'une de ses œuvres les plus célèbres (dont il existe deux versions), *L'Enseigne de Gersaint*, qui représente la galerie de son ami marchand de tableaux. Alors qu'Hyacinthe Rigaud, de vingt-cinq ans son aîné, poursuit sa carrière de « peintre des grands » – il est notamment l'auteur de célèbres portraits de Louis XIV et de Louis XV –, perpétuant ainsi la grande tradition de l'apparat ancien, Watteau correspond à des aspects moins officiels du goût du public. « Noces champêtres », « bals », « mascarades », « compositions et fêtes galantes », ces expressions, même si elles ne recouvrent pas l'ensemble de son œuvre, reviennent sans cesse sous la plume des contemporains pour décrire les traits majeurs d'un art qui, très vite, sera pastiché. La musique, le masque, entrent très souvent dans ces représentations où comédiens et personnages aux habits très éloignés du vêtement paysan se divertissent dans de riants paysages.

On a souvent souligné les correspondances entre l'art de Watteau et celui des comédiens-italiens qu'il se plaît à peindre. L'un et l'autre amorcent plus globalement une évolution de la fonction de l'art. Au XVIIe siècle, le commanditaire cherche dans l'œuvre d'art – ce peut être un château, un tableau ou un motet – à prouver, à montrer. La production artistique est largement destinée soit à l'édification – d'où l'importance du religieux –, soit à d'autres formes d'affirmation, personnelle ou politique. Le faste, la mise en scène de soi-même et de la puissance font de l'art un des modes de la représentation publique. La satisfaction de se voir rendre, par image ou symbole interposés, l'honneur qui est dû l'emporte sur le plaisir esthétique, même si celui-ci n'est évidemment pas absent et s'affirme même dans la production théâtrale, le ballet et l'opéra.

Avec Watteau, avec les comédiens-italiens ou le théâtre de la foire, il s'agit aussi d'ostentation : mais on montre désormais davantage sa fortune que sa puissance. Le luxe commence à l'emporter sur le faste. Ce n'est pas un hasard si, après 1720, disparaissent les lois somptuaires qui, à plusieurs reprises au cours du XVIIe siècle, s'étaient efforcées de limiter les signes extérieurs de la richesse, en particulier dans le domaine vestimentaire, et de faire correspondre l'habit à la condition sociale de son propriétaire ; ainsi s'affirme la « culture des apparences » décrite par Daniel Roche, où le paraître devient un moyen d'être dans la société. Mais l'art devient aussi, avant tout, divertissement, moyen de s'évader hors de la réalité, que l'on retrouve dans un goût croissant pour la littérature de voyages qui s'affirme dans les années 1720. La fête champêtre et galante est au théâtre comme sur les tableaux un substitut aux désagréments de la vie urbaine ; la musique est pur délassement, et le masque subterfuge où se dissimulent les identités, au risque d'une confusion parfois recherchée des rangs. Le principe de plaisir l'emporte sur la mise en scène des émotions, comme celui de confort, qui expliquera un peu plus tard les évolutions de l'architecture, par nature plus lente à réagir. Confort, plaisir, divertissement, évasion : ces mots, auxquels s'attache désormais une connotation positive, traduisent moins une crise qu'une profonde évolution, dans des milieux encore limités, des sensibilités, voire des principes et des représentations sur lesquels se construit une culture.

Conclusion

Dans ce long parcours de plus de deux siècles, nous avons, c'est le rôle de l'historien, privilégié le changement ; il est temps, cependant, d'en rappeler les limites. Durant toute cette époque, aucune des techniques qui permettent à l'homme de maîtriser son environnement naturel, de communiquer ou de se déplacer, de se protéger de la maladie ne s'est fondamentalement modifiée. Qu'il s'agisse des moments de la vie, des rites individuels et sociaux qui en marquent les étapes ou l'achèvement, du rapport de l'homme avec la nature, rien, pour la plupart, n'a en apparence changé. Il faut pourtant se méfier d'une conception structurelle, attachée aux permanences d'une histoire immobile, et de sociétés rurales dont la stabilité, pour ne rappeler que ce seul exemple, serait quasi absolue, alors que les campagnes ont de tout temps été parcourues d'éléments de passage, c'est-à-dire d'informateurs, de porteurs de nouvelles, de savoirs étrangers à la communauté.

Rien ne change, et pourtant… le moindre village, le moindre groupe humain est, bien plus qu'auparavant, encadré, administré, gouverné. Le moindre des paysans est désormais confronté à l'écrit : celui des registres paroissiaux, qui lui donnent un âge précis, et une identité bien mieux vérifiable qu'avant ; celui du rôle d'impôt, fût-il rudimentaire, de l'« égailleur », qui répartit entre les différents foyers la somme due par la paroisse ; celui des images pieuses que, par dévotion ou souci de protection, on affiche dans la plupart des maisons. Appartient-il aux familles en vue de sa paroisse ? Il peut être alors, au sein de la fabrique ou du général qui administre les biens de la communauté, et même s'il n'en signe que d'une croix les délibérations, partie prenante dans toutes les affaires et procès qui la concernent. L'écrit, c'est aussi, collectivement et par l'intermédiaire du clergé, le catéchisme dont la plupart des fidèles ont désormais assimilé les rudiments, ou les avis et ordonnances lus durant le prône. Le livre, sauf parfois s'il est en latin, n'est plus un objet mystérieux, qui pourrait être doté de pouvoirs quasi magiques. Chacun ou presque connaît des gens instruits : le curé, le seigneur, mais aussi le petit monde des gratte-papier – petits juges et notaires, procureurs et avocats – qui les entoure.

Mais, au-delà de ce minimum, essentiel par sa nouveauté et les conséquences à long terme qu'il induit, ce changement se révèle très inégal, sur le triple plan géographique, social et sexuel. Qu'il s'agisse des milieux dévots ou des cercles précieux, on a vu le dynamisme que des femmes de la bourgeoisie et de l'aristocratie avaient contribué à insuffler à de grands mouvements de la culture de leur temps. Ces exemples ne doivent pas cacher une inégalité foncière entre les sexes qui, pour les mieux disposés des hommes, traduit en fait une différence de vocation. Juridiquement mineure, la femme mariée doit être une bonne épouse, une bonne mère capable, selon les capacités de son état, d'élever chrétiennement ses enfants et de tenir son ménage, petit ou grand, en étant une bonne gestionnaire capable par surcroît de faire honneur à son mari. Ce rôle reste inchangé : c'est l'évolution de la société, et non une quelconque modification du rôle respectif des sexes, qui oblige désormais à donner quelque instruction aux femmes de la bonne société.

Il n'est sans doute pas besoin d'insister longuement sur la différenciation sociale. Les différents niveaux de la culture écrite ont cassé une vieille unité de culture, de représentation et de raisonnement qui était largement prédominante à la fin du Moyen Âge. Le développement des écoles, et surtout celui des collèges, le développement des bibliothèques, la civilisation des mœurs ont suscité des clivages nouveaux, et profonds. Il s'est créé au XVIIe siècle une couche sociale qui, par ses modes de raisonnement, par ses comportements, par les représentations qu'elle se fait du monde, des hommes et de Dieu, se différencie très nettement des savoirs traditionnels, progressivement rejetés, déjà, vers le populaire : cette nouvelle culture est celle des hommes de science, de pouvoir et d'argent ; aussi devient-elle, désormais, référence, et donc passage obligé pour celui qui veut se hausser dans l'échelle sociale.

Au-delà de différences régionales importantes, de décalages

régionaux évidents, que l'on a relevés tant dans les comportements religieux qu'à l'analyse des cartes de l'alphabétisation, les villes, bien entendu, sont à l'avant-garde de ces évolutions, ne serait-ce que parce que les couches sociales concernées sont pour l'essentiel urbaines. De la campagne à la ville, de la ville à Paris, le décalage chronologique est constant : alors que la pratique religieuse n'a jamais été aussi régulière au sein des campagnes, Paris, déjà, manifeste quelques signes de relâchement. La ville est à la fois le lieu où se distendent, éventuellement jusqu'à la rupture, les liens avec les traditions culturelles et les normes de la communauté d'origine, et où devient possible pour quelques-uns l'acculturation à celles des élites urbaines. Le petit peuple des villes, notamment à Paris, est beaucoup plus dégourdi que son homologue rural : d'abord parce que son niveau moyen d'alphabétisation est sensiblement plus élevé ; mais surtout parce que la ville est le lieu où paraissent les nouvelles et les modes, où la fréquentation des gens instruits comme l'observation des multiples spectacles de la rue sont le plus faciles et le plus fructueuses. De la culture des riches, les humbles ramassent quelques miettes ; l'exemple des domestiques, parfaits intermédiaires culturels, montre qu'ils en transmettent le cas échéant des bribes à leur milieu d'origine où ils comptent parmi les porteurs de nouveautés.

Cette culture de référence développe, à partir de la formation humaniste, à la fois un système de valeurs, des règles de comportement et un art de raisonner et d'argumenter fondé sur la déduction et sur une notion de la preuve qui lie étroitement les causes et les conséquences ; c'est peu à peu que s'y introduiront les notions de chiffre et de mesure. Culture éloignée de tout ce qui est concret, du monde des métiers, de tout ce qui est désormais jugé vulgaire, sale ou ridicule – ce que résume si bien le mot « indécence » –, et sur laquelle se fonde, précisément en raison de son uniformité et de son abstraction, la construction de l'État centralisé, tel qu'il s'affirme avec Louis XIV.

Qu'il s'agisse des mœurs, du mode de fonctionnement des pouvoirs, de la production artistique ou littéraire, Versailles reste avec Paris le symbole évident de cette époque classique. La vitalité et l'originalité provinciales, même si le propos doit être nuancé pour certaine régions périphériques liées par l'histoire à d'autres aires culturelles, se sont en tous ces domaines très fortement réduites. L'impression des œuvres nouvelles, l'innovation, la mode, les codes du bon goût et des bonnes manières viennent du centre, ou de l'étranger. La survie des centres provinciaux passe par la soumission de leurs élites à cette hiérarchie, que les auteurs ont reconnue en étant de plus en plus, eux-mêmes, parisiens. La politique de la culture et la concentration de ceux qui font autorité régulent les manières de table comme les manières de peindre, l'urbanisme de Versailles ou des places royales comme les normes du langage et de l'écriture.

Classicisme, bien sûr. L'effervescence baroque, si riche de sa diversité et de sa liberté, a cédé la place aux chefs-d'œuvre de la génération classique. La profusion anarchique des genres a disparu, en fonction des règles du bon goût et de l'expression maîtrisée des sentiments et des passions. C'est aussi de la nature que l'homme doit se rendre « maître et possesseur », ce que symbolisent en un certain sens les jardins de Versailles. Le classicisme est-il, après une taille sévère, le plus beau rejeton, le seul qui méritait d'être conservé, et qui même ne pouvait se développer qu'en éliminant toutes les autres branches des arts et de la littérature de l'époque précédente ? Est-il, au contraire, comme le soutiennent ceux qui, depuis peu, redécouvrent le baroque, un appauvrissement de notre culture ? Remarquons, quoi qu'il en soit, que le caractère institutionnel du classicisme a contribué à mettre davantage en lumière les artistes, les écrivains qui s'accordaient à ce moule ; expression parfaite de cette culture de référence, il répond au goût de ces élites qui ont reçu à travers les collèges une formation largement identique, avant même d'être en quelque sorte canonisé par les livres, par l'école, comme un modèle valable pour l'éternité.

Éternel, oui, ce modèle est censé l'être parce qu'il est l'expression même de la raison, identifiée désormais à la pleine humanité. Pourtant, cette canonisation ne doit faire oublier ni la diversité très réelle des écrivains qui la cautionnent – qu'y a-t-il de commun entre Molière et Racine ? –, ni la permanence de courants, d'individus qui échappent à toutes les volontés de normalisation, comme le symbolisent aussi bien la vie et l'œuvre de La Fontaine que la persistance du jansénisme ou, après les persécutions, celle de huguenots qui ne sont convertis qu'en apparence. Aussi brève que diverse, la génération classique voit très vite confluer ceux qui refusent de se plier au consensus politique, religieux, moral ou culturel et ceux qui, au nom de la raison qu'elle a elle-même prônée, en contestent les règles ou les hommes qui les mettent en œuvre. La génération classique cède vite le pas à la génération critique.

Le classicisme est-il pour autant une brève rencontre d'écrivains et d'artistes dont le génie échappe pour les meilleurs d'entre eux aux règles qu'ils sont censés incarner ? Est-il simple illusion résultant du cadre institutionnel imposé à la vie intellectuelle et artistique, voire même construction d'école ? Au-delà du fugace amalgame d'une courte époque de notre histoire littéraire et artistique, reste, finalement, l'essentiel. À la suite d'évolutions multiples dont les prémices se manifestaient dès le XVIe siècle, cette génération voit se mettre en place un modèle cohérent de culture d'inspiration fortement centralisée qui, au sens le plus large du terme, concerne aussi bien les comportements politiques que la morale, le code des bonnes manières que la vie intellectuelle. Louis XIV passe, mais la centralisation, les institutions, les règles du langage qui se sont alors fixées sont devenues cette référence, proposée à l'avenir comme le but à atteindre à une société qui, au moment où nous la quittons, est encore aux trois quarts illettrée.

Mais pour certains l'exercice de la raison ne se conçoit plus sans raisons, ces raisons que persiflent les visiteurs des *Lettres persanes*, qui paraissent avec un très grand succès immédiat en 1721. Les normes, les règles, n'ont désormais de sens qu'à la condition de conduire au progrès, et de rendre l'homme, dès cette terre, un peu plus heureux : Watteau remplace Le Brun, et Marivaux, quelques années plus tard, Racine. Dans *L'Enseigne de Gersaint*, le portrait de Louis XIV part tristement dans la malle qui va l'emporter loin des regards : les temps ont, décidément, changé, même si ce n'est encore que pour quelques-uns.

Bibliographie

Le classement de cette bibliographie en grands domaines thématiques, commode pour le lecteur, se veut une simple orientation, dans la mesure où de nombreux ouvrages abordent plusieurs domaines.

L'immensité de la production nous a contraints à choisir, en renonçant en particulier à mentionner bien des ouvrages généraux et facilement accessibles, ainsi que, à l'inverse, beaucoup d'apports érudits parfois très précieux mais très spécialisés ; nous avons renoncé dans le même esprit à toute mention d'article.

Nous soulignons, aussi, que nous avons été tributaires de cette bibliographie dans le domaine très précis de la citation de documents anciens : lorsqu'il n'a pas été possible de nous reporter à l'original (dans le cas de documents d'archives en particulier), nous avons évidemment cité en reprenant l'orthographe donnée par l'auteur de la publication utilisée. Et nous avons voulu tenter de faire partager notre amour du « beau » document en proposant quelques références de textes, littéraires ou non, remarquables par leur qualité... ou leur facilité d'accès.

[NB : Lorsqu'un ouvrage a fait l'objet d'une réédition, nous mentionnons la première édition, dans la mesure où la date de conception nous semble essentielle dans un domaine qui évolue très vite. Nous dérogeons naturellement à cette règle lorsque la réédition porte sur un ouvrage notablement transformé. Lorsqu'il s'agit d'un titre traduit en français, le souci de faciliter l'accès nous conduit cependant à mentionner l'édition française, en faisant référence à l'édition originale si celle-ci est sensiblement antérieure.]

OUVRAGES GÉNÉRAUX

Angiolini, Franco, et Roche, Daniel (éd.), *Cultures et Formations négociantes dans l'Europe moderne*, Paris, EHESS, 1995.

Audisio, Gabriel, *Les Français d'hier (XVe-XIXe siècle)*, 2 vol., Armand Colin, Paris, 1993-1996.

Babelon, Jean-Pierre, *Henri IV*, Paris, Fayard, 1982.

Bercé, Yves-Marie, *La Naissance dramatique de l'absolutisme (1598-1661)*, Paris, Éd. du Seuil, 1992.

Berriot-Salvadore, Évelyne, *Les Femmes dans la société française de la Renaissance*, Genève, Droz, 1990.

Bluche, François (dir.), *Dictionnaire du Grand siècle*, Paris, Fayard, 1990.

Blumenkranz, Bernard (dir.), *Histoire des juifs en France*, Toulouse, Privat, 1972.

Bois, Jean-Pierre, *Histoire de la vieillesse*, Paris, PUF, 1994.

Bottin, Jacques, *Seigneurs et Paysans dans l'Ouest du pays de Caux (1540-1650)*, Paris, Le Sycomore, 1983.

Boucher, Jacqueline, *La Cour de Henri III*, Rennes, Ouest-France, 1985.

Bourquin, Laurent, *Noblesse seconde et Pouvoir en Champagne aux XVIe et XVIIe siècles*, Paris, Publications de la Sorbonne, 1994.

Briggs, Robin, *Early Modern France (1560-1715)*, Oxford University Press, 1977.

—, *Communities of Belief. Cultural and Social Tensions in Early Modern France*, Oxford, Clarendon, 1989.

Burguière, André, et Revel, Jacques (dir.), *Histoire de la France*, t. I, *L'Espace français*, t. II, *L'État et les Pouvoirs*, t. III, *L'État et les Conflits*, t. IV, *Les Formes de la culture*, Paris, Éd. du Seuil, 1989-1993.

Cabantous, Alain, *Les Côtes barbares. Pilleurs d'épaves et sociétés littorales en France (1680-1830)*, Paris, Fayard, 1993.

—, *Les Citoyens du large. Les identités maritimes en France (XVIIe-XIXe siècle)*, Paris, Aubier, 1995.

Cabourdin, Guy, *Terre et Hommes en Lorraine (1550-1635)*, 2 vol., Nancy, Annales de l'Est, 1977.

Carmona, Michel, *La France de Richelieu*, Paris, Fayard, 1984.

Carrier, Hubert, *La Presse de la Fronde (1648-1653)*, 2 vol., Genève, Droz, 1989-1991.

Cassan, Michel, *Le Temps des guerres de Religion. Le cas du Limousin (vers 1530-vers 1630)*, Paris, Publisud, 1996.

Charton-Le Clech, Sylvie, *Chancellerie et Culture au XVIe siècle. Les notaires et secrétaires du roi de 1515 à 1547*, Toulouse, Presses Universitaires du Mirail, 1993.

Collins, James B., *Classes, Estates and Order in Early Modern Brittany*, Cambridge, Cambridge University Press, 1994.

Collomp, Alain, *La Maison du père. Famille et village en haute Provence aux XVIIe et XVIIIe siècles*, Paris, PUF, 1983.

Constant, Jean-Marie, *La Vie quotidienne de la noblesse française aux XVIe et XVIIe siècles*, Paris, Hachette, 1985.

—, *La Ligue*, Paris, Fayard, 1996.

Cornette, Joël, *L'Affirmation de l'État absolu (1515-1652)*, Paris, Hachette, éd. revue, 1994.

Corvisier, André, *L'Armée française de la fin du XVIIe siècle au ministère de Choiseul. Le soldat*, Paris, PUF, 1964.

Croix, Alain, *La Bretagne aux XVIe et XVIIe siècles. La vie, la mort, la foi*, 2 vol., Paris, Maloine, 1981.

—, *Moi, Jean Martin, recteur de Plouvellec. Curés-« journalistes » de la Renaissance à la fin du XVIIe siècle*, Rennes, Apogée, 1993.

—, *L'Âge d'or de la Bretagne (1532-1675)*, Rennes, Ouest-France, 1993.

Davis, Natalie Zemon, *Les Cultures du peuple. Rituels, savoirs et résistances au XVIe siècle*, Paris, Aubier-Montaigne, 1979.

—, *Le Retour de Martin Guerre*, Paris, Robert Laffont, 1982.

—, *Pour sauver sa vie. Les récits de pardon au XVIe siècle*, Paris, Aubier, 1988.

Davis, Natalie Zemon, et Farge, Arlette (dir.), *Histoire des femmes en Occident*, t. III, *XVIe-XVIIIe siècle*, Paris, Plon, 1991.

Découvertes européennes et Nouvelles Visions du monde (1492-1992), Paris, Publications de la Sorbonne, 1994.

Delumeau, Jean, *La Civilisation de la Renaissance*, Paris, Arthaud, 1967.

— (dir.), *La Mort des pays de cocagne*, Paris, Publications de la Sorbonne, 1976.

Delumeau, Jean, et Lequin, Yves (dir.), *Les Malheurs des*

temps. Histoire des fléaux et des calamités en France, Paris, Larousse, 1987.

Dethan, Georges, *Mazarin, un homme de paix à l'âge baroque (1607-1661)*, Paris, Imprimerie nationale, 1981.

Dewald, Jonathan, *Aristocratic Experience and the Origins of Modern culture. France, 1570-1715*, Berkeley, University of California Press, 1993.

Duby, Georges, et Mandrou, Robert, *Histoire de la civilisation française*, t. I, *Le Moyen Âge et le XVIe siècle*, Paris, Armand Colin, 1958.

Dulong, Claude, *La Vie quotidienne des femmes au Grand Siècle*, Paris, Hachette, 1984.

Dupâquier, Jacques (dir.), *Histoire de la population française*, t. II, *De la Renaissance à 1789*, Paris, PUF, 1988.

Elias, Norbert, *La Civilisation des mœurs*, Paris, Calmann-Lévy, 1991 [1re éd. allemande, 1939 ; 1re éd. française, 1973].

—, *La Société de Cour*, Paris, Flammarion, 1985 [éd. allemande, 1969].

Farr, James R., *Hands of Honor. Artisans and Their World in Dijon (1550-1650)*, Ithaca-Londres, Cornell University Press, 1988.

Foisil, Madeleine, *Le Sire de Gouberville. Un gentilhomme normand au XVIe siècle*, Paris, Aubier, 1981.

—, *Journal de Jean Héroard, médecin de Louis XIII*, Paris, Fayard, 1989.

—, *La Vie quotidienne au temps de Louis XIII*, Paris, Hachette, 1992.

—, *L'Enfant Louis XIII : l'éducation d'un roi (1601-1617)*, Paris, Perrin, 1996.

France d'Ancien Régime (La). Études réunies en l'honneur de Pierre Goubert, 2 vol., Toulouse, Privat, 1984.

Garnot, Benoît, *Société, Cultures et Genres de vie dans la France moderne, XVIe-XVIIIe siècle*, Paris, Hachette, 1991.

Garrisson, Janine, *Royaume, Renaissance et Réforme (1483-1559)*, Paris, Éd. du Seuil, 1991.

—, *Guerre civile et Compromis (1559-1598)*, Paris, Éd. du Seuil, 1991.

Goubert, Pierre, *Mazarin*, Paris, Fayard, 1990.

Goubert, Pierre, et Roche, Daniel, *Les Français sous l'Ancien Régime*, 2 vol., Paris, Armand Colin, 1984.

Gouberville [le sire de], *Journal*, 4 vol., Bricquebosq, Éd. des Champs, 1993-1994.
Grafton, Anthony, et Blair, Ann (dir.), *The Transmission of Culture in Early Modern Europe*, Philadelphie, University of Pennsylvania Press, 1990.
Gutton, Jean-Pierre, *La Société et les Pauvres. L'exemple de la généralité de Lyon, 1534-1789*, Paris, Les Belles Lettres, 1971.
—, *La Sociabilité villageoise dans l'ancienne France*, Paris, Hachette, 1979.
—, *Domestiques et Serviteurs dans la France d'Ancien Régime*, Paris, Aubier, 1982.
—, *Naissance du vieillard*, Paris, Aubier, 1988.
Hanlon, Gregory, *L'Univers des gens de bien. Culture et comportements des élites urbaines en Agenais-Condomois au XVII*^e^ *siècle*, Bordeaux, Presses Universitaires de Bordeaux, 1989.
Hauser, Henri, *Ouvriers du temps passé*, Paris, Alcan, 1899.
Histoire sociale, Sensibilités collectives et Mentalités. Mélanges Robert Mandrou, Paris, PUF, 1985.
Jacquot, Jean (dir.), *Les Fêtes de la Renaissance*, 2 vol., Paris, CNRS, 1956-1960.
Jones-Davies, Marie-Thérèse (dir.), *Langues et Nations au temps de la Renaissance*, Paris, Klincksieck, 1991.
Jouanna, Arlette, *Ordre social, Mythes et Hiérarchies dans la France du XVI*^e^ *siècle*, Paris, Hachette, 1977.
Jouhaud, Christian, *La Main de Richelieu ou le pouvoir cardinal*, Paris, Gallimard, 1991.
Labatut, Jean-Pierre, *Les Ducs et Pairs de France au XVII*^e^ *siècle*, Paris, PUF, 1972.
Lebrun, François, *La Vie conjugale sous l'Ancien Régime*, Paris, Armand Colin, 1975.
Le Roy Ladurie, Emmanuel, *Le Carnaval de Romans. De la Chandeleur au mercredi des Cendres (1579-1580)*, Paris, Gallimard, 1979.
—, *L'État royal, de Louis XI à Henri IV (1460-1610)*, Paris, Hachette, 1987.
L'Estoile, Pierre de, *Mémoires-Journaux*, 12 vol., Paris, Tallandier, 1982.
Longeon, Claude, *Une province française à la Renaissance. La vie intellectuelle en Forez au XVI*^e^ *siècle*, Saint-Étienne, Centre d'études foréziennes, 1975.

Lottin, Alain, *La Désunion du couple sous l'Ancien régime. L'exemple du Nord*, Lille, Université de Lille III, 1975.

Mandrou, Robert, *Introduction à la France moderne. Essai de psychologie historique*, Paris, Albin Michel, 1961.

—, *De la culture populaire en France aux XVIIe et XVIIIe siècles. La bibliothèque bleue de Troyes*, Paris, Stock, 1964.

—, *Magistrats et Sorciers en France au XVIIe siècle. Une analyse de psychologie historique*, Paris, Plon, 1968.

—, *Des humanistes aux hommes de science (XVIe et XVIIe siècle)*, Paris, Éd. du Seuil, 1973.

Margolin, Jean-Claude, *L'Avènement des Temps modernes*, Paris, PUF, 1977.

Matthews-Grieco, Sara F., *Ange ou Diablesse. La représentation de la femme au XVIe siècle*, Paris, Flammarion, 1991.

Meyer, Jean, *La Noblesse française à l'époque moderne, XVIe-XVIIIe siècle*, Paris, Hachette, 1991.

Minois, Georges, *Être ou ne pas être. Le suicide de la Renaissance aux Lumières*, Paris, Fayard, 1995.

Mousnier, Roland, *Paris capitale au temps de Richelieu et de Mazarin*, Paris, A. Pedone, 1978.

—, *L'Homme rouge ou la vie du cardinal de Richelieu (1585-1642)*, Paris, Robert Laffont, 1992.

Muchembled, Robert, *La Violence au village. Sociabilité et comportements populaires en Artois du XVe au XVIIe siècle*, Turnhout, Brepols, 1989.

—, *Société, Culture et Mentalités dans la France moderne, XVIe-XVIIIe siècle*, Paris, Armand Colin, 1990.

—, *Culture populaire et Culture des élites*, Paris, Flammarion, 1991 [1re éd., 1978].

—, *Le Temps des supplices. De l'obéissance sous les rois absolus, XVe-XVIIIe siècle*, Paris, Armand Colin, 1992.

—, *L'Invention de l'homme moderne. Culture et sensibilités en France du XVe au XVIIIe siècle*, Paris, Hachette, 1994.

Neuschel, Kristen B., *Word of Honor. Interpreting Noble Culture in Sixteenth-Century France*, Ithaca, Cornell University Press, 1989.

Nicolas, Jean (dir.), *Mouvements populaires et Conscience sociale, XVIe-XIXe siècles*, Paris, Maloine, 1985.

Noonan, John T., *Contraception et Mariage. Évolution ou contradiction dans la pensée chrétienne*, Paris, Éd. du Cerf, 1969.

Petitfils, Jean-Christian, *Louis XIV*, Paris, Perrin, 1995.

Pillorget, Suzanne, et Pillorget, René, *France baroque, France classique (1589-1715)*, Paris, Robert Laffont, 1996.

Populations et Cultures. Études réunies en l'honneur de François Lebrun, Rennes, AFL, 1989.

Pujo, Bernard, *Vauban*, Paris, Albin Michel, 1991.

Quéniart, Jean, *Culture et Société urbaines dans la France de l'Ouest au XVIIIe siècle*, Paris, Klincksieck, 1978.

Richelieu et la Culture, colloque, Paris, CNRS, 1987.

Richet, Denis, *La France moderne. L'esprit des institutions*, Paris, Flammarion, 1973.

—, *De la Réforme à la Révolution. Études sur la France moderne*, Paris, Aubier, 1991.

Roche, Daniel, *Le siècle des Lumières en province. Académies et académiciens provinciaux, 1660-1789*, Paris-La Haye, Mouton, 1978.

Saint-Simon, duc de, *Mémoires*, Paris, Gallimard, coll. « Bibliothèque de la Pléiade », 1993. Morceaux choisis sous le titre *Saint-Simon, Louis XIV et sa Cour*, Bruxelles, Complexe, 1994.

Salmon, John H. M., *Renaissance and Revolt : Essays in the Intellectual and Social History of Early Modern France*, Cambridge University Press, 1987.

Sanchez, Jean-Pierre (dir.), *Dans le sillage de Colomb. L'Europe du Ponant et la découverte du Nouveau Monde (1450-1650)*, Rennes, PUR, 1995.

Sauzet, Robert (dir.), *Henri III et son temps*, Paris, Vrin, 1992.

Schalk, Ellery, *L'Épée et le Sang. Une histoire du concept de noblesse (vers 1500-vers 1650)*, Seyssel, Champ Vallon, 1996.

Ségalen, Martine, *Mari et Femme dans la France rurale traditionnelle*, catalogue de l'exposition, Paris, RMN, 1973.

—, *Amours et Mariages dans l'ancienne France*, Paris, Berger-Levrault, 1981.

Solnon, Jean-François, *La Cour de France*, Paris, Fayard, 1987.

Strong, Roy, *Les Fêtes de la Renaissance. Art et pouvoir*, Arles, Solin, 1991.

Sutherland, Nicola M., *Princes, Politics and Religion (1547-1589)*, Londres, Hambledon Press, 1984.

Tapié, Victor-Lucien, *La France de Louis XIII et de Richelieu*, Paris, Flammarion, 1952.

Thélamon, Françoise (dir.), *Sensibilité, Pouvoirs et Société. Actes du colloque de Rouen*, Rouen, Publications de l'Université de Rouen, 1987.
Truchet, Jacques (dir.), *Le XVIIe siècle*, Paris, Berger-Levrault, 1992.
Van Gennep, Arnold, *Manuel de folklore français contemporain*, 9 vol., Paris, Picard, 1937-1972.
Vauban, *La Dîme royale*, présenté par Emmanuel Le Roy Ladurie, Paris, Imprimerie nationale, 1993.
Velay-Vallentin, Catherine, *L'Histoire des contes*, Paris, Fayard, 1992.
Vogler, Bernard, *Histoire culturelle de l'Alsace*, Strasbourg, La Nuée bleue, 1993.
Vovelle, Michel, *Mourir autrefois. Attitudes collectives devant la mort aux XVIIe et XVIIIe siècles*, Paris, Gallimard, 1974.
—, *La Mort et l'Occident de 1300 à nos jours*, Paris, Gallimard, 1983.
Wilhelm, Jacques, *La Vie quotidienne au Marais au XVIIe siècle*, Paris, Hachette, 1977.
—, *La Vie quotidienne des Parisiens au temps du Roi-Soleil, 1660-1715*, Paris, Hachette, 1977.
Yates, Frances Amelia, *Les Académies en France au XVIe siècle*, Paris, PUF, 1996 [1re éd., 1947].

Aspects politiques de la culture

Apostolidès, Jean-Marie, *Le Roi-machine*, Paris, Éd. de Minuit, 1981.
Barnavi, Élie, *Le Parti de Dieu. Étude sociale et politique de la Ligue parisienne (1585-1594)*, Louvain, Nauwelaerts, 1980.
Bercé, Yves-Marie, *La Naissance dramatique de l'absolutisme (1598-1661)*, Paris, Éd. du Seuil, 1992.
Bergin, Joseph, *L'Ascension de Richelieu*, Paris, Payot, 1994.
Boureau, Alain, *Le Simple Corps du roi. L'impossible sacralité des souverains français (XVe-XVIIIe siècle)*, Paris, Éd. de Paris, 1988.
Boutier, Jean, Dewerpe, Alain, et Nordman, Daniel, *Un tour de France royal. Le voyage de Charles IX (1564-1566)*, Paris, Aubier, 1984.

Bryant, Lawrence M., *The King and the City in the Parisian Royal Entry Ceremony: Politics, Ritual and Art in the Renaissance*, Genève, Droz, 1986.

Burke, Peter, *Louis XIV. Les stratégies de la gloire*, Paris, Éd. du Seuil, 1995.

Chevallier, Jean-Jacques, *Histoire de la pensée politique*, 3 vol., Paris, Payot, 1979-1984.

Constant, Jean-Marie, *Les Conjurateurs. Le premier libéralisme politique sous Richelieu*, Paris, Hachette, 1987.

Cornette, Joël, *Le Roi de guerre. Essai sur la souveraineté dans la France du Grand siècle*, Paris, Payot, 1993.

Damien, Robert, *Bibliothèque et État. Naissance d'une raison politique dans la France du XVIIe siècle*, Paris, PUF, 1995.

Descimon, Robert, *Qui étaient les Seize ? Mythes et réalités de la Ligue parisienne (1585-1594)*, Paris, Fédération des sociétés historiques et archéologiques de Paris et de l'Ile-de-France, 1983.

Flandrois, Isabelle, *L'Institution du prince au début du XVIIe siècle*, Paris, PUF, 1992.

Fogel, Michèle, *Les Cérémonies de l'information dans la France du XVIe au XVIIIe siècle*, Paris, Fayard, 1989.

—, *L'État dans la France moderne, de la fin du XVe au milieu du XVIIIe siècle*, Paris, Hachette, 1992.

Giesey, Ralph E., *Cérémonial et Puissance souveraine. France, XVe-XVIIe siècle*, Paris, Armand Colin, 1987.

—, *Le roi ne meurt jamais. Les obsèques royales dans la France de la Renaissance*, Paris, Flammarion, 1987.

Goyard-Fabre, Simone, *Philosophie politique, XVIe-XVIIe siècles (modernité et humanisme)*, Paris, PUF, 1987.

Hickey, Daniel, *Le Dauphiné devant la monarchie absolue. Le procès des tailles et la perte des libertés provinciales (1540-1640)*, Grenoble, Presses Universitaires de Grenoble, 1993.

Hildesheimer, Françoise, *Richelieu. Une certaine idée de l'État*, Paris, Publisud, 1985.

Jouanna, Arlette, *Le Devoir de révolte. La noblesse française et la gestation de l'État moderne, 1559-1661*, Paris, Fayard, 1989.

Jouhaud, Christian, *Mazarinades : la Fronde des mots*, Paris, Aubier, 1985.

Kantorowicz, Ernst Hartwig, *Les Deux Corps du roi. Essai sur la théologie politique au Moyen Âge*, Paris, Gallimard, 1989.

Lecoq, Anne-Marie, *François Ier imaginaire : symbolique et politique à l'aube de la Renaissance française*, Paris, Macula, 1987.

Lloyd, Howell A., *The State, France and the Sixteenth Century*, Londres, G. Allen et Unwin, 1983.

Louis XIV, *Mémoires pour l'instruction du Dauphin*, Paris, Imprimerie nationale, 1993.

Méchoulan, Henry (dir.), *L'État baroque. Regards sur la pensée politique de la France du premier XVIIe siècle*, Paris, Vrin, 1985.

Mousnier, Roland, *L'Assassinat d'Henri IV*, Paris, Gallimard, 1964.

Néraudeau, Jean-Pierre, *L'Olympe du Roi-Soleil : mythologie et idéologie royale au Grand siècle*, Paris, Les Belles Lettres, 1986.

Sawyer, Jeffrey K., *Printed Poison. Pamphlet Propaganda, Faction Politics and the Public Sphere in Early Seventeenth-Century France*, University of California Press, 1990.

Thuau, Étienne, *Raison d'État et Pensée politique à l'époque de Richelieu*, Paris, Armand Colin, 1966.

Yardeni, Myriam, *La Conscience nationale en France pendant les guerres de Religion (1559-1598)*, Paris-Louvain, Nauwelaerts, 1971.

Aspects religieux et éducation

Armogathe, Jean-Robert, *Le Quiétisme*, Paris, PUF, 1973.

— (dir.), *Le Grand siècle et la Bible*, Paris, Beauchesne, 1989.

Baumgartner, Frederic J., *Change and Continuity in the French Episcopate. The Bishops and the Wars of Religion, 1547-1610*, Durham, Duke University Press, 1986.

Bédouelle, Guy, Roussel, Bernard, *et al.*, *Le Temps des Réformes et la Bible*, Paris, Beauchesne, 1989.

Belmont, Nicole, *Mythes et Croyances dans l'ancienne France*, Paris, Flammarion, 1973.

Berriot, François, *Athéismes et Athéistes au XVIe siècle en France*, Paris, Éd. du Cerf, 1984.

Berthelot du Chesnay, Charles, *Les missions de saint Jean Eudes. Contribution à l'histoire des missions en France au* XVIIe *siècle*, Paris, Procure des eudistes, 1967.

Bérulle, Pierre de, *Œuvres complètes* (publication en cours), Paris, Éd. du Cerf, 1995-1996.

Blet, Pierre, *Le Clergé du Grand siècle en ses assemblées*, Paris, Éd. du Cerf, 1995.

Boisset, Jean (dir.), *La Réforme et l'Éducation. Actes du colloque de Montpellier*, Toulouse, Privat, 1974.

Bonzon-Leizérovici, Anne, *Prêtres et Paroisses dans le diocèse de Beauvais (1535-1650)*, thèse, Paris, Université de Paris X, 1996.

Bourchenin, Daniel, *Études sur les académies protestantes en France au* XVIe *et au* XVIIe *siècle*, Paris, 1882 [réimpr., Genève, Droz, 1969].

Bouyssou, Marc, *Réforme catholique et Déchristianisation. Les testaments des ruraux du Blaisois et du Vendômois,* XVIe-XVIIIe *siècle*, thèse, Tours, 1994.

Brémond, Henri, *Histoire littéraire du sentiment religieux en France depuis la fin des guerres de religion*, 12 vol., Paris, Bloud et Gay, 1916-1931 [rééd., Armand Colin, 1968-1971].

Brodeur, Raymond, et Caulier, Brigitte (dir.), *Enseigner le catéchisme. Autorités et institutions (*XVIe-XXe *siècles)*, Québec, Presses de l'Université Laval, 1997.

Broutin, Paul, *La Réforme pastorale en France au* XVIIe *siècle*, 2 vol., Tournai, 1956.

Bugnion-Secrétan, Perle, *Mère Angélique Arnauld (1591-1661), abbesse et réformatrice de Port-Royal, d'après ses écrits*, Paris, Éd. du Cerf, 1991.

Bury, Emmanuel, et Meunier, Bernard (dir.), *Les Pères de l'Église au* XVIIe *siècle*, Paris, Éd. du Cerf / IRHT, 1994.

Busson, Henri, *La Religion des classiques, 1660-1685*, Paris, PUF, 1948.

Cabantous, Alain, *Le Ciel dans la mer. Christianisme et civilisation maritime*, Paris, Fayard, 1990.

Calvet, Jean-Antoine, *La Littérature religieuse de saint François de Sales à Fénelon*, Paris, De Gigord, 1938.

Caulier, Brigitte, *L'Eau et le Sacré. Les cultes thérapeutiques autour des fontaines en France, du Moyen Âge à nos jours*, Paris-Québec, Beauchesne et Presses de l'Université Laval, 1992.

Certeau, Michel de, *La Possession de Loudun*, Paris, Gallimard, 1970.

Chartier, Roger, Compère, Marie-Madeleine, et Julia, Dominique, *L'Éducation en France du* XVIe *au* XVIIIe *siècle*, Paris, SEDES, 1976.

Chartier, Roger, Julia, Dominique, et Revel, Jacques, *Les Universités européennes du* XVIe *au* XVIIIe *siècle. Histoire sociale des populations étudiantes*, Paris, EHESS, 1986.

Châtellier, Louis, *Tradition chrétienne et Renouveau catholique dans l'ancien diocèse de Strasbourg (1650-1770)*, Paris, Ophrys, 1981.

—, *L'Europe des dévots*, Paris, Flammarion, 1987.

—, *La Religion des pauvres. Les missions rurales en Europe et la formation du catholicisme moderne*, Paris, Aubier, 1993.

—, *Le Catholicisme en France, 1500-1650*, 2 vol., Paris, SEDES, 1995.

Chaunu, Pierre, *La Mort à Paris,* XVIe*,* XVIIe *et* XVIIIe *siècles*, Paris, Fayard, 1978.

Chedozeau, Bernard, *La Bible et la Liturgie en français : l'Église tridentine et les traductions bibliques et liturgiques (1600-1789)*, Paris, Éd. du Cerf, 1990.

Chevalier, Bernard, et Sauzet, Robert, *Les Réformes, enracinement socio-culturel*, Paris, La Maisnie, 1985.

Chevalier, Françoise, *Prêcher sous l'édit de Nantes : la prédication réformée au* XVIIe *siècle*, Paris, Labor et Fides, 1994.

Christin, Olivier, *Une révolution symbolique. L'iconoclasme huguenot et la reconstruction catholique*, Paris, Éd. de Minuit, 1991.

Cochois, Paul, *Bérulle et l'École française*, Paris, Éd. du Seuil, 1963.

Cognet, Louis, *Les Origines de la spiritualité française au* XVIIe *siècle*, Paris, La Colombe, 1949.

—, *De la dévotion moderne à la spiritualité française*, Paris, Fayard, 1962.

—, *La Spiritualité moderne. L'essor*, t. III-2 de L. Bouyer (dir.), *Histoire de la spiritualité chrétienne*, Paris, Aubier, 1966.

—, *Le Crépuscule des mystiques : Bossuet-Fénelon*, nouvelle éd. mise à jour par J.-R. Armogathe, Paris, Desclée de Brouwer, 1991.

—, *Le Jansénisme*, Paris, PUF, 6e éd., 1991.

Compère, Marie-Madeleine, *Du collège au lycée (1500-1850). Généalogie de l'enseignement secondaire français*, Paris, Gallimard, 1985.

—, *Performances scolaires de collégiens sous l'Ancien Régime : étude de six séries d'exercices latins rédigés au collège Louis-le-Grand vers 1726*, Paris, Publications de la Sorbonne, 1992.

Controverse religieuse (La) (XVIe-XIXe siècles). Actes du VIe colloque du Centre d'histoire de la Réforme et du protestantisme, Montpellier, s. d. (notamment les contributions d'É. Labrousse, J. Solé et B. Dompnier).

Conversion au XVIIe siècle (La). Actes du colloque, Marseille, Centre méridional de rencontres sur le XVIIe siècle, 1983.

Coste, Pierre, *Le Grand Saint du Grand siècle. Monsieur Vincent*, 3 vol., Paris, Desclée de Brouwer, 1934.

Cottret, Bernard, *Le Christ des Lumières : Jésus de Newton à Voltaire, 1660-1760*, Paris, Éd. du Cerf, 1990.

Croix, Alain (dir.), *Les Bretons et Dieu. Atlas d'histoire religieuse (1300-1800)*, Rennes, PUR, 1985.

Crouzet, Denis, *Les Guerriers de Dieu. La violence au temps des troubles de religion, vers 1525-1610*, 2 vol., Seyssel, Champ Vallon, 1990.

—, *La Nuit de la Saint-Barthélemy. Un rêve perdu de la Renaissance*, Paris, Fayard, 1994.

Dagens, Jean, *Bérulle et les Origines de la restauration catholique*, Bruges, Desclée de Brouwer, 1952.

Dainville, François de, *Les Jésuites et l'Éducation de la société française. La géographie des humanistes*, Paris, Beauchesne, 1940.

—, *Les Jésuites et l'Éducation de la société française. La naissance de l'humanisme moderne*, Paris, Beauchesne, 1941.

—, *L'Éducation des jésuites (XVIe-XVIIIe siècles)*, Paris, Éd. de Minuit, 1978.

Degert, Antoine, *Histoire des séminaires français jusqu'à la Révolution*, 2 vol., Paris, 1912.

Delcambre, Étienne, *Le Concept de sorcellerie dans le duché de Lorraine au XVIe et au XVIIe siècle*, 3 vol., Nancy, Société d'archéologie lorraine, 1948-1951.

Delforge, Frédéric, *La Bible en France et dans la francophonie. Histoire, traduction, diffusion*, Paris, Publisud / Société biblique française, 1991.

Delumeau, Jean, *La Peur en Occident (XIVe-XVIIIe siècles)*, Paris, Fayard, 1978.

—, *Le Péché et la Peur. La culpabilisation en Occident (XIIIe-XVIIIe siècles)*, Paris, Fayard, 1983.

—, *Rassurer et protéger. Le sentiment de sécurité dans l'Occident d'autrefois*, Paris, Fayard, 1989.

—, *L'Aveu et le Pardon. Les difficultés de la confession (XIIIe-XVIIIe siècles)*, Paris, Fayard, 1990.

—, *Une histoire du paradis*, t. I, *Le Jardin des délices*, t. II, *Mille Ans de bonheur*, Paris, Fayard, 1992-1995.

— (dir.), *La Première Communion. Quatre siècles d'histoire*, Paris, Desclée de Brouwer, 1987.

— (dir.), *La Religion de ma mère. Le rôle des femmes dans la transmission de la foi*, Paris, Éd. du Cerf, 1992.

Delumeau, Jean, et Cottret, Monique, *Le Catholicisme entre Luther et Voltaire*, Paris, PUF, 1996.

Demerson, Geneviève, Dompnier, Bernard, et Regond, Annie (dir.), *Les Jésuites parmi les hommes aux XVIe et XVIIe siècles*, Clermont-Ferrand, Publications de la faculté des lettres, 1987.

Deregnaucourt, Gilles, et Poton, Didier, *La Vie religieuse en France aux XVIe-XVIIe-XVIIIe siècles*, Gap-Paris, Ophrys, 1994.

Devos, Roger, *Saint François de Sales par les témoins de sa vie*, Annecy, Gardet, 1967.

Deyon, Solange, et Lottin, Alain, *Les Casseurs de l'été 1566*, Paris, Hachette, 1981.

Dhotel, Jean-Claude, *Les Origines du catéchisme moderne, d'après les premiers manuels imprimés en France*, Paris, Aubier, 1967.

Dodin, André, *Saint Vincent de Paul et la Charité*, Paris, Éd. du Seuil, 1960.

Dompnier, Bernard, *Le Venin de l'hérésie. Images du protestantisme et combat catholique au XVIIe siècle*, Paris, Centurion, 1985.

—, *Enquête au pays des frères des anges. Les capucins de la province de Lyon aux XVIIe et XVIIIe siècles*, Saint-Étienne, Publications de l'Université de Saint-Étienne et du CERCOR, 1993.

Dupront, Alphonse, *Du sacré. Croisades et pèlerinages. Images et langages*, Paris, Gallimard, 1987.

Dupuy, Michel, *Bérulle et le sacerdoce. Étude historique et doctrinale. Textes inédits*, Paris, Lethielleux, 1969.

Duvignacq-Glessgen, Marie-Ange, *L'Ordre de la Visitation à Paris aux XVIIe et XVIIIe siècles*, Paris, Éd. du Cerf, 1994.

Fabre, Daniel, *Carnaval, la fête à l'envers*, Paris, Gallimard, 1992.

Favret-Saada, Jeanne, *Les Mots, la Mort, les Sorts. La sorcellerie dans le Bocage*, Paris, Gallimard, 1978.

Febvre, Lucien, *Au cœur religieux du XVIe siècle*, Paris, SEVPEN, 1957.

—, *Le Problème de l'incroyance au XVIe siècle. La religion de Rabelais*, Paris, Albin Michel, 1968 [1re éd., 1942].

Fouqueray, Henri, *Histoire de la compagnie de Jésus en France des origines à la suppression*, Paris, A. Picard et fils, 1910-1925 [les volumes effectivement parus couvrent la période 1528-1645].

François de Sales [saint], *Œuvres*, Paris, Gallimard, coll. « Bibliothèque de la Pléiade », textes présentés par André Ravier, nouvelle éd., 1992.

Frémyot de Chantal, *Correspondance*, établie par M. P. Burns, Paris, Éd. du Cerf, 1987-1989.

Froeschlé-Chopard, Marie-Hélène, *Espace et Sacré en Provence (XVIe-XXe siècle). Cultes, images, confréries*, Paris, Éd. du Cerf, 1994.

—, (dir.), *Les Confréries, l'Église et la Cité*, Grenoble, Centre alpin et rhodanien d'ethnologie, 1988.

Froeschlé-Chopard, Marie-Hélène, et Froeschlé-Chopard, Michel, *Atlas de la réforme pastorale en France de 1550 à 1790*, Paris, CNRS, 1986.

Furet, François, et Ozouf, Jacques, *Lire et écrire. L'alphabétisation des Français de Calvin à Jules Ferry*, 2 vol., Paris, Éd. de Minuit, 1977.

Garrisson-Estèbe, Janine, *Protestants du Midi (1559-1598)*, Toulouse, Privat, 1980.

Garrisson, Janine, *L'Édit de Nantes et sa Révocation. Histoire d'une intolérance*, Paris, Éd. du Seuil, 1985.

—, *Les Protestants au XVIe siècle*, Paris, Fayard, 1988.

Gastoue, Amédée, *Le Cantique populaire en France. Ses sources, son histoire*, Lyon, Janin frères, 1924.

Giard, Luce (dir.), *Les Jésuites à la Renaissance. Système éducatif et production du savoir*, Paris, PUF, 1995.

Grosperrin, François, *Les Petites Écoles en France sous l'Ancien Régime*, Rennes, Ouest-France, 1984.

Gueudre (Mère Marie de Chantal), *Histoire de l'ordre des ursulines en France*, 2 vol., Paris, Éd. Saint-Paul, 1958-1960.

Guggisberg, Hans R., Lestringant, Frank, et Margolin, Jean-Claude (dir.), *La Liberté de conscience (XVIe-XVIIe siècle)*, Genève, Droz, 1991.

Hanlon, Gregory, *Confession and Community in Seventeenth-Century France : Catholic and Protestant Coexistence in Aquitaine*, Philadelphie, University of Pennsylvania Press, 1993.

Higman, Francis, *La Diffusion de la Réforme en France (1520-1565)*, Genève, Labor et Fides, 1992.

Hildesheimer, Françoise, *Le Jansénisme*, Paris, Publisud, 1992.

Houdard, Sophie, *Les Sciences du diable. Quatre discours sur la sorcellerie (XVe-XVIIe siècle)*, Paris, Éd. du Cerf, 1992.

Huguenots (Les), catalogue de l'exposition, Paris, Archives nationales, 1985.

Institoris, Henry, et Sprenger, Jacques, *Le Marteau des sorcières*, présenté et traduit par Amand Danet, Paris, Plon, 1973.

Labrousse, Élisabeth, *Une foi, une loi, un roi ? La révocation de l'édit de Nantes*, Paris, Payot/Labor et Fides, 1985.

Lajeunie, Étienne-Marie, *Saint François de Sales et l'Esprit salésien*, Paris, Éd. du Seuil, 1962.

Lallemand, Paul, *Histoire de l'éducation dans l'ancien Oratoire de France*, Paris, 1888 [reprint, Genève, Slatkine, 1976].

Laplanche, François, *L'Écriture, le Sacré et l'Histoire. Érudits et politiques protestants devant la Bible en France au XVIIe siècle*, Amsterdam, APA éditeur, 1986.

—, *La Bible en France entre mythe et critique, XVIe-XIXe siècle*, Paris, Albin Michel, 1994.

Lebigre, Arlette, *La Révolution des curés. Paris, 1588-1594*, Paris, Albin Michel, 1980.

Lebrun, François, *Se soigner autrefois. Médecins, saints et sorciers aux XVIIe et XVIIIe siècles*, Paris, Éd. du Seuil, 1995 [1re éd., 1983].

—, (dir.), *Histoire des catholiques en France du XVe siècle à nos jours*, Toulouse, Privat, 1980.

Lebrun, François, et Antébi, Élisabeth, *Les Jésuites ou la gloire de Dieu*, Paris, Stock-Antébi, 1990.

Le Brun, Jacques, *La Spiritualité de Bossuet*, Paris, Klincksieck, 1972.

Le Goff, Jacques, et Rémond, René (dir.), *Histoire de la France religieuse*, t. II, *XIVe-XVIIIe siècle*, Paris, Éd. du Seuil, 1988.

Lemaître, Nicole, *Le Rouergue flamboyant. Le clergé et les paroisses du diocèse de Rodez (1417-1563)*, Paris, Éd. du Cerf, 1988.

Léonard, Émile G., *Histoire générale du protestantisme*, t. I, *La Réformation*, t. II, *L'Établissement*, Paris, PUF, 1961.

Levack, Brian P., *La Grande Chasse aux sorcières en Europe aux débuts des Temps modernes*, Seyssel, Champ Vallon, 1991.

Lottin, Alain, *Lille, citadelle de la Contre-Réforme ? (1598-1668)*, Dunkerque, Éd. du Beffroi, 1984.

Mandrou, Robert, *Possession et Sorcellerie au XVIIe siècle*, Paris, Hachette, 1997 [1re éd., 1979].

Martimort, Aimé-Georges, *Le Gallicanisme*, Paris, PUF, 1973.

Martin, Victor, *Le Gallicanisme et la Réforme catholique, 1563-1615*, Paris, A. Picard, 1919.

—, *Le Gallicanisme politique et le Clergé de France*, Paris, 1929.

Ménard, Michèle, *Une histoire des mentalités religieuses aux XVIIe et XVIIIe siècles. Mille retables de l'ancien diocèse du Mans*, Paris, Beauchesne, 1980.

Meyer, Jean, *Bossuet*, Paris, Plon, 1993.

Mezzadri, Luigi, et Roman, José-Maria, *Histoire de la congrégation de la mission*, t. I, *De la fondation jusqu'à la fin du XVIIe siècle (1625-1697)*, Paris, Desclée de Brouwer, 1994.

Moisy, Pierre, *Les Églises des jésuites de l'ancienne Assistance de France*, Rome, Institutum Historicum, 1958.

Mours, Samuel, *Le Protestantisme en France au XVIe siècle*, Paris, Librairie protestante, 1959.

—, *Le Protestantisme en France au XVIIe siècle (1598-1685)*, Paris, Librairie protestante, 1967.

Muchembled, Robert, *La Sorcière au village*, Paris, Gallimard, 1979.

—, *Sorcières, Justice et Société aux XVIe et XVIIe siècles*, Paris, Imago, 1987.

Neveu, Bruno, *Érudition et Religion aux XVIIe et XVIIIe siècles*, Paris, Albin Michel, 1994.

Orcibal, Jean, *Saint-Cyran et le Jansénisme*, Paris, Éd. du Seuil, 1961.

Parias, Louis-Henri (dir.), *Histoire générale de l'enseignement et de l'éducation en France*, t. II, *De Gutenberg aux Lumières*, Paris, Nouvelle Librairie de France, 1981.

Pascal et Port-Royal (collectif), Paris, Fayard, 1962.

Pérouas, Louis, *Le Diocèse de La Rochelle, 1648-1724. Sociologie et pastorale*, Paris, SEVPEN, 1964.

Peyrous, Bernard, *La Réforme catholique à Bordeaux (1600-1719)*, 2 vol., Bordeaux, Fédération historique du Sud-Ouest, 1995.

Pidoux, Pierre, *Le Psautier huguenot du XVIe siècle. Mélodies et documents*, 2 vol., Bâle, Baerenreitel, 1962.

—, *Les Psaumes en vers français avec leurs mélodies traduits par C. Marot et t. de Bèze*, Paris, Droz, 1986.

Pierre Fourier [saint], *Correspondance, 1598-1640*, 5 vol., Nancy, Presses Universitaires de Nancy, 1986-1991.

Piété populaire au Moyen Âge (La). La piété populaire de 1610 à nos jours. Actes du 99e congrès des sociétés savantes, Besançon, 1974, 2 vol., Paris, Direction des bibliothèques et de la lecture publique, 1976-1977.

Plongeron, Bernard (dir.), *La Religion populaire dans l'Occident chrétien, approches historiques*, Paris, Beauchesne, 1976.

Poutet, Yves, *Le XVIIe siècle et les Origines lasalliennes*, Rennes, Imprimeries réunies, 1970.

Prévot, Jacques, *La Première Institutrice de France : madame de Maintenon*, Paris, Belin, 1981.

Quéniart, Jean, *Les Hommes, l'Église et Dieu dans la France du XVIIIe siècle*, Paris, Hachette, 1978.

—, *La Révocation de l'édit de Nantes. Protestants et catholiques français de 1598 à 1685*, Paris, Desclée de Brouwer, 1985.

Rancé, Armand de, *Correspondance*, éd. Alban John Krailsheimer, 4 vol., Paris, Éd. du Cerf/Cîteaux, 1993.

Rapp, Francis, *Réformes et Réformation à Strasbourg. Église et société dans le diocèse de Strasbourg (1450-1520)*, Paris, Ophrys, 1974.

Ravier, André, *Les Lettres d'amitié spirituelle. Correspondance de Jeanne Françoise Frémyot de Chantal*, Paris, Éd. du Cerf, 1979.

Ravier, André, et Devos, Roger, *Saint François de Sales*, Lyon, 1962.

Rohan-Chabot, Alix de, *Les Écoles de campagne en Lorraine au XVIIe siècle*, Corbeil, Impr. Crete, 1969.

Roudaut, Fañch, Croix, Alain et Broudic, Fañch, *Les Chemins du paradis / Taolennou ar Baradoz*, Douarnenez, L'Estran, 1988.

Sainsaulieu, Jean, *Les Ermites français*, Paris, Éd. du Cerf, 1974.

Sainte-Beuve, Charles-Augustin, *Port-Royal*, 3 vol., Paris, Gallimard, coll. « Bibliothèque de la Pléiade », 1961-1964.

Sauzet, Robert, *Contre-Réforme et Réforme catholique en bas Languedoc. Le diocèse de Nîmes au XVIIe siècle*, Paris, Publications de la Sorbonne, 1979.

— (dir.), *Les Frontières religieuses en Europe du XVe au XVIIe siècle*, Paris, Vrin, 1992.

Schmitt, Jean-Claude, *Le Saint Lévrier. Guinefort, guérisseur d'enfants depuis le XIIIe siècle*, Paris, Flammarion, 1979.

Snyders, Georges, *La Pédagogie en France aux XVIIe et XVIIIe siècles*, Paris, PUF, 1965.

Soman, Alfred, *Sorcellerie et Justice criminelle : le Parlement de Paris (XVIe-XVIIIe siècle)*, Hampshire-Brookfield, Variorum, 1992.

Tallon, Alain, *La Compagnie du Saint-Sacrement (1629-1667)*, Paris, Éd. du Cerf, 1990.

Taveneaux, René, *Jansénisme et Politique*, Paris, Armand Colin, 1965.

—, *La Vie quotidienne des jansénistes*, Paris, Hachette, 1973.

—, *Jansénisme et Prêt à intérêt*, Paris, Vrin, 1977.

—, *Le Catholicisme dans la France classique, 1610-1715*, 2 vol., Paris, SEDES, 2e éd. (bibliographie mise à jour), 1994.

—, *La Pastorale, l'Éducation, l'Europe chrétienne*, textes choisis et commentés, Paris, Messène, 1995.

Triboulet, Raymond, *Gaston de Renty, 1611-1649. Un homme de ce monde. Un homme de Dieu*, Paris, Beauchesne, 1991.

Tuilier, André, *Histoire de l'Université de Paris et de la Sorbonne*, 2 vol., Paris, Nouvelle Librairie de France, 1994.

Veissière, Michel, *L'Évêque Guillaume Briçonnet (1470-1534). Contribution à la naissance de la réforme catho-*

lique à la veille du concile de Trente, Provins, Société d'histoire et d'archéologie, 1986.

—, *Autour de Guillaume Briçonnet (1470-1534)*, Provins, Société d'histoire et d'archéologie, 1993.

Venard, Marc *Réforme protestante, Réforme catholique dans la province d'Avignon au XVIe siècle*, Paris, Éd. du Cerf, 1993.

—, (dir.), *Histoire du christianisme*, t. VII, *De la réforme à la réformation (1450-1530)*, t. VIII, *Le Temps des confessions (1530-1620)*, Paris, Desclée de Brouwer, 1992-1994.

Verger, Jacques (dir.), *Histoire des universités en France*, Toulouse, Privat, 1986.

Viguerie, Jean de, *Une œuvre d'éducation sous l'Ancien Régime. Les pères de la Doctrine chrétienne en France et en Italie*, Paris, La Nouvelle Aurore, 1976.

—, *L'Institution des enfants. L'éducation en France (XVIe-XVIIIe siècles)*, Paris, Calmann-Lévy, 1978.

— (dir.), *La Vocation sacerdotale et religieuse en France, XVIIe-XIXe siècles*, Presses de l'Université d'Angers, 1979.

— (dir.), *Histoire de la messe, XVIIe-XIXe siècle*, Presses de l'Université d'Angers, 1980.

— (dir.), *Les Religieuses enseignantes, XVIe-XXe siècle*, Presses de l'Université d'Angers, 1981.

Vincent de Paul [saint], *Correspondance, Entretiens, Documents*, éd. Pierre Coste, 13 vol., Paris, 1920-1925.

Wanegffelen, Thierry, *Ni Rome, ni Genève. Des fidèles entre deux chaires en France au XVIe siècle*, Paris, Honoré Champion, 1997.

Weber, Max, *L'Éthique protestante et l'Esprit du capitalisme*, éd. française, Paris, Plon, 1964.

LITTÉRATURE ET LIVRE, HISTOIRE DES IDÉES (AUTRES QUE RELIGIEUSES)

Abraham, Pierre, et Desné, Roland (dir.), *Histoire littéraire de la France*, t. I, *Des origines à 1600*, t. II, *De 1600 à 1715*, Paris, Éd. Sociales, 1966-1971.

Adam, Antoine, *Histoire de la littérature française au XVIIe siècle*, 5 vol., Paris, Domat, 1953-1956.

—, *Les Libertins au XVIIe siècle*, Paris, Buchet-Chastel, 1964.

—, *L'Âge classique (c. 1624-1660)*, Paris, Arthaud, 1968.

Alquié, Ferdinand, *Le Cartésianisme de Malebranche*, Paris, Vrin, 1974.

Andriès, Lise, *Le Grand Livre des secrets. Le colportage en France aux* XVII*e et* XVIII*e siècles*, Paris, Imago, 1994.

Arbour, Roméo, *Un éditeur d'œuvres littéraires au* XVII*e siècle : Toussaint Du Bray (1604-1636)*, Genève, Droz, 1992.

Aulotte, Robert, *Précis de littérature française du* XVI*e siècle*, Paris, PUF, 1991.

Bakhtine, Mikhaïl, *L'Œuvre de François Rabelais et la Culture populaire au Moyen Âge et sous la Renaissance*, Paris, Gallimard, 1970 [éd. russe, 1965].

Balmas, Enea, *La Renaissance (c. 1548-1570)*, Paris, Arthaud, 1974.

Béhar, Pierre, *Langues occultes de la Renaissance : essai sur la crise intellectuelle de l'Europe du* XVI*e siècle*, Paris, Desjonquères, 1996.

Bellanger, Claude, *Histoire générale de la presse française*, t. I, *Des origines à 1814*, Paris, PUF, 1969.

Billacois, François, *Le Duel dans la société française des* XVI*e*-XVII*e siècles. Essai de psychosociologie historique*, Paris, EHESS, 1986.

Blum, Claude, *La Représentation de la mort dans la littérature française de la Renaissance*, 2 vol., Paris, Champion, 1989.

Bollème, Geneviève, *La Bibliothèque bleue. La littérature populaire en France du* XVI*e au* XIX*e siècle*, Paris, Julliard, 1971.

Boriaud, Jean-Yves, *La Littérature du* XVI*e siècle*, Paris, Armand Colin, 1995.

Bray, René, *La Formation de la doctrine classique*, Paris, Nizet, 1951.

Brunot, Ferdinand, *Histoire de la langue française des origines à 1900*, Paris, Armand Colin, 1925 [nouvelle éd., bibliographies par R. Lathuillière, Paris, Armand Colin, 1966].

Carrier, Hubert, *Les Muses guerrières. Les mazarinades et la vie littéraire au milieu du* XVII*e siècle,* Paris, Klincksieck, 1996.

Chartier, Roger, *Le Pamphlet en France au* XVI*e siècle*, Paris, Presses de l'ENS, 1983.

—, *Lectures et Lecteurs dans la France de l'Ancien Régime*, Paris, Éd. du Seuil, 1987.
—, *L'Ordre des livres. Lecteurs, auteurs, bibliothèques en Europe entre* XIVe *et* XVIIIe *siècle*, Aix-en-Provence, Alinéa, 1992.
—, *Culture écrite et Société. L'ordre des livres (*XIVe-XVIIIe *siècle)*, Paris, Albin Michel, 1996.
— (dir.), *Les Usages de l'imprimé*, Paris, Fayard, 1987.
Chauveau, Jean-Pierre, *Anthologie de la poésie française du* XVIIe *siècle*, Paris, Gallimard, 1987.
Drévillon, Hervé, *Lire et Écrire l'avenir. L'astrologie dans la France du Grand siècle (1610-1715)*, Seyssel, Champ Vallon, 1996.
Duchêne, Roger, *Jean de La Fontaine*, Paris, Fayard, 1990.
Febvre, Lucien, *Amour sacré, Amour profane. Autour de l'Heptaméron*, Paris, Gallimard, 1944.
Febvre, Lucien, et Martin, Henri-Jean, *L'Apparition du livre*, Paris, Albin Michel, 1958.
Fontaine, Laurence, *Histoire du colportage en Europe aux* XVe-XIXe *siècles*, Paris, Albin Michel, 1993.
Fragonard, Marie-Madeleine, *La Plume et l'Épée. La littérature des guerres de Religion à la Fronde*, Paris, Gallimard, 1989.
—, *Les Dialogues du prince et du poète. Littérature française de la Renaissance*, Paris, Gallimard, 1990.
Fumaroli, Marc, *Jean de La Fontaine en son siècle*, Paris, De Fallois, 1997.
Gilmont, Jean-François (dir.), *La Réforme et le Livre. L'Europe de l'imprimé (1517-1570)*, Paris, Éd. du Cerf, 1990.
Giraud, Yves, et Jung, Marc-René, *La Renaissance (c. 1480-1548)*, Paris, Arthaud, 1948.
Gouhier, Henri, *L'Anti-humanisme au* XVIIe *siècle*, Paris, Vrin, 1987.
Grenet, Micheline, *La Passion des astres au* XVIIe *siècle. De l'astrologie à l'astronomie*, Paris, Hachette, 1994.
Hazard, Paul, *La Crise de la conscience européenne (1680-1715)*, Paris, Boivin, 1935 [rééd., Paris, Fayard, 1961].
Jehasse, Jean, *La Renaissance de la critique. L'essor de l'humanisme érudit de 1560 à 1614*, Publications de l'Université de Saint-Étienne, 1976.
Jolly, Claude (dir.), *Histoire des bibliothèques françaises*, t. II,

Les Bibliothèques sous l'Ancien Régime (1530-1789), Paris, Promodis, 1988.

Koyré, Alexandre, *Du monde clos à l'univers infini*, Paris, Gallimard, 1962.

Labarre, Albert, *Le Livre dans la vie amiénoise du* XVI*e siècle*, Paris-Louvain, 1971.

La Boétie, Étienne de, *Discours de la servitude volontaire*, présenté par F. Bayard, Paris, Imprimerie nationale, 1992.

Lafay, Henri, *La Poésie du premier* XVII*e siècle*, Paris, Nizet, 1975.

Landry, Jean-Pierre, et Morlin, Isabelle, *La Littérature française du* XVII*e siècle*, Paris, Armand Colin, 1993.

Lathuillière, Roger, *La Préciosité. Étude littéraire et linguistique*, Genève, Droz, 1966.

Lenoble, Robert, *Mersenne ou la Naissance du mécanisme*, Paris, Vrin, 1943.

Lestringant, Franck, *André Thévet, cosmographe des derniers Valois*, Genève, Droz, 1991.

Lever, Maurice, *Le Roman français au* XVII*e siècle*, Paris, PUF, 1981.

—, *Romanciers du* XVII*e siècle*, Paris, Fayard, 1996.

Licoppe, Christian, *La Formation de la pratique scientifique. Le discours de l'expérience en France et en Angleterre (1630-1820)*, Paris, La Découverte, 1996.

Littérature et Histoire, dossier dans *Annales. Histoire, Sciences sociales*, 1994, n° 2.

Mac Lean, Ian, *Women Triomphant. Feminism in French Literature (1610-1652)*, Oxford, Clarendon Press, 1977.

Martin, Henri-Jean, *Livre, Pouvoirs et Société à Paris au* XVII*e siècle (1598-1701)*, 2 vol., Paris, Droz, 1968.

—, *Histoire et Pouvoir de l'écrit*, Paris, Albin Michel, 1996.

Martin, Henri-Jean, et Chartier, Roger (dir.), *Histoire de l'édition française*, t. I, *Le Livre conquérant : du Moyen Âge au milieu du* XVII*e siècle*, t. II, *Le Livre triomphant (1660-1830)*, Paris, Promodis, 1982 [2e éd. avec bibliographie mise à jour, Paris, Fayard, 1990].

Merlin, Hélène, *Public et Littérature en France au* XVII*e siècle*, Paris, Les Belles Lettres, 1995.

Mesnard, Jean, *Précis de littérature française du* XVII*e siècle*, Paris, PUF, 1990.

Mesnard, Pierre, *L'Essor de la philosophie politique au* XVI*e siècle*, Paris, Vrin, 1977.

Milliot, Vincent, *Paris en bleu. Images de la ville dans la littérature de colportage (XVIe-XVIIIe siècle)*, Paris, Parigramme, 1996.

Minois, Georges, *Censure et Culture sous l'Ancien Régime*, Paris, Fayard, 1995.

Morel, Jacques, *La Renaissance (c. 1570-1624)*, Paris, Arthaud, 1973.

Namer, Émile, *L'Affaire Galilée*, Paris, Gallimard-Julliard, 1975.

—, *Le Beau Roman de la physique cartésienne et la Science exacte de Galilée*, Paris, Vrin, 1979.

Parent, Michel, *Vauban, encyclopédiste avant la lettre*, Paris, Berger-Levrault, 1982.

Perrot, Jean-Claude, *Une histoire intellectuelle de l'économie politique (XVIIe-XVIIIe siècle)*, Paris, EHESS, 1992.

Picard, Raymond, *La Poésie française de 1640 à 1680*, 2 vol., Paris, SEDES, 1964-1969.

Pintard, René, *Le Libertinage érudit dans la première moitié du XVIIe siècle*, 2 vol., Paris, Boivin, 1943 [rééd., Genève, Slatkine, 1983].

Revel, Jean-François, *Descartes, inutile et incertain*, Paris, Stock, 1976.

Rodis-Lewis, Geneviève, *L'Anthropologie cartésienne*, Paris, PUF, 1990.

—, *Descartes*, Paris, Calmann-Lévy, 1995.

Rohou, Jean, *Histoire de la littérature française du XVIIe siècle*, Paris, Nathan, 1989.

—, *Jean Racine*, Paris, Fayard, 1992.

Rousset, Jean, *La Littérature de l'âge baroque en France*, Paris, Corti, 1953.

—, *Anthologie de la poésie baroque française*, 2 vol., Paris, Armand Colin, 1968.

—, *La Littérature de l'âge baroque en France. Circé et la paon* [sic], Paris, Corti, 1989.

Seguin, Jean-Pierre, *L'Information en France avant le périodique*, Paris, Maisonneuve, 1964.

Shea, William, *La Révolution galiléenne*, Paris, Éd. du Seuil, 1991.

Soriano, Marc, *Les Contes de Perrault. Culture savante et tradition populaire*, Paris, Gallimard, 1968.

Soutet, Olivier, *La Littérature française de la Renaissance*, Paris, PUF, 1980.

Taton, René, *Les Origines de l'Académie royale des sciences*, Paris, 1965.

— (dir.), *Histoire générale des sciences*, t. II, *La Science moderne (de 1450 à 1800)*, Paris, PUF, 1969.

Tocanne, Bernard, *L'Idée de nature en France dans la seconde moitié du XVIIe siècle*, Paris, Klincksieck, 1978.

Vérin, Hélène, *La Gloire des ingénieurs. L'intelligence technique du XVIe au XVIIIe siècle*, Paris, Albin Michel, 1993.

Vernet, André (dir.), *Histoire des bibliothèques françaises*, t. I, *Les Bibliothèques médiévales du VIe siècle à 1530*, Paris, Promodis, 1989.

ART, CULTURE MATÉRIELLE, MODES DE VIE

Anthony, James R., *La Musique en France à l'époque baroque*, Paris, Flammarion, 1981.

Ariès, Philippe, *L'Enfant et la Vie familiale sous l'Ancien Régime*, Paris, Plon, 1960 [nouvelle éd., Paris, Éd. du Seuil, 1973].

—, *L'Homme devant la mort*, Paris, Éd. du Seuil, 1977.

Ariès, Philippe, et Duby, Georges (dir.), *Histoire de la vie privée*, t. III, *De la Renaissance aux Lumières*, Paris, Éd. du Seuil, 1986.

Arminjon, Catherine, et Blondel, Nicole, *Objets civils et domestiques*, Paris, Inventaire général des monuments et richesses artistiques de la France, 1984.

Art (l') en Lorraine au temps de Jacques Callot, Paris, RMN, 1992.

Babelon, Jean-Pierre, *Demeures parisiennes sous Henri IV et Louis XIII*, Paris, Le Temps, 1965.

—, *Châteaux de France au siècle de la Renaissance*, Paris, Flammarion et Picard, 1989.

— (dir.), *Le Château en France*, Paris, Berger-Levrault, 1986.

Bardon, Françoise, *Le Portrait mythologique à la cour de France sous Henri IV et Louis XIII*, Paris, Picard, 1974.

Beaussant, Philippe, *Versailles, opéra*, Paris, Gallimard, 1981.

—, *Lully ou le Musicien du soleil*, Paris, Gallimard, 1992.

Benoit, Marcelle, *Versailles et les Musiciens du Roi (1661-1733)*, Paris, Picard, 1971.

Bercé, Yves-Marie, *Fête et Révolte. Des mentalités populaires du XVIe au XVIIIe siècle*, Paris, Hachette, 1976 [nouvelle éd. augmentée d'une postface originale, 1994].

Blunt, Anthony, *Nicolas Poussin*, catalogue de l'exposition, Paris, RMN, 1960.

—, *Art et Architecture en France, 1500-1700*, Paris, Macula, 1983 [éd. anglaise, 1953].

Bousquet, Jacques, *Recherches sur le séjour des peintres français à Rome au XVIIe siècle*, Montpellier, Alpha [Association languedocienne pour la promotion de l'histoire de l'art], 1980.

Céard, Jean, et Margolin, Jean-Claude (dir.), *Voyager à la Renaissance*, Paris, Maisonneuve et Larose, 1987.

Charpentrat, Pierre, *L'Art baroque*, Paris, PUF, 1967.

Chastel, André, *Culture et Demeures en France au XVIe siècle*, Paris, Julliard, 1990.

—, *L'Art français. Les Temps modernes, 1430-1620*, Paris, Flammarion, 1994.

—, *L'Art français. Ancien Régime, 1620-1775*, Paris, Flammarion, 1995.

Chatelet, Albert, et Thuillier, Jacques, *La Peinture française*, t. I, *De Fouquet à Poussin*, t. II, *De Le Nain à Fragonard*, Genève, Skira, 1963-1964.

Chevalley, Sylvie, *Album Théâtre classique, la vie théâtrale sous Louis XIII et Louis XIV*, Paris, Gallimard, 1970.

Christout, Marie-Françoise, *Le Ballet de cour de Louis XIV (1643-1672)*, Paris, Picard, 1967.

Coope, Rosalys, *Salomon de Brosse and the Development of the Classical Style in French Architecture from 1565 to 1630*, Londres, A. Zwemmer, 1972.

Corps, le Geste et la Parole (Le), numéro spécial de la *Revue d'histoire moderne et contemporaine*, janvier-mars 1983.

Courtine, Jean-Jacques, et Haroche, Claudine, *Histoire du visage. Exprimer et taire ses émotions (XVIe-début XIXe siècle)*, Marseille, Rivages, 1988.

Crozet, René, *La Vie artistique en France au XVIIe siècle (1596-1661)*, Paris, PUF, 1954.

Cuisenier, Jean, *L'Art populaire en France*, Paris, Office du Livre, 1975.

Delsalle, Paul, *Le Cadre de vie en France aux XVIe, XVIIe, XVIIIe siècles*, Gap-Paris, Ophrys, 1995.

Dorival, Bernard, *Philippe de Champaigne (1602-1674) : vie, œuvre et catalogue raisonné des œuvres*, 2 vol., Paris, L. Laget, 1976.

Dottin, Georges, *La Chanson française de la Renaissance*, Paris, PUF, 1984.

Duhamel, Jean-Marie, *La Musique dans la ville de Lully à Rameau*, Lille, Presses Universitaires de Lille, 1994.

Durand, Robert (dir.), *L'Homme, l'Animal domestique et l'Environnement du Moyen Âge au* XVIII*e siècle*, Nantes, Ouest-Éditions, 1993.

École de Fontainebleau (L'), catalogue de l'exposition, Paris, RMN, 1972.

Fajon, Robert, *L'Opéra à Paris du Roi-Soleil à Louis le Bien-Aimé*, Genève, Droz, 1984.

Flandrin, Jean-Louis, *Les Amours paysannes (*XVI*e-*XIX*e siècles)*, Paris, Gallimard-Julliard, 1975.

—, *Familles. Parenté, maison, sexualité dans l'ancienne société*, Paris, Hachette, 1976.

Français (les) et la Table, catalogue de l'exposition, Paris, RMN, 1985.

Fumaroli, Marc, *L'École du silence. Le sentiment des images au* XVII*e siècle*, Paris, Flammarion, 1994.

Garnier, Nicole, *Antoine Coypel (1661-1722)*, Paris, Arthena, 1989.

Gélis, Jacques, Laget, Mireille, et Morel, Marie-France, *Entrer dans la vie. Naissances et enfances dans la France traditionnelle*, Paris, Gallimard, 1978.

Grand siècle. Peintures françaises du XVII*e siècle dans les collections publiques françaises*, catalogue de l'exposition, Montréal, Rennes, Montpellier, 1993.

Gravure (la) française à la Renaissance, Paris, Bibliothèque nationale, 1995.

Grivel, Marianne, *Le Commerce de l'estampe à Paris au* XVII*e siècle*, Genève, Droz, 1986.

Hautecœur, Louis, *Histoire de l'architecture classique en France*, 3 vol., Paris, Picard, 1963-1967.

Haymann, Emmanuel, *Lully*, Paris, Flammarion, 1993.

Heinisch, Nathalie, *Du peintre à l'artiste. Artisans et académiciens à l'âge classique*, Paris, Éd. de Minuit, 1993.

Hier pour demain. Arts, tradition et patrimoine, catalogue de l'exposition, Paris, RMN, 1980.

Homme et son Corps dans la société traditionnelle (L'), catalogue de l'exposition, Paris, RMN, 1978.

Imagerie française (Cinq siècles d'), catalogue de l'exposition, Paris, RMN, 1973.

Jomaron, Jacqueline de (dir.), *Le Théâtre en France, du Moyen Âge à 1789*, Paris, Armand Colin, 1988.

Landes, David S., *L'Heure qu'il est. Les horloges, la mesure du temps et la formation du monde moderne*, Paris, Gallimard, 1987.

Lavedan, Pierre, *Histoire de l'urbanisme*, t. II, Paris, Laurens, 1959.

—, *Histoire de l'urbanisme à Paris*, 2e éd. avec un supplément et un complément bibliographique (1974-1993), Paris, Association pour la publication d'une histoire de Paris (diff. Hachette), 1993.

Lavedan, Pierre, Hugueney, Jeanne, et Henrat, Philippe, *L'Urbanisme à l'époque moderne (XVIe-XVIIIe siècle)*, Paris, Arts et Métiers graphiques, 1982.

Laveissière, Sylvain, *Le Classicisme français. Chefs-d'œuvre de la peinture du XVIIe siècle*, catalogue de l'exposition, Paris, RMN, 1985.

Lazard, Madeleine, *Le Théâtre en France au XVIe siècle*, Paris, PUF, 1980.

Le Moel, Michel, *L'Architecture privée à Paris au Grand Siècle*, Paris, Commission historique des travaux de la ville de Paris, 1990.

Le Nain (Les frères), catalogue de l'exposition, Paris, RMN, 1978.

Lévêque, Jean-Jacques, *L'École de Fontainebleau*, Neuchâtel-Paris, Ides et Calendes, 1984.

Lough, John, *Paris Theatre Audiences in the 17th and 18th Centuries*, Londres, Durham University, 1957.

Mac Gowan, Margaret M., *L'Art du ballet de cour en France (1581-1643)*, Paris, CNRS, 1963.

Margolin, Jean-Claude, et Sauzet, Robert, *Pratiques et Discours alimentaires à la Renaissance*, Paris, Maisonneuve et Larose, 1972.

Massip, Catherine, *La Vie des musiciens de Paris au temps de Mazarin*, Paris, A. et J. Picard, 1976.

Mehl, Jean-Michel, *Les Jeux au royaume de France du XIIIe au début du XVIe siècle*, Paris, Fayard, 1990.

Mélèse, Pierre, *Le Théâtre et le Public à Paris sous Louis XIV (1659-1715)*, Genève, Droz, 1934.

Mérot, Alain, *Poussin*, Paris, Hazan, 1990.

—, *La Peinture française au XVIIe siècle*, Paris, Gallimard / Electa, 1994.

—, *Les Conférences de l'Académie royale de peinture et de sculpture au XVIIe siècle*, Paris, ENSBA, 1997.

Milliot, Vincent, *Les Cris de Paris ou le peuple travesti. Les représentations des petits métiers parisiens (XVIe-XVIIIe siècles)*, Paris, Publications de la Sorbonne, 1995.

Mousnier, Roland, et Mesnard, Jean (dir.), *L'Âge d'or du mécénat*, Paris, CNRS, 1985.

Musique et Humanisme à la Renaissance, Paris, Presses de l'ENS, 1993.

Mussat, André, *Arts et Culture de Bretagne. Un millénaire*, Paris, Berger-Levrault, 1979.

Pardailhé-Galabrun, Annick, *La Naissance de l'intime. 3 000 foyers parisiens (XVIIe-XVIIIe siècles)*, Paris, PUF, 1988.

Peinture française du XVIIe siècle dans les collections américaines (La), catalogue de l'exposition, Paris, RMN, 1982.

Pellegrin, Nicole, *Les Bachelleries. Organisation et fêtes de la jeunesse dans le Centre-Ouest (XVe-XVIIIe siècle)*, Poitiers, Société des antiquaires de l'Ouest, 1982.

Pérouse de Montclos, Jean-Marie, *Histoire de l'architecture française, de la Renaissance à la Révolution*, Paris, Caisse nationale des monuments historiques, 1989.

Pitte, Jean-Robert, *Histoire du paysage français*, Paris, Tallandier, 1983.

Pomian, Krzysztof, *Collectionneurs, Amateurs et Curieux; Paris, Venise (XVIe-XVIIIe siècles)*, Paris, Gallimard, 1967.

Qualité de la vie au XVIIe siècle (La), numéro de la revue *Marseille*, 1977.

Quilliet, Bernard, *Le Paysage retrouvé*, Paris, Fayard, 1991.

Renaissance à Rouen (La), catalogue de l'exposition, Rouen, Musée des Beaux-Arts, 1980.

Roche, Daniel, *La Culture des apparences. Une histoire du vêtement, XVIIe-XVIIIe siècle*, Paris, Fayard, 1989.

—, *Histoire des choses banales. Naissance de la consommation, XVIIe-XIXe siècle*, Paris, Fayard, 1997.

Roland-Manuel (dir.), *Histoire de la musique*, t. I, *Des origines à Jean-Sébastien Bach*, Paris, Gallimard, 1960.

Rosenberg, Pierre, et Prat, Louis-Antoine (dir.), *Nicolas Poussin (1594-1665)*, Paris, RMN, 1994.

Sadoul, Georges, *Jacques Callot miroir de son temps*, Paris, Gallimard, 1969.

Scherer, Colette, et Scherer, Jacques, *Le Théâtre classique*, Paris, PUF, 1987.

Scherer, Jacques, *La Dramaturgie classique en France*, Paris, Nizet, 1986.

Scherer, Jacques, Truchet, Jacques, et Blanc, André, *Théâtre du XVIIe siècle*, 3 vol., Paris, Gallimard, coll. « Bibliothèque de la Pléiade », 1975-1992.

Schnapper, Antoine, *Jean Jouvenet (1644-1717) et la Peinture d'histoire à Paris*, Paris, Laget, 1974.

—, *Le Géant, la Licorne et la Tulipe. Collections et collectionneurs dans la France du XVIIe siècle*, Paris, Flammarion, 1988.

—, *Curieux du Grand siècle, collections et collectionneurs dans la France du XVIIe siècle*, Paris, Flammarion, 1994.

Tapié, Alain (dir.), *Les Vanités dans la peinture au XVIIe siècle. Méditations sur la richesse, le dénuement et la rédemption*, catalogue de l'exposition, Paris, Albin Michel, 1990.

Tapié, Victor-Lucien, *Baroque et Classicisme*, Paris, Flammarion, 1967.

Teyssèdre, Bernard, *L'Histoire de l'art vue du Grand siècle. Recherches sur l'« Abrégé de la vie des peintres » par Roger de Piles (1699) et ses sources*, Paris, Julliard, 1964.

—, *L'Art au siècle de Louis XIV*, Paris, Le Livre de Poche, 1967.

Thuillier, Jacques, *Les frères Le Nain*, catalogue de l'exposition, Paris, RMN, 1978.

—, *Laurent de La Hyre, 1606-1656*, Paris, Nizet, 1986.

—, *Georges de La Tour*, Paris, Flammarion, 1992.

—, *La Peinture française au XVIIe siècle*, nouvelle éd. revue et corrigée, 2 vol., Genève, Skira, 1992.

—, *Nicolas Poussin*, Paris, Flammarion, 1994.

Thuillier, Jacques, Bréjon de Lavergnée, Barbara, et Lavalle, Denis, *Simon Vouet*, catalogue de l'exposition, Paris, RMN, 1990.

Trudeau, Danielle, *Les Inventeurs du bon usage (1529-1647)*, Paris, Éd. de Minuit, 1991.

Vaccaro, Jean-Michel, *La Chanson à la Renaissance*, Tours, Van de Velde, 1981.

Verlet, Pierre, *Le Château de Versailles*, Paris, Fayard, 1985.
Versailles au siècle de Louis XIV (collectif), Paris, RMN, 1994.
Vigarello, Georges, *Le Propre et le Sale. L'hygiène du corps depuis le Moyen Âge*, Paris, Éd. du Seuil, 1985.
Vovelle, Gaby, et Vovelle, Michel, *Vision de la mort et de l'au-delà en Provence, du XVe au XXe siècle, d'après les autels des âmes du purgatoire*, Paris, Cahier des Annales, 1970.
Weber, Édith, *Histoire de la musique française (1500-1650)*, Paris, SEDES, 1996.

Index des noms de personnes, de lieux et des œuvres littéraires anonymes

Table

Dans la même série

Histoire culturelle de la France
tome 1, Le Moyen Âge
Jean-Patrice Boudet, Anita Guerreau-Jalabert, Michel Sot
« L'univers historique », 1997
et « Points Histoire », n° 348, 2005

Histoire culturelle de la France
tome 3, Lumières et Liberté : les dix-huitième
et dix-neuvième siècles
Antoine de Baecque, Françoise Mélonio
« L'univers historique », 1998
et « Points Histoire », n° 345, 2005

Histoire culturelle de la France
tome 4, Le Temps des masses : le vingtième siècle
Jean-Pierre Rioux, Jean-François Sirinelli
« L'univers historique », 1998
et « Points Histoire », n° 346, 2005

RÉALISATION : PAO ÉDITIONS DU SEUIL
IMPRESSION : NORMANDIE ROTO IMPRESSION S.A.S. À LONRAI
DÉPÔT LÉGAL : SEPTEMBRE 2005, N° 82677-4 (2102726)
IMPRIMÉ EN FRANCE